Das Recht der digitalen Kapitalanlage

Europäische Hochschulschriften Recht

European University Studies in Law

Publications Universitaires Européennes de Droit

Band/Volume 6708

Arne Lordt

Das Recht der digitalen Kapitalanlage

Eine Untersuchung ausgewählter zivil- und aufsichtsrechtlicher Probleme bei der Erbringung von Robo Advice

PETER LANG

Bibliografische Information der Deutschen Nationalbibliothek
Die Deutsche Nationalbibliothek verzeichnet diese Publikation in der Deutschen Nationalbibliografie; detaillierte bibliografische Daten sind im Internet über http://dnb.d-nb.de abrufbar.

Zugl.: Marburg, Univ., Diss., 2022

D 4
ISSN 0531-7312
ISBN 978-3-631-89130-8 (Print)
E-ISBN 978-3-631-89240-4 (E-PDF)
E-ISBN 978-3-631-89241-1 (E-PUB)
DOI 10.3726/b20329

Peter Lang – Berlin · Bruxelles · Lausanne · New York · Oxford

Diese Publikation wurde begutachtet.

www.peterlang.com

Vorwort

Diese Arbeit wurde vom Fachbereich Rechtswissenschaften der Philipps-Universität Marburg im Sommersemester 2022 als Dissertation angenommen. Rechtsprechung und Literatur wurden bis Oktober 2021 berücksichtigt.

Ich bedanke mich bei meinem Doktorvater Prof. Dr. Florian Möslein für die Betreuung dieser Dissertation. Herrn Prof. Dr. Johannes Buchheim danke ich für die zügige Erstellung des Zweitgutachtens.

Ein besonderer Dank gilt zudem meinem Freund und ehemaligen Büropartner Dr. Christopher Rennig, der nicht nur in fachlichen Fragen, sondern auch in allen anderen positiven und negativen Themen, die ein Promotionsvorhaben mit sich bringt, stets ein offenes Ohr für mich hatte.

Ebenfalls besonders danken möchte ich meiner Partnerin Eva Kröh, die mir in den Höhen und Tiefen des Promotionsverfahrens, wie auch der sonstigen juristischen Ausbildung stets zur Seite stand und eine große Stütze war und ist. Ein Dank gilt auch meinen Eltern, insbesondere meinem Vater, der weil er selbst Jurist ist, diese Arbeit mehr als einmal Korrektur lesen „durfte" und dabei meine Gedanken und Formulierungen stets kritisch hinterfragte.

Nicht zuletzt gilt mein Dank auch Karsten Kujath und Christof Kleinmann, die mir bei GvW Graf von Westphalen völlig unkompliziert einen Berufseinstieg in Teilzeit ermöglicht haben, um diese Arbeit berufsbegleitend fertigstellen zu können.

Bensheim, im September 2022

Arne Lordt

Inhalt

Rechtsgrundlagenverzeichnis

MiFID	Richtlinie 2004/39/EG des Europäischen Parlaments und des Rates vom 21. April 2004 über Märkte für Finanzinstrumente, zur Änderung der Richtlinien 85/611/EWG und 93/6/EWG des Rates und der Richtlinie 2000/12/EG des Europäischen Parlaments und des Rates und zur Aufhebung der Richtlinie 93/22/EWG des Rates (MiFID-Richtlinie).
MiFID II	Richtlinie 2014/65/EU des Europäischen Parlamentes und des Rates vom 15. Mai 2014 über Märkte für Finanzinstrumente sowie zur Änderung der Richtlinien 2002/92/EG und 2011/61/EU.
MiFIR	Verordnung (EU) Nr. 600/2014 des Europäischen Parlaments und des Rates vom 15. Mai 2014 über Märkte für Finanzinstrumente und zur Änderung der Verordnung (EU) Nr. 648/2012).
E-Commerce-Richtlinie	Richtlinie 2000/31/EG des Europäischen Parlaments und des Rates vom 8.6.2000 über bestimmte rechtliche Aspekte der Dienste der Informationsgesellschaft, insbesondere des elektronischen Geschäftsverkehrs, im Binnenmarkt.
DVO MiFID	Richtlinie 2006/73/EG der Kommission vom 10. August 2006 zur Durchführung der Richtlinie 2004/39/EG des Europäischen Parlaments und des Rates in Bezug auf die organisatorischen Anforderungen an Wertpapierfirmen und die Bedingungen für die Ausübung ihrer Tätigkeit sowie in Bezug auf die Definition bestimmter Begriffe für die Zwecke der genannten Richtlinie.
DVO MiFID II	Delegierte Verordnung (EU) 2017/565 der Kommission vom 25.4.2016 zur Ergänzung der Richtlinie 2014/65/EU des Europäischen Parlamentes und des Rates in Bezug auf die organisatorischen Anforderungen an Wertpapierfirmen und die Bedingungen für die Ausübung ihrer Tätigkeit sowie in Bezug auf die Definition bestimmter Begriffe für die Zwecke der genannten Richtlinie.

DelVO 2017/567	Delegierte Verordnung (EU) 2017/567 der Kommission vom 18. Mai 2016 zur Ergänzung der Verordnung (EU) Nr. 600/2014 des Europäischen Parlaments und des Rates im Hinblick auf Begriffsbestimmungen, Transparenz, Portfoliokomprimierung und Aufsichtsmaßnahmen zur Produktintervention und zu den Positionen (zit. nach: DelVO 2017/567).
FRUG	Finanzmarktrichtlinie-Umsetzungsgesetz vom 16.7.2007.
FinVermV	Verordnung über die Finanzanlagenvermittlung vom 2. Mai 2012.
WpHGMaAnzV	Verordnung über den Einsatz von Mitarbeitern in der Anlageberatung, als Vertriebsmitarbeiter, in der Finanzportfolioverwaltung, als Vertriebsbeauftragte oder als Compliance-Beauftragte und über die Anzeigepflichten nach § 87 des Wertpapierhandelsgesetzes.

Einleitung

Schon die letzte Bundesregierung hatte sich in Ihrer im November 2018 beschlossenen KI-Strategie[1] unter anderem zum Ziel gesetzt, den Ordnungsrahmen im Hinblick auf algorithmenbasierte Entscheidungen zu überprüfen und ggf. anzupassen. Diese Entscheidung ist absolut begrüßenswert, da die Digitalisierung schon jetzt in fast allen Lebensbereichen eine immer größere Rolle spielt. Hierzu gehört auch die Kapitalanlage, die nunmehr in Form von Robo Advice ebenfalls online und rein digital mit dem Smartphone möglich ist.

Trotz der erheblichen Wachstumsraten, die Robo Advice in den letzten Jahren erzielen konnte und auch noch immer erzielt, spielt diese Form der Kapitalanlage in der juristischen Auseinandersetzung bisher nur eine untergeordnete Rolle. Im Rahmen der vorliegenden Arbeit soll daher umfassend überprüft werden, inwiefern der geltende Rechtsrahmen bereits eine digitale Erbringung der Kapitalanlage ohne persönliche Interaktion zulässt und an welchen Stellen tatsächlich ein Handlungsbedarf, wie ihn die Bundesregierung in der oben genannten KI-Strategie formuliert hat, gegeben ist. Dabei sollen sowohl aufsichts-, als auch zivilrechtliche Fragestellungen erörtert werden. Für die Erörterung soll umfassend auf die entstehenden Rechtsfragen eingegangen werden, ohne dabei aber eine ausführliche Darstellung des bestehenden Kapitalanlagerechts vorzunehmen.

Zentraler Untersuchungsgegenstand ist dabei die Erbringung von Robo Advice für Privatkunden, sodass auch insbesondere ein Augenmerk auf der Gewährleistung des Anlegerschutzes als eine der zentralen Aufgaben des Kapitalmarktrechts[2] liegen soll.

Dabei beziehen sich die vorliegenden Ausführungen vor allem auf die derzeit eingesetzten algorithmenbasierten Entscheidungssysteme ohne den Einsatz von künstlicher Intelligenz, also nur auf solche Algorithmen, die nicht selbstlernend, sondern deterministisch aufgebaut sind. Zudem entstehen durch den Einsatz von Künstlicher Intelligenz Rechtsfragen, die in ihrer Tragweite so weit über den Einsatzbereich von Robo Advice hinausgehen, dass eine umfassende Behandlung dieser Fragen den Rahmen der vorliegenden Arbeit sprengen

---

1 Siehe dazu www.ki-strategie-deutschland.de.

2 *Seiler/Geier* in: Schimanski/Bunte/Lwowski, Bankrechts-Handbuch, 5. Auflage 2017, Vor § 104, Rn. 72 ff.; *Oulds* in: Kümpel/Wittig, Bank- und Kapitalmarktrecht, 4. Auflage 2011, Rn. 14.141.

würde. Ebenfalls aus Gründen des Umfangs wurde auf eine Behandlung der entstehenden datenschutzrechtlichen Rechtsfragen verzichtet.

Wie der Titel der Arbeit bereits klarmacht, wird Robo Advice zudem nur im Hinblick auf den Einsatz in der Kapitalanlage behandelt, wenngleich der Einsatz von Robo Advisors auch in anderen Geschäftsbereichen, wie bspw. dem Versicherungswesen, immer mehr an Bedeutung gewinnt.

A. Grundlagen

Bevor auf die aus der Erbringung von Robo Advice entstehenden rechtlichen Fragen eingegangen wird, soll zunächst ein Überblick über die derzeitige Marktsituation und ein Ausblick auf die künftige Entwicklung gegeben werden. Anschließend soll neben einer überblicksartigen Erläuterung der Funktionsweise des Algorithmus als eines der zentralen Merkmale eines Robo Advisors erörtert werden, ob die Erbringung einer Beratung im Wortsinn, wie sie der Begriff des Robo **Advisors** gerade suggeriert, überhaupt möglich ist. Abschließend soll neben einer Einordnung der Robo Advisors als FinTech-Unternehmen eine allgemeine Definition des Begriffs Robo Advice gefunden werden.

I. Digitalisierung von Finanzdienstleistungen als Triebfeder für Robo Advice

Die immer weiter voranschreitende Digitalisierung in beinahe allen Lebensbereichen macht auch vor den Finanzdienstleistungen nicht halt.

Im Finanzbereich bieten diverse Start Ups, sogenannte FinTechs[3] einzelne Finanzdienstleistungen wie Bezahldienste (z.B. PayPal), Finanzierungsdienste (Crowdfunding) und auch die Kapitalanlage in Form von Robo Advice an.[4]

Dabei setzen diese Anbieter auf ein möglichst simples Nutzerkonzept, um den Kunden die Nutzung der Dienstleistungen so einfach wie möglich zu gestalten. Sie setzen dabei häufig auf disruptive Geschäftsmodelle, um so durch neue Innovationen alte Geschäftsmodelle nicht nur in den digitalen Bereich zu übertragen, sondern diese zu revolutionieren und sich gegen herkömmliche Anbieter durchzusetzen.[5]

Auch Robo Advisors profitieren von den allgemeinen Folgen der Digitalisierung. So hat sich inzwischen auch die Haltung der Kunden gegenüber der Kapitalanlage verändert. Während Banken noch immer darunter leiden, dass viele Kunden ihnen gegenüber infolge der Finanzkrise 2007/2008 ein allgemeines Misstrauen entwickelt haben, bieten Robo Advisors eine neue und geschickt vermarktete digitale Alternative an. Damit bedienen sie das Bedürfnis der Kunden

3 Ausführliche Begriffsbestimmung unter A.V.1.

4 *Dorfleitner/Hornuf/Wannenmacher* in: ifo Schnelldienst 8/2020, 33, 33 f.

5 *Madel*, Robo Advice, S. 30; *Söbbing*, BKR 2016, 360.

nach auf sie persönlich zugeschnittene Dienstleistungen, die mobil und jederzeit verfügbar sein sollen.[6]

Robo Advisors sind zudem aufgrund des deutlich niedrigeren Personaleinsatzes in der Lage deutlich kostengünstiger zu arbeiten und dies auch in Form günstigerer Angebote an ihre Kunden weiterzugeben. Dadurch ermöglichen sie die Kapitalanlage auch für Menschen aus niedrigeren Einkommensstufen, die auf diese Art und Weise eine private Altersvorsorge betreiben können.[7]

Durch den Einsatz algorithmengesteuerter Systeme ist es den Anbietern zudem möglich, die ihnen zur Verfügung stehenden Informationen deutlich umfangreicher auszuwerten und zu verwerten, sodass es möglich wird, Entscheidungsprozesse zu automatisieren, aber dem Kunden dennoch eine individuelle Empfehlung zu erteilen. Die algorithmengesteuerte Erbringung der Dienstleistungen könnte zudem dazu führen, dass Anleger ein höheres Vertrauen in die algorithmischen Empfehlungen haben, da sie davon ausgehen, dass der Algorithmus unbeeindruckt von menschlichen Entscheidungsverzerrungen völlig rational und unabhängig handelt.[8] Tatsächlich belegt ist eine solche Einschätzung bisher jedoch nicht, insbesondere birgt der Einsatz von Algorithmen auch die Gefahr struktureller Interessenkonflikte.[9]

Zudem ist anzunehmen, dass digitale Angebote wie die der Robo Advisors auch deshalb so erfolgreich sind, weil sie dem Kunden aufgrund ihrer häufig sehr einfach gestalteten Nutzeroberfläche signalisieren, dass auch die Kapitalanlage sehr einfach sei und die damit verbundenen Risiken so eher in den Hintergrund treten. Dies birgt jedoch zugleich das Risiko leichtfertiger Entscheidungen, da die Hemmschwelle eine risikoreiche Kapitalanlage per App vom heimischen Wohnzimmer aus zu tätigen deutlich geringer sein dürfte, als beim Bankberater, der gegebenenfalls noch zusätzliche Warnhinweise oder Aufklärungen erteilen würde.[10]

---

6 *Linardatos* in: Linardatos, Rechtshandbuch Robo Advice, 1. Auflage 2020, § 1, Rn. 7.

7 *Darányi* in: Möslein/Omlor, FinTech-Handbuch, 2. Auflage 2021, § 30, Rn. 24; *Linardatos* in: Linardatos, Rechtshandbuch Robo Advice, 1. Auflage 2020, § 1, Rn. 8.

8 Vgl. dazu mit weiteren Nachweisen: *Linardatos* in: Linardatos, Rechtshandbuch Robo Advice, 1. Auflage 2020, § 1, Rn. 12.

9 Vgl. dazu ausführlich C.II.2.

10 So auch: *Linardatos* in: Linardatos, Rechtshandbuch Robo Advice, 1. Auflage 2020, § 1, Rn. 11.

II. Bisherige Entwicklung und Potential von Robo Advice

In diesem Abschnitt soll zunächst ein Überblick über die Größe des Marktes der Robo Advisors gegeben werden. Dabei soll neben einem umfangreicheren Überblick über den deutschen Markt auch ein kurzer Blick auf den wesentlich größeren und weiter entwickelten US-Markt geworfen werden. Zudem soll neben einer zahlenmäßigen Darstellung des Marktes auch auf die in Deutschland angebotenen Geschäftsmodelle und deren Entwicklung eingegangen werden.

1. USA

Der (derzeit) größte Markt für Robo Advice befindet sich in den USA. Hier wurden 2008 mit Betterment und Wealthfront auch die ersten Robo Advisors gegründet. 2017 verwalteten die Robo Advisors in den USA zusammengenommen 182,5 Mrd. US-Dollar.[11] Bis 2022 wird von einem weiteren jährlichen Wachstum von 38,4 % ausgegangen.[12] Zudem liegt auch die durchschnittlich verwaltete Vermögenssumme pro Anleger mit 37 640 $ deutlich über der Anlagesumme in Deutschland.[13]

Robo-Advice-Anbieter aus den USA waren ihren deutschen Pendants jedoch nicht nur hinsichtlich der reinen zahlen, sondern auch hinsichtlich ihres Leistungsspektrum voraus. So boten einige Anbieter bereits eine vollumfassende Vermögensverwaltung an, die auch die Konten und teilweise die Versicherungen der Anbieter bündelten und so eine einheitliche Verwaltung ermöglichten, bevor deutsche Anbieter diese Modelle ebenfalls übernahmen.[14] Das Angebot einer möglichst einheitlichen Vermögensverwaltungslösung, ermöglicht den Robo Advisors einen wesentlich besseren Überblick über die Vermögenssituation des Kunden und damit auch eine bessere Analyse des jeweiligen Portfolios.[15]

Zusätzlich zu diesem umfassenderen Verwaltungs- und Beratungsansatz setzten die US-amerikanischen Anbieter auch schon früher stärker auf eine Wissensvermittlung im Hinblick auf finanzielle Fragen über verschiedene Kanäle.[16] Hierbei werden neben Online-Angeboten wie Blogs, Videos oder Social Media, auch offline Seminare angeboten.[17]

11 *Statista*, FinTech Report 2017 – Personal Finance, S. 6.
12 *Statista*, FinTech Report 2017 – Personal Finance, S. 7.
13 *Statista*, FinTech Report 2017 – Personal Finance, S. 7.
14 *Bahlinger*, S. 6.
15 *Bahlinger*, S. 6.
16 *Bahlinger*, S. 7.
17 *Bahlinger*, S. 7.

2. Deutschland

a) Größe des Marktes

Die digitale Erbringung von Finanzdienstleistungen zur Kapitalanlage ist noch immer ein recht neues Geschäftsfeld, das stetigen Entwicklungen unterliegt. Daher ist es kaum möglich, die Größe des Marktes seriös zu bestimmen. Die schwierige Bestimmung genauer Zahlen resultiert zum Teil auch aus einem nicht einheitlichen Begriffsverständnis, welche Anbieter als Robo Advisors einzustufen sind.[18]

Während zunächst eine große Anzahl von Anbietern versucht hat, sich am Markt zu etablieren, kann inzwischen ein gewisser Verdrängungswettbewerb beobachtet werden, der zu einer Reduzierung der Anbieterzahl geführt hat. So waren nach einer Studie des Bundesministeriums der Finanzen im Juni 2017 40 Robo Advice-Anbieter auf dem deutschen Markt vertreten.[19] Bis 2020 hat sich diese Zahl bereits auf 33 Anbieter reduziert.[20]

Aufgrund dieser dynamischen Entwicklungen kann auch das insgesamt durch Robo Advisors verwaltete Vermögen nur geschätzt werden. Insgesamt zeigt sich hier jedoch trotz des Rückgangs der Anbieterzahl das große Wachstumspotential von Robo Advice in Deutschland[21] Während Ende 2016 noch von einem verwalteten Vermögen von 170 Mio.[22] bis 200 Mio.[23] Euro ausgegangen wurde, lag diese Zahl Ende 2019 bereits bei 5,4 Mrd. Euro.[24]

Im Mai 2018 hat mit dem Vermögensverwalter Scalable Capital auch der erste Anbieter die Grenze von 1 Mrd. Euro verwaltetem Vermögen überschritten.[25]

Insgesamt richtet sich Robo Advice bisher an eine eher jüngere und überwiegend männliche Zielgruppe, die meisten der ca. 70.000 Nutzer sind zwischen 25 und 44 Jahren alt.[26]

---

18 Vgl. zu den Schwierigkeiten einer Definition des Begriffs Robo Advice unten A.VI.

19 Esterházy/Kirsch/Hajek, WirtschaftsWoche v. 31.3.2017, abrufbar unter http://www.wiwo.de/finanzen/geldanlage/automatisierte-vermoegensberatung-was-die-geldanlage-auf-knopfdruck-kann/13357632-all.html.

20 *Dorfleitner/Hornuf/Wannenmacher* in: ifo-Schnelldienst, 8/2020, 33, 34.

21 Dazu genauer unten unter A.II.2.

22 *Dorfleitner/Hornuf*, FinTech-Markt in Deutschland, S. 40.

23 *Sauer/Schneider/Köhler* in: Handelsblatt 202/2016, 32.

24 *Dorfleitner/Hornuf/Wannenmacher* in: ifo-Schnelldienst, 8/2020, 33, 38.

25 *Scalable Capital*, Pressemitteilung vom 29. Mai 2018.

26 *Statista*, Robo Advisors weltweit.

b) *Entwicklung des Marktes*

Obwohl inzwischen bereits eine beachtliche Anzahl von Anbietern auf dem Markt aktiv ist, ist die Möglichkeit dieser automatisierten Finanzberatung in der Bevölkerung noch weitgehend unbekannt, so geben lediglich 4 % der Befragten einer Erhebung von Statista an, Robo Advice bereits ausprobiert zu haben.[27] Immerhin 12 % geben jedoch an, schon von Robo Advice gehört zu haben und diese Anlageform auch innerhalb der nächsten 12 Monate ausprobieren zu wollen.[28] Dennoch besteht in der Bevölkerung noch immer eine große Verunsicherung gegenüber algorithmischen Entscheidungen, so gaben in einer Studie der Bertelsmann-Stiftung 79 % der Befragten an, dass ihnen unwohl sei, wenn Computer Entscheidungen für sie treffen.[29] Dieses Ergebnis stützen auch amerikanische Studien, die nicht nur zeigen, dass das Vertrauen in einen Algorithmus auch bei erwiesenermaßen gleicher Performance gegenüber einer Person geringer ausfällt[30], sondern auch, dass das Vertrauen in die Algorithmen von Robo Advisors steigt, je „menschlicher" die Beratung ausgestaltet ist – je weniger der Kunde also letztlich merkt, dass er von einem Algorithmus beraten wird.[31]

Auch aus diesem Grund wird dem Markt ein immenses Wachstumspotential eingeräumt, seit 2013 liegt die durchschnittliche jährliche Wachstumsrate bei 318,5 %.[32] Dabei gilt das Potential in Deutschland als noch größer als in den USA, wo insgesamt ein wesentlich größerer Bevölkerungsanteil bereits Geld angelegt hat, während die Robo Advisors in Deutschland die Chance haben, viele Menschen erstmals zur Kapitalanlage zu bewegen.[33]

Dennoch bleibt es dabei, dass die Hauptzielgruppe technikaffine Kunden über 35 Jahren sind.[34]

Trotz der guten Wachstumsraten hat bisher jedoch noch kein Anbieter eine Größe erreicht, die es ihm erlaubt, profitabel zu arbeiten. Aus diesen Gründen wird für die kommenden Jahre von einer weiteren Konsolidierung des Marktes

---

27 *Statista*, Nutzung von Robo Advice im Privatkundengeschäft, 2016.

28 *Statista*, Nutzung von Robo Advice im Privatkundengeschäft, 2016.

29 Vgl. dazu: *Fischer/Petersen*, Was Deutschland über Algorithmen weiß und denkt, S. 25.

30 *Dietvorst/Simmons/Massey*, Algorithm Aversion: People Erroneously Avoid Algorithms After Seeing them Err, in: Journal of Experimental Psychology, 2014.

31 *Hodge/Mendoza/Sinha*, The Effect of Humanizing Robo-Advisors in Investor Judgements, 2018.

32 *Dorfleitner/Hornuf/Wannenmacher* in: ifo-Schnelldienst, 8/2020, 33, 38.

33 *Hesse* in: Der Spiegel vom 12.03.2016, 74, 75.

34 *Sauer/Schneider/Köhler* in: Handelsblatt 202/2016, 32.

ausgegangen, die sich entweder im Verschwinden einzelner Anbieter oder in verstärkten Kooperationen mit Banken zeigen dürfte.[35]

c) *Ausblick: Entwicklung der Geschäftsmodelle*

Wie oben bereits dargestellt, handelt es sich bei Robo Advisory noch um einen recht neuen Markt, der stark in Bewegung ist, folglich ist auch davon auszugehen, dass sich die Geschäftsmodelle der Anbieter in den nächsten Jahren stetig weiterentwickeln werden. Vorliegend soll auf einige der bereits absehbaren und zu erwartenden Entwicklungen eingegangen werden.

aa) *Verbesserung der Beratungsqualität*

Ein großer Fokus dürfte für alle Anbieter auf einer stetigen Erhöhung Ihrer Beratungsqualität liegen.

Derzeit sind die Fragebögen, die der Kunde vor Erhalt eines Anlagevorschlages ausfüllen muss, je nach Anbieter recht knapp gehalten, dabei handelt es sich vielfach jedoch um Absicht, um zu verhindern, dass der Kunde durch einen zu umfangreichen Prozess vom Abschluss abgehalten wird.[36] Hier wird es künftig für die Anbieter darauf ankommen Prozesse zu entwickeln, die deutlich umfangreichere Befragungen des Kunden ermöglichen, hierzu ist es zum einen erforderlich, dass der Kunde durch die User Experience dazu motiviert wird, den Prozess auch zu Ende zu führen und er zum anderen ausreichend Vertrauen gegenüber dem Anbieter aufbaut, um auch zu sensiblen finanziellen Fragen Angaben zu machen.[37]

Des Weiteren wird es darauf ankommen, die Ermittlung der Risikotragfähigkeit des Kunden noch weiter zu optimieren, da es vielen Benutzern schwerfällt, Ihre eigene Risikobereitschaft bei einer abstrakten Befragung realistisch einzuschätzen.

Hier arbeiten intelligente Profiling-Verfahren nicht mit einer abstrakten Befragung, sondern lassen den Kunden in verschiedenen Szenarien jeweils ihr Risiko einschätzen, wodurch letztlich eine deutlich realistischere Einschätzung der Risikotragfähigkeit möglich ist, als bisher.[38]

Ebenfalls ist zu erwarten, dass es zukünftig zu einer stärkeren Vernetzung zwischen den einzelnen Konto- und Depotdaten des Kunden kommen wird,

---

35 *Dorfleitner/Hornuf/Wannenmacher* in: ifo-Schnelldienst, 8/2020, 33, 38.
36 *Giesen* in: Everling/Lempka, 187, 193.
37 *Giesen* in: Everling/Lempka, 187, 193.
38 *Giesen* in: Everling/Lempka, 187, 194.

hierzu sind in Deutschland ebenfalls bereits einige FinTech-Anbieter am Markt vertreten, die eine zentrale Verwaltung aller Konten und Depots des Kunden ermöglichen. Dadurch erhielten die Robo Advice-Anbieter die Möglichkeit den Kunden umfassender und auf Basis der aktuell vorhandenen Vermögenswerte zu beraten und so bspw. Sparmodelle anzubieten, die es ermöglichen, dass bestimmte Beträge automatisch in Fondsportfolios investiert werden.[39]

Zu einer Verbesserung der Beratungsqualität kann auch eine Auswertung der sonstigen Webdaten und des Online-Verhaltens der Kunden, ähnlich wie dies auch von Amazon und Facebook vorgenommen wird, führen. Die Nutzung dieses Kollektivwissens könnte ebenfalls dazu führen, dem Kunden leichter das für ihn passende Finanzprodukt zu empfehlen.[40]

Entwicklungen in technischer Hinsicht sind aufgrund der exponentiellen Entwicklungen in diesem Bereich nur schwer vorhersehbar, es ist jedoch davon auszugehen, dass in nicht allzu ferner Zukunft auch eine Weiterentwicklung der derzeit verwendeten deterministisch agierenden Algorithmen hin zu selbstlernenden Algorithmen eintreten wird.

bb) Verwendung aktiver Investitionsstrategien

Derzeit setzen, wie oben schon dargestellt wurde, beinahe alle am Markt vertretenen Robo Advice-Anbieter auf passive Investitionsstrategien auf Basis von ETF-Fonds in verschiedenen Risikokategorien.

Nicht zuletzt aufgrund der exponentiell verlaufenden technischen Entwicklung ist davon auszugehen, dass immer mehr Anbieter auch auf aktive Investitionsstrategien setzen werden, um Ihren Kunden die Chance auf höhere Renditen zu ermöglichen.[41]

III. Kapitalanlage mithilfe von Algorithmen

1. Funktionsweise von Robo Advisors

Die vorliegende Arbeit befasst sich nur mit der algorithmenbasierten Erbringung von Finanzdienstleistungen zur Kapitalanlage, nicht aber mit einer algorithmenbasierten Erbringung von Versicherungsdienstleistungen, die zum Teil ebenfalls unter dem Oberbegriff Robo Advice eingeordnet werden.

---

39 *Giesen* in: Everling/Lempka, 187, 194.

40 *Hesse* in: Der Spiegel vom 12.03.2016, 74, 75.

41 *Giesen* in: Everling/Lempka, 187, 196 f.

Die von Kapitalanlage-Robo Advisors angebotenen Dienstleistungen weisen allesamt bestimmte Übereinstimmungen auf und lassen sich darüber hinaus auch nach der jeweils angebotenen Finanzdienstleistung kategorisieren.

Allen Anbietern gemein ist es, dass die Kommunikation zwischen Kunde und Anbieter nahezu ausschließlich digital erfolgt und die Anlageempfehlungen, bzw. -entscheidungen algorithmisch generiert und (sofern der Anbieter Vermögensverwaltung anbietet) auch umgesetzt werden.

Der Prozess des Robo Advice beginnt bei allen Anbietern zunächst mit einem sog. Kundenprofiling, hierzu werden dem Kunden onlinebasierte Fragebögen zur Verfügung gestellt, durch die in der Regel zumindest die Risikofreudigkeit, der Anlagehorizont, sowie die Anlageziele abgefragt werden.[42] Der Umfang der erfassten Informationen variiert jedoch hinsichtlich der angebotenen Dienstleistungen des Robo Advisors.

Auf Basis dieser Angaben wird der Kunde dann einem Risikoprofil zugeordnet und bekommt eine Asset Allocation, also eine oder mehrere mögliche Anlageaufteilungen oder direkt ein entsprechendes Anlageportfolio vorgeschlagen.[43] Während bei einer Asset Allocation nur angegeben wird, in welche Anlageformen welchen Anteil seiner Anlagesumme investieren soll, werden bei einem kompletten Portfolio auch direkt einzelne Finanzinstrumente vorgeschlagen.

Ebenfalls haben es die meisten Anbieter gemein, dass sie kein eigenständiges Produktportfolio haben, sondern vergleichbar einer Maklertätigkeit, Fonds von Fremdanbietern empfehlen.

Im Wesentlichen lassen sich drei Arten von Anbietern unterscheiden: Self-Service-, Half-Service- und Full-Service-Plattformen.[44]

Full-Service-Robo-Advisors bieten ihren Kunden eine Komplettlösung an, d.h. der Algorithmus des Robo Advisors definiert auf Basis der Angaben des Kunden im Online-Fragebogen eine Anlagestrategie und wählt dann hierzu passend die geeignetsten Wertpapiere aus.[45] In der Folge übernimmt der Robo Advisor dann auch die Umsetzung der Anlageentscheidung, also die Abwicklung der Order und letztlich auch die Depotführungen für den Kunden.

42 *Giesen* in: Everling/Lempka, 187, 191; ausführlich zur Funktionsweise von Robo Advisors auch: *Linardatos* in: Linardatos, Rechtshandbuch Robo Advice, 1. Auflage 2020, § 1 Rn. 22 ff.

43 *Giesen* in: Everling/Lempka, 187, 191.

44 *Rauch/Lebau/Thiele*, RdF 2017, 227; *Fischer*, ZfgG 2017, 183, 185.

45 *Rauch/Lebau/Thiele*, RdF 2017, 227, 231; Finanztest 1/2017, S. 57.

Solche Full-Service-Plattformen erbringen in der Regel eine erlaubnispflichtige Finanzportfolioverwaltung.[46]

Bezüglich der Full-Service-Plattformen lässt sich weiterhin eine Unterscheidung nach den angebotenen Investitionsmodellen vornehmen.

Das dem Kunden auf Basis seines Risikoprofils vorgeschlagene Anlageportfolio besteht in der Regel aus Anleihen- und Aktienfonds, einige Anbieter nutzen auch Rohstoffe, Immobilien oder andere alternative Investitionsformen zur weiteren Diversifikation der Anlagemöglichkeiten.[47]

Als Investmentvehikel für diese Fonds dienen bei der überwiegenden Mehrzahl der Robo Advisors verschiedene ETF-Fonds[48]. Hierbei handelt es sich überwiegend um passiv gemanagte Indexfonds[49], die die Wertentwicklung eines Aktienindexes nachbilden. Vereinzelte Anbieter setzen inzwischen jedoch auch auf aktiv gemanagte Fonds-Produkte[50] (hierzu mehr im nachfolgenden Ausblick). Ein Vorteil der passiv gemanagten Indexfonds sowohl für die Anbieter, als auch für die Kunden sind die deutlich geringeren Kosten, da kein aufwändiges Fondmanagement erforderlich ist. Demgegenüber lassen sich bei verständigem aktivem Management höhere Renditen gegenüber den passiv gemanagten Indexfonds erzielen.

Bei Half-Service-Plattformen steht dagegen die Beratungsfunktion im Vordergrund.[51] Der Algorithmus ermittelt wiederum eine passende Anlagestrategie auf Basis der Kundenangaben und empfiehlt dem Kunden dann die hierzu passenden Anlagen. Im Gegensatz zu einem Full-Service-Anbieter trifft aber der Kunde die letztliche Entscheidung über die Umsetzung der Anlagestrategie. Die durch den Kunden getroffene Entscheidung wird dann aber über die Plattform

---

46 Hierzu näher unter: B.III.

47 *Giesen* in: Everling/Lempka, 187, 191.

48 ETF-Fonds (Exchange-Traded-Funds) sind börsengehandelte Investmentfonds. Zumeist handelt es sich um Indexfonds, die die Wertentwicklung eines Aktienindexes nachbilden.

49 Passiv gemanagte Indexfonds werden nicht von einem Fondsmanager verwaltet, sondern bilden die Wertentwicklung eines wichtigen Aktienindexes, wie dem DAX oder dem Dow Jones nach, dadurch sind sie deutlich transparenter als aktiv gemanagte Fonds, da das Anlageziel – die Nachbildung des Indexes – klar vorgegeben ist.

50 Bei aktiven Fonds entscheiden Fondsmanager fortlaufend, welche Wertpapiere innerhalb des Fonds gekauft oder verkauft werden sollen. Auch hier wird die Performance des Fonds durch einen Vergleich mit einem Aktienindex bewertet, die Wertentwicklung des Fonds folgt diesem jedoch nicht automatisch.

51 Finanztest 1/2017, 57.

des Robo Advisors umgesetzt. Derartige Plattformen erbringen in der Regel eine erlaubnispflichtige Anlageberatung oder Anlagevermittlung.[52]

Self-Service-Plattformen liefern dem Kunden lediglich eine Orientierung für die Umsetzung einer eigenständigen Finanzanlage.[53] Es werden ebenfalls bestimmte Angaben des Kunden, wie seine Risikobereitschaft und sein Anlageziel erfasst, nicht aber persönliche Umstände. Auf Basis dieser Angaben empfiehlt der Algorithmus der Plattform dem Kunden eine Auswahl an in Betracht kommenden Anlageformen.[54] Die Entscheidung für eine Anlageform liegt dann beim Kunden, der diese Entscheidung auch selbsttätig in seinem Depot umsetzen muss. Die Nutzung von Self-Service-Plattformen setzt damit in erhöhtem Maße voraus, dass die Kunden sich selbst über die in Betracht kommenden Finanzinstrumente informieren.[55] Derartige Angebote sind zumeist kostenlos verfügbar und die Anbieter verfügen in der Regel nicht über eine Erlaubnis zur Erbringung von Finanzdienstleistungen nach dem KWG.[56]

2. Robo Advisors als algorithmenbasierte Entscheidungssysteme

Wie obenstehend bereits deutlich geworden ist, erfolgt Robo Advice in hohem Maße automatisiert und kennzeichnet sich insbesondere dadurch, dass die Ermittlung der Anlageempfehlung oder die Entscheidung über die Verwaltung des Vermögens algorithmisch erfolgt. Gleichzeitig ist Robo Advice primär eine technische Innovation, weshalb vor der Erörterung der rechtlichen Fragestellungen zunächst auf einige technische Grundlagen eingegangen werden soll.

Grundsätzlich erfolgt die Kapitalanlage bei der Verwendung eines Robo Advisors auf der Basis von Algorithmen.

Algorithmen werden allgemein definiert als „Rechenvorschrift, die so präzise formuliert ist, dass die einzelnen Verarbeitungsschritte eindeutig darauf hervorgehen und so ein mechanisch oder elektronisch arbeitendes Gerät die Regel ausführen kann.“[57] Ein Algorithmus arbeitet deterministisch anhand eines strukturierten Verfahrens, das in der Lage ist, Eingaben zu verarbeiten und einen entsprechenden Output zu erzeugen.[58]

---

52 Hierzu näher unter B.II.

53 *Fischer*, ZfgG 2017, 183, 186; Finanztest 1/2017, S. 57.

54 *Fischer*, ZfgG 2017, 183, 186.

55 *Fischer*, ZfgG 2017, 183, 186.

56 *Fischer*, ZfgG 2017, 183, 186; zum Erfordernis einer Erlaubnispflicht näher auch unten unter B.III.

57 *Kastl*, GRUR 2015, 136, 136 m.w.N.

58 *Ernst*, JZ 2017, 1026, 1026.

Durch Algorithmen wird es Maschinen ermöglicht, Probleme zu lösen, ohne dass sie ein eigenes Problemlösungsverständnis benötigen.[59]

Mathematisch greifbar wurde der Algorithmus durch die von Alan Turing entwickelte Turing-Maschine.[60] Durch diese Maschine hat Turing bewiesen, dass ein Problem dann lösbar ist, wenn es hierzu einen entsprechenden durch die Turing-Maschine beschriebenen Algorithmus gibt. Im Umkehrschluss bedeutet diese Annahme, dass es keine Probleme geben kann, die nicht durch eine Turing-Maschine gelöst werden können, bzw. können diese Probleme dann auch durch kein anderes Berechnungsmodell gelöst werden.[61]

Auf der Basis solcher Algorithmen erfolgt auch bei der Nutzung von Robo Advisors die Zuordnung des Kunden zu einer Risikoklasse, sowie die letztliche Zusammenstellung der Anlageempfehlung.

Diese algorithmische Problemlösung wird immer weiterentwickelt, mit dem Ziel eine künstliche Intelligenz zu entwickeln. Künstliche Intelligenz soll dabei das Verhalten eines Menschen simulieren.[62] Während Algorithmen nur eine Automatisierung von Problemlösungen ermöglichen, soll durch Künstliche Intelligenz eine Autonomie der Problemlösung erreicht werden.

Hinsichtlich der Autonomie solcher Systeme werden nach *Ball/ Callaghan*[63] verschiedene zehn verschiedene Autonomiegrade unterschieden:[64]

---

59 *Reichwald/Pfisterer*, CR 2016, 208, 209.

60 *Reichwald/Pfisterer*, CR 2016, 208, 209.

61 *Reichwald/Pfisterer*, CR 2016, 208, 209.

62 *Keßler*, MMR 2017, 589, 589.

63 *Ball/Callaghan*, Explorations of Autonomy: An Investigation of Adjustable Autonomy in Intelligent Environments, Proceedings of the Eighth International Conference on Intelligent Environments, 2012, 114; zit. nach: *Reichwald/Pfisterer*, CR 2016, 208, 210.

64 Die nachfolgende Tabelle ist entnommen aus: *Reichwald/Pfisterer*, CR 2016, 208, 210, 211.

1. Autonomie des Menschen
Der Computer bietet keine Unterstützung. Der Mensch muss alle Entscheidungen und Aktionen selbst treffen und durchführen.

2. Alle Entscheidungsalternativen durch PC
Der Computer bietet dem Menschen eine vollständige Menge von Entscheidungsalternativen. Letztlich muss jedoch der Mensch wiederum die Entscheidung treffen.

3. Selektion an Entscheidungsalternativen durch PC
Der Computer wählt aus allen möglichen Entscheidungskriterien bereits eine Teilmenge aus und präsentiert diese dem Menschen. Zwar muss auch hier noch der Mensch aktiv eine Alternative bzw. eine Aktion wählen und durchführen, jedoch bekommt er nicht mehr das Gesamtspektrum vorgeschlagen.

4. Entscheidungspräferenz durch PC
Der Computer wählt aus der Menge von Alternativen eine präferierte Möglichkeit aus und präsentiert diese dem Menschen, der die Alternative wiederum aktiv ausführen muss.

5. Zustimmung durch Mensch
Der Computer führt einen Vorschlag aus, wenn der Mensch zustimmt. Dieser Autonomiegrad unterscheidet ich vom vorherigen durch die Tatsache, dass der Computer bei Zustimmung selbst handelt, d.h. Die ausgewählte Alternative in die Tat umsetzt.

6. Vetorecht durch Mensch
Der Computer führt eine Aktion aus, nachdem er dem Menschen eine gewisse Zeitspanne zur Ausübung eines Vetorechts eingeräumt hat. Dies ist der erste Autonomiegrad, bei dem der Mensch aktiv widersprechen muss, da andernfalls der Computer seine Entscheidung ausführt.

7. Benachrichtigung des Menschen
Der Computer führt eine Aktion automatisch aus und informiert den Menschen im Anschluss darüber. Der Mensch ist nicht mehr in der Position, eine durch den Computer getroffene Entscheidung aktiv zu blockieren oder aufzuhalten und kann lediglich im Nachgang handeln.

8. Benachrichtigung des Menschen auf Wunsch
Der Computer führt eine Aktion automatisch aus und informiert den Menschen nur dann, wenn er darum gebeten wird. Wird der Mensch also nicht proaktiv tätig und lässt sich über die Aktionen des Computers informieren, handelt der Computer weitgehend autonom.

9. Autonomie des PC Der Computer informiert den Menschen nur, wenn der Computer es für notwendig erachtet. Auf diesem Autonomieniveau kann der Mensch nicht mehr davon ausgehen, dass er über eine Entscheidung informiert wird – selbst dann nicht, wenn er den Computer explizit darum bittet. **10. Vollständige Autonomie des PC** Der Computer entscheidet und führt alle Aktionen autonom und ohne jede Beteiligung des Menschen aus. Dieser höchste Grad der Autonomie entspricht einem vollständig autonomen Handeln von Computersystemen, der Mensch wird über durchgeführte Aktionen weder aktiv informiert noch werden ihm die getroffenen Entscheidungen im Nachgang zugänglich gemacht.

Diesen Autonomiegraden lassen sich auch die von Robo Advisors angebotenen Geschäftsmodelle zuordnen.

Full-Service-Plattformen weisen offensichtlich den höchsten Autonomiegrad auf, der Algorithmus entscheidet sich selbststätig für eine passende Anlageform, setzt diese dann um und informiert den Anleger erst anschließend, sodass nach der obenstehenden Tabelle von Autonomielevel 7 auszugehen ist.

Half-Service-Anbieter hingegen ermitteln auf Basis der Kundenangaben die am besten passenden Anlagen und überlassen die Entscheidung für eine Anlageform dem Anleger. Die Umsetzung hingegen übernimmt der Algorithmus nach Zustimmung des Kunden eigenständig. Demnach ist hier von einem Autonomielevel 5 auszugehen.

Das größte Mitspracherecht steht dem Anleger bei der Nutzung von Self-Service-Plattformen zu, hier erhält der Kunde lediglich Empfehlungen zu in Betracht kommenden Anlageformen, muss sich jedoch selbstständig entscheiden und seine Entscheidung dann auch eigenständig umsetzen, sodass bei Self-Service-Plattformen nur von einem Autonomie-Level 4 auszugehen ist.

Diese Einordnung verdeutlicht, dass die derzeit am Markt vertretenen Anbieter lediglich algorithmusbasiert arbeiten, aber noch kein völlig autonomes Handeln auf der Basis künstlicher Intelligenz vorliegt. Die Funktionsweise der Algorithmen des Robo Advisors ist damit deterministisch, also bereits im Vorhinein durch die Programmierung vorgegeben.

Robo Advice umfasst dabei jedoch mehr, als lediglich den eingesetzten Algorithmus, vielmehr handelt es sich um algorithmenbasierte Entscheidungssysteme (algorithmic-decision-making), sog. ADM-Systeme.[65] Diese Systeme

65 *Verbraucherzentrale*, Positionspapier „Bessere Beratung durch Digitalisierung?!“,

umfassen *„den Gesamtprozess von der Datenerfassung über die Datenanalyse bis hin zur Deutung und Interpretation der Ergebnisse und der Ableitung einer Entscheidung oder einer Entscheidungsempfehlung aus den Ergebnissen“*.[66]

IV. Möglichkeit der Erbringung einer „Beratung“ durch Robo Advisors

Der Prozess der Kapitalanlage, insbesondere im Vorfeld der Tätigung einer Anlage, basiert zu großen Teilen auf der Beratung und Information des Kunden. Unabhängig von einer rechtlichen Einordnung soll zunächst darauf eingegangen werden, ob ein Algorithmus, bzw. ein Roboter überhaupt in der Lage ist, eine Beratung zu erbringen.

Eine Beratung beinhaltet dem Wortsinn nach die Erteilung eines Ratschlags, ebenso, wie die Durchführung einer Besprechung.[67] Durch eine Beratung werden also Informationen weitergegeben, mit dem Ziel das Wissen des Beratenen zu vergrößern. Daher steht am Ende der Beratung zumeist die oben schon erwähnte Erteilung eines Ratschlags.

Ein Ratschlag kann definiert werden als eine *„unmittelbar an eine Person gerichtete Sprechhandlung, die darauf abzielt, den anderen durch eine bestimmte Verhaltensempfehlung bei der Bewältigung eines für ihn dringlichen Problems zu unterstützen und ihm hierzu einen ihm selbst bislang nicht präsenten Lösungsweg aufzuzeigen.“*[68]

Die herkömmliche Kapitalanlage, bei der in der Regel durch ein Kundengespräch zunächst die Kenntnisse und Erwartungen des Kunden ermittelt werden, bevor eine Anlageempfehlung ausgesprochen wird, entspricht unproblematisch dieser Definition.

Problematischer ist die Erteilung eines Rates aber, wenn die Kapitalanlage online, also ohne persönliche Interaktion erfolgen soll.[69]

Für die Erteilung eines Ratschlags ist es erforderlich, dass der Algorithmus in der Lage ist, auf die persönlichen Verhältnisse des Kunden einzugehen. Eine solche Berücksichtigung ist jedoch auch technisch umzusetzen.

2018, S. 4.

66 *Vieth/Wagner*, Teilhabe, ausgerechnet, Arbeitspapier im Auftrag der Bertelsmann Stiftung, 2017, S. 10.

67 https://www.duden.de/rechtschreibung/Beratung, zuletzt abgerufen am: 26.10.2017.

68 *Paris*, Sozialer Sinn 2005, 353, 355.

69 *Linardatos*, InTer 2017, 216, 217.

Zudem beinhaltet die Erteilung eines Ratschlages über die obenstehende Definition hinaus, häufig auch, dass der Beratende dem Beratenen mitteilt, wie er selbst an seiner Stelle handeln würde. Eine derartige Empfehlung kann infolge der fehlenden persönlichen Interaktion nicht durch einen Robo Advisor erteilt werden. Es stellt sich zudem die Frage, ob ein Algorithmus überhaupt in der Lage ist, einen Anlageratschlag zu erteilen, obwohl er selbst keine Existenzängste und keine Angst vor wirtschaftlichen Verlusten kennt.[70] Sofern man die Kenntnis solcher Ängste als Voraussetzung für die Erteilung von Ratschlägen machen will, wäre diese Fähigkeit für Algorithmen zu verneinen. Geht man jedoch von obenstehender Definition des Beratungsbegriffs aus, so ist für die Erteilung eines Ratschlags nicht erforderlich, dass zwingend auch persönliche Erfahrungen mit einfließen.

Auch bei der Durchführung einer Kapitalanlage im herkömmlichen Sinne wird der Berater in hohem Maße auf technische Daten und Berechnungen zurückgreifen und nicht in erster Linie auf Basis seiner persönlichen Erfahrungen einen Rat erteilen. Zudem bleibt – richtigerweise – aufgrund der umfangreichen Regulierung des Rechts der Kapitalanlage ohnehin kaum Raum für die Einbeziehung persönliche Erfahrungen. Die Erbringung einer Beratungsleistung durch einen Algorithmus bietet damit auch die Chance, dass der Ratschlag objektiv betrachtet besser wird, da nicht das Risiko besteht, dass die Einbeziehung persönlicher Erfahrungen zu der Erteilung eines objektiv nicht sinnvollen Ratschlag führt.

Der Verbraucherzentrale Bundesverband e.V. geht in seinem Positionspapier zur digitalen Finanzanlageberatung und Vermögensberatung davon aus, dass Robo Advisors keine individuelle Beratung erbringen können, da hierfür eine *„ergebnisoffene zweiseitige Kommunikation zwischen Verbraucher und Berater“* notwendig sei.[71] Eine solche liege jedoch nicht vor, wenn auf eine standardisierte Kundenexploration lediglich eine automatisch generierte Empfehlung folge, die aber nicht auf die individuelle Situation des Verbrauchers eingehe.[72] Zwar kann aufgrund der deterministischen Funktionsweise des Algorithmus tatsächlich nicht von einer vollkommen individuellen Interaktion zwischen ADM-System und Kunde ausgegangen werden, dennoch kann auch bei einer standardisierten

70 *Linardatos*, InTer 2017, 216, 217.

71 *Verbraucherzentrale*, Positionspapier „Bessere Beratung durch Digitalisierung?!“, 2018, S. 5.

72 *Verbraucherzentrale*, Positionspapier „Bessere Beratung durch Digitalisierung?!“, 2018, S. 5.

Kundenexploration die individuelle Situation des Kunden berücksichtigt werden. Zudem wird, wie oben bereits angedeutet wurde, auch ein menschlicher Berater sich im Rahmen des Beratungsprozesses stark an vorgegebenen standardisierten Prozessen orientieren, sodass auch hier nicht von einer vollständigen Individualisierung der Beratung ausgegangen werden kann. Sowohl ein persönlicher Berater, als auch ein Algorithmus werden letztlich eine Einstufung des Kunden in eine Risikoklasse vornehmen, um eine schematischere und damit auch leichter überprüfbare Beratung zu ermöglichen. Richtigerweise ist die Kommunikation zwischen Anleger und Algorithmus nicht völlig ergebnisoffen. Der Algorithmus kann zwar auf Basis der ihm zur Verfügung gestellten Informationen entscheiden, ob und welche Empfehlung er erteilt. Diese Entscheidungsoptionen sind aber zuvor im Wege der Programmierung festgelegt worden. Zudem kann der Algorithmus nur aus einer ihm vorher zur Verfügung gestellten Produktpalette von Finanzprodukten seine Empfehlung erstellen. Letztlich entspricht dies aber auch der Vorgehensweise eines menschlichen Beraters, dem die gleichen Entscheidungsoptionen zur Verfügung stehen und der bei der Erstellung seiner Empfehlung zumeist auch nicht auf sämtliche verfügbaren Finanzprodukte zurückgreifen, sondern ebenfalls aus einer vorher definierten Produktpalette auswählen wird. Damit kann eine bloße Begrenzung des Produktangebots nicht dazu führen, dass nicht von einer ergebnisoffenen Kommunikation und damit nicht vom Vorliegen einer Beratung ausgegangen werden kann.

Insgesamt betrachtet erfordert die Durchführung einer Beratungsleistung damit keine komplett neue Definition des Beratungsbegriffs und der Erteilung von Ratschlägen, sondern es genügt das bisherige Begriffsverständnis, das von einer reinen Mensch-Mensch-Interaktion ausgeht, zu erweitern, sofern Parallelen zu einer Mensch-Maschine-Interaktion vorliegen.[73]

V. Robo Advice als FinTech

Bereits seit einigen Jahren ist im Bereich der Finanzbranche ein Zuwachs an Innovationen zu beobachten, der durch sogenannte FinTech-Unternehmen vorangetrieben wird. Zu solchen Innovationen kann auch die Erbringung von Robo Advice gezählt werden, weshalb im Folgenden erörtert werden soll, was genau der Begriff der FinTechs umfasst und ob auch Robo Advisors als FinTechs einzuordnen sind.

---

73 So auch: *Linardatos*, InTer 2017, 216, 218.

1. Begriffsbestimmung FinTech

Bevor eine Einordnung von Robo Advisors unter den Begriff der FinTechs vorgenommen werden kann, ist zunächst zu klären, wie es zu der Begriffsbildung gekommen ist und was sie umfasst.

a) Historische Entwicklung

Grundsätzlich setzt sich der Begriff des FinTech zusammen aus den Wörtern *Financial* und *Technology* und impliziert damit bereits, dass FinTechs sich im Kern mit dem Einsatz innovativer Technologien im Finanzsektor befassen.

Die Begrifflichkeit der FinTech wurde zuerst Anfang der 1990er-Jahre als Bezeichnung für das *Financial Services Technology Consortium* der Citigroup verwendet, deren Ziel es war, den Einsatz von technologischen Innovationen zu fördern.[74]

Bereits vor der Prägung des FinTech-Begriffs, der insbesondere seit 2014 vor allem für innovative Start-Ups im Finanzbereich steht, kam es jedoch zum Einsatz technologischer Innovationen in der Finanzbranche.

Arner/ Barberis/ Buckley gehen diesbezüglich von drei „Entwicklungsstufen" der FinTechs aus.[75]

Als FinTech 1.0 wird der Zeitraum zwischen 1866 und 1967 bezeichnet, in dieser Zeit kam es erstmals zur Nutzung technologischer Innovationen, wie bspw. Telegraphen oder der ersten Computer im Finanzsektor. Diese Innovationen ermöglichten eine weltweite Abwicklung von Transaktionen, sowie den Austausch von Informationen.[76]

Anschließend kam es im Zeitraum des sog. FinTech 2.0 zwischen 1967 und 2008 zu einer nahezu vollständigen Digitalisierung der internen Abläufe von Banken und Finanzdienstleistern und des Kontakts mit Kunden, hierfür ist insbesondere auf die Einführung des Online-Bankings zu verweisen.[77]

Der Zeitraum zwischen 2008 und heute wird als FinTech 3.0 bezeichnet und zeichnet sich insbesondere dadurch aus, dass neue innovative Start-Ups im Finanzsektor tätig werden, um dort aktuelle Technologien in Form von innovativen Geschäftsmodellen zu etablieren und so in Konkurrenz zu den traditionellen

74 *Hochstein*, American Banker vom 05.10.2015.

75 *Arner/Barberis/Buckley*, The Evolution of Fintech, S. 6 ff.

76 *Arner/Barberis/Buckley*, The Evolution of Fintech, S. 6 ff.

77 *Arner/Barberis/Buckley*, The Evolution of Fintech, S. 9 ff.

Finanzinstitutionen zu treten. Im allgemeinen Sprachgebrauch ist bei der Verwendung des FinTech-Begriffs in der Regel diese Phase gemeint.

Dabei wird die Entwicklung des FinTech 3.0 auch durch die exponentielle Digitalisierung begünstigt. Neben der inzwischen nahezu flächendeckenden Verfügbarkeit von Breitband-Internet, sind auch Smartphones inzwischen sehr weit verbreitet und werden in immer mehr Lebensbereichen genutzt, zu denen nunmehr auch die Abwicklung sämtlicher Finanzgeschäfte zählt. Ebenfalls ist davon auszugehen, dass die zunehmende Beliebtheit derer sich die Angebote von FinTechs erfreuen auch eine Folge des Vertrauensverlusts in traditionelle Finanzinstitute im Zuge der Finanzkrise 2008 ist.[78]

b) Definition des FinTech-Begriffs

Eine offizielle Definition des Begriff FinTech existiert bisher nicht, es wurden jedoch bereits verschiedene Versuche einer Definition unternommen. Aufgrund der Vielfalt der Geschäftsmodelle, die unter dem Oberbegriff FinTech vereint werden, fällt es jedoch schwer eine Definition zu finden, die sämtliche dieser Geschäftsmodelle zufriedenstellend unter dem Oberbegriff FinTech vereint.

Alle FinTech-Unternehmen haben es zunächst gemein, dass sie die Erbringung von Finanzdienstleistungen mit dem Einsatz innovativer Technologien verbinden.

Darüber hinausgehende Merkmale einer Definition sind jedoch nur schwer zu bestimmen.

Scholz-Fröhling nennt als eines der charakteristischen Merkmale eines FinTechs bspw., dass FinTech eine „Geisteshaltung“ sei und sich die Unternehmen als „rebellisch“ begreifen.[79] Auch wenn eine solche Einschätzung zutreffend sein mag, so kann sie nicht Merkmal einer ernsthaften Definition des FinTech-Begriffs sein.

Zutreffend ist jedoch die Feststellung, dass es bei FinTechs der Kundennutzen, also eine hohe Usability im Vordergrund steht.[80] Dies wird über die Einrichtung eines Web-Portals und/ oder einer App erreicht, sodass FinTechs ihr Geschäftsmodell onlinebasiert erbringen.[81]

Zum Teil wird ebenfalls als Merkmal für FinTechs genannt, dass sie im Rahmen ihrer Geschäftsmodelle zumeist einfache Dienstleistungen oder Produkte

---

78 *Arner/Barberis/Buckley*, The Evolution of Fintech, S. 15 f.
79 *Scholz-Fröhling*, BKR 2017, 133, 133.
80 *Scholz-Fröhling*, BKR 2017, 133, 133.
81 *Scholz-Fröhling*, BKR 2017, 133, 133.

anbieten, die sich in einem hohen Maße standardisieren lassen.[82] Zutreffenderweise ist ein gewisses Maß an Standardisierung erforderlich, um eine Dienstleistung algorithmenbasiert zu erbringen, dennoch ist – auch im Hinblick auf die zu erwartende technologische Weiterentwicklung – das Merkmal des Angebots von einfachen und leicht standardisierbaren Produkten nicht in eine Definition des FinTech-Begriffs miteinzubeziehen.

Ebenfalls nicht geeignet als Definitionsmerkmal eines FinTechs ist das Vorliegen eines Start-Ups, da vermehrt auch große Finanzinstitute ihre eigenen FinTech-Ableger gründen. Auch das Abstellen auf das Vorliegen einer Erlaubnispflicht erscheint für die Fassung einer Definition nicht sinnvoll, da auch Geschäftsmodelle denkbar sind, die keiner Erlaubnispflicht unterliegen.[83]

Demnach ist es nicht möglich eine Definition zu entwickeln, die alle Arten von FinTechs zufriedenstellend erfasst. Aus diesem Grund wird von verschiedenen Autoren versucht, eine Kategorisierung der einzelnen FinTech-Geschäftsmodelle vorzunehmen. Eine solche Kategorisierung kann jedoch, wenn sie zu stark ausdifferenziert oder auf ein bestimmtes Merkmal ausgerichtet ist, dazu führen, dass sie bestimmte Ausgestaltungen von Geschäftsmodellen ausschließt und so mittelbar eher zu einer Beschränkung als zu einer besseren Definierbarkeit des FinTech-Begriffs führt. Eine Kategorisierung darf weder zu kleinteilig geraten[84], noch darf sie, bspw. durch eine Zuordnung nach der jeweiligen aufsichtsrechtlichen Relevanz[85], dazu führen, dass dadurch bestimmte Geschäftsmodelle nicht von einer Definition des FinTech-Begriffs erfasst werden können.

Somit erscheint letztlich eine Kategorisierung, in lediglich drei Unterkategorien, nämlich „Finanzierung“, „Vermögensmanagement“ und „Zahlungsverkehr“ am zweckmäßigsten zu sein.[86] Eine solche Kategorisierung ermöglicht eine genauere Bestimmung des Begriffs der Finanzdienstleistungen und bietet ausreichenden Spielraum, um innovative Geschäftsmodelle einer der Kategorien zuordnen zu können.

---

82 *Wachtel*, S. 10.

83 Siehe dazu auch B.IV.

84 Die von *Thalhammer* gewählte Kategorisierung in 18 unterschiedliche Geschäftsbereiche gibt zwar einen guten Überblick über die vertretenen Unternehmen und Geschäftszweige, ist aber für definitorische Zwecke zu kleinteilig und unübersichtlich (abrufbar unter: https://paymentandbanking.com/german-fintech-overview-unbundling-banks/ , Stand: 11.11.2018), so im Ergebnis auch: *Scholz-Fröhling*, BKR 2017, 133, 134.

85 Eine solche Kategorisierung in sechs Teilbereiche nimmt *Scholz-Fröhling* vor, siehe dazu: *Scholz-Fröhling*, BKR 2017, 133, 134.

86 *Dorfleitner/Hornuf*, FinTech-Markt in Deutschland, S. 5.

Damit bleibt es dabei, dass der FinTech-Begriff weit gefasst werden muss, um der Vielzahl der Geschäftsmodelle Rechnung zu tragen. FinTech kann damit zusammenfassend nur als eine Erbringung von Finanzdienstleistungen unter dem Einsatz innovativer Technologien zusammengefasst werden, eine genauere Definition kann nur im Rahmen der einzelnen Kategorien erfolgen.

2. Einordnung von Robo Advice-Geschäftsmodellen als FinTech

Auch Robo Advice-Anbieter erbringen Finanzdienstleistungen unter dem Einsatz innovativer Technologien, sodass sie grundsätzlich dem FinTech-Segment zugerechnet werden können. Robo Advisors bedienen sich dabei insofern einer technologischen Innovation, als die Erbringung gegenüber dem Kunden algorithmenbasiert und in der Regel ohne direkte menschliche Interaktion abläuft. Dabei erfolgt die Erbringung onlinebasiert und kann durch den Kunden über ein Web-Portal oder auch mithilfe einer eigens entwickelten App in Anspruch genommen werden. Robo Advice ist ebenfalls lediglich ein Oberbegriff für die einzelnen Geschäftsmodelle in diesem Bereich.[87] Geht man von der oben genannten Kategorisierung aus, so ist Robo Advice als Unterkategorie des Vermögensmanagements zu begreifen.[88]

VI. Definition von Robo Advice

Eine einheitliche Definition des Begriffs Robo Advice oder gar eine Legaldefinition existiert derzeit nicht. Auch werden überwiegend (auch in dieser Arbeit) sowohl die Begriffe *Robo Advice* und *Robo Advisory* verwendet, diese sind als Synonyme gegeneinander austauschbar.

Der Begriff des *Robo Advice* kann dabei nicht exklusiv für Finanzdienstleistungen verwendet werden, da vermehrt auch andere Dienstleistungen, für die eine Beratung erforderlich ist, wie Versicherungen, Kredite, etc., algorithmisch erbracht werden.[89]

Soll eine Definition also Robo Advice im Ganzen erfassen, so kann sie sich nur darauf beziehen, dass Robo Advice die Erbringung von Dienstleistungen, für die ein Beratungsbedarf besteht, in algorithmischer Form, bezeichnet.

---

87 Vgl. zur näheren Darstellung der einzelnen Geschäftsmodelle und ihrer aufsichtsrechtlichen Relevanz Kap. B.

88 So auch: *Dorfleitner/Hornuf*, FinTech-Markt in Deutschland, S. 7 f.

89 Vgl. dazu auch: *Ringe/Ruof*, A regulatory sandbox for Robo Advisors, S. 4.

Zusätzlich zu einer solchen sehr allgemeinen Definition soll aber auch in Form einer Definition umrissen werden, auf welche Formen von Robo Advice sich die vorliegende Arbeit bezieht.

Wie bereits im Rahmen der Einleitung abgegrenzt wurde, befasst sich diese Arbeit nur mit der Erbringung von Finanzdienstleistungen zur Kapitalanlage.

Für Robo Advice zur Erbringung von Finanzdienstleistungen existieren bereits verschiedene Definitionsansätze.

Demnach wird Robo Advice definiert als:

> *„Sammelbegriff für Anbieter, die digitalen Zugang zu wertpapierbasierten Geldanlagen bieten“*[90]
>
> *„the provision of investment advice or portfolio management services (in whole or in part) through an automated or semi-automated system used as a client-facing tool“*[91]
>
> *„Finanzberatung, die über das Internet angeboten wird und aufgrund eines hohen Automatisierungsgrades kostengünstiger ist als klassische Anlageberatung oder Vermögensverwaltung durch menschliche Finanzdienstleister“*[92]
>
> *„alle technischen Systeme, mit denen Anleger Kapital investieren und über die sie ihr Vermögen verwalten lassen können“*[93]

Auf der Hand liegend ist, dass Teil einer Robo Advice-Definition für die vorliegende Arbeit die Erbringung von Finanzdienstleistungen zur Kapitalanlage sein muss, wie sie auch allen oben genannten Definitionen immanent ist. Da die Geschäftsmodelle der einzelnen Anbieter mitunter aber sehr unterschiedlich gestaltet sind, sollte in einer Definition von der Benennung spezifischer Dienstleistungen abgesehen werden.

Eine weitere Gemeinsamkeit, die auch in allen obigen Definitionen enthalten ist, ist die Erbringung der Dienstleistung in digitaler Form.[94] Dabei basieren die dem Kunden angebotenen Lösungen auf seinen vorherigen Eingaben in einem Online-Fragebogen, der für die Exploration genutzt wird. Der Algorithmus ermittelt auf Basis der vom Kunden gemachten Angaben ein Risikoprofil, auf dessen Basis er je nach Geschäftsmodell am Ende des Prozesses entweder einen Anlagevorschlag erhält[95] oder die Möglichkeit hat, die Verwaltung seiner Anlagesumme dem Robo Advisor zu übertragen. Daraus ergibt sich, dass Robo

---

90 *Verbraucherzentrale*, Positionspapier „Bessere Beratung durch Digitalisierung?!“, 2018, S. 5.

91 *ESMA*, Guidelines on certain aspects of the MiFID II suitability requirement, S. 33.

92 *Baumanns*, BKR 2016, 366, 367.

93 *Oppenheim/Lange-Hausstein*, WM 2016, 1966, 1967.

94 So auch: *Bafin*, Robo Advice – Automatisierte Anlageberatung und Portfolioverwaltung.

95 *Fein*, Robo Advisors: A Closer Look, S. 2.

Advice auch durch einen hohen Grad an Automatisierung gekennzeichnet ist, es besteht entweder keine menschliche Interaktion zwischen dem Anbieter und dem Kunden oder diese ist auf ein Minimum reduziert.[96]

Richtigerweise entsteht durch den hohen Grad an Automatisierung und die bisher überwiegend gewählte Form der Investition in ETF-Fonds (siehe oben) auch ein Kostenvorteil gegenüber der herkömmlichen Vermögensberatung. Hier ist jedoch nicht absehbar, ob und inwiefern sich die Kostenmodelle der Anbieter zukünftig verändern werden, so dass das Merkmal des Kostenvorteils nicht in eine allgemeine Definition des Robo Advice aufgenommen werden soll.

Obenstehend wurde erläutert, dass der Begriff des Robo *Advice* zwar nicht offensichtlich dem herkömmlichen Verständnis einer Beratung entspricht. Dennoch kann grundsätzlich auch bei der Verwendung von Algorithmen davon ausgegangen werden, dass eine Beratung erbracht wird.[97] Das Vorliegen und der Umfang einer Beratungsleistung hängen jedoch zu stark von der jeweils erbrachten Finanzdienstleistung ab, sodass das Merkmal der Beratung nicht mit in eine Definition einfließen soll.

Berücksichtigt man die oben genannten charakteristischen Merkmale eines Robo Advice-Anbieter, sowie die bereits vorhandenen Definitionsansätze, so lässt sich Robo Advice, wie es im Rahmen der vorliegenden Arbeit behandelt wird, definieren als die *Erbringung einer Finanzdienstleistung zur Kapitalanlage, die weitgehend ohne das Vorliegen menschlicher Interaktion auf der Basis eines Algorithmus erfolgt.*

VII. Ergebnisse zu Kap. A.

1. Robo Advice ist ein Resultat der fortschreitenden Digitalisierung und profitiert auch durch diese.
2. Der derzeit größte Markt für Robo Advice befindet sich in den USA.
3. In Deutschland sind derzeit (Stand 2020) 33 Anbieter aktiv. Da bisher noch kein Anbieter eine Größe erreicht hat, die es ihm erlaubt, profitabel zu arbeiten, ist mit einer fortschreitenden Konsolidierung des Marktes zu rechnen.
4. Für die Zukunft ist zu erwarten, dass die Anbieter vermehrt auf den Einsatz Künstlicher Intelligenz setzen werden, um ihr Beratungsangebot weiter zu verbessern.

96 So auch: *Bafin*, Robo Advice – Automatisierte Anlageberatung und Portfolioverwaltung.
97 Vgl. dazu oben A.IV.

5. Robo Advisors zeichnen sich dadurch aus, dass die Kommunikation zwischen Kunde und Anbieter nahezu ausschließlich digital erfolgt und die Anlageempfehlungen, bzw. -entscheidungen algorithmisch generiert und teilweise auch umgesetzt werden.
6. Die Geschäftsmodelle von Robo Advisors können in Full-, Half- und Self-Service-Angebote kategorisiert werden.
7. Trotz der bislang deterministischen Funktionsweise der Algorithmen kann davon ausgegangen werden, dass Robo Advisors in der Lage sind, eine Beratung zu erbringen, die dem bisherigen Verständnis einer Beratung im Rahmen einer Mensch-Mensch-Interaktion, zumindest nahekommt.
8. Robo Advisors können unter den Oberbegriff FinTech gefasst werden und decken dort den Bereich des Vermögensmanagements ab.
9. Robo Advice kann definiert werden als die Erbringung einer Finanzdienstleistung zur Kapitalanlage, die weitgehend ohne das Vorliegen menschlicher Interaktion auf der Basis eines Algorithmus erfolgt.

B. Zulassung und Erlaubnispflicht von Robo-Advice-Geschäftsmodellen

Im Rahmen der oben geschilderten Geschäftsmodelle und der Definition gibt es je nach Anbieter unterschiedliche Ausgestaltungen, im Folgenden soll überprüft werden, wie die Geschäftsmodelle von Robo Advisors ausgestaltet sein müssen, um nach geltendem Aufsichtsrecht erlaubnispflichtige Finanzdienstleistungen erbringen zu können. Hierfür soll zunächst auf die einzelnen erlaubnispflichtigen Finanzdienstleistungen eingegangen werden, bevor anschließend erörtert wird, inwiefern Kooperationen zwischen Robo Advisors und Partnerbanken erforderlich sind, bzw. inwiefern derartige Kooperationen die Erbringung erlaubnispflichtiger Dienstleistungen erleichtern können. Abschließend soll ausgehend vom geltenden Aufsichtsrecht erläutert werden, ob eine Einführung Fintech-spezifischer Regulierungsstrategien notwendig ist und wie derartige Strategien ausgestaltet sein können.

Vorangestellt soll zunächst kurz der seit Juni 2021 geltende neue Regelungsrahmen für Wertpapierinstitute in Deutschland vorgestellt werden.

Anschließend wird zunächst auf die sog. Half-Service-Plattformen eingegangen, da diese als Anbieter von Anlageberatung oder Anlagevermittlung der dem Robo Advice begrifflich immanenten „Beratung" am nächsten kommen. Anschließend wird mit den Full-Service-Plattformen und der Finanzportfolioverwaltung die inzwischen wohl am weitesten verbreitete Art der Erbringung von Robo Advice behandelt. Abschließend folgen Ausführungen zu den Self-Service-Plattformen, die aus regulatorischer Sicht keine besonderen Herausforderungen aufwerfen.

I. Regulierung von Wertpapierinstituten nach dem WpIG

Seit dem Inkrafttreten des Gesetzes zur Beaufsichtigung von Wertpapierinstituten (Wertpapierinstitutsgesetz – WpIG) Ende Juni 2021 ist die Regulierung von Wertpapierfirmen nicht mehr wie bisher im KWG geregelt, sondern hat einen eigenen Regelungsrahmen erhalten. Das WpIG setzt die Vorgaben der Investment Firm Directive (IFD – Richtlinie (EU) 2019/2035) um und regelt die Regulierung von Wertpapierinstituten zusammen mit der Investment Firm Regulation (IFR-VO – Verordnung (EU) 2019/2033).

In der Vergangenheit erfolgte die Regulierung von Wertpapierinstituten nach den Regelungen des KWG (dort als „Finanzdienstleistungsinstitute" bezeichnet), also letztlich nach lediglich geringfügig modifiziertem Bankaufsichtsrecht. Nach den dortigen Regelungen konnten CRR-Kreditinstitute Wertpapierdienstleistungen i.S.d. § 2 VIII WpHG erbringen. Nicht als Kreditinstitute, sondern als Finanzdienstleistungsinstitute galten hingegen alle anderen Institute, die Wertpapierdienstleistungen nach § 1 Ia KWG erbracht haben.

Grundlage für die Neuregulierung der Wertpapierinstitute durch die EU war eine Empfehlung der EBA (European Banking Association).[98] Diese schlug bereits in einem Report im Dezember 2015 vor, zukünftig bei der Regulierung von Wertpapierinstituten stärker auf die von diesen ausgehenden systemischen Risiken und die Vergleichbarkeit mit Banken abzustellen.[99] Auf der Basis dieser Überlegung schlug die EBA die Unterscheidung von Wertpapierfirmen in drei Kategorien vor:[100]

1) Bankähnlich tätige Unternehmen, die aufgrund ihres Geschäftsvolumens und ihrer Aktivitäten systemrelevant sind
2) Unternehmen ohne bankähnliche Tätigkeiten und mit nur geringer Systemrelevanz
3) Kleine Unternehmen, die nicht mit anderen beaufsichtigten Unternehmen verbunden sind

Die EBA stellte fest, dass rund 80 % der Wertpapierinstituten zu den kleinen Unternehmen der Ziff. 3 zu zählen sind und schlug vor, für diese Eigenkapitalanforderungen in einem Umfang vorzusehen, die lediglich eine geordnete Abwicklung bei Liquidation ermöglichen. Darüber hinaus sollten für diese Unternehmen auch weniger strenge Berichtspflichten gelten.

Auf der Basis dieser Vorschläge verabschiedete die EU am 27.11.2019 IFR und IFD.

Der deutsche Gesetzgeber setzte die Richtlinienvorgaben im WpIG um. Das WpIG behält dabei die Unterscheidung nach der Größe der Wertpapierinstitute bei und richtet sich damit hinsichtlich der Anforderungen für die jeweiligen Institute nach dem Proportionalitätsgrundsatz.[101]

---

98 EBA, Report on Investment Firms: Response to the Commission's Call for advice of December 2014, EBA/Op/2015/20, abrufbar unter: https://www.eba.europa.eu/sites/default/documents/files/documents/10180/983359/0bd8f11e-4a5e-4e33-ad13-d9dbe23ea1af/EBA-Op-2015-20%20Report%20on%20investment%20firms.pdf (zuletzt abgerufen am: 22.11.2021).

99 EBA, Report on Investment Firms: Response to the Commission's Call for advice of December 2014, EBA/Op/2015/20, S. 23.

100 Zit. nach *Schwennicke*, BKR 2021, 150, 151.

101 *Schwennicke*, BKR 2021, 150, 152.

Das WpIG enthält aufsichtsrechtliche Vorgaben für die Wertpapierinstitute im Hinblick auf die Geschäftsorganisation, die Eigenmittelanforderungen, die Geschäftsleitung und die Beaufsichtigung, sowie das Erlaubnisverfahren. Dabei folgt das Gesetz in seiner Systematik grundsätzlich der Struktur des KWG.[102]

Nach der Begriffsbestimmung in § 2 I WpIG ist ein Wertpapierinstitut jedes Unternehmen, das gewerbsmäßig oder in einem Umfang, der einen kaufmännisch eingerichteten Geschäftsbetrieb erfordert, Wertpapierdienstleistungen alleine oder zusammen mit Wertpapiernebendienstleistungen oder Nebengeschäften erbringt. Der Katalog der Wertpapierdienstleistungen und die zugrunde liegenden Definitionen entsprechen weitestgehend den bisherigen Regelungen des KWG.

Das WpIG unterscheidet in § 2 XV–XVIII insgesamt vier Kategorien von Wertpapierinstituten, enthält aber nur für drei Kategorien Regelungen:

1) CRR-Kreditinstitute (§ 2 XV WpIG) i.S.d. Art. 4 I Nr. 11 CRR-Richtlinie: Diese Institute werden weiterhin nach Maßgabe des KWG reguliert, das WpIG entfaltet für sie keine Wirkung. Für Robo Advisors spielt diese Kategorie derzeit keine Rolle, da jedenfalls kein reiner Robo-Advice-Anbieter die Voraussetzungen für die Einstufung als CRR-Kreditinstitut erfüllt. Die nachfolgenden Ausführungen im Rahmen dieses Kapitels gehen dabei nur auf die Zulassung und Erlaubnispflicht nach dem WpIG ein.
2) Große Wertpapierinstitute (§ 2 XVIII WpIG): Große Wertpapierinstitute sind Wertpapierinstitute, die Eigenhandel oder Emissionsgeschäft betreiben, mit verwalteten oder in der Anlageberatung betreuten Vermögenswerten von min. 15 Mrd. € auf Einzelbasis oder konsolidierter Basis, wenn das Institut einer Gruppe angehört und die Bilanzsumme aller gruppenangehörigen Unternehmen zusammen 15 Mrd € oder mehr beträgt.[103] Darüber hinaus kann die Einordnung als großes Wertpapierinstitut auch entweder durch Antrag bei der BaFin oder durch einseitige Anordnung seitens der BaFin (vgl. § 8 WpIG) erfolgen.[104]
3) Mittlere Wertpapierinstitute (§ 2 XVII WpIG): Dabei handelt es sich um alle Wertpapierinstitute, die weder als CRR-Wertpapierinstitut, noch als großes Wertpapierinstitut oder als kleines und nicht verflochtenes Institut eingeordnet werden können. Entscheidend für die Einstufung als mittleres

102 Ausführliche Gegenüberstellung der Normen von KWG und WpIG in: *Schwennicke*, BKR 2021, 150, 152.

103 *Schwennicke*, BKR 2021, 150, 153.

104 Ausführlich dazu: *Schwennicke*, BKR 2021, 150, 154.

Wertpapierinstitut sind nicht die primär die Bilanzwerte, sondern die Aktivitäten des Instituts. Sobald eine der Vorgaben des Art. 12 Abs. 1 IFR überschritten wird, ist ein Wertpapierinstitut nicht mehr als kleines, sondern als mittleres Institut einzustufen.

4) Kleine Wertpapierinstitute (§ 2 XVI WpIG): Bei kleinen Wertpapierinstituten handelt es sich um Institute, die alle Vorgaben des Art. 12 Abs. 1 IFR kumulativ erfüllen.[105] In diese Kategorie wird ein Großteil der in Deutschland vorhandenen Wertpapierfirmen fallen, mithin auch ein Großteil der Robo-Advice-Anbieter.

Alle Wertpapierinstitute, die der Regulierung des WpIG unterfallen benötigen eine Erlaubnis nach § 15 WpIG. Diese Erlaubnis löst die bisher bestehende Erlaubnispflicht nach § 32 KWG ab.[106]

Im Übrigen unterscheidet das WpIG hinsichtlich seinen regulatorischen Anforderungen zwischen den einzelnen Kategorien. Auf eine ausführliche Darstellung der Regulierung der einzelnen Kategorien soll im Rahmen dieser Arbeit aber verzichtet werden, da insoweit keine Besonderheiten für die Regulierung von Robo Advisors bestehen. Zudem wird für einen Großteil der Robo Advisors ohnehin insbesondere die Regulierung von kleinen Wertpapierfirmen relevant sein.

Grundsätzlich ist daher festzuhalten, dass kleine Wertpapierinstitute von Erleichterungen hinsichtlich der Anforderungen an die Geschäftsorganisation, des Vergütungssystems und des Risikomanagements profitieren.

Die Schaffung des WpIG bringt daher insbesondere für FinTechs, die Robo Advice betreiben, Vorteile gegenüber den bisherigen Regelungen des KWG mit sich, da insgesamt weniger regulatorische Vorgaben beachtet und eingehalten werden müssen.

Hinsichtlich der oben dargestellten Kategorisierung der Wertpapierinstitute ist zu beachten, dass diese dynamisch erfolgt. Das bedeutet, dass sich bei wachsenden Instituten bei Überschreitung der entsprechenden Stellenwerte auch die Einstufung und damit der einzuhaltende Regulierungsrahmen ändert.

105 Eine Übersicht aller Kriterien des Art. 12 I IFR enthält: *Schwennicke*, BKR 2021, 150, 154.

106 Ausführlich zu den Anforderungen an die Erlangung einer Erlaubnis unten unter B.II.1.b).

II. Half-Service-Plattformen

Robo Advisors, die ihr Geschäftsmodell in Form einer Half-Service-Plattform[107] erbringen setzen auf eine Beratung des Kunden, überlassen diesem aber letztlich selbst die Entscheidung, die empfohlene Anlage auch umzusetzen.[108] Half-Service-Anbieter bieten in der Regel auch eine Umsetzungsmöglichkeit über ihre Plattform an, hierfür ist jedoch die Kooperation mit einer Depotbank erforderlich.[109] Einem solchen Modell entsprechen die erlaubnispflichtigen Finanzdienstleistungen der Anlageberatung, sowie der Anlage- und Abschlussvermittlung. Im Folgenden soll daher auf die einzelnen Voraussetzungen für die Erbringung dieser Finanzdienstleistungen und ihrer Umsetzbarkeit bei einem algorithmenbasierten Geschäftsmodell eingegangen werden.

1. Anlageberatung

Geht man von einer wörtlichen Übersetzung des Begriffs „Robo Advice" – also einem „Roboter-Berater" aus, so steht die Beratungsleistung im Vordergrund. Eine tatsächliche Beratung des Kunden liegt jedoch nur bei der Anlageberatung vor, weshalb vorliegend auch zunächst erläutert werden soll, unter welchen Voraussetzungen ein Robo Advisor eine erlaubnispflichtige Anlageberatung i.S.d. § 2 II Nr. 4 WpIG (wortlautidentisch: § 1 Ia 2 Nr. 1a KWG) erbringt.

Hierbei stellt sich die Frage, ob eine algorithmenbasierte Anlageberatung, die ohne persönliche Interaktion auskommt, überhaupt mit der aufsichtsrechtlichen Definition der Anlageberatung vereinbar ist.[110] Nach Einschätzung der BaFin ist es für die Erlaubnispflicht der Anlageberatung jedoch bedeutungslos, ob der Kunde die Anlageberatung durch automatisierte Prozess oder auf anderem Wege erhält.[111] Somit begegnet die automatisierte Erbringung der Anlageberatung bei Einhaltung der entsprechenden Vorgaben grundsätzlich keinen durchgreifenden Bedenken seitens der BaFin.

---

107 Zum Teil werden derartige Geschäftsmodelle, die dem Kunden die Möglichkeit bieten eine Anlageempfehlung zu erhalten, auch als „Robo Advisors der ersten Generation" bezeichnet, so bspw. in: *Madel*, Robo Advice, S. 37.

108 Vgl. dazu auch schon oben A.III.1.

109 Vgl. dazu unten B.V.1.

110 Zur Vereinbarkeit von Robo Advice mit dem Begriff der „Beratung" siehe auch oben A.IV.

111 *BaFin*, Merkblatt Robo Advice und Auto-Trading, Stand: 22.07.2016; *Grischuk*, BaFin-Journal 08/2017, 18.

a) *Merkmale der Anlageberatung*

Anlageberatung ist nach § 1 Ia Nr. 1a KWG „die Abgabe von persönlichen Empfehlungen an Kunden oder deren Vertreter, die sich auf Geschäfte mit bestimmten Finanzinstrumenten beziehen, sofern die Empfehlung auf eine Prüfung der persönlichen Umstände des Anlegers gestützt oder als für ihn geeignet dargestellt wird und nicht ausschließlich über Informationsverbreitungskanäle oder für die Öffentlichkeit bekannt gegeben wird".

Erbringt ein Robo Advisor derartige Dienstleistungen, so gilt er grds. nach § 1 Ia KWG als Finanzdienstleistungsinstitut und bedarf zur Erbringung dieser Dienstleistung nach § 32 KWG der Erlaubnis der BaFin. Zudem sind umfangreiche Organisationspflichten des WpHG zu beachten.[112]

Im Folgenden soll anhand der einzelnen Merkmale der Legaldefinition überprüft werden, wann vom Vorliegen einer Anlageberatung durch einen Robo Advisor auszugehen ist.

aa) *Durchführung der Kundenexploration*

Um eine Anlageempfehlung, für die auch eine Berücksichtigung der persönlichen Umstände des Kunden erforderlich ist, ausgeben zu können, muss der Algorithmus des Robo Advisors so ausgestaltet sein, dass er zunächst in der Lage ist, die erforderlichen Informationen im Rahmen der Kundenexploration zu erfassen.[113]

Da allerdings bereits der Eindruck des Kunden, seine persönlichen Umstände seien berücksichtigt worden für die Annahme einer Anlageberatung (bei Vorliegen der sonstigen Voraussetzungen) genügt, kann auch dann, wenn überhaupt keine Exploration des Kunden stattgefunden hat, eine erlaubnispflichtige Anlageberatung vorliegen. Hierzu stellt auch die BaFin in Bezug auf Robo Advisors explizit klar, dass „der Umfang der Kundenexploration oder deren Vollständigkeit [...] grds. keinen Einfluss darauf [hat], wie die Erlaubnispflicht beurteilt wird".[114]

Aufgrund der fehlenden persönlichen Interaktion greifen Robo Advisors für die Durchführung der Exploration auf Fragebögen zurück, die der Kunde online

---

112 Vgl. dazu auch unten Kap. C.

113 An dieser Stelle soll nur darauf eingegangen werden, wann im Rahmen der Exploration eine Erfassung und Berücksichtigung persönlicher Umstände vorliegt, zu den genauen Anforderungen an die Kundenexploration, auch im Hinblick auf die Finanzportfolioverwaltung vgl. unten unter D. V. 2.

114 *BaFin*, Merkblatt Robo Advice und Auto-Trading.

ausfüllen kann. Denkbar ist auch die Nutzung eines Chatbots, der in der Lage ist, dynamisch auf bestimmte Kundeneingaben zu reagieren.

Ziel der Kundenexploration ist es, die persönlichen Umstände des Kunden zu erfassen, um so eine auf seine individuellen Bedürfnisse abgestimmte Anlageempfehlung abgeben zu können. Dafür ist zunächst zu klären, welche persönlichen Umstände des Anlegers im Rahmen einer ordnungsgemäßen Kundenexploration erfasst werden müssen. Hierauf kommt es nicht nur für die tatsächliche Erfassung der persönlichen Umstände an, sondern auch für die zweite Tatbestandsalternative des Anscheins einer Kundenexploration, da andernfalls nicht bewertet werden kann, worauf sich der Anschein der Exploration beziehen muss. Diesbezüglich gelten für die onlinebasierte Erfassung, wie Robo Advisors sie durchführen, keinerlei Ausnahmen.

Weder das WpHG noch das KWG enthalten eine Legaldefinition der „persönlichen Umstände", auch die MiFID II-Richtlinie[115] und die Delegierte Verordnung (EU) 2017/565 (im Folgenden: DVO MiFID II)[116] enthalten keine entsprechende Definition. Art. 9 DVO MiFID II sieht für die Anlageberatung eine „Prüfung der Verhältnisse der betreffenden Person" vor.

Obwohl es für die Subsumtion einer Dienstleistung unter die Legaldefinition der Anlageberatung noch nicht darauf ankommen kann, dass alle für die Anlageberatung verlangten Wohlverhaltenspflichten erfüllt werden, so kann zumindest für die Bestimmung des Umfangs der persönlichen Umstände des Anlegers auf die Informationseinholungspflichten der Anbieter abgestellt werden. Es ist jedoch nicht zu verlangen, dass die eingeholten Informationen komplett den Vorgaben des § 64 III WpHG oder der zivilrechtlichen Rechtsprechung zur anleger- und objektgerechten Beratung entsprechen müssen.[117]

§ 64 III WpHG regelt, dass Informationen zu Kenntnissen und Erfahrungen mit bestimmten Wertpapierdienstleistungen, zu den finanziellen Verhältnissen

---

115 Richtlinie 2014/65/EU des Europäischen Parlamentes und des Rates vom 15. Mai 2014 über Märkte für Finanzinstrumente sowie zur Änderung der Richtlinien 2002/92/EG und 2011/61/EU.

116 Delegierte Verordnung (EU) 2017/565 der Kommission vom 25.4.2016 zur Ergänzung der Richtlinie 2014/65/EU des Europäischen Parlamentes und des Rates in Bezug auf die organisatorischen Anforderungen an Wertpapierfirmen und die Bedingungen für die Ausübung ihrer Tätigkeit sowie in Bezug auf die Definition bestimmter Begriffe für die Zwecke der genannten Richtlinie.

117 *Schäfer* in: *Boos/Fischer/Schulte-Mattler*, KWG Kommentar, 5. Auflage 2016, § 1, Rn. 146; *Schwennicke* in: Schwennicke/Auerbach, KWG Kommentar, 4. Auflage 2021, § 1, Rn. 95.

des Kunden, insbesondere auch zu seiner Verlusttragfähigkeit, sowie hinsichtlich der Anlageziele und der Risikotoleranz erfasst werden müssen. BaFin und Deutsche Bundesbank bejahen eine Berücksichtigung der persönlichen Umstände bereits dann, wenn der Kunde dem Anbieter gegenüber lediglich allgemeine Angaben hinsichtlich seiner finanziellen Situation macht und er daraufhin eine Anlageempfehlung erhält.[118] Unerheblich für die Annahme des Tatbestandes der Anlageberatung ist allerdings die Anzahl der abgefragten persönlichen Umstände, nach der Verwaltungspraxis der BaFin genügt bereits die Erfassung eines einzelnen persönlichen Umstandes für die Annahme einer Anlageberatung.[119] Dabei ist es auch nicht erforderlich, dass sich dieser persönliche Umstand unmittelbar auf die finanzielle Situation des Anlegers bezieht oder eine sonstige objektive Relevanz besteht – so verweist die BaFin darauf, dass auch bereits die Abfrage des Alters des Kunden als Abfrage eines entsprechenden persönlichen Umstands gilt.[120]

Die BaFin legt damit sehr geringe Maßstäbe an das Vorliegen eines persönlichen Umstands und bejaht die Erfassung eines solchen auch bei einer Erfassung des Anlagehorizonts und der Risikobereitschaft.[121] Nicht als Angabe persönlicher Umstände anzusehen ist hingegen die bloße Eingabe des gewünschten Anlagebetrags und der Höhe der gewünschten Sparraten.[122] Demgegenüber wird in der Literatur vertreten, dass eine Abfrage des Anlagehorizonts und der Risikobereitschaft noch nicht als eine Erfassung persönlicher Umstände anzusehen ist.[123]

Die BaFin bejaht eine Erfassung persönlicher Umstände zudem auch dann, wenn der Kunde zwar nicht ausdrücklich persönliche Angaben macht, die Erfassung sich aber aus der Gestaltung der Exploration ableiten lässt.[124] So ist auch dann von einer Erfassung persönlicher Umstände auszugehen, wenn sich anhand der Auswahlmöglichkeiten für einzelne Strategien die Risikobereitschaft des Kunden ablesen lässt, die einzelnen Strategien also bspw. mit „defensiv", „ausgewogen" und „spekulativ" bezeichnet sind.[125] Ebenfalls soll eine solche

---

118 Gem. Informationsblatt der BaFin und der Bundesbank zum Tatbestand der Anlageberatung, S. 3.

119 *Grischuk*, BaFin-Journal 08/2017, 18, 19.

120 *Grischuk*, BaFin-Journal 08/2017, 18, 19.

121 *Grischuk*, BaFin-Journal 08/2017, 18, 19.

122 *Grischuk*, BaFin-Journal 08/2017, 18, 19.

123 *Baumanns*, BKR 2016, 366, 370.

124 *Grischuk*, BaFin-Journal 08/2017, 18, 19.

125 *Grischuk*, BaFin-Journal 08/2017, 18, 20.

implizite Erfassung von persönlichen Umständen dann vorliegen, wenn sich anhand des Aufbaus und der Bezeichnung der empfohlenen Produkte ergibt, welcher Anlagehorizont dem Kunden empfohlen wird oder sich aus den Zielen der Anlagen (bspw. Altersvorsorge/ Vermögensaufbau/ Kurzfristige Gewinnerzielung) wiederum Rückschlüsse auf persönliche Umstände des Kunden ziehen lassen.[126]

Da der Gesetzgeber die Durchführung der Kundenexploration nicht explizit gesetzlich geregelt hat, ist für die Beurteilung, ob eine Erfassung persönlicher Umstände vorliegt, letztlich die Verwaltungspraxis der BaFin als Aufsichtsbehörde maßgeblich. Dennoch erscheint die Praxis der BaFin als sehr weitgehend. Geht man von der Einschätzung der BaFin aus, so ist eine Kundenexploration, bei der keine persönlichen Umstände des Kunden abgefragt werden kaum vorstellbar.

Die weite Auslegung des Merkmals der persönlichen Umstände durch die BaFin führt zu einem hohen Anlegerschutzniveau, da sie die Schwellen für die Einstufung eines Geschäftsmodells als Anlageberatung senkt, für die sowohl aufsichts-, als auch zivilrechtlich die strengsten und umfangreichsten Vorgaben bestehen. Gleichzeitig schränkt eine derart weite Auslegung jedoch auch den Spielraum, den Robo Advisors bei der Ausgestaltung ihrer Geschäftsmodelle haben, ein, um nicht in den Bereich einer erlaubnispflichtigen Anlageberatung zu kommen. Letztlich erscheint die weite Auslegung aber unter dem Gesichtspunkt eines umfangreichen Anlegerschutzes auch im Hinblick auf neue Innovationen auf den Finanzmärkten als angemessen, zumal die Anbieter auch bei Erfragen von persönlichen Umständen ihr Geschäftsmodell noch so ausgestalten können, dass keine persönliche Empfehlung und damit auch keine Anlageberatung vorliegt.[127]

Gegenüber der herkömmlichen Anlageberatung bietet sich durch die feste Gestaltung des Fragebogens zudem der Vorteil, dass für jede Beratungsleistung festgelegt ist, ob und welche persönlichen Umstände erfasst werden.

Die obigen Ausführungen haben gezeigt, dass es aufgrund der Anforderungen an die Erfassung von persönlichen Umständen für Robo Advisors zentral auf die Gestaltung ihres Online-Fragebogens ankommt. Dies gilt insbesondere für Anbieter, die keine Erlaubnis für die Erbringung einer Anlageberatung besitzen,

---

126 *Grischuk*, BaFin-Journal 08/2017, 18, 20.

127 Vgl. dazu insbesondere die untenstehenden Ausführungen zur Wirksamkeit eines Ausschlusses von Anlageberatung durch AGB oder Disclaimer unter B.II.1.a)bb)(2)(b).

da hier durch eine sorgfältige Gestaltung des Fragebogens verhindert werden kann, dass nach den oben geschilderten Voraussetzungen der Eindruck einer Berücksichtigung persönlicher Umstände entsteht, der letztlich zum Vorliegen einer erlaubnispflichtigen Anlageberatung führen kann.

bb) Abgabe einer Anlageempfehlung

Im Anschluss an die Kundenexploration erfolgt die Erteilung eines Anlagerats, dieser muss den Anforderungen an eine Empfehlung genügen und einen individuellen Bezug aufweisen, darf also nicht lediglich öffentlich bekanntgegeben werden.

(1) Vorliegen einer Empfehlung

Eine Empfehlung liegt dann vor, wenn dem Anleger gegenüber eine Handlung als „in seinem Interesse liegend" bezeichnet wird.[128]

Dabei sind sowohl Empfehlungen, die auf ein Handeln, als auch solche, die auf ein Unterlassen gerichtet sind, von der Definition erfasst.[129]

Keine Empfehlung liegt hingegen dann vor, wenn der Kunde eine bloße Information erhält, durch die keine konkreten Vorschläge über die Veränderung der Zusammensetzung seines Vermögens gemacht werden.

Erforderlich ist, dass die dem Kunden durch den Robo Advisor nach Durchführung des Online-Fragebogens angezeigten Ergebnisse über den bloßen Status einer Information hinausgehen. Nicht ausreichend für das Vorliegen einer Empfehlung ist es demnach, wenn der Anleger lediglich neutrale Informationen erhält. Erforderlich für das Vorliegen einer Empfehlung ist es, dass die dem Kunden vorgeschlagenen Anlagemöglichkeiten durch Hinzuziehung zusätzlicher Kriterien oder eigener Erläuterungen des Robo Advisors präzisiert werden und dem Kunden so eine Entscheidungshilfe geboten wird.[130] Nach Ansicht der BaFin soll auch bereits dann vom Vorliegen einer Empfehlung ausgegangen werden, wenn der Anbieter im Vorfeld eine Eingrenzung seines Produktangebots vornimmt, das nicht lediglich objektiven Kriterien folgt.[131]

---

128 *Schäfer* in: *Boos/Fischer/Schulte-Mattler*, KWG Kommentar, 5. Auflage 2016, § 1, Rn. 143; *Schwennicke* in: Schwennicke/Auerbach, KWG Kommentar, 4. Auflage 2021, § 1, Rn. 90; Gem. Informationsblatt der BaFin und der Bundesbank zum Tatbestand der Anlageberatung, S. 1.

129 *Schäfer* in: *Boos/Fischer/Schulte-Mattler*, KWG Kommentar, 5. Auflage 2016, § 1, Rn. 143.

130 *Grischuk*, BaFin-Journal 08/2017, 18, 20.

131 *Grischuk*, BaFin-Journal 08/2017, 18, 20.

Erforderlich ist ebenfalls, dass sich die Empfehlung auf Geschäfte mit bestimmen Finanzgeschäften bezieht.

Darüber hinaus muss das Finanzinstrument auch „bestimmt“ sein. Das heißt der Kunde muss konkrete und nicht lediglich generische Anlagevorschläge erhalten.[132]

Von einer bestimmten Empfehlung ist in jedem Fall dann auszugehen, wenn die empfohlenen Produkte exakt mit Angabe der Internationalen Wertpapierkennnummer (ISIN) benannt werden.[133]

Es genügt jedoch auch für das Merkmal der Bestimmtheit, wenn der Anbieter dem Kunden eine Reihe von konkreten Anlagevorschlägen unterbreitet, dem Kunden aber die letztliche Auswahl überlässt.[134] Dabei ist jedoch der Inhalt der einzelnen Vorschläge entscheidend. Schlägt der Anlageberater lediglich eine Aufteilung der Depotstruktur in einzelnen Produktkategorien (bspw. Anleihen/ Fonds/ Aktien) ohne Nennung bestimmter Wertpapiere vor, so ist nur dann von einer hinreichend „bestimmten“ Empfehlung auszugehen, wenn innerhalb der einzelnen Kategorien nur eine stark beschränkte Anzahl (ca. 10–20) an Produkten zur Auswahl steht.[135]

Demnach ist eine Anlageberatung nicht dadurch ausgeschlossen, dass der Robo Advisor dem Kunden nach Beantwortung des Fragebogens verschiedene konkrete Vorschläge zur Zusammenstellung seines Portfolios macht. Diese Vorschläge müssen jedoch so konkret sein, dass der Kunde genau vorgegeben bekommt, welche Finanzinstrumente in welcher Anzahl gekauft werden müssen, um die durch den Anlagevorschlag empfohlene Vermögensverteilung zu erreichen.[136]

(2) Berücksichtigung der persönlichen Umstände oder Anschein einer Prüfung der persönlichen Umstände

Neben der Erfassung der persönlichen Umstände ist erforderlich, dass der Robo Advisor diese für die Abgabe der Empfehlung auch berücksichtigt. Von einer

132 *Grischuk*, BaFin-Journal 08/2017, 18, 21.

133 *Schäfer* in: Boos/Fischer/Schulte-Mattler, KWG Kommentar, 5. Auflage 2016, § 1, Rn. 144; *Grischuk*, BaFin-Journal 08/2017, 18, 21; *BaFin*, Merkblatt Robo-Advice und Auto-Trading.

134 *Möslein/Lordt*, ZIP 2017, 793, 795; Gem. Informationsblatt der BaFin und der Bundesbank zum Tatbestand der Anlageberatung, S. 2.

135 *Grischuk*, BaFin-Journal 08/2017, 18, 21 f.

136 Siehe dazu auch: *Loff* in: Klebeck/Dobrauz-Saldapenna, Rechtshandbuch Digitale Finanzdienstleistungen, 1. Auflage 2018, Kap. 3, S. 205, Rn. 36.

solchen Berücksichtigung ist dann auszugehen, wenn die vom Anlageinteressenten eingeholten Informationen bei der Unterbreitung einer Anlageempfehlung miteinbezogen werden.[137] Diese Berücksichtigung übernimmt bei der herkömmlichen Anlageberatung der Berater, der dann auf Basis der Angaben des Kunden, die entsprechenden Anlagevorschläge ausarbeitet. Bei der Erbringung von Robo Advice kann eine solche Berücksichtigung technisch problemlos durch entsprechende Programmierung des Algorithmus erfolgen.

(a) Anschein der Berücksichtigung der persönlichen Umstände

Zum Schutz des Anlegers genügt es jedoch für die Einstufung einer Dienstleistung als erlaubnispflichtige Anlageberatung bereits, wenn der Anlageinteressent den Eindruck erhält, seine persönlichen Umstände seien berücksichtigt worden.

Erforderlich ist, dass der Anbieter einen ihm zurechenbaren Rechtsschein der Berücksichtigung der persönlichen Umstände gesetzt hat, maßgeblich ist dabei die Sichtweise des Kunden.[138] Muss dieser davon ausgehen, dass bei der ihm unterbreiteten Anlageempfehlung eine Berücksichtigung seiner persönlichen Umstände stattgefunden hat, so ist von einer erlaubnispflichtigen Anlageberatung auszugehen.[139] Dabei sind auch für den Anschein einer Berücksichtigung der persönlichen Umstände zum Zwecke des Anlegerschutzes geringe Maßstäbe anzulegen. So ist bereits vom Bestehen eines Anscheins auszugehen, wenn der Anbieter zuvor persönliche Umstände des Kunden erfasst hat, ohne darauf hinzuweisen, dass diese bei der späteren Empfehlung nicht berücksichtigt werden sollen.[140] Bei einer algorithmenbasierten Erbringung der Finanzdienstleistung wird der Kunde also schon dann davon ausgehen dürfen, dass seine persönlichen Umstände berücksichtigt werden, wenn im Rahmen der Exploration persönliche Umstände erfragt werden und sich aus der Gestaltung des Fragebogens nicht eindeutig ergibt, dass diese nicht für die spätere Empfehlung berücksichtigt werden sollen. Eine solche Beurteilung erscheint auch sachgerecht. Käme es für

---

137 *Schwennicke* in: *Schwennicke/Auerbach*, KWG Kommentar, 4. Auflage 2021, § 1, Rn. 94; *Assmann* in: Assmann/Schneider/Mülbert, WpHG Kommentar, 7. Auflage 2019, § 2, Rn. 172 f.

138 *Schwennicke* in: Schwennicke/Auerbach, KWG Kommentar, 4. Auflage 2021, § 1, Rn. 95.

139 Gem. Informationsblatt der BaFin und der Bundesbank zum Tatbestand der Anlageberatung, S. 3.

140 *Baum* in: Hirte/Möllers, Kölner Kommentar zum WpHG, 2. Auflage 2014, § 2, Rn. 186; *Assmann* in: Assmann/Schneider/Mülbert, WpHG Kommentar, 7. Auflage 2019, § 2, Rn. 172.

die Beurteilung des Vorliegens einer Anlageberatung darauf an, ob und welche Informationen der Algorithmus tatsächlich berücksichtigt, würde dies zu einer großen Rechtsunsicherheit auf Seiten der Kunden führen, da dieser unmöglich einschätzen kann, welche seiner angegebenen Informationen der Algorithmus tatsächlich verwertet.[141] Den Anbietern würde so die Möglichkeit eröffnet, sich nahezu beliebig dem Tatbestand der erlaubnispflichtigen Anlageberatung entziehen zu können.[142]

(b) Wirksamkeit eines Ausschlusses der Berücksichtigung der persönlichen Umstände durch Allgemeine Geschäftsbedingungen und Disclaimer

Um den Anschein der Berücksichtigung der persönlichen Umstände zu vermeiden, schließen nahezu alle Robo Advice-Anbieter, die keine entsprechende BaFin-Lizenz für die Erbringung von Anlageberatung besitzen, die Erbringung von Anlageberatung in ihren Allgemeinen Geschäftsbedingungen aus und verwenden zusätzlich Disclaimer. Diese sind während des gesamten Explorationsprozesses gut sichtbar eingeblendet und weisen den Anlageinteressenten bei der Ausfüllung des Fragebogens darauf hin, dass vorliegend gerade keine Berücksichtigung seiner persönlichen Umstände stattfindet. Grundsätzlich besteht die Möglichkeit, den Anschein einer Berücksichtigung der persönlichen Umstände durch entsprechende Klauseln in AGB und Disclaimer zu vermeiden und so auch den Anschein einer Berücksichtigung der persönlichen Umstände zu erschüttern; es kommt jedoch insbesondere auf die Gestaltung der Klauseln an.

Eine Klausel in allgemeinen Geschäftsbedingungen, die das Zustandekommen eines Anlageberatungsvertrages ausschließt, hält einer Inhaltskontrolle grundsätzlich stand.[143] Diese Einstufung kann auch auf den Ausschluss der Erbringung sonstiger erlaubnispflichtiger Tätigkeiten durch AGB übertragen werden.

Zu beachten ist jedoch, dass dennoch der Vorrang der Individualabrede des § 305b BGB gilt, d.h. sobald der Kunde in einer Form beraten wird, die einer erlaubnispflichtigen Dienstleistung entspricht, kommt ein Vertrag über die

---

141 So auch: *Linardatos* in: Linardatos, Rechtshandbuch Robo Advice, 1. Auflage 2020, § 4, Rn. 24.

142 Zutreffend: *Linardatos* in: Linardatos, Rechtshandbuch Robo Advice, 1. Auflage 2020, § 4, Rn. 24.

143 *Schmitt* in: Zerey, Finanzderivate, 4. Auflage 2016, § 34, Rn. 173; *Buck-Heeb*, ZIP 2013, 1401, 1405.

erlaubnispflichtige Tätigkeit zustande.[144] Wird die Anlageberatung algorithmenbasiert erbracht und kommt es nicht zu einem persönlichen Kontakt zwischen einem Mitarbeiter des Robo Advice-Anbieters und dem Kunden, so kann aufgrund der fest vorgegebenen Gestaltung des Explorations- und Beratungsprozesses durch die Programmierung des Algorithmus nicht vom Vorliegen einer Individualabrede ausgegangen werden.

Demnach ist bei einer Erbringung von Robo Advice die Ausgestaltung des Fragebogens von zentraler Bedeutung.

Wird der Fragebogen so programmiert, dass der Kunde gerade nicht den Eindruck erhält, dass seine persönlichen Umstände berücksichtigt werden und berücksichtigt der Algorithmus diese letztlich auch nicht, so sind entsprechende Klauseln, die eine Erbringung von erlaubnispflichtiger Anlageberatung ausschließen, wirksam.[145]

Viele Anbieter verwenden in Ihren Explorationsprozessen zudem teilweise mehrere Disclaimer, die dem Kunden deutlich machen sollen, dass er hier keine individualisierte Empfehlung erhält und auch keine solche erwarten kann.

Die Verwendung solcher Disclaimer-Lösungen basiert auf einer Entscheidung des BGH vom 04.03.2014.[146] Die Kläger hatten bei einem Discount-Broker, der lediglich execution-only-Dienstleistungen anbot, ein Depotkonto eröffnet und begehrten Schadensersatz für ein über dieses Konto ausgeführtes Anlagegeschäft. Der BGH stellte jedoch fest, dass hier kein Anlageberatungsvertrag vorliege, da der Discount Broker bereits vor Abschluss des Depotvertrages im Kontoeröffnungsantrag mitgeteilt habe, dass sich seine Dienstleistungen nur an erfahrene und informierte Anleger richten und man zur Aufklärung lediglich den gesetzlichen Aufklärungspflichten nachkommen, aber keine individuellen Empfehlungen erteilen werde.[147]

Für die Beurteilung der Wirksamkeit eines Disclaimers kommt es jedoch entscheidend auf seine Ausgestaltung an. Um sicherzustellen, dass dem Anlageinteressenten klar wird, dass er gerade keine auf seinen persönlichen Umständen basierende individuelle Empfehlung erhält, muss ihm vor Anzeige der Empfehlung ein Disclaimer angezeigt werden, aus dessen Formulierung klar hervorgeht, dass die ausgesprochene bestimmte Empfehlung nicht auf einer Berücksichtigung seiner finanziellen Situation basiert und demnach auch keine Aussage

144 *Schmitt* in: Zerey, Finanzderivate, 4. Auflage 2016, § 34, Rn. 173.
145 *Schmitt* in: Zerey, Finanzderivate, 4. Auflage 2016, § 34, Rn. 173.
146 BGH, BKR 2014, 203.
147 BGH, BKR 2014, 203.

über die Risikotragfähigkeit getroffen werden kann.[148] Pauschale Hinweise, aus denen lediglich hervorgeht, dass keine Anlageberatung erbracht werde oder keine Angemessenheits- und Geeignetheitsprüfung durchgeführt werde, genügen nicht.[149] Durch derartige pauschale Hinweise wird dem Kunden nicht ausreichend deutlich gemacht, dass und insbesondere warum er vorliegend keine Anlageberatung erwarten kann.

Erhält der Kunde trotz des Disclaimers den Eindruck eine aufgrund seiner Angaben individualisierte Empfehlung zu erhalten, ist dennoch von der Erbringung einer erlaubnispflichtigen Anlageberatung auszugehen.[150]

Entsteht bei dem Kunden dieser Eindruck, so bietet sich ihm im Prozess die Möglichkeit sich auf die Verletzung von Beratungspflichten des WpHG zu berufen, dies kann auch nicht dadurch sicher ausgeschlossen werden, sich darauf zu berufen, dass der Kunde aufgrund des Disclaimers nicht hätte annehmen dürfen, dass er eine individuelle Empfehlung erhält.[151] Etwas anderes mag lediglich dann gelten, wenn der Kunde schon bevor er die Webseite des Robo Advisors nutzen kann, einen vorgeschalteten Disclaimer akzeptieren muss, der – differenziert nach Anlegertyp und Herkunftsland des Anlegers – eindeutig klarstellt, dass keine Empfehlungen ausgesprochen werden.[152] Auch in einer solchen Konstellation ist jedoch erforderlich, dass die nachfolgenden Seiten so ausgestaltet sind, dass nicht im Widerspruch zum Disclaimer beim Kunden dennoch der Eindruck einer Empfehlung entsteht.

(3) Keine öffentliche Bekanntgabe der Anlageempfehlung

Auch bei der Bekanntgabe der Anlageempfehlung ist ein persönliches Element erforderlich, sodass diese nicht öffentlich erfolgen darf.

Eine derartige öffentliche Bekanntgabe liegt dann vor, wenn die Art der Bekanntgabe dafür geeignet und bestimmt ist, einen individuell nicht bestimmbaren Personenkreis zu erreichen.[153] Eine solche öffentliche Bekanntgabe liegt bspw. dann vor, wenn lediglich allgemeine Anlagetipps, etwa durch die

---

148 *Baumanns*, BKR 2016, 366, 370.

149 *Baumanns*, BKR 2016, 366, 370.

150 So auch: *Linardatos* in: Linardatos, Rechtshandbuch Robo Advice, 1. Auflage 2020, § 4, Rn. 44.

151 *Oppenheim/Lange-Hausstein*, WM 2016, 1966, 1969.

152 *Linardatos* in: Linardatos, Rechtshandbuch Robo Advice, 1. Auflage 2020, § 4, Rn. 46.

153 Gem. Informationsblatt der BaFin und der Bundesbank zum Tatbestand der Anlageberatung, S. 4.

Verwendung von Newslettern, verbreitet werden. Entscheidend für die Abgrenzung ist damit, ob derjenige, der die Anlageempfehlung erhält, den Inhalt dieser Empfehlung durch die Angabe persönlicher Informationen beeinflussen kann.[154]

Nachdem der Anlageinteressent auf der Webseite des Robo Advisors den Anlagefragebogen ausgefüllt hat, erhält er auf der Webseite des Anbieters seine Anlageempfehlung. Folglich kann diese Empfehlung von jedem reproduziert werden, der ebenfalls die gleichen Angaben in den Fragebogen eingibt. Dennoch ist von einer hinreichenden Individualisierung auszugehen, da die einzelnen Angaben des Kunden im Laufe des Explorationsprozesses gespeichert und verarbeitet werden.[155]

Zudem gelten gleichlautende Empfehlungen, die gegenüber Einzelnen erfolgen, nicht als öffentlich bekannt gegeben.

Ebenfalls gegen eine Einstufung der Empfehlung bei Robo Advice als öffentliche Bekanntgabe spricht Erwägungsgrund Nr. 79 der DVO MiFID.[156] Dort wird für eine öffentliche Bekanntgabe lediglich auf solche Medien abgestellt, die an das „breite Publikum" gerichtet sind, also bspw. Printmedien, Radio und Fernsehen. Alle dort genannten Medien haben gemeinsam, dass sie keine Interaktion mit dem Anlageinteressenten vorsehen, die bei einer öffentlichen Bekanntgabe auch gerade nicht erforderlich ist.[157] Bei der Inanspruchnahme eines Robo Advisors beeinflusst der Anlageinteressent aber die letztliche Empfehlung durch seine Eingaben entscheidend, sodass hier von einer persönlichen und nicht von einer öffentlichen Bekanntgabe auszugehen ist und es letztlich unbeachtlich ist, dass diese Empfehlung reproduziert werden könnte.

b) Erlaubnispflicht nach § 15 WpIG

aa) Allgemeine Anforderungen

Liegen die oben dargestellten Merkmale der Anlageberatung vor und wird damit die Legaldefinition des § 2 II Nr. 4 WpIG erfüllt, so wird eine erlaubnispflichtige Wertpapierdienstleistung erbracht, für die eine Erlaubnis nach § 15 WpIG

---

154 *Linardatos* in: Linardatos, Rechtshandbuch Robo Advice, 1. Auflage 2020, § 4, Rn. 40.

155 *Grischuk*, BaFin-Journal 08/2017, 18, 22.

156 Richtlinie 2006/73/EG der Kommission vom 10. August 2006 zur Durchführung der Richtlinie 2004/39/EG des Europäischen Parlaments und des Rates in Bezug auf die organisatorischen Anforderungen an Wertpapierfirmen und die Bedingungen für die Ausübung ihrer Tätigkeit sowie in Bezug auf die Definition bestimmter Begriffe für die Zwecke der genannten Richtlinie.

157 *Baumanns*, BKR 2016, 366, 371.

erforderlich ist. Hieran ändert sich auch bei einer Anlageberatung durch automatisierte Prozesse nichts.[158]

§ 15 und 16 WpIG regeln die umfangreichen Anforderungen, die erfüllt sein müssen, um erfolgreich einen Antrag auf Erteilung einer Erlaubnis zu stellen. Für die Beantragung einer Erlaubnis gelten für Robo Advisors dieselben Bedingungen, wie für sämtliche anderen Unternehmen, für deren Geschäfte eine Erlaubnis nach § 15 WpIG erforderlich ist. Daher soll auf die einzelnen Voraussetzungen vorliegend nur auszugsweise eingegangen werden.

Eine Erlaubnispflicht besteht zunächst nach § 15 WpIG nur dann, wenn die Anlageberatung entweder gewerbsmäßig oder in einem Umfang erbracht wird, der einen kaufmännisch eingerichteten Gewerbebetrieb erfordert, diese Voraussetzung besteht ebenso wie bei der vorher bestehenden Erlaubnispflicht nach § 32 KWG weiterhin, wenngleich der Wortlaut des § 15 WpIG dieses Erfordernis nicht mehr enthält.[159] Für eine Gewerbsmäßigkeit ist erforderlich, dass die Erbringung der Anlageberatung auf eine gewisse Dauer ausgerichtet ist und eine Gewinnerzielungsabsicht vorliegt.[160]

Vom Vorliegen dieser Merkmale ist bei Robo Advisors in der Regel auszugehen. Unschädlich ist hierbei auch, dass die meisten Anbieter derzeit, wie obenstehend dargestellt, noch keine Gewinne erzielen, es genügt bereits die Absicht (mittelbar) durch die Anlageberatung Gewinne zu erzielen.[161]

§ 18 WpIG enthält die Versagungsgründe für eine Erlaubniserteilung, sodass sich hieraus auch ableiten lässt, welche Voraussetzungen für eine Erlaubniserteilung zwingend erfüllt sein müssen.

So ist zunächst erforderlich, dass die für den Geschäftsbetrieb erforderlichen Mittel, insbesondere ein ausreichendes Anfangskapital vorhanden sind (§ 18 I Nr. 1 WpIG). Hierfür sieht § 17 I Nr. 2 WpIG bei Unternehmen die Anlageberatung erbringen und sich nicht Eigentum oder Besitz an Geldern oder Wertpapieren von Kunden verschaffen, einen Betrag in Höhe von mindestens 75.000 € vor. Diesbezüglich wurden die Vorgaben durch die Neufassung der Regulierung der Wertpapierinstitute im WpIG verschärft, da nach der vorherigen Regelung lediglich 50.000 € erforderlich waren.

---

158 *BaFin*, Merkblatt Robo Advice und Auto-Trading.

159 *Schwennicke*, BKR 2021, 150, 155.

160 Noch zur Regulierung nach dem KWG: Gem. Informationsblatt der BaFin und der Bundesbank zum Tatbestand der Anlageberatung, S. 4.

161 Noch zur Regulierung nach dem KWG: Gem. Informationsblatt der BaFin und der Bundesbank zum Tatbestand der Anlageberatung, S. 4.

Ist das Wertpapierinstitut dazu berechtigt, sich Eigentum und Besitz an Geldern oder Wertpapieren von Kunden zu verschaffen, so sind mindestens zwei Geschäftsleiter erforderlich, andernfalls genügt ein Geschäftsleiter § 18 I Nr. 8 WpIG).

Robo Advice-Start-Ups, die sich für die Erbringung der Anlageberatung aufgrund der hohen Hürden für die Erlangung einer Banklizenz (insbes. hinsichtlich des erforderlichen Kapitals) einer Fronting-Bank bedienen (müssen)[162], können sich schon aus diesem Grund kein Eigentum und Besitz an Kundengeldern verschaffen, sodass hier die Benennung eines Geschäftsleiters ausreichend ist.

Bei der Antragstellung ist nachzuweisen, dass der Geschäftsleiter persönlich zuverlässig und fachlich geeignet ist (§ 20 I 1 WpIG).

Die persönliche Eignung ist zum einen durch ein von der BaFin zur Verfügung gestelltes Formular „Angaben zur Zuverlässigkeit der designierten Geschäftsleiter", sowie durch Vorlage eines Führungszeugnisses nachzuweisen.[163] Für den Nachweis der fachlichen Eignung ist ein umfangreicher und lückenloser Lebenslauf vorzulegen, aus dem insbesondere hervorgehen muss, welche Entscheidungsgewalt und welche Kompetenzen der potentielle Geschäftsleiter in seinen vergangenen Beschäftigungen innehatte. Für die fachliche Eignung des Geschäftsleiters ist erforderlich, dass dieser ausreichende theoretische und praktische Kenntnisse in den betreffenden Geschäften, sowie Leitungserfahrung hat. Erforderlich ist, dass der Geschäftsleiter die Kenntnisse, Fähigkeiten und Erfahrungen hat, die zur Leitung des Wertpapierinstituts und zum Verständnis seiner Tätigkeit erforderlich sind (§ 20 II WpIG). § 20 I 3 WpIG enthält die Regelvermutung, dass ein Geschäftsleiter, der mindestens drei Jahre eine leitende Tätigkeit bei einem Institut vergleichbarer Größe innehatte über eine ausreichende fachliche Eignung verfügt. Der Nachweis kann aber auch durch Tätigkeiten bei einem anderen Unternehmen erbracht werden, sofern dieses eine vergleichbare Größe aufweist und von Art und Volumen in mit dem Wertpapierinstitut vergleichbarer Weise Wertpapierdienstleistungen erbringt (§ 20 I 4 WpIG).

Im Hinblick auf die erforderlichen theoretischen Kenntnisse ist jedoch zu überlegen, ob der Geschäftsleiter auch in der Lage sein muss, den dem Geschäftsmodell zugrundeliegenden Algorithmus nachzuvollziehen, er also auch entsprechende IT-Kenntnisse aufweisen muss. Ein derartiges Erfordernis lässt sich § 20 WpIG jedoch nicht entnehmen, im Hinblick auf die erforderliche fachliche

162 Vgl. hierzu näher unter B.VII.

163 Noch zu § 32 KWG: *Deutsche Bundesbank*, Merkblatt über die Erteilung einer Erlaubnis zum Erbringen von Finanzdienstleistungen gemäß § 32 Absatz 1 KWG, Nr. 5.

Eignung wird auf Fachkenntnisse im Hinblick auf die angebotenen Dienstleistungen des zu leitenden Unternehmens abgestellt.[164] Es ist zudem nach dem Wortlaut der Norm lediglich erforderlich, dass der Geschäftsleiter die Kenntnisse hat, die zum Verständnis seiner spezifischen Leitungsfunktion erforderlich sind. Es ist nicht anzunehmen, dass hierzu auch vertiefte IT-Kenntnisse, die ein umfassendes Verständnis des Algorithmus ermöglichen, zu zählen sind. Demnach genügt es, wenn der Geschäftsleiter eines Robo Advisors diese Voraussetzungen erfüllt, weitergehende IT-Kenntnisse sind hingegen nicht zu fordern, ein solches Erfordernis würde die Bestellung eines Geschäftsleiters zudem noch deutlicher erschweren.

Durch diese Regelung wird insbesondere jungen Gründern die Beantragung einer Lizenz erschwert, da es faktisch kaum möglich ist, in jungem Alter die vorgegebenen praktischen Erfahrungen vorzuweisen. Es besteht zwar die Möglichkeit, eine Person als Geschäftsleiter einzusetzen, die die erforderlichen fachlichen Fähigkeiten aufweist, dies ist aber in der Regel nicht nur mit erheblichen Kosten verbunden, sondern führt auch dazu, dass große Teile der eigenen Geschäftsidee bereits bevor der Geschäftsbetrieb aufgenommen werden kann, aus der Hand gegeben werden müssen.

Gerade im Hinblick auf kleine Robo Advisors (und FinTechs allgemein) in ihrer Start-Up-Phase wäre hier weiterhin eine Erleichterung erforderlich, da auch die Überführung der Regulierung von Wertpapierinstituten in das WpIG diesbezüglich keine Änderungen gebracht hat. Die Notwendigkeit des Vorhandenseins ausreichender theoretischer Kenntnisse ist offenkundig und auch bei Start Ups zwingend erforderlich. § 20 I WpIG eröffnet der BaFin als Aufsichtsbehörde jedenfalls einen gewissen Ermessensspielraum, bei der Einschätzung der fachlichen Eignung, da die dreijährige Tätigkeit bei einem Wertpapierinstitut vergleichbarer Größe nur eine Regelvermutung darstellt. Es wäre daher wünschenswert, wenn die BaFin diese Regelung im Falle von kleinen Unternehmen, wie FinTechs in der Gründungsphase großzügig zugunsten der Gründer auslegt, um so keine unüberwindbaren Hürden zu schaffen. Selbstverständlich sollte dabei dem Risiko, dass ein Geschäftsleiter zu tragen hat, anmessen Rechnung getragen werden, es ist jedoch zu berücksichtigen, dass der Betrieb eines FinTech Start-Ups zunächst ein relativ geringes Risiko mit sich bringt. Es wäre daher auch unter dem Gesichtspunkt der Innovationsförderung wünschenswert,

---

164 Vgl. zur insoweit nahezu identischen Norm des § 25c KWG: *Braun* in: Boos/Fischer/Schulte-Mattler, KWG-Kommentar, 5. Auflage 2016, § 25c, Rn. 13 ff.

wenn in derartigen Fällen, weniger strenge Anforderungen an die Auswahl der Geschäftsleiter gestellt werden würde.

Während für das Erlaubnisverfahren nach § 32 KWG auch die Vorlage eines tragfähigen Geschäftsplans (vgl. § 14 II AnZV) erforderlich ist, enthält das WpIG keine korrespondierende Verpflichtung, sodass auf die Vorlage eines solchen Planes verzichtet werden kann, was im Hinblick auf die Komplexität und den hohen Aufwand für die Erstellung eines solchen Planes gerade für kleinere Anbieter zu begrüßen ist.

Das oben dargestellte Lizenzantragsverfahren beginnt erst dann, wenn alle erforderlichen Unterlagen vorliegen und alle sonstigen Vorgaben erfüllt sind. Ab diesem Zeitpunkt hat die BaFin nach § 16 III WpIG sechs Monate Zeit, um über den Antrag zu entscheiden. Problematisch an dieser Frist ist jedoch, dass sie erst dann zu laufen beginnt, wenn nach Einschätzung der BaFin tatsächlich alle Unterlagen vorliegen und den Anforderungen an einen Erlaubnisantrag entsprechen.[165] Dies führt aufgrund der sehr umfangreichen Anforderungen dazu, dass die tatsächliche Bearbeitungsdauer nur sehr schwer vorab einzuschätzen ist, zumal auch kein Rechtsmittel existiert, durch das eine Beschleunigung des Verfahrens begehrt werden kann.[166]

Die Länge des Lizenzverfahrens und die damit verbundene zeitliche Ungewissheit stellen insbesondere für Start Ups eine hohe Hürde dar, da diese erst dann vollumfänglich[167] am Markt aktiv werden können, wenn sie die Lizenz erhalten haben, die Anbieter aber in der Regel auf einen schnellen Markteintritt angewiesen sind, um mit dem vorhandenen Kapitel auskommen zu können.

Daher wäre eine Beschleunigung des Lizensierungsverfahrens insbesondere für FinTech Start Ups (und damit auch Robo Advisors) wünschenswert. Diesbezüglich sind bei der BaFin jedoch bereits entsprechende Bestrebungen erkennbar, so existiert seit August 2017 eine umfangreiche Checkliste als Hilfestellung für die Vorbereitung eines Antrags auf Erteilung einer Bankerlaubnis nach § 32 KWG.[168] Es ist davon auszugehen, dass eine entsprechende Checkliste auch für das Erlaubnisverfahren nach § 15 WpIG zur Verfügung gestellt werden wird.

---

165 Zum insoweit identischen § 33 KWG: *Scholz-Fröhling*, BKR 2017, 133, 137.

166 *Scholz-Fröhling*, BKR 2017, 133, 137.

167 Eine Möglichkeit für einen einfacheren Markteinstieg bietet die Ausnahme des § 2 VI Nr. 8 KWG i.V.m. einer Erlaubnis nach § 34f GewO, vgl. dazu unten unter B.II.1.c).

168 Abrufbar unter: www.bafin.de/SharedDocs/Downloads/DE/Formular/BA/dl_170818_checkliste_erlaubnisverfahren_ba.pdf?__blob=publicationFile&v=6 (zuletzt abgerufen am: 19.01.2019).

Zudem konnte das Erlaubnisverfahren für die ebenfalls als FinTech gestartete solarisBank innerhalb von nur 8 Monaten abgeschlossen werden.[169] Dies zeigt, dass bei klarer Formulierung der Anforderungen und der Bereitstellung eines Beratungsangebots für Rückfragen eine zeitnahe Erteilung von Erlaubnissen möglich ist. Damit könnte die BaFin bei konsequenter Änderung der Verwaltungspraxis den Markteinstieg für FinTechs nicht unerheblich erleichtern und damit auch zur Innovationsförderung beitragen, ohne dass Eingriffe in das geltende Aufsichtsrecht erforderlich sind.

bb) Grenzüberschreitende Erbringung von Robo-Advice-Dienstleistungen

Neben den oben dargestellten Anforderungen an eine Erlaubnispflicht ist weiterhin zu beachten, dass § 15 WpIG, ebenso wie bei § 32 KWG eine Pflicht zur Einholung einer Erlaubnis nur dann vorsieht, wenn die Dienstleistungen „im Inland" erbracht werden. Die bereits im Rahmen des § 32 KWG diskutierte Auslegung dieses Merkmals, ist daher auch für die Regulierung nach dem WpIG entscheidend. Wird Robo Advice von einem in Deutschland ansässigen Unternehmen erbracht, ist das Merkmal „im Inland" problemlos erfüllt.

Robo Advice ist als digitale Finanzdienstleistung, für deren Vertrieb lediglich eine App oder eine entsprechende Webseite benötigt werden, prädestiniert für eine grenzüberschreitende Erbringung. Nach § 73 I WpIG (§ 53b KWG) dürfen Unternehmen aus Staaten des Europäischen Wirtschaftsraumes, die in ihrem Herkunftsland zugelassen sind, im Wege des sog. EU-Passportings ihre Dienstleistungen auch in Deutschland anbieten, ohne einer Erlaubnis durch die BaFin zu bedürfen. Problematisch sind jedoch Fälle, in denen Anbieter aus Drittstaaten ohne Möglichkeit des EU-Passportings ihre Dienstleistungen in Deutschland erbringen, ohne hierfür eine inländische Niederlassung zu errichten. Eine solche physische Präsenz wäre bei rein digitalen Finanzdienstleistungen wie Robo Advice gerade nicht erforderlich, sodass eine erhöhte Gefahr unseriöser Anbieter auf dem deutschen Markt, die nicht der Aufsicht durch die BaFin unterstehen, bestünde.

Vor diesem Hintergrund ist die Auslegung des Merkmals „im Inland" entscheidend für die Frage, ob Robo-Advice-Anbieter mit Sitz im Ausland ihre Dienstleistungen in Deutschland erbringen dürfen, ohne dabei der Aufsicht durch die BaFin zu unterliegen.[170]

---

169 *Kartaschow*, Attraktive Spielwiesen für FinTechs, abrufbar unter: https://bankinghub.de/innovation-digital/attraktive-spielwiesen-fuer-fintechs (zuletzt abgerufen am: 13.01.2021).

170 Siehe zur Frage der Auslegung ausführlich auch: *Madel*, Robo Advice, S. 126 ff.

Zur Auslegung dieses Merkmals werden unterschiedliche Sichtweisen vertreten.

Eine institutsbezogene Auslegung knüpft für das Bestehen einer Erlaubnispflicht an die physische Präsenz im Inland an, sodass grenzüberschreitende Geschäfte, die lediglich unter Einsatz von Fernkommunikationsmitteln abgeschlossen werden, erlaubnisfrei erbracht werden können. Die von den Kunden der Robo Advisors genutzten Endgeräte genügen dabei nicht für die Begründung einer inländischen Niederlassung[171], sodass nach dieser Auslegung eine Erbringung von Robo Advice durch ausländische Anbieter außerhalb des EU-Passportings in Deutschland erlaubnisfrei möglich wäre.

Eine zweite Ansicht stellt hingegen auf den Vertrieb der Anbieter ab, entscheidend für das Entstehen einer Erlaubnispflicht ist damit, ob sich das Unternehmen mit seinem Dienstleistungsangebot zielgerichtet an den deutschen Markt wendet.[172] Dabei kann es nicht genügen, dass das Dienstleistungsangebot lediglich von Deutschland aus abrufbar ist, erforderlich ist vielmehr, dass aus einer Gesamtbetrachtung des Angebots erkennbar ist, dass sich dieses speziell an den deutschen Markt richtet. Dabei kommen neben der Verwendung der deutschen Sprache auch weitere Abgrenzungskriterien, wie die Verwendung einer deutschen Domain, der Verweis auf deutsche Rechtsnormen, die Zusammenarbeit mit deutschen Depotbanken oder die tatsächliche Erbringung der angebotenen Dienstleistungen gegenüber in Deutschland ansässigen Kunden in Betracht.[173]

Madel gelangt im Wege einer umfangreichen Abwägung[174] letztlich dazu, dass der vertriebsbezogenen Auslegung der Vorrang zu gewähren ist. Dieser Sichtweise ist zuzustimmen, da nur auf diesem Wege ein hinreichender Anlegerschutz auch bezüglich Anbietern mit Sitz in Drittstaaten gewährleistet werden kann. Dies erscheint insbesondere deshalb erforderlich, da für den Kunden nicht unbedingt erkennbar ist, ob es sich bei dem konkreten Anbieter um einen Anbieter mit Sitz im Inland handelt oder nicht.

c) Bereichsausnahme des § 2 VI Nr. 8 KWG – Erlaubnispflicht nach § 34f GewO

Eine in vielen Robo Advice Geschäftsmodellen genutzte Möglichkeit, eine langwierige und kostenintensive Erlaubniserteilung durch die BaFin zu vermeiden,

171 *Madel*, Robo Advice, S. 128.

172 Dazu ausführlich, m.w.N *Madel*, Robo Advice, S. 129 ff.

173 *Madel*, Robo Advice, S. 130 f.

174 *Madel*, Robo Advice, S. 131 ff.

ist die Bereichsausnahme des § 2 VI 1 Nr. 8 KWG. Diese Norm sieht eine Bereichsausnahme von der Erlaubnispflicht nach § 32 I KWG/ § 15 WpIG vor, indem bestimmte Unternehmen nicht als Finanzdienstleistungsinstitute i.S.d. Kreditwesengesetzes gelten, sodass eine Erlaubnis nach § 32 I KWG/ § 15 WpIG nicht erforderlich ist. Erfasst von dieser Bereichsausnahme sind solche Unternehmen, die Anlageberatung und Anlagevermittlung ausschließlich für die in § 2 VI 1 Nr. 8 KWG genannten Unternehmen und nur hinsichtlich des Vertriebs von Investmentanteilen und Vermögensanlagen erbringen.[175]

Für die von der Bereichsausnahme des § 2 VI 1 Nr. 8 KWG erfassten Unternehmen gilt eine Erlaubnispflicht nach § 34f GewO, die durch die jeweils zuständigen Industrie- und Handelskammern zu erteilen ist.[176] § 34f GewO erfasst, sowohl die Anlagevermittlung als auch die Anlageberatung, solange sie sich im Bereich der Bereichsausnahme des § 2 VI 1 Nr. 8 KWG bewegt. Ist dies nicht der Fall, so ist zumindest keine Erlaubnis nach § 34f GewO erforderlich.[177]

§ 34f GewO stellt eine Berufszulassungsregelung dar, sodass neben den für § 34f GewO spezifischen Voraussetzungen auch die obligatorischen gewerberechtlichen Zulassungskriterien wie Zuverlässigkeit, Konkursfreiheit, Bestehen einer Haftpflichtversicherung und Erbringung eines Sachkundenachweises erforderlich sind.[178]

Umfang und Voraussetzungen des Sachkundenachweises regelt der 1. Abschnitt der Verordnung über die Finanzanlagenvermittlung (FinVermV). Erforderlich sind unter anderem Kenntnisse zur Kundenberatung sowie fachliche Kenntnisse hinsichtlich der rechtlichen Grundlagen für die Anlagevermittlung und -beratung, der steuerlichen Behandlung der Finanzanlagen und Kenntnisse hinsichtlich der angebotenen Finanzinstrumente.

Die Erlaubnis nach § 34f GewO ist eine personengebundene Erlaubnis, sodass es erforderlich ist, dass jeder geschäftsführende Gesellschafter oder Vorstand sie ablegt.[179] Die Unternehmen sind nach Erteilung der Erlaubnis nach § 34f V

---

175 *Schwennicke* in: Schwennicke/Auerbach, KWG Kommentar, 4. Auflage 2021, § 2, Rn. 53 ff.

176 *Schönleiter* in: Landmann/Rohmer, GewO Kommentar, 85. EL September 2020, § 34f, Rn. 28.

177 *Schönleiter* in: Landmann/Rohmer, GewO Kommentar, 85. EL September 2020, § 34f, Rn. 48.

178 *Schönleiter* in: Landmann/Rohmer, GewO Kommentar, 85. EL September 2020, § 34f, Rn. 6.

179 *Schönleiter* in: Landmann/Rohmer, GewO Kommentar, 85. EL September 2020, § 34f, Rn. 8.

GewO verpflichtet, sich unverzüglich in das von der als Registerbehörde zuständigen Industrie- und Handelskammer nach § 11a GewO zu führenden Vermittlerregister eintragen zu lassen.

§ 34f I 1 Nr. 1–3 GewO nennt die von der Norm erfassten Finanzprodukte. Im Hinblick auf Robo Advice ist besonders die Vermittlung von Anteilen oder Aktien an offenen Investmentvermögen nach § 34f I 1 Nr. 1 GewO relevant.

Die Möglichkeit der Erlaubniserteilung nach § 34f GewO ermöglicht es den Robo Advice-FinTechs, ihren Geschäftsbetrieb aufnehmen zu können, ohne zuvor die hohe und kostenintensive Hürde einer Erlaubniserteilung nach § 15 WpIG durch die BaFin nehmen zu müssen.

Zwar ist die Erbringung der Anlagevermittlung und -beratung durch § 34f GewO stark auf bestimmte standardisierte Finanzprodukte beschränkt, in Anbetracht der oben dargestellten hohen Herausforderungen an eine Erlaubniserteilung nach § 15 WpIG erscheint der Weg über eine Erlaubnis nach § 34f GewO aber als gute Möglichkeit, zunächst mit einem eingeschränkten Produktportfolio den Geschäftsbetrieb aufnehmen zu können. Zudem erscheinen die vorgefertigten Portfolios, die die genannten Anbieter Ihren Kunden je nach Risikoklasse anbieten, ohnehin aufgrund der Zielgruppe der Robo Advisor, die sich vor allem an jüngere Anleger ohne vertiefte Kenntnisse auf den Finanzmärkten richten, durchaus geeignet.

In der Regel dürfte die Erbringung von Finanzdienstleistungen auf Basis einer Erlaubnis nach § 34f GewO für die meisten Robo Advisors nur eine Vorstufe auf dem Weg zur Erlangung einer BaFin-Lizenz nach § 15 WpIG sein.

Der Koalitionsvertrag zwischen CDU, CSU und SPD für die 19. Legislaturperiode sah vor, die Aufsicht über die freien Finanzanlagenvermittler, die bisher der Erlaubnis nach § 34f GewO unterliegen, schrittweise unter die Aufsicht der BaFin zu überführen.[180] Ein zunächst vorgelegter Gesetzesentwurf der Bundesregierung, sah vor §§ 34f–34h GewO und die FinVermV außer Kraft zu setzen und die Regulierung für diese Bereiche in das WpHG und damit unter die Aufsicht der BaFin zu übertragen.[181] Nicht zuletzt im Zuge des Skandals um die

180 Koalitionsvertrag zw. CDU, CSU und SPD für die 19. Legislaturperiode, S. 135.

181 Gesetzentwurf der Bundesregierung – Entwurf eines Gesetzes zur Übertragung der Aufsicht über Finanzanlagenvermittler und Honorar-Finanzanlagenberater auf die Bundesanstalt für Finanzdienstleistungsaufsicht, abrufbar unter: https://www.bundesfinanzministerium.de/Content/DE/Gesetzestexte/Gesetze_Gesetzesvorhaben/Abteilungen/Abteilung_VII/19_Legislaturperiode/2019-12-23-FinAnlVUEG/2-Regierungsentwurf.pdf?__blob=publicationFile&v=3 (zuletzt abgerufen am: 08.04.2021).

Wirecard AG und die dadurch entstandene Kritik an Arbeitsweise und Verhalten der BaFin formierte sich jedoch parteiübergreifender Widerstand gegen die Übertragung weiterer Kompetenzen an die BaFin, sodass derzeit keine Mehrheiten für eine Verabschiedung des Gesetzentwurfs zur Neuregelung der Regulierung der freien Finanzanlagevermittler ersichtlich sind.

2. Anlagevermittlung und Abschlussvermittlung

Neben der Anlageberatung kommt unter weniger umfangreichen Voraussetzungen auch eine Erbringung von Anlagevermittlung durch Robo Advisors in Betracht. Im Folgenden soll erörtert werden, unter welchen Voraussetzungen ein Robo Advisor Anlagevermittlung erbringt und insbesondere, wie die Erbringung von Anlagevermittlung von der Anlageberatung abzugrenzen ist. Die nachfolgenden Ausführungen beleuchten dabei die Möglichkeiten Robo Advice als Anlagevermittlung zu erbringen in rein theoretischer Hinsicht, da derzeit kein Anbieter auf dem deutschen Markt aktiv ist, der seine Dienstleistungen als Anlagevermittlung erbringt.[182] Zentrales Element des Geschäftsmodells der vorhandenen Anbieter ist die aktive Unterstützung des Kunden bei der Auswahl der passenden Finanzinstrumente und ggf. der Umsetzung und Verwaltung dieser Auswahl, sodass zumeist eine die Vermittlung ausschließende Beratungsleistung vorliegt.[183]

a) Merkmale der Anlage- und Abschlussvermittlung

Nach § 2 II Nr. 3 WpIG (wortlautidentisch: § 1 Ia 2 Nr. 1 KWG) umfasst die Anlagevermittlung die Vermittlung von Geschäften über die Anschaffung und die Veräußerung von Finanzinstrumenten.

Eine solche Vermittlung liegt dann vor, wenn der Robo Advisor lediglich als Bote die Willenserklärung des Anlegers, die sich auf die Anschaffung oder Veräußerung bestimmter Finanzinstrumente bezieht, an die Veräußerer der entsprechenden Finanzinstrumente überbringt.[184] Dabei ist die Boteneigenschaft des Anbieters für die Erbringung von Anlagevermittlung entscheidend, sobald diesem eine eigene Entscheidungsmacht zukommt, er also mit Vertretungsmacht handelt, liegt keine Anlagevermittlung mehr vor. In einem solchen Fall ist

182 *Madel*, Robo-Advice, S. 103 f.

183 *Madel*, Robo-Advice, S. 103 f.; *Linardatos* in: Linardatos, Rechtshandbuch Robo Advice, 1. Auflage 2020, § 4, Rn. 58.

184 *BaFin*, Merkblatt Anlagevermittlung, Nr. 1a).

von der Erbringung von Abschlussvermittlung nach § 2 II Nr. 4 WpIG (wortlautidentisch: § 1 Ia 2 Nr. 2 KWG) auszugehen.[185]

Unerheblich für das Vorliegen einer Botentätigkeit ist auch, ob diese auf elektronischem Wege erfolgt, demnach steht es der Erbringung von Robo Advice als Anlagevermittlung nicht entgegen, dass die Anbieter die Anlageentscheidungen des Kunden, die dieser online getroffen hat, direkt an einen Veräußerer von Finanzinstrumenten weiterleiten.

Darüber hinaus ist die Vermittlung auch i.S.d. Vermittlungsbegriffs des § 34c GewO zu verstehen, sodass auch die zielgerichtete Förderung der Abschlussbereitschaft eines Anlegers erfasst ist. Das heißt, eine Vermittlung kann auch dann Vorliegen, wenn der Robo Advisor die Anlageentscheidung, die der Kunde auf seiner Plattform getroffen hat, an den Veräußerer des entsprechenden Finanzinstruments weitergibt, der Kunde aber letztlich doch von der Umsetzung der Anlage absieht, es kommt demnach nicht auf den Eintritt eines Geschäftserfolges an.[186]

b) *Abgrenzung zur Anlageberatung*

Entscheidend für die Einstufung eines Geschäftsmodells als Anlagevermittlung ist insbesondere die Abgrenzung gegenüber der Anlageberatung.

Entscheidend für diese Abgrenzung ist die Unterscheidung zwischen *Beratung* und *Auskunft*.

Zunächst ist klarzustellen, dass bei der Anlageberatung der Kunde tatsächlich hinsichtlich für ihn in Betracht kommender Anlagen beraten wird, während es bei der Anlagevermittlung, dass der Anlagevermittler die Vermittlung einer Anlageform für ein kapitalsuchendes Unternehmen übernimmt, sodass hier die Vermittlung der Anlage im Interesse des Unternehmens im Vordergrund steht.[187]

Bei der Anlagevermittlung erhält der Kunde gerade keine individualisierte persönliche Empfehlung, wie bei der Anlageberatung. Die Informationen, die er über das angebotene Produkt erhält müssen überwiegend werbenden Charakter haben, d.h. es kommt in erster Linie auf eine korrekte Produktbeschreibung an.[188]

---

185 *BaFin*, Merkblatt Anlagevermittlung, Nr. 1a).

186 *Will* in: *Pielow*, BeckOK GewO, Stand: 01.03.2021, § 34c, Rn. 5.

187 *Siol* in: Schimanski/Bunte/Lwowski, Bankrechts-Handbuch, 5. Auflage 2017, § 45, Rn. 4.

188 *Oppenheim/Lange-Hausstein*, WM 2016, 1966, 1968.

Während, wie obenstehend geschildert, bei der Anlageberatung eine ausführliche Exploration des Kunden erforderlich ist, um letztlich eine individuelle Empfehlung auszusprechen, erhält der Kunde bei der Anlagevermittlung lediglich eine umfassende Information über die von dem Anlagevermittler angebotenen Produkte, ohne das jedoch seine eigenen persönlichen Verhältnisse berücksichtigt werden.

Dementsprechend kommt es auch bei der Erbringung von Anlagevermittlung durch Robo Advisors entscheidend auf die Ausgestaltung der Kundenexploration an, der Kunde darf gerade nicht den Eindruck erhalten, dass seine persönlichen Umstände berücksichtigt werden, sondern ihm muss klar sein, dass er lediglich allgemeine Informationen über das Produkt erhält und die Empfehlung des Produktes nicht auf einer Prüfung seiner persönlichen Umstände basiert, andernfalls liegt, wie obenstehend dargestellt, Anlageberatung vor. Die Durchführung der Kundenexploration ist u.a. zu dokumentieren, sodass diese auch im Nachhinein nachzuvollziehen ist.[189]

c) *Erlaubnispflicht nach § 15 WpIG*

Sofern Robo Advice-Anbieter nur Geschäfte über die Anschaffung und Veräußerung von Finanzinstrumenten vermitteln liegt eine nach § 15 WpIG erlaubnispflichtige Anlagevermittlung nach § 2 II Nr. 3 WpIG vor.

Hinsichtlich der näheren Anforderungen der Erlaubnispflicht ergeben sich keine Unterschiede zu den obigen Ausführungen im Rahmen der Anlageberatung.[190]

e) *Erlaubnispflicht nach § 34f GewO*

Hinsichtlich der Erlaubnispflicht nach § 34f GewO bei Erbringung der Anlagevermittlung im Rahmen der Bereichsausnahme des § 2 VI 2 Nr. 8 KWG ist ebenfalls auf die obigen Ausführungen zur Anlageberatung zu verweisen.[191]

Sobald ein Anbieter jedoch Abschluss- und keine Anlagevermittlung erbringt, greift die Bereichsausnahme des § 2 VI 2 Nr. 8 KWG, die sich nur auf Anlageberatung und Anlagevermittlung bezieht, nicht mehr, sodass in diesem Fall eine Erlaubnis nach § 34f GewO nicht ausreichend ist.

---

189 Näher zu den Dokumentationspflichten unten unter C.II.5.

190 Vgl. dazu oben B.II.1.

191 Siehe dazu B.II.1.

f) Vermittlung von Vermögensverwaltungsverträgen ohne Erlaubnis

Nachdem der BGH sich in einem Vorlagebeschluss mit der Frage, ob auch die Übermittlung eines Auftrags, der eine Portfolioverwaltung zum Inhalt hat, eine Wertpapierdienstleistung im Sinne von Art. 4 I Nr. 2 1 i. V. m. Anhang I Abschnitt A Nr. 1 MiFID vorliegt, an den EuGH gewandt hat, hat dieser nun festgestellt, dass nunmehr die Vermittlung von Vermögensverwaltungsverträgen nicht mehr unter die Definition der Anlagevermittlung zu fassen ist. Auch ein solcher Vertrag hat die Anschaffung und Veräußerung von Finanzinstrumenten in offener oder verdeckter Stellvertretung zum Inhalt, dennoch stellt der EuGH klar, dass die Definition des Art. 4 I Nr. 2 der MiFID I-Richtlinie[192], die der Gesetzgeber in § 2 II Nr. 3 WpIG (vorher: § 1 Ia 2 Nr. 1 KWG) umgesetzt hat, die Vermittlung von Portfolioverwaltungsverträgen nicht umfasst. Diese Entscheidung entfaltet Ihre Wirkung auch für die derzeitige Rechtslage auf Basis der MiFID-II-Richtlinie, die keine abweichende Regelung trifft.[193] Im Anschluss an diese Entscheidung hat auch die BaFin mitgeteilt, dass sie von ihrer bisherigen Verwaltungspraxis abweicht und die Vermittlung von Vermögensverwaltungsverträgen nunmehr nicht mehr als erlaubnispflichtige Anlagevermittlung einstuft. An die Auslegung des EuGH ist auch der BGH in seiner Rechtsprechung gebunden und folgt dieser somit.[194]

Dies hat zur Folge, dass die Vermittlung von Vermögensverwaltungsverträgen ohne Erlaubnis nach dem KWG oder der GewO erfolgen kann, auch die Kooperation mit einer Partnerbank als Haftungsdach ist nicht erforderlich.

Anbieter von Robo Advice können diese Möglichkeit somit nutzen und mit der Vermittlung von Vermögensverwaltungsverträgen eine Dienstleistung erbringen, die keiner Erlaubnispflicht unterliegt.

Eine solche Erlaubnisfreiheit führt jedoch möglicherweise zu einer Verschlechterung des Anlegerschutzes. Infolge der Erlaubnisfreiheit entfällt auch die Möglichkeit einer deliktischen Inanspruchnahme des Vermittlers nach § 823 II BGB i. V. m. § 15 WpIG.[195] Dadurch verliert der Anleger ein Haftungssubjekt, dies wirkt sich jedoch nicht negativ auf den Anlegerschutz aus, da der

---

192 Richtlinie 2004/39/EG des Europäischen Parlaments und des Rates vom 21. April 2004 über Märkte für Finanzinstrumente, zur Änderung der Richtlinien 85/611/EWG und 93/6/EWG des Rates und der Richtlinie 2000/12/EG des Europäischen Parlaments und des Rates und zur Aufhebung der Richtlinie 93/22/EWG des Rates.

193 *BaFin*, Merkblatt Anlagevermittlung, Nr. 1b).

194 BGH NJW 2018, 230.

195 Vgl. dazu unten E.III.4.a)bb).

Vermittler die eigentliche Vermögensverwaltung nicht selbst erbringt, sondern nur den Vertragsschluss ermöglicht. Der Vermögensverwalter selbst unterliegt jedoch der Regulierung des WpIG und des WpHG, sodass der Anlegerschutz hier sichergestellt ist.[196] Demnach ist auch die vom EuGH vertretene enge Auslegung zutreffend und sachgerecht und führt auch nicht zu einer Verschlechterung des Anlegerschutzes.

3. Vertraglich gebundene Vermittler nach § 2 X KWG

§ 3 II WpIG ermöglicht ebenso wie auch § 2 X KWG die Erbringung von Anlageberatung und Anlagevermittlung im Wege der Bereichsausnahme als vertraglich gebundener Vermittler.

Die vertraglich gebundenen Vermittler sind von der Aufsicht durch die BaFin befreit, dürfen Ihre Tätigkeit allerdings nur für Rechnung und unter der Haftung eines Wertpapierinstitutes oder eines CRR-Kreditinstituts durchführen.[197]

Da die BaFin keine Aufsicht über den vertraglich gebundenen Vermittler ausübt, ist das haftende Kreditinstitut, bzw. Wertpapierhandelsunternehmen im Rahmen seiner Organisationspflichten zur Aufsicht verpflichtet.[198] Die genauen Anforderungen an die Aufsicht regelt für Wertpapierinstitute § 28 WpIG.

Demnach hat das haftende Institut zunächst sicherzustellen, dass der vertraglich gebundene Vermittler zuverlässig und fachlich geeignet ist. Diese Voraussetzung ist auch bei Robo Advisors zu erfüllen. Allerdings erfolgt die Erbringung der Finanzdienstleistung hier algorithmenbasiert, sodass zu überlegen ist, ob auch eine Überprüfung des Algorithmus auf entsprechende Eignung durch das haftende Institut erforderlich ist. Für den Einsatz von Mitarbeitern durch den vertraglich gebundenen Vermittler existieren bisher keine spezifischen Vorgaben hinsichtlich der Anforderungen an Zuverlässigkeit und fachliche Eignung dieser Personen. § 28 IV WpIG enthält jedoch eine entsprechende Verordnungsermächtigung des Bundesministeriums der Finanzen, eine Verordnung zu erlassen, die genaue Vorgaben für die Anforderungen an Zuverlässigkeit und fachliche Eignung festschreibt, zum Zeitpunkt der Fertigstellung dieser Arbeit, wurde von dieser Verordnungsermächtigung jedoch noch kein Gebrauch

196 So auch: *Voß*, BB 2018, 79, 80; Schlussantrag d. Generalanwalts Manuel Campos Sanchez-Bordona, 08.02.2017, Rs C-678/15, Nr. 63.

197 Zur vergleichbaren Regelung des § 25e KWG: *Wolfgarten* in: *Boos/Fischer/Schulte-Mattler*, KWG-Kommentar, 5. Auflage 2016, § 25e, Rn. 1.

198 Zur vergleichbaren Regelung des § 25e KWG: *Wolfgarten* in: *Boos/Fischer/Schulte-Mattler*, KWG-Kommentar, 5. Auflage 2016, § 25e, Rn. 3.

gemacht. Hinsichtlich der vergleichbaren Regelung des § 25e KWG wird in Fällen der nicht überprüften Eignung des vertraglich gebundenen Vermittlers ein Organisationsverschulden des haftenden Instituts unter Heranziehung des § 25a I 3 Nr. 3 a) KWG angenommen.[199] Diese Annahme eines Organisationsverschuldens kann auch auf die Erbringung von algorithmenbasierten Finanzdienstleistungen durch Robo Advisors übertragen werden, da der Algorithmus die Aufgaben der Mitarbeiter übernimmt. Demnach empfiehlt es sich für das haftende Institut, eine Überprüfung des Algorithmus vorzunehmen, um das Risiko einer Haftung im Wege eines Organisationsverschuldens zu entgehen. Für eine Überprüfung des Algorithmus sind die für die Überprüfung von fachlicher Eignung und Zuverlässigkeit des vertraglich gebundenen Vermittlers genannten Kriterien[200] allerdings ungeeignet, sodass diese nur orientierungsweise herangezogen werden können. Im Rahmen der Überprüfung sollte festgestellt werden, ob der Algorithmus in der Lage ist, die zu erbringenden Dienstleistungen im Rahmen der gesetzlichen Vorgaben zu erbringen.

Darüber hinaus hat das haftende Unternehmen die Einhaltung der gesetzlichen Vorgaben sicherzustellen. Der vertraglich gebundene Vermittler gilt als Mitarbeiter des Unternehmens und ist demnach im Rahmen der Compliance-Organisation des Unternehmens zu überwachen.[201] Die haftenden Institute haben damit dieselben Compliance-Vorgaben einzuhalten, wie eigenständig tätige Robo Advisors.[202]

§ 28 WpIG fordert zudem, dass die vertraglich gebundenen Vermittler ihre Kunden vor Aufnahme einer Geschäftsbeziehung über ihren Status informieren und ihn auch unverzüglich darüber in Kenntnis setzen, falls sich dieser Status verändert. Die Information des Kunden hat dabei in aller Regel zu Beginn eines Beratungsgesprächs zu erfolgen.[203]

Bei der Erbringung von Robo Advice hat eine Information über den Status des Anbieters als vertraglich gebundener Vermittler bereits zu Beginn des vom Kunden auszufüllenden Fragebogens zu erfolgen, da hierin bereits die Anbahnung eines letztlichen Vertragsschlusses zu sehen ist[204], sodass bereits zu diesem

199 Vgl. dazu *Lehrl/Wolf*, BKR 2009, 497, 502.

200 Vgl. dazu ausführlich *Lehrl/Wolf*, BKR 2009, 497, 501 f.

201 *Lange* in Schwennicke/Auerbach, KWG-Kommentar, 4. Auflage 2021, § 25e, Rn. 9.

202 Vgl. zu den Anforderungen an die Compliance-Organisation unten C.II.3.

203 *Lange* in Schwennicke/Auerbach, KWG-Kommentar, 4. Auflage 2021, § 25e, Rn. 5; *Wolfgarten* in Boos/Fischer/Schulte-Mattler, KWG-Kommentar, 5. Auflage 2016, § 25e, Rn. 7.

204 Vgl. ausführlich zum Zustandekommen eines Vertrages zwischen Robo Advisor und Kunde unten D.II.

Zeitpunkt ein Bedürfnis des potentiellen Kunden, über den Status des Anbieters aufgeklärt zu werden, zu bejahen ist. Zudem muss dem potentiellen Kunden bereits zu Beginn des Beratungsprozesses, der mit dem Ausfüllen des Fragebogens beginnt, klar sein, dass er aufgrund der vertraglichen Bindung des Robo Advisors keine unabhängige Empfehlung erhalten wird.

III. Full-Service-Plattformen: Finanzportfolioverwaltung

Bei Robo Advisors, die Full-Service-Plattformen[205] anbieten, übernimmt der Algorithmus, nachdem eine Anlagestrategie empfohlen wurde, auch die Umsetzung dieser Strategie und die Verwaltung des angelegten Vermögens für den Kunden. Aufsichtsrechtlich ist eine solche Dienstleistung als Finanzportfolioverwaltung einzuordnen.

Die Erbringung von Finanzportfolioverwaltung definiert § 2 II Nr. 9 WpIG (sowie nahezu wortlautidentisch § 1 Ia 2 Nr. 3 KWG) als Finanzdienstleistung, die „die Verwaltung einzelner oder mehrerer in Finanzinstrumenten angelegter Vermögen für andere mit Entscheidungsspielraum" umfasst. Im Folgenden soll eine Vereinbarkeit des Angebots einer solchen Full-Service-Plattform mit den aufsichtsrechtlichen Vorgaben auf Basis der einzelnen Voraussetzungen für das Vorliegen einer Finanzportfolioverwaltung überprüft werden.

1. Merkmale der Finanzportfolioverwaltung

a) Vermögensverwaltung auf Einzelkundenbasis

Die Legaldefinition des § 2 II Nr. 9 WpIG umfasst nur die individuelle Vermögensverwaltung. Eine solche liegt dann vor, wenn der Vermögensverwalter das Vermögen des Anlegers einzeln und getrennt von dem Vermögen anderer Anleger auf Basis eines mit dem Anleger geschlossenen Vermögensverwaltungsvertrages verwaltet.[206] Eine solche Gestaltung wählen auch diejenigen Robo-Advice-Anbieter, die eine Finanzportfolioverwaltung anbieten.

Abzugrenzen ist diese Art der Vermögensverwaltung von der kollektiven Vermögensverwaltung, die im Investmentgeschäft vorliegt. Eine solche liegt vor, wenn der Anleger bspw. Investmentfondsanteile erwirbt und durch diese die

---

205 Derartige Geschäftsmodelle, die eine Finanzportfolioverwaltung anbieten, werden in anderen Veröffentlichungen auch als „Robo Advisors zweiter Generation" bezeichnet, so bspw. in: *Madel*, Robo Advice, S. 42.

206 *U. Schäfer* in: *Assmann/Schütze/Buck-Heeb*, Handbuch des Kapitalanlagerechts, 5. Auflage 2020, § 23, Rn. 3.

Verwaltung seines Vermögens gemeinsam mit dem Vermögen anderer Anleger an eine Kapitalanlagegesellschaft überträgt.[207] Zwar werden die Investitionsentscheidungen bei Full-Service-Plattformen ebenfalls immer für Anlegergruppen getroffen, die Anbieter verwalten das Anlagevermögen ihrer Kunden jedoch einzeln und nicht in Form eines gemeinsamen Depots oder Sondervermögen und die Kunden haben die Möglichkeit ihre persönliche Anlagestrategie jederzeit individuell anzupassen, sodass bei der Erbringung von Finanzportfolioverwaltung durch Robo Advisors nicht von einer kollektiven Vermögensverwaltung ausgegangen werden kann.[208]

b) Zulässigkeit standardisierter Vermögensverwaltung

Im klassischen Fall der Vermögensverwaltung ist der Vermögensverwalter vertraglich zu einer auf die individuellen Bedürfnisse des Kunden angepassten Verwaltung verpflichtet. Das bedeutet, dass zunächst die Anlagerichtlinien zwischen dem Finanzdienstleister und dem Anleger individuell vereinbart werden und sodann auch jede Anlageentscheidung individuell auf die Vermögensinteressen des Kunden bezogen getroffen wird.[209]

Eine derartige Individualisierung wird zum derzeitigen Stand von keinem Robo Advisor, der Vermögensverwaltung anbietet, durchgeführt.

Stattdessen werden die Kunden auf Basis der von ihnen im Rahmen der Ermittlung ihrer persönlichen Umstände gemachten Angaben zu Ihrer Risikotragfähigkeit, Anlagementalität und gewünschten Anlagestrategie verschiedenen vorgegebenen Risikokategorien zugeordnet.

Gleichzeitig bietet der Robo Advisor dann zu diesen Risikokategorien passende Musterdepots an, die der jeweiligen Marktlage immer wieder angepasst werden. Das Vermögen des Kunden wird sodann in das zur Risikokategorie passenden Musterdepot investiert und der Robo Advisor trifft auf Basis der Einstufung des Kunden die Anlageentscheidungen, diese erfolgen jedoch für jeden

---

207 Vgl. dazu genauer: *F. Schäfer/Sethe/Lang* in: Schäfer/Sethe/Lang, Handbuch der Vermögensverwaltung, 2. Auflage 2016, § 1, Rn. 57; *U. Schäfer* in: Assmann/Schütze/Buck-Heeb, Handbuch des Kapitalanlagerechts, 5. Auflage 2020, § 23, Rn. 3.

208 So auch: *Madel*, Robo-Advice, S. 110 f.; *Linardatos* in: Rechtshandbuch, Robo Advice, 1. Auflage 2020, § 4, Rn. 52.

209 *Walz* in: Schimansky/Bunte/Lwowski, Bankrechts-Handbuch, 5. Auflage 2017, § 111, Rn. 10; *F. Schäfer/Sethe/Lang* in: Handbuch der Vermögensverwaltung, 2. Auflage 2016, § 1, Rn. 60.

Kunden mit dem gleichen Risikoprofil gleich, sodass nicht nochmals eine individuelle Berücksichtigung der Vermögensinteressen des Einzelnen erfolgt.

Auch eine derartige Kundenkategorisierung ist aber noch unter das Merkmal der individuellen Vermögensverwaltung und damit auch unter die Legaldefinition des § 2 II Nr. 9 WpIG zu fassen, da nach der Gesetzesbegründung zur Einführung des Tatbestandes der Finanzportfolioverwaltung auch die Zusammenfassung des Vermögens verschiedener Kunden zur Verwaltung erfasst sein soll, solange das Anlagevermögen den einzelnen Anlegern individuell zuzuordnen ist.[210]

c) Entscheidungsspielraum des Vermögensverwalters

Entscheidendes Merkmal der Finanzportfolioverwaltung ist ein eigener Entscheidungsspielraum des Vermögensverwalters. Der Anleger berechtigt den Vermögensverwalter vertraglich Dispositionen hinsichtlich des verwalteten Vermögens vorzunehmen auch ohne zuvor Rücksprache mit dem Anleger zu halten. Dieses Merkmal ist sogleich auch das wichtigste Abgrenzungskriterium der Finanzportfolioverwaltung gegenüber der Anlageberatung und der Anlagevermittlung, da hier der Anleger stets selbst die letztliche Anlageentscheidung trifft.

Robo Advisors ordnen Ihre Anleger wie bereits erwähnt zumeist in verschiedene Risikokategorien ein und erfragen zuvor das Anlageverhalten Ihrer Kunden, sodass gewisse Anlagerichtlinien bestehen.

Ziel der Anlagerichtlinien ist, die Vermögensverwaltung bestmöglich nach den Zielen des Kunden auszurichten, ohne dass der Anleger bereits selbst alle Details festlegt.[211] Sofern also die Anlagerichtlinien nicht derart eng formuliert sind, dass sich das Ermessen des Vermögensverwalters faktisch auf Null reduziert, ist auch beim Vorliegen von Anlagerichtlinien das Vorliegen einer Finanzportfolioverwaltung möglich.[212]

Empfiehlt der Algorithmus des Robo Advisors dem Kunden eine bestimmte Asset Allokation, deren konkrete Produkte jedoch noch nicht feststehen, und hat der Kunde auch die Möglichkeit, dem Algorithmus nach Vertragsabschluss selbsttätig die Umsetzung dieser Empfehlung zu überlassen, so ist von einem ausreichenden Entscheidungsspielraum und damit von einer

---

210 So auch: *Madel*, Robo-Advice, S. 111 f.

211 *Sethe* in: *Schäfer/Sethe/Lang*, Handbuch der Vermögensverwaltung, 1. Auflage 2012, §,4 Rn. 62.

212 *Sethe* in: *Schäfer/Sethe/Lang*, Handbuch der Vermögensverwaltung, 1. Auflage 2012, § 4, Rn. 62.

Finanzportfolioverwaltung auszugehen.[213] Entscheidend ist, dass der Robo Advisor nicht verpflichtet ist, vor jeder Transaktion zunächst die Zustimmung des Kunden einzuholen.[214]

Da der Gesetzgeber bei Aufnahme der Finanzportfolioverwaltung in den Katalog der Wertpapierdienstleistungen des WpHG im Jahr 1997 keine digitale Vermögensverwaltung vorhersehen konnte, ist im Hinblick auf Robo Advisors zudem zu untersuchen, ob es sich auf den erforderlichen Entscheidungsspielraum des Vermögensverwalters auswirkt, wenn Investitionsentscheidungen durch Algorithmen getroffen werden, ohne dass ein Mensch hiervon Kenntnis hat. Folgt die Finanzportfolioverwaltung strengen Richtlinien, etwa der Abbildung eines bestimmten Indexes, so steht dem Verwalter kein hinreichender Entscheidungsspielraum zu.[215] Bei der Nutzung eines Algorithmus liegt jedoch keine vergleichbare Situation vor: Der Algorithmus dient lediglich der Ausgestaltung des Entscheidungsspielraums, ist diesem also gewissermaßen nachgelagert, da der Einsatz des Algorithmus bereits das Bestehen eines Entscheidungsspielraums voraussetzt. Daher wirkt sich auch der Einsatz eines Algorithmus nicht auf das Vorliegen des für die Finanzportfolioverwaltung erforderlichen Entscheidungsspielraumes aus.[216]

d) Rebalancing als Finanzportfolioverwaltung

Viele Robo Advisors führen für Ihre Kunden regelmäßig ein automatisiertes Rebalancing durch. Da die Kunden in der Regel in verschiedene Finanzmarktinstrumente investieren, verschiebt sich aufgrund der unterschiedlichen Wertentwicklung dieser Anlageformen mit der Zeit das zum Risikoprofil des Kunden passende Verhältnis zwischen den einzelnen Anlageformen. Durch das Rebalancing wird diese ursprüngliche Asset-Allokation wiederhergestellt.

Das Rebalancing wird dabei ohne vorherige Rücksprache mit dem Kunden automatisiert durchgeführt.

Auch wenn Ziel dieses Rebalancing lediglich die Wiederherstellung der ursprünglichen Asset-Allokation ist, so trifft der Robo Advisor jedenfalls insoweit eine eigene Entscheidung, als er auswählt, auf welche Weise er die Asset-Allokation wiederherstellt. Damit liegt auch wenn lediglich ein Rebalancing

---

213 *Oppenheim/Lange-Hausstein*, WM 2016, 1966, 1967.

214 BVerwG, Urt. v. 22.09.2004 – 6 C 29/03 = NZG 2005, 265, 269; *Sethe* in: Schäfer/Sethe/Lang, Handbuch der Vermögensverwaltung, 2. Auflage 2016, § 5, Rn. 53.

215 *Kumpan* in: Schwark/Zimmer, KMRK, 5. Auflage 2020, § 2 WpHG, Rn. 129.

216 So auch: *Madel*, Robo-Advice, S. 116.

vorgenommen wird, eine erlaubnispflichtige Finanzportfolioverwaltung vor, unabhängig davon, ob zuvor lediglich eine Anlageberatung oder -vermittlung erbracht wurde.[217]

2. Erlaubnispflicht nach § 15 WpIG

Grundsätzlich erfordert die Erbringung von Finanzportfolioverwaltung eine Erlaubnis der BaFin. Ob aber eine nach § 15 WpIG erlaubnispflichtige Wertpapierdienstleistung oder nach § 32 KWG erlaubnispflichtige Bankgeschäfte vorliegen, hängt von der Ausgestaltung des Geschäftsmodells der Finanzportfolioverwaltung ab. Hinsichtlich des auch im Rahmen der Finanzportfolioverwaltung zu berücksichtigendem Merkmals der Erbringung im Inland für das Auslösen der Erlaubnispflicht, ist auf die obigen Ausführungen im Rahmen der Anlageberatung[218] zu verweisen.

a) Treuhandmodell

Wird die Finanzportfolioverwaltung nach dem sog. Treuhandmodell erbracht, so übernimmt der Vermögensverwalter treuhänderisch die Verwaltung des Vermögens des Anlegers. Hierzu überträgt der Anleger dem Vermögensverwalter das Eigentum an den zu verwaltenden Vermögenswerten.

Die Erbringung der Vermögensverwaltung nach dem Treuhandmodell entspricht der Legaldefinition der Finanzportfolioverwaltung in § 2 II Nr. 9 WpIG, sodass eine erlaubnispflichtige Wertpapierdienstleistung vorliegt.[219]

Gleichzeitig liegen jedoch je nach genauer Ausgestaltung des Geschäftsmodells noch erlaubnispflichtige Bankgeschäfte nach § 1 I 2 KWG vor, wie bspw. das Einlagengeschäft nach § 1 I 2 Nr. 1 KWG, das Depotgeschäft nach § 1 I 2 Nr. 5 KWG oder das Finanzkommissionsgeschäft nach § 1 I 2 Nr. 4 KWG.[220]

---

217 So auch: *Linardatos* in: Rechtshandbuch Robo Advice, 1. Auflage 2020, § 4, Rn. 8, 54.

218 Siehe dazu B.II.1.b)bb).

219 *F. Schäfer/Sethe/Lang* in: Schäfer/Sethe/Lang, Handbuch der Vermögensverwaltung, 2. Auflage 2016, § 1, Rn. 14.

220 *Walz* in: *Schimansky/Bunte/Lwowski*, Bankrechts-Handbuch, 5. Auflage 2017, § 111, Rn. 6; *U. Schäfer* in Assmann/Schütze/Buck-Heeb, Handbuch des Kapitalanlagerechts, 5. Auflage 2020, § 23, Rn. 22 f.; *F. Schäfer/Sethe/Lang* in: Schäfer/Sethe/Lang, Handbuch der Vermögensverwaltung, 2. Auflage 2016, § 1, Rn. 50; ausführlich zu den Fragen der Treuhandverwaltung auch *Sethe* in: Schäfer/Sethe/Lang, Handbuch der Vermögensverwaltung, 2. Auflage 2016, § 5, Rn. 14ff, 33 ff.

Die Erbringung von Robo Advice nach dem Treuhandmodell kommt derzeit aufgrund fehlender Banklizenzen für keinen der am Markt vertretenen Anbieter in Betracht. Aufgrund der insbesondere hinsichtlich des Startkapitals noch deutlich höheren Anforderungen bei der Erlangung einer Genehmigung für die Erbringung von Bankgeschäften, erscheint es nach heutigem Stand auch wenig realistisch, als Robo Advice-Start Up eine Erlaubnis für die Erbringung von Bankgeschäften zu erhalten.

b) Vertretermodell

Üblicherweise erfolgt die Erbringung von Finanzportfolioverwaltung jedoch im Rahmen des sog. Vertretermodells, d. h. der Vermögensverwalter tritt offen als Stellvertreter des Anlegers auf.[221] Dabei erwirbt der Vermögensverwalter also gerade kein Eigentum an den Vermögenswerten des Anlegers, sondern beschränkt sich auf dessen Verwaltung.

Die Erbringung der Finanzportfolioverwaltung nach dem sog. Vertretermodell ist von der Legaldefinition des § 2 II Nr. 9 WpIG gedeckt und gilt folglich als Wertpapierdienstleistung, sodass nur eine Erlaubnis als Wertpapierinstitut nach § 15 WpIG, für die weniger strenge Voraussetzungen als für eine Banklizenz zu erfüllen sind, erforderlich ist. Damit ist die Erbringung von Finanzportfolioverwaltung im Vertretermodell deutlich besser für Robo Advisors geeignet, die sich damit auf die Erlangung einer Lizenz für die Erbringung von Wertpapierdienstleistungen beschränken können.

Dies zeigt sich auch daran, dass die bisher am Markt vertretenen Robo Advisors, die Finanzportfolioverwaltung erbringen, alle in offener Stellvertretung für Ihre Kunden und damit im Rahmen des Vertretermodells handeln.

3. Bereichsausnahme des § 2 VI Nr. 20 KWG

Nach der Bereichsausnahme des § 2 VI Nr. 20 KWG gelten solche Unternehmen nicht als Finanzdienstleistungsinstitute i.S.d. KWG, die nur Finanzportfolioverwaltung und Anlageverwaltung erbringen, sofern sich diese nur auf Vermögensanlagen i.S.d. § 1 II VermAnlG oder auf geschlossene AIF i.S.d. § 1 V KAGB beschränken.

Grundsätzlich ist es auch vorstellbar, dass diese Bereichsaufnahme auf einen Robo Advisor Anwendung findet, der Anwendungsbereich hierfür erscheint

---

221 *U. Schäfer* in: *Assmann/Schütze/Buck-Heeb*, Handbuch des Kapitalanlagerechts, 5. Auflage 2020, § 23, Rn. 21.

jedoch sehr gering, sodass die Bedeutung des § 2 VI Nr. 20 KWG für die Erbringung von Robo Advice zu vernachlässigen ist.

IV. Self-Service-Plattformen: Bereitstellung eines Vergleichsportals

Einige Robo Advisors erbringen ihr Geschäftsmodell in Form sogenannter Self-Service-Plattformen.[222] Die Anbieter solcher Portale verfügen in der Regel nicht über eine Erlaubnis zur Erbringung von Finanzdienstleistungen nach dem KWG oder der GewO, sondern erbringen ihr Angebot unreguliert.

Bevor auf eine etwaige Notwendigkeit einer Regulierung eingegangen wird, soll zunächst erörtert werden, inwiefern Self-Service-Plattformen bereits unter bestehende Erlaubnispflichten fallen.

Hierbei ist zunächst eine Abgrenzung zur Anlagevermittlung vorzunehmen. Eine solche liegt bei der Vermittlung von Finanzinstrumenten vor, bei der sich die Tätigkeit des Vermittlers final auf den Abschluss entsprechender Geschäfte richtet.[223] Im Rahmen des Vermittlungsbegriffs ist erforderlich, dass durch die Tätigkeit des Vermittlers die Abschlussbereitschaft des Vermittlers zielgerichtet gefördert wird.[224] Abzugrenzen von einer solchen Vermittlungstätigkeit ist jedoch eine bloße Nachweistätigkeit.[225] Von einer solchen ist dann auszugehen, wenn dem Anleger nur Hinweise auf bestimmte Finanzprodukte gegeben werden.[226] Die Erbringung einer solchen Nachweistätigkeit kann erlaubnisfrei erfolgen.[227]

Demnach erbringen Vergleichsportale von Robo Advisors dann eine erlaubnisfreie Tätigkeit und keine Anlagevermittlung, wenn sie ihren Nutzern lediglich einzelne Finanzprodukte vorstellen, ohne dadurch die Abschlussbereitschaft zu fördern. Vom Fördern einer Abschlussbereitschaft wäre dann auszugehen, wenn der Nutzer die Möglichkeit hätte, die vorgestellten Anlageformen direkt über die Plattform des Robo Advisors umzusetzen oder er durch eine Weiterleitung direkt zu einer Möglichkeit der Umsetzung geführt würde. Sofern das Portal lediglich einzelne Finanzprodukte vergleicht, wird der Nutzer in der Regel auch

---

222 Vgl. dazu oben unter A.III.2.
223 Vgl. dazu genauer oben unter B.II2.a).
224 *BaFin*, Merkblatt Anlagevermittlung Nr. 1.a).
225 *BaFin*, Merkblatt Anlagevermittlung Nr. 1.a).
226 *BaFin*, Merkblatt Anlagevermittlung Nr. 1.a).
227 *Schönleiter* in: Landmann/Rohmer, GewO Kommentar, 85. EL September 2020, § 34f, Rn. 39.

auf dem Portal des Robo Advisors keine Willenserklärung abgeben, auch dies spricht gegen die Annahme einer erlaubnispflichtigen Anlagevermittlung.[228]

Neben einer Abgrenzung zur Erbringung erlaubnispflichtiger Anlagevermittlung ist auch eine Abgrenzung zum Tatbestand der Anlageberatung erforderlich. Die meisten Vergleichsportale fragen verschiedene Umstände des Kunden ab, bevor sie ihm eine Auswahl an Finanzprodukten empfehlen. Hierbei wird im Einzelfall zu beurteilen sein, ob im Rahmen dieser Befragung persönliche Umstände abgefragt werden, die zur Einstufung der Tätigkeit als erlaubnispflichtige Anlageberatung führen können. Zudem dürfen die vorgeschlagenen Finanzinstrumente nicht den Charakter einer Empfehlung haben, diese dürfen dem Kunden nur in Form einer neutralen Information und ohne Bewertung durch den Anbieter, die darauf hindeutet, dass hier persönliche Umstände des Kunden berücksichtigt wurden, präsentiert werden. Unerheblich für eine Beurteilung des Vorliegens einer Anlageberatung ist hingegen, dass der Nutzer auf Vergleichsportalen keine Möglichkeit erhält, die gewünschte Anlage auch direkt umzusetzen, da dies keine Voraussetzung für die Erfüllung des Tatbestands ist.[229]

Die obenstehenden Ausführungen zeigen, dass die Ausgestaltung des Geschäftsmodells des Robo Advisors als Self-Service-Plattform grundsätzlich erlaubnisfrei möglich ist. Aufgrund des sehr schmalen Grats zwischen der Erlaubnisfreiheit und einer erlaubnispflichtigen Anlageberatung oder -vermittlung wird aber letztlich für jedes Geschäftsmodell eine Einzelfallbetrachtung zur Beurteilung der Erlaubnispflicht erforderlich sein.

Nicht zuletzt aufgrund dieses ohnehin sehr schmalen Bereichs einer Erlaubnisfreiheit stellt sich die Frage nach der Notwendigkeit einer Regulierung solcher Vergleichsportale zum Schutz der Nutzer und Anleger. Eine solche Regulierung wäre aber nur dann sinnvoll, wenn durch sie eine signifikante Verbesserung des Anlegerschutzes erreicht werden könnte, ohne zugleich eine Überregulierung zu verursachen. Der Nutzer des Vergleichsportals erhält Vorschläge für verschiedene Finanzprodukte, die zu ihm passen könnten, in der Folge kann er selbsttätig die Entscheidung treffen, eine oder mehrere der präsentierten Anlagen umzusetzen. Dies birgt die Gefahr, dass der Nutzer sich auf die Ergebnisse des Vergleichsportals verlässt und Anlagen tätigt, die nachteilig für ihn sind. Eine Regulierung würde zu einer Verpflichtung der Einhaltung der Wohlverhaltenspflichten führen, sodass der Robo Advisor unter anderem umfangreiche Aufzeichnungs- und Informationspflichten zu erfüllen hätte, die insbesondere auch

228 So auch: *Herz*, EuZW 2018, 5, 6 f.

229 *Grischuk*, BaFin-Journal 08/2017, 18, 21.

dazu dienen sollen, den Anleger zu schützen. Eine solche Regulierung erscheint vorliegend aber dennoch zu weitgehend. Der Bereich, in dem Self-Service-Plattformen agieren ist ohnehin bereit stark beschränkt durch die bereits bestehenden Erlaubnispflichten, die einen sehr umfassenden Anlegerschutz gewährleisten. Zudem trifft der Nutzer der Self-Service-Plattform keine unmittelbare Anlageentscheidung auf dem Portal des Robo Advisors, gibt dort also – wie oben bereits dargelegt wurde – auch keine Willenserklärung ab. Für die Ablehnung einer Regulierung spricht auch, dass der Gesetzgeber sich erst im Rahmen des FRUG[230] dazu entschieden hat, die bis dahin sowohl im KWG als auch in der GewO geregelte Nachweistätigkeit zu streichen.[231] Auch im Bereich der Versicherungsvermittlung ist die Nachweistätigkeit in Form sog. Tippgeber verbreitet, die ihre Tätigkeit vermehrt ebenfalls über das Internet erbringen.[232] In diesem Bereich ist eines der Leitmotive der Regulierung, wie im Bereich der Vermögensanlage der Anlegerschutz, der Verbraucherschutz. Der EU-Gesetzgeber hat jedoch auch in diesem Bereich bisher auf eine Regulierung der Tippgeber verzichtet.[233]

Abschließend lässt sich für die Ablehnung des Erfordernisses einer Regulierung auch die enge Auslegung des Begriffs der Anlagevermittlung durch den EuGH anführen, der die Vermittlung eines Vermögensverwaltungsvertrages nicht als erlaubnispflichtige Anlagevermittlung einstuft.[234] Folgt man dieser engen Auslegung, die sogar dann, wenn ein Vermittlungsgeschäft vorliegt, dass aber nicht unmittelbar auf den Erwerb von Finanzinstrumenten gerichtet ist, von einer erlaubnisfreien Dienstleistung ausgeht, so erscheint es als nicht sachgerecht, im Falle eines bloßen Vergleichs einzelner Finanzprodukte, die für den Kunden geeignet sein könnten, eine Regulierung und damit die Einführung einer Erlaubnispflicht zu fordern.

V. Kooperation des Robo Advisors mit einer Partnerbank

Aufgrund der hohen Hürden für die Erlangung von Erlaubnissen für die Erbringung von Finanzdienstleistungen oder Bankgeschäften durch die BaFin

230 Finanzmarktrichtlinie-Umsetzungsgesetz vom 16.7.2007.

231 *Schönleiter* in: Landmann/Rohmer, GewO Kommentar, 85. EL September 2020, § 34f, Rn. 39.

232 Vgl. zur Abgrenzung zwischen Versicherungsvermittler und Tippgeber ausführlich: *Lehmann/Rettig*, NJW 2017, 596, 598 ff.

233 Vgl. hierzu ausführlich: *Lehmann/Rettig*, NJW 2017, 596, 600 f.

234 Vgl. dazu oben ausführlich unter B.II.2.f).

kooperieren viele Robo Advisors zur Erbringung ihrer Dienstleistungen mit Partnerbanken, um so das Erfordernis der Erlangung einer eigenen Lizenz zu umgehen. Dabei kann die Kooperation entweder auf die Übernahme des Depotgeschäfts beschränkt sein oder deutlich umfangreicher im Rahmen der Bereichsausnahme des § 2 X KWG erfolgen, in dem die Kooperationsbank als Haftungsdach des Robo Advisors fungiert. Eine weitere Möglichkeit besteht darin, dass ein reguliertes Institut alle aufsichtsrechtlich relevanten Tätigkeiten übernimmt und das FinTech lediglich die Bereitstellung des Robo Advisors übernimmt.

Auf diese Möglichkeiten der Kooperation soll im Folgenden eingegangen werden.

1. Partnerbank als Depotbank

Obenstehend wurde gezeigt, dass für die Erbringung der Finanzdienstleistungen, die Robo Advisors erbringen, in der Regel die Erlangung einer entsprechenden BaFin-Lizenz als Finanzdienstleistungsinstitut erforderlich ist. Eine solche Lizenz berechtigt jedoch nur zur Erbringung von Anlageberatung, -vermittlung und/ oder Finanzportfolioverwaltung. Soll durch den Robo Advisor auch die Umsetzung der jeweiligen Anlage und damit einhergehend auch die Verwaltung von Anlagen erbracht werden, so läge die Verwahrung und Verwaltung von Wertpapieren für andere und damit ein Bankgeschäft i.S.d. § 1 2 Nr. 5 KWG und keine Finanzdienstleistung vor.[235] Für dieses Depotgeschäft ist eine Erweiterung der Lizenz auf der Erbringung von Bankgeschäften erforderlich. Dies erschwert und verlängert jedoch den Prozess der Lizenzerlangung.[236] So ist insbesondere ein wesentlich höheres Anfangskapital in Höhe von 5 Mio. Euro erforderlich (§ 33 I 1 Nr. 1 d) KWG). Um diesen Prozess zu vermeiden, kooperieren Robo Advisors mit Kreditinstituten, denen bereits eine entsprechende Lizenz erteilt wurde. Diese Institute übernehmen dann für den Robo Advisor die Depotführungsaufgaben, für die diesem die erforderliche Erlaubnis fehlt. Eine solche Kooperation und die hohen Anforderungen an eine Erlangung der entsprechenden Lizenz, die es Robo Advisors ermöglichen würden, das Depotgeschäft ebenfalls selbst zu übernehmen, erscheinen insbesondere unter dem Gesichtspunkt der Gewährleistung einer ausreichenden Einlagensicherheit auch sachgerecht.

---

235 *Linardatos* in: Rechtshandbuch Robo Advice, 1. Auflage 2020, § 4, Rn. 49.

236 Für die Erteilung einer solchen Lizenz ist die EZB zuständig, vgl. dazu ausführlich: *Fischer/Müller* in: Boos/Fischer/Schulte-Mattler, KWG Kommentar, 5. Auflage 2016, § 32, Rn. 67 ff.

2. Partnerbank als Haftungsdach

Agiert der Robo Advisor als vertraglich gebundener Vermittler i.S.d. § 2 X KWG[237], so ist zwingend eine Kooperation mit einem entsprechend regulierten Institut erforderlich, das dann als sog. Fronting-Bank und damit als Haftungsdach agiert. Agiert die Kooperationsbank als Haftungsdach, so ist sie auch für die Einhaltung der aufsichtsrechtlichen Pflichten verantwortlich.[238]

3. Kooperation im Wege einer Auslagerung nach § 25b KWG oder § 40 WpIG

Eine weitere Möglichkeit für Robo Advisors, ihre Geschäftstätigkeit ohne Erlangung einer eigenen Erlaubnis aufnehmen zu können, ergibt sich aus der Möglichkeit einer Auslagerung, einer bestimmten Form der Kooperation mit einem bereits lizensierten Unternehmen.

Rechtliche Grundlage einer solchen Kooperation ist je nach Regulierung des auslagernden Instituts entweder § 25b KWG oder § 40 WpIG[239], die ihrem Wortlaut nach, die Auslagerung von Aktivitäten und Prozessen regeln. Eine Auslagerung liegt nach AT 9 Tz 1 MaRisk[240] vor, „wenn ein anderes Unternehmen mit der Wahrnehmung solcher Aktivitäten und Prozesse im Zusammenhang mit der Durchführung von Bankgeschäften, Finanzdienstleistungen oder sonstigen institutstypischen Dienstleistungen beauftragt wird, die ansonsten vom Institut selbst erbracht würden".

Nach dieser Definition besteht grundsätzlich die Möglichkeit, dass ein Robo Advisor Finanzdienstleistungen, die Finanzportfolioverwaltung, Anlageberatung oder Anlagevermittlung im Wege einer Auslagerung für ein lizensiertes Unternehmen erbringt. Erforderlich ist, dass die Vorgaben des § 25b KWG i. V. m. MaRisk eingehalten werden, diesbezüglich ergeben sich durch die Beteiligung eines Robo Advisors jedoch keine Besonderheiten.[241]

---

237 Vgl. dazu ausführlich oben unter B.II.3.

238 Vgl. dazu auch *Lehrl/Wolf*, BKR 2009, 497; *Knop*, BKR 2011, 89; sowie ebenfalls ausführlich oben unter B.III.

239 Da § 40 WpIG einen gegenüber § 25b KWG nahezu identischen Regelungsgehalt hat, beziehen sich die nachfolgenden Ausführungen auf beide Normen, auch wenn Sie nur § 25b KWG zitieren.

240 *BaFin*, Rundschreiben 09/2017 (BA) – Mindestanforderungen an das Risikomanagement.

241 Ausführlich zu Anforderungen und Möglichkeiten der Auslagerung: *Seip/Schlösser-Rost* in: Linardatos, Rechtshandbuch Robo Advice, 1. Auflage 2020, § 18, Rn. 15 ff.

Zu beachten ist, dass die Auslagerung nicht dazu führen darf, dass so wesentliche Teile des lizensierten Unternehmens ausgelagert werden, dass dies letztlich lediglich noch Inhaber der Erlaubnis ist.[242] Dies schränkt die Möglichkeiten der Robo Advisors, ihr Geschäftsmodell im Rahmen einer solchen Auslagerung zu erbringen, erheblich ein.

Die Wahl einer solchen Kooperation bringt jedoch erhebliche Nachteile für den Robo Advisor mit sich, so begibt er sich in eine erhebliche Abhängigkeit gegenüber dem auslagernden Unternehmen. Dies zeigt sich zum einen darin, dass das auslagernde Unternehmen weiterhin dafür verantwortlich ist, dass die Anforderungen an das Risikomanagement erfüllt sind, sodass in den Auslagerungsvertrag umfangreiche Kontroll- und Überwachungsmaßnahmen, sowie Weisungsbefugnisse aufgenommen werden müssen.[243] Zudem muss der Robo Advisor auch die Geschäftsleitung dem auslagernden Unternehmen überlassen.[244] Durch eine Kooperation im Wege der Auslagerung nach § 25b KWG kann der Robo Advice-Anbieter damit zwar seinen Geschäftsbetrieb ohne Erlangung einer eigenen Erlaubnispflicht aufnehmen, verliert durch diese Gestaltung jedoch seine Autonomie, was möglicherweise auch eine spätere Eigenständigkeit mit eigener Erlaubnis verhindert.

Zwar sind nach dem Wortlaut der Norm des § 25b KWG entsprechende Kooperationen möglich, anhand des Wortlauts, der explizit von „Auslagerungen" spricht, zeigt sich jedoch bereits, dass das primäre Ziel des Gesetzgebers bei der Fassung der Norm nicht die Schaffung einer Möglichkeit zur Etablierung neuer Geschäftsmodelle ohne Notwendigkeit einer eigenen Erlaubnispflicht war.

VI. Erleichterung des Marktzugangs durch fallbezogene Regulierung

Die obigen Ausführungen haben gezeigt, dass die Erlangung einer Zulassung für Robo Advisors zwar möglich ist, diese aber im Falle einer Erlaubnis nach § 15 WpIG sehr zeit- und kostenintensiv oder im Falle einer Erlaubnis nach § 34f GewO mit spürbaren Einschränkungen des Geschäftsmodells verbunden ist. Gerade für FinTechs wird dadurch der Markteinstieg erheblich erschwert. Erforderlich ist daher eine Regulierung, die den Markteinstieg nicht unnötig

---

242 *Wolfgarten* in: Boos/Fischer/Schulte-Mattler, KWG Kommentar, 5. Auflage 2016, § 25b, Rn. 40.

243 *Scholz-Fröhling*, BKR 2017, 133, 139.

244 *Scholz-Fröhling*, BKR 2017, 133, 139.

erschwert, um Innovationen nicht zu bremsen, die gleichzeitig aber auch eine einfache Umgehung der Regelungen verhindert.

Ein Ansatz um das Spannungsverhältnis zwischen FinTechs und Aufsichtsbehörden zu verringern, könnte eine fallbezogene Regulierung sein, d. h. eine speziell auf das entsprechende FinTech abgestimmte Anwendung (oder Nichtanwendung) bestimmter aufsichtsrechtlicher Regelungen. Eine solche einzelfallbezogene Regulierung kann unter anderem durch die Erteilung beschränkter Lizenzen oder durch sog. no-action-letters (NAL) erfolgen.

Das Konzept der NAL wird in den USA bereits praktiziert.[245] Hierbei wird dem Empfänger mitgeteilt, dass die entsprechende Aufsichtsbehörde nicht beabsichtigt, gegenüber dem zu regulierenden Unternehmen Maßnahmen zur Durchsetzung regulatorischer Vorgaben einzuleiten.[246]

Die Nutzung solcher NALs ist jedoch nur im Rahmen des geltenden Aufsichtsrechts möglich, d.h. nur in den Bereichen, in denen der Aufsichtsbehörde eine Auslegungsmöglichkeit oder ein Ermessen zusteht. Damit hängt der Umfang des Spielraums, der den Aufsichtsbehörden zusteht von dem jeweils geltenden Aufsichtsrecht ab.[247]

In Deutschland könnte die BaFin durch die Verwendung von NALs damit nicht für eine umfassende Rechtssicherheit sorgen. Grundsätzlich liegt die Einleitung von Maßnahmen zur Durchsetzung bestimmter aufsichtsrechtlicher Vorgaben in der Regel im Ermessen der BaFin. Für Robo Advisors besonders relevant wäre jedoch eine Erleichterung des Marktzugangs in Form von regulatorischen Erleichterungen in Bezug auf die Erlangung einer nach § 32 KWG oder § 15 WpIG erforderlichen Erlaubnis. Die Erbringung von Finanzdienstleistungen oder Bankgeschäften ohne eine solche Erlaubnis ist jedoch gem. § 54 KWG, bzw. gem. § 82 I WpIG strafbar. Die Entscheidung darüber, ob hier ein entsprechendes Strafverfahren eingeleitet wird, obliegt allerdings aufgrund des alleinigen Anklagemonopols der Staatsanwaltschaft (§ 152 I StPO)[248] und kann somit nicht im Wege eines NAL ausgeschlossen werden.

Dies zeigt bereits, dass NALs im deutschen Aufsichtsrecht kaum geeignet sind, tatsächlich zur Innovationsförderung und zu einer Erleichterung für FinTechs

---

245 *Zetzsche et al.*, Fordham Journal of Corporate & Financial Law, 2018, 31, 58 f.

246 Siehe dazu: *Bureau of Consumer Financial Protection*, Federal Register, Vol. 81, Nr. 34, Policy on no-action-letters, S. 8686.

247 *Zetzsche et al.*, Fordham Journal of Corporate & Financial Law, 2018, 31, 59.

248 *Lindemann* in: Boos/Fischer/Schulte-Mattler, KWG Kommentar, 5. Auflage 2016, § 54, Rn. 31.

beizutragen, weshalb die Frage, inwiefern derartige NALs überhaupt mit dem deutschen Recht vereinbar wären, vorliegend offenbleiben kann.

Eine einzelfallbezogene Regulierung im Generellen bietet zwar den Vorteil eines leichteren Marktzugangs für innovative FinTechs und ermöglicht einen guten Austausch zwischen Start Ups und Aufsichtsbehörden, zudem können die Aufsichtsbehörden bei Einzelfallentscheidungen eine bessere Risikoeinschätzung vornehmen.[249] Dennoch können die Nachteile einer einzelfallbezogenen Regulierung als überwiegend angesehen werden. Eine einzelfallbezogene Regulierung bedeutet einen hohen Aufwand für die Aufsichtsbehörden, sodass sie kaum skalierbar ist und sich damit nur für sehr kleine Geschäftsfelder eignet.[250] Darüber hinaus bringt eine Regulierung, die auf jeweils einzelfallbezogenen Bewertungen der einzelnen Geschäftsmodelle beruht, auch Transparenzprobleme, sowie Schwierigkeiten im Hinblick auf eine ausreichende Gleichbehandlung mit sich. Zudem besteht auch das Risiko einer Falschbewertung durch die Aufsichtsbehörden, die letztlich dazu führt, dass Risiken für den Kunden entstehen, die sich in Verlusten niederschlagen. In einem solchen Fall kann sich aus einer einzelfallbezogenen Regulierung auch eine Haftung der Aufsichtsbehörde ergeben. Gerichte können in solchen Fällen die beschlossenen Regulierungserleichterungen (bspw. NALs oder eingeschränkte Erlaubniserteilungen) aufheben, sodass nicht nur ein Haftungsrisiko für die Aufsichtsbehörde besteht, sondern letztlich auch unabhängig von den oben dargelegten Problemen keine vollständige Rechtssicherheit für das betreffende Unternehmen.[251]

VII. Erleichterung des Marktzugangs durch die Einführung von regulatory sandboxes

Fraglich ist, ob alternativ die Möglichkeit und auch die Notwendigkeit besteht, den Marktzugang durch die Schaffung sog. regulatory sandboxes, wie sie bereits in anderen Ländern erfolgreich eingeführt wurden, zu erleichtern. Im Folgenden soll daher zunächst der Begriff der regulatory sandboxes erläutert werden, bevor auf die Vor- und Nachteile, sowie auf das Erfordernis einer regulatory sandbox für die Erbringung von Robo Advice eingegangen werden soll.

---

249 *Zetzsche et al.*, Fordham Journal of Corporate & Financial Law, 2018, 31, 61 f.

250 *Zetzsche et al.*, Fordham Journal of Corporate & Financial Law, 2018, 31, 62.

251 Vgl. dazu auch *Zetzsche et al.*, Fordham Journal of Corporate & Financial Law, 2018, 31, 62 f.

1. Gestaltung von regulatory sandboxes

Regulatory sandboxes stellen eine recht neue Form der Förderung von Finanzinnovationen dar, sodass es bisher nur wenige Erkenntnisse darüber gibt, welche Mechanismen im Rahmen der sandbox tatsächlich erforderlich sind und insbesondere innovationsfördernd wirken. Vorliegend soll auf Basis der Vorgaben der Financial Conduct Authority (FCA) für die regulatory sandbox in Großbritannien, sowie der Australian Securities and Investments Commission (ASIC) dargelegt werden, welche Mechanismen generell für die Gestaltung einer sandbox-Lösung in Betracht kommen, bevor erläutert wird, welche Anforderungen speziell für Robo Advisors als erforderlich anzusehen sind.

Wie bereits die Begrifflichkeit der *regulatory sandbox* zeigt, kommt die Idee hierzu ursprünglich aus dem englischen Sprachraum. Insbesondere in Großbritannien wurde im Zuge eines Pilotprojekts der FCA bereits eine sandbox-Lösung etabliert. Dabei bezeichnet der Begriff einen geschützten Bereich, in dem FinTech-Unternehmen Ihre Produkte und Geschäftsmodelle testen können, ohne sofort sämtliche regulatorischen Voraussetzungen erfüllen zu müssen.[252] Regulatory sandboxes sind damit eine Möglichkeit, generell innovativen Unternehmen im Finanzsektor einen erleichterten Marktzugang zu bieten und keine Robo-Advice-spezifische Lösung.

Für die Umsetzbarkeit einer solchen sandbox-Lösung gibt es verschiedene Ansätze. Generell ist es jedoch erforderlich, dass die Anbieter im Rahmen einer geschützten Umgebung operieren, also noch nicht am eigentlichen Marktgeschehen teilnehmen.

Obwohl die Ausgestaltung im Detail unterschiedlich erfolgen kann, lassen sich bestimmte Gemeinsamkeiten von sandbox-Lösungen bestimmen.

Zunächst ist es erforderlich, dass bestimmte Kriterien für den Eintritt in die sandbox definiert werden.[253] Neben einer Bewertung des Innovationspotentials des Geschäftsmodells wird auch eine Bewertung der Effekte für die Marktstabilität vorgenommen.[254] Zudem wird überprüft, ob eine Notwendigkeit für die

252 Vgl. zu dieser Definition: *FCA*, Regulatory sandbox, November 2015, S. 1.

253 *Ringe/Ruof*, A regulatory Sandbox for Robo Advisors, S. 36 f.; *Zetzsche et al.*, Fordham Journal of Corporate & Financial Law, 2018, 31, 39 f.

254 *Ringe/Ruof*, A regulatory Sandbox for Robo Advisors, S. 35; *Zetzsche et al.*, Fordham Journal of Corporate & Financial Law, 2018, 31, 39; *Lange* in: FS Schwintowski, 2018, S. 337 f.

Nutzung der sandbox besteht, ob also entsprechende regulatorische Hindernisse bestehen, die einen direkten Markteintritt erschweren oder verhindern.[255]

Daneben ist es auch erforderlich, dass die Kunden, die die im Rahmen der sandbox angebotenen Dienstleistungen nutzen, ausreichend geschützt werden. Auch hier kommen unterschiedliche Wege einer Gestaltung in Betracht. Nach den Bestimmungen der FCA richtet sich die Verteilung des Risikos nach der Art des Kunden.[256] So sollen Privatkunden das Risiko eines sandbox-Tests nicht tragen müssen, sodass ihnen im Falle eines Verlusts entsprechende Ausgleichsansprüche zustehen.[257] Im Hinblick auf professionelle Kunden soll je nach Geschäftsmodell geprüft werden, ob bestimmte Unternehmen nur Geschäfte mit entsprechenden Kunden abschließen dürfen, die zuvor einer Beschränkung ihrer möglichen Schadensersatzansprüche zugestimmt haben.[258] Darüber hinaus behält sich die FCA die Einführung weiterer Sicherheitsmaßnahmen je nach Geschäftsmodell vor.[259]

Die Australische Aufsichtsbehörde ASIC hingegen setzt auf eine numerische Begrenzung der Geschäftstätigkeit, so dürfen einzelne Unternehmen nicht mehr als 100 Kunden betreuen, pro Kunde nicht mehr als 10.000 AUD[260] verwalten und die Gesamtsumme des verwalteten Kundenvermögens darf 5 Mio. AUD nicht überschreiten.[261]

Ebenfalls vorgenommen werden kann eine Festlegung der Dauer, in der Unternehmen ihr Geschäftsmodell im Rahmen der sandbox testen können. Hier kommt entweder die abstrakte Festlegung eines Zeitraums von bspw. 6 oder 12 Monaten in Betracht oder eine individuelle Festlegung je nach Geschäftsmodell.[262]

Zentrales Element der Ausgestaltung sollte zudem eine Bestimmung der Regularien sein, die Unternehmen bei Nutzung der sandbox zu befolgen haben. Diesbezüglich kommen verschiedene Instrumente in Betracht, die in der Regel insbesondere darauf abzielen, die Erlangung einer entsprechenden Erlaubnis

---

255 *Ringe/Ruof*, A regulatory Sandbox for Robo Advisors, S. 35f; *Zetzsche et al.*, Fordham Journal of Corporate & Financial Law, 2018, 31, 40.

256 Vgl. dazu *FCA*, Default standards for sandbox testing parameters; *Ringe/Ruof*, A regulatory Sandbox for Robo Advisors, S. 37 f.

257 *FCA*, Default standards for sandbox testing parameters.

258 *FCA*, Default standards for sandbox testing parameters.

259 *FCA*, Default standards for sandbox testing parameters.

260 AUD = Australische Dollar.

261 *Ringe/Ruof*, A regulatory Sandbox for Robo Advisors, S. 38.

262 *Ringe/Ruof*, A regulatory Sandbox for Robo Advisors, S. 38.

zu vereinfachen oder eine Befreiung von der Erlaubnispflicht vorsehen. Die Aufsichtsbehörden können den Unternehmen, die die sandbox nutzen bspw. zusichern, dass sie auf das Erfordernis einer Erlaubnis, die normalerweise erforderlich wäre, für den Zeitraum der Teilnahme an der sandbox verzichten. Eine solche Befreiung sieht bspw. die australische ASIC vor.[263] Derartige Befreiungszusagen sind für EU-Mitgliedsstaaten jedoch nur bedingt möglich, da sie an das geltende EU-Recht gebunden sind. Sie können daher eigenmächtig keine Verzichtserklärungen hinsichtlich geltendem EU-Recht aussprechen.[264] Eine Möglichkeit, die dennoch in Betracht kommt, ist die Bereitstellung individueller Beratungsangebote für die einzelnen FinTechs.[265]

Zuletzt ist auch eine Strategie erforderlich, die festlegt, inwiefern die teilnehmenden Unternehmen die sandbox wieder verlassen können. Die Aufsichtsbehörden können die teilnehmenden Unternehmen verpflichten, hier eine eigenständige Strategie auszuarbeiten. Für den Übergang aus dem geschützten Bereich der sandbox in den normalen Markt kommt es insbesondere darauf an, dass keine Nachteile für die Kunden der Unternehmen entstehen und die Unternehmen sich gleichzeitig darauf vorbereiten, nach Verlassen der sandbox vollumfassend reguliert zu werden, also umfassendere Pflichten zu erfüllen haben.[266]

2. Vor- und Nachteile von regulatory sandboxes

Bevor auf die Möglichkeit der Einrichtung einer regulatory sandbox für Robo Advisors eingegangen wird, sollen zunächst die Vor- und Nachteile einer solchen Regulierungsform beleuchtet werden.

Einer der Hauptvorteile, den FinTechs durch die Teilnahme an einer sandbox erlangen, ist der deutlich beschleunigte und vereinfachte Marktzugang.[267] Im Zuge eines entsprechend einfacheren Marktzugangs kann auch davon ausgegangen werden, dass durch die Einführung einer regulatory sandbox die Innovationsbereitschaft bei Unternehmen in der Finanzbranche steigt.[268] Dies kann sich

263 *Bromberg/Godwin/Ramsay*, FinTech sandboxes: Achieving a balance between regulation and innovation, S. 7.

264 *Ringe/Ruof*, A regulatory Sandbox for Robo Advisors, S. 39.

265 *Ringe/Ruof*, A regulatory Sandbox for Robo Advisors, S. 39.

266 *Ringe/Ruof*, A regulatory Sandbox for Robo Advisors, S. 40.

267 *Ringe/Ruof*, A regulatory Sandbox for Robo Advisors, S. 40; *FCA*, Regulatory sandbox, abrufbar unter: www.fca.org.uk/publication/research/regulatory-sandbox.pdf (zuletzt abgerufen am: 26.09.2018).

268 *Zetzsche et al.*, Fordham Journal of Corporate & Financial Law, 2018, 31, 78; *Ringe/Ruof*, A regulatory Sandbox for Robo Advisors, S. 42.

zum einen in einer steigenden Zahl von FinTech-Gründungen zeigen, gleichzeitig besteht aber auch die Möglichkeit, dass in der Finanzbranche bereits etablierte Unternehmen ihre eigene Digitalisierungsstrategie vorantreiben, um für einen stärkeren Wettbewerb gerüstet zu sein.[269] Die innovativen und einfach nutzbaren Geschäftsmodelle von FinTechs führen zudem dazu, dass Kunden ihr Geld an den Kapitalmärkten anlegen, die dies bisher nicht getan haben. Hierzu leistet insbesondere Robo Advice einen Beitrag, da die Mindestanlagesumme der meisten Anbieter deutlich unter denen herkömmlicher Anbieter liegt. Indem derartige FinTechs ihre Geschäftsmodelle zunächst in einem geschützten Rahmen erbringen können, werden die Risiken für den Markt und die Kunden minimiert, ohne auf die daraus resultierenden Vorteile für die gesamte Finanzwirtschaft verzichten zu müssen.[270]

Die Einführung einer sandbox bringt aber auch Vorteile für die Aufsichtsbehörden mit sich, so kommt es durch eine sandbox zu einem deutlich intensiveren Austausch zwischen Aufsichtsbehörde und FinTech, von dem letztlich beide Seiten profitieren.[271] Den Aufsichtsbehörden wird es dadurch ermöglicht, neue Innovationen frühzeitig zu erkennen und damit auch entstehende Risiken besser berücksichtigen zu können.[272] Durch die größere Nähe zu FinTechs ergibt sich für die Aufsichtsbehörden auch der Vorteil, dass sie schneller auf neue Geschäftsmodelle und etwaige damit einhergehende regulatorische Probleme aufmerksam werden und diese nicht erst im Zuge von aufwändigen Marktbeobachtungen offengelegt werden.[273]

Gerade Robo Advisors können durch die Einführung einer sandbox profitieren. Robo Advisors betreiben Ihre Geschäfte in einem hochregulierten Umfeld, zudem haben sich die geltenden Regularien insbesondere seit der Finanzkrise 2008 als schnelllebig erwiesen, sodass eine regelmäßige Anpassung des Geschäftsmodells an das bisherige Aufsichtsrecht unentbehrlich ist. Diese Herausforderungen treffen insbesondere kleinere Start-Ups, wozu viele Robo Advisors (jedenfalls zum Zeitpunkt ihrer Gründung) zu zählen sind. Gerade diese Unternehmen können sehr stark von einem vereinfachten Marktzugang und

269 *Zetzsche et al.*, Fordham Journal of Corporate & Financial Law, 2018, 31, 78.

270 *Krimphove/Rohwetter*, BKR 2018, 494, 497.

271 *Zetzsche et al.*, Fordham Journal of Corporate & Financial Law, 2018, 31, 78; *Ringe/Ruof*, A regulatory Sandbox for Robo Advisors, S. 41.

272 *Ringe/Ruof*, A regulatory Sandbox for Robo Advisors, S. 41; *Bromberg/Godwin/Ramsay*, FinTech sandboxes: Achieving a balance between regulation and innovation, S. 12.

273 So auch: *Krimphove/Rohwetter*, BKR 2018, 494, 497.

insbesondere auch von einem intensiven Dialog mit den Aufsichtsbehörden profitieren.[274] So kann die intensive Betreuung durch die Aufsichtsbehörden auch eine Steigerung der Qualität der angebotenen Dienstleistungen bewirken.[275] Die Vorteile eines solch intensiven Austauschs können dann sogar nach Verlassen der sandbox fortwirken, sodass die Behandlung regulatorischer Schwierigkeiten für den Robo Advisor insgesamt vereinfacht wird.[276]

Neben den diversen dargestellten Vorteilen sind jedoch auch die Nachteile einer Einführung von regulatory sandboxes zu benennen.[277]

Dabei ist einer der Hauptvorteile der sandboxes – der erleichterte Marktzugang durch geringere Regulierung – zugleich auch einer der bedeutendsten Nachteile. Durch die geringere Regulierung können Marktrisiken entstehen, die durch eine strikte – und insbesondere einheitliche – Regulierung verhindert werden könnten.[278]

Darüber hinaus besteht das Risiko, dass sandbox-Lösungen weniger Kunden anziehen, als dies bei einem regulären Markteintritt der Unternehmen der Fall wäre.[279] In einem solchen Szenario würde die Einführung von regulatory sandboxes sogar zu einer Behinderung des FinTech-Wachstums führen. Gleichzeitig besteht jedoch auch das Risiko, dass Fintechs die Teilnahme an der regulatory sandbox stark zu Werbezwecken einsetzen und damit letztlich bei potentiellen Kunden den Eindruck hervorrufen, infolge der Teilnahme an der sandbox handele es sich nunmehr um eine risikolose Dienstleistung.[280]

Zudem erfordert die Einführung einer sandbox erhebliche finanzielle und personelle Ressourcen der Aufsichtsbehörden, um die Aufsicht und Betreuung der teilnehmenden Unternehmen gewährleisten zu können.[281] Infolge der erforderlichen individuellen Betreuung im Rahmen der sandbox und des damit

274 So auch: *Ringe/Ruof*, A regulatory Sandbox for Robo Advisors, S. 43.

275 *Ringe/Ruof*, A regulatory sandbox for Robo Advisors, S. 44.

276 *Ringe/Ruof*, A regulatory Sandbox for Robo Advisors, S. 43.

277 Vgl. zu den Nachteilen ausführlich: *Zetzsche et al.*, Fordham Journal of Corporate & Financial Law, 2018, 31, 79 ff.; *Bromberg/Godwin/Ramsay*, FinTech sandboxes: Achieving a balance between regulation and innovation, S. 10 ff.

278 *Zetzsche et al.*, Fordham Journal of Corporate & Financial Law, 2018, 31, 79; *Bromberg/Godwin/Ramsay*, FinTech sandboxes: Achieving a balance between regulation and innovation, S. 10.

279 *Zetzsche et al.*, Fordham Journal of Corporate & Financial Law, 2018, 31, 79.

280 *Krimphove/Rohwetter*, BKR 2018, 494, 497.

281 Vgl. dazu *Zetzsche et al.*, Fordham Journal of Corporate & Financial Law, 2018, 31, 79 f.; *Ringe/Ruof*, A regulatory Sandbox for Robo Advisors, S. 48 f.

verbundenen finanziellen Aufwands widerspricht die Einführung einer sandbox auch dem eigentlichen Zwecke des Rechts, zur Standardisierung und Kostenreduktion beizutragen.[282]

Zudem kann sich durch die Auswahl der Teilnehmer der sandbox ein Transparenzproblem ergeben. Selbst wenn die einzelnen Zugangskriterien offen kommuniziert werden, so bleibt bspw. die Frage, ob und inwiefern die Aufsichtsbehörde ein Start-Up als innovativ einschätzt, letztlich intransparent.[283]

Darüber hinaus besteht das Risiko, dass sandboxes mittel- und langfristig nicht kleinen Start-Ups nutzen, indem sie den Marktzugang erleichtern und zu einer Steigerung der Innovationskraft in der Finanzbranche führen, sondern, dass die sandbox-Möglichkeit von großen Marktteilnehmern ausgenutzt wird (bspw. durch Beteiligungen an teilnehmenden Start-Ups), um so in einem weniger regulierten Bereich aktiv sein zu können.[284]

3. Regulierung von Robo Advisors in einer regulatory sandbox

Nachdem obenstehend bereits die allgemeinen Anforderungen an eine regulatory sandbox erörtert wurden und auch die Vor- und Nachteile dargestellt wurden, soll im Folgenden darauf eingegangen werden, ob die Einführung einer regulatory sandbox auch spezifisch für Robo Advice-Anbieter sinnvoll erscheint.

Dabei ist zunächst zu bedenken, dass aufgrund des hohen Anteils europarechtlicher Vorgaben im aktuellen Aufsichtsrechts, eine reine nationale regulatory sandbox nur sehr begrenzt Erleichterungen für die Anbieter ermöglichen könnte.[285] Der deutsche Gesetzgeber kann bei Einführung einer regulatory sandbox nicht einseitig auf die Anwendung europäischen Rechts verzichten. Einzig sinnvoll erscheint daher die Einführung einer EU-weiten regulatory sandbox.

Ein zentrales Augenmerk bei der Gestaltung sollte auf der Gewährleistung eines ausreichenden Anlegerschutzes für die teilnehmenden Kunden liegen.

Eine regulatory sandbox erscheint für Robo Advisors jedoch weder geeignet, noch erforderlich. Die Ausführungen im Rahmen dieser Arbeit zeigen, dass ein Großteil der aufsichtsrechtlichen Normen einen hinreichend hohen Abstraktionsgrad aufweist, sodass diese auch auf die Erbringung von Robo Advice

---

282 *Zetzsche et al.*, Fordham Journal of Corporate & Financial Law, 2018, 31, 79 f.

283 So auch: *Ringe/Ruof*, A regulatory Sandbox for Robo Advisors, S. 49; *Zetzsche et al.*, Fordham Journal of Corporate & Financial Law, 2018, 31, 80.

284 *Ringe/Ruof*, A regulatory Sandbox for Robo Advisors, S. 49.

285 So auch: *Madel*, Robo Advice, S. 258.

Anwendung finden können. Im Ergebnis zeigt diese Arbeit damit, dass die Erbringung von Robo Advice auf Basis des geltenden Aufsichtsrechts möglich ist. Die Einführung einer regulatory sandbox und die damit verbundene umfassende Freistellung von aufsichtsrechtlichen Pflichten ist daher nicht erforderlich, um die Erbringung von Robo Advice zu ermöglichen.[286]

Vielmehr besteht die Gefahr, dass die Freistellung von bestimmten aufsichtsrechtlichen Pflichten unweigerlich zu einer Absenkung des Anlegerschutzniveaus führt.[287] Dies kann weder im Interesse der Anleger, noch der Anbieter selbst liegen, da eine solche Freistellung letztlich die Gefahr birgt, den Schritt zum vollständigen Markteintritt und der damit verbundenen Pflicht sämtliche aufsichtsrechtlichen Pflichten einzuhalten, zu erschweren.

Darüber hinaus ist zu konstatieren, dass der BaFin jedenfalls de lege lata auch keine Kompetenz zukommt, Anbieter umfassend von der Einhaltung aufsichtsrechtlicher Vorgaben zu befreien. §§ 46, 51 WpHG ermöglichen zwar Befreiungen, beschränken sich dabei aber auf bewusst eng gefasste Ausnahmen und können daher nicht für die Einführung einer regulatory sandbox in Deutschland herangezogen werden.[288]

Damit ist die Einführung einer regulatory sandbox als Regulierungsinstrument für Robo Advisors im Ergebnis abzulehnen.

VIII. Verhinderung von Regulatory Arbitrage

Wie obenstehend unter B.I.1.b)bb) gezeigt, bereitet das in § 32 KWG und § 15 WpIG erhaltene Erfordernis der Erbringung „im Inland" Probleme, da je nach Auslegung des Merkmals auch eine Niederlassung des Anbieters im Ausland möglich ist. Da Robo Advice rein über das Internet und damit unkörperlich erbracht wird, eröffnet die bisherige Fassung des § 32 KWG/ § 15 WpIG damit Anbietern die Möglichkeit, sich den Ort ihrer Niederlassung nach dem mildesten Aufsichtsregime auszuwählen, um dann von dort aus ihre Dienstleistungen dennoch in Deutschland anzubieten, sog. *Regulatory Arbitrage*.[289] Auf diese Art und Weise versuchen sie, die strengen Vorgaben des deutschen Aufsichtsrechts zu umgehen.

---

286 So zutreffend auch: *Madel*, Robo Adivce, S. 258.

287 *Madel*, Robo Advice, S. 258.

288 So auch: *Madel*, Robo Advice, S. 258.

289 *Lehmann* in: MüKo BGB, 8. Auflage 2021, Intern. Finanzmarktrecht (Teil 12), Rn. 12.

Im Zuge der zunehmenden Digitalisierung werden jedoch neben Robo Advice immer mehr Finanzdienstleistungen unkörperlich über das Internet erbracht werden, sodass es geboten erscheint, sicherzustellen, dass die Anbieter sich in diesen Fällen nicht dem deutschen Aufsichtsrecht entziehen können. Nur auf diese Weise kann ein wirkungsvoller Anlegerschutz vor unseriösen ausländischen Anbietern erreicht werden.

Zu fordern ist daher eine Neufassung des § 32 KWG/ § 15 WpIG dahingehend, dass eine Klarstellung des Merkmals „im Inland" getroffen wird. Dafür sollte sich an der oben bereits dargestellten vertriebsbezogenen Auslegung orientiert werden, sodass für den erforderlichen Inlandbezug auf den Ort der Leistungserbringung abgestellt werden sollte.[290] Dies würde sicherstellen, dass Anbieter, die ihre Dienstleistungen gezielt auf und für den deutschen Markt anbieten, sich nicht durch eine geschickte Auswahl ihrer Niederlassung dem deutschen Aufsichtsrecht entziehen können.

IX. Ergebnisse zu Kap. B.

1. Die Erlaubnispflichtigkeit von Robo Advice muss aufgrund der Vielzahl der Gestaltungsmöglichkeiten stets einzelfallbasiert erfolgen, eine pauschale aufsichtsrechtliche Einordnung von Robo Advice ist nicht möglich.
2. Auch Robo Advisors unterliegen, wenn sie entsprechende Finanzdienstleistungen anbieten der Erlaubnispflicht des § 15 WpIG.
3. Sobald sich das erlaubnispflichtige Dienstleistungsangebot eines Robo Advisors zielgerichtet an den deutschen Markt richtet, unterliegt es, unabhängig vom Ort der Niederlassung des Anbieters, der Erlaubnispflicht des § 15 WpIG.
4. Robo Advisors können ihre Dienstleistungen im Rahmen der Bereichsausnahme des § 2 VI Nr. 8 KWG auch auf Basis einer Erlaubnis nach § 34f GewO erbringen.
5. Robo Advisors, die sog. Half-Service-Plattformen betreiben, erbringen entweder eine erlaubnispflichtige Anlageberatung oder Anlagevermittlung.
6. Die Durchführung der Kundenexploration kann auch durch die Verwendung von Online-Fragebögen erfolgen.
7. Für die Einordnung des Geschäftsmodells als erlaubnispflichtige Anlageberatung genügt es bereits, wenn Anlagehorizont und Risikobereitschaft erfasst werden, da die BaFin diese als persönliche Umstände einordnet.

---

290 So ebenfalls zutreffend: *Madel*, Robo Advice, S. 275.

8. Eine Anlageempfehlung liegt dann vor, wenn die dem Kunden vorgeschlagenen Anlagemöglichkeiten durch Hinzuziehung zusätzlicher Kriterien oder eigener Erläuterungen des Robo Advisors präzisiert werden und dem Kunden dadurch eine Entscheidungshilfe geboten wird. Dies erfordert auch die konkrete Benennung der empfohlenen Finanzinstrumente, der Kunden kann aber auch verschiedene konkrete Vorschläge für seine Portfoliozusammenstellung erhalten.
9. Robo Advisors, die nur ein beschränktes Produktangebot anbieten, müssen hierauf bei der Abgabe einer Empfehlung ausdrücklich hinweisen. Die Einschränkung des Produktangebots kann entgegen der Ansicht der BaFin nicht bereits zur Annahme einer persönlichen Empfehlung führen.
10. Für die Einstufung eines Geschäftsmodells als erlaubnispflichtige Anlageberatung genügt es bereits, wenn der Kunde aufgrund der Gestaltung des Fragebogens den Eindruck erhält, seine persönlichen Umstände werden bei der Anlageempfehlung berücksichtigt.
11. Der Anschein der Berücksichtigung der persönlichen Umstände kann durch AGB-Klausel oder gut sichtbaren Disclaimer ausgeschlossen werden, allerdings nur, wenn der Kunde tatsächlich nicht dein Eindruck erhält, aufgrund seiner Angaben eine individualisierte Empfehlung zu erhalten.
12. Erhält der Kunde lediglich allgemeine Informationen zu verschiedenen Anlageprodukten und ist für ihn anhand der durchgeführten Exploration auch ersichtlich, dass die Produktempfehlung nicht auf einer Berücksichtigung seiner persönlichen Umstände basiert, so erbringt der Robo Advisor lediglich eine Anlagevermittlung.
13. Die bloße Vermittlung von Vermögensverwaltungsverträgen ist keine erlaubnispflichtige Anlagevermittlung und kann daher auch von Robo Advisors erlaubnisfrei erbracht werden.
14. Erbringt ein Robo Advisor seine Tätigkeit als vertraglich gebundener Vermittler iSd § 2 X KWG, hat das haftende Institut im Rahmen seiner Überprüfung der Zuverlässigkeit und fachlichen Eignung des Robo Advisors auch eine Überprüfung des dem Geschäftsmodell zugrundeliegenden Algorithmus vorzunehmen.
15. Robo Advisors, die sog. Full-Service-Plattformen anbieten, erbringen eine erlaubnispflichtige Finanzportfolioverwaltung.
16. Die Zuordnung der Kunden in einzelne Risikokategorien und die gleichlaufende Verwaltung des Kundenvermögens in den jeweiligen Risikokategorien steht der erforderlichen Anpassung der Vermögensverwaltung an die individuellen Bedürfnisse des Kunden nicht entgegen.

17. Es steht dem erforderlichen Entscheidungsspielraum des Vermögensverwalters nicht entgegen, wenn die Investitionsentscheidungen durch Algorithmen getroffen werden, da diese lediglich der Ausgestaltung des Entscheidungsspielraumes dienen.
18. Auch bloßes Rebalancing ist als erlaubnispflichtige Finanzportfolioverwaltung einzuordnen.
19. Das Betreiben eines bloßen Vergleichsportals (sog. Self-Service-Plattform) ist nur dann erlaubnisfrei, wenn weder persönliche Umstände abgefragt werden, noch der Kunde den Eindruck erhält, dass er mehr als eine bloße neutrale Information erhält. Eine weitergehende Erlaubnispflicht für derartige Plattformen erscheint nicht sachgerecht.
20. Robo Advisors können zur Erbringung ihrer Dienstleistungen mit Partnerbanken kooperieren, um so für verschiedene Geschäftsbereiche (bspw. Depotgeschäft) das Erfordernis einer eigenen Erlaubnis zu umgehen.
21. Eine fallbezogene Regulierung ist zur Erleichterung des Marktzugangs abzulehnen, da der damit verbundene Aufwand und die weiterhin bestehenden Haftungsrisiken zu große Nachteile darstellen.
22. Es ist eine Neufassung des § 32 KWG/ § 15 WpIG hinsichtlich einer Klarstellung des Merkmals „im Inland“ erforderlich, um zu verhindern, dass sich Anbieter im Wege der *Regulatory Arbitrage* den Vorgaben des deutschen Aufsichtsrechts entziehen.

C. Organisation des Geschäftsbetriebs

Robo Advisors sind, wie jedes andere Wertpapierdienstleistungsunternehmen auch, zur Einhaltung bestimmter Organisationspflichten verpflichtet.[291] Es besteht Einigkeit darüber, dass beim Einsatz autonomer Systeme derjenige, der diese Systeme zum Zwecke der Gewinnerzielung einsetzt, auch für diese verantwortlich ist. Die Anbieter können sich damit nicht unter Verweis auf den eingesetzten Algorithmus der Einhaltung der aufsichtsrechtlichen Pflichten entziehen.[292] Agieren die Anbieter auf Basis einer Erlaubnis nach § 32 KWG oder § 15 WpIG, so haben sie die Vorgaben des WpHG einzuhalten. Für Anbieter, die ihre Dienstleistungen im Rahmen einer Erlaubnis nach § 34f GewO erbringen, gelten diese Pflichten hingegen nicht. Stattdessen ergeben sich für diese Unternehmen die einzuhaltenden Pflichten aus der FinVermV[293]. Die FinVermV wurde mit Wirkung zum 01.08.2020 an die Vorgaben der MiFID II angepasst, auf eine Darstellung ihrer Regelungen im Einzelnen wird im Rahmen der vorliegenden Arbeit jedoch aus Gründen des Umfangs verzichtet.

Im Folgenden wird auf die Organisationspflichten eingegangen, bei denen sich Besonderheiten im Hinblick auf die Geschäftsmodelle von Robo Advisors ergeben könnten.

I. Privatkunden als Zielgruppe von Robo Advisors

Die Dienstleistungen von Robo Advisors richten sich in der Regel an Privatkunden. Dies ergibt sich zum einen aus der Gestaltung der verschiedenen Portale, die klar auf unerfahrene Privatanleger abzielt, zum anderen sind professionelle Kunden, zu denen insbesondere Wertpapierdienstleistungsunternehmen, institutionelle Anleger und Kreditinstitute zu zählen sind (§ 67 II 2 WpHG), aufgrund ihres eigenen Fachwissens in der Regel nicht darauf angewiesen, die häufig eher einfachen Anlagemodelle der Robo Advisors zu nutzen.

Die Einordnung der Zielgruppe als Privatkunden hat auch Auswirkungen auf den geltenden aufsichtsrechtlichen Pflichtenumfang.

---

291 So auch die Ansicht der BaFin: BaFinTech 2016 – Workshop zum Thema Robo Advice, Folie 17.

292 *Madel*, Robo Advice, S. 144.

293 Verordnung über die Finanzanlagenvermittlung vom 2. Mai 2012 (zul. geändert durch Art. 1 Zweite ÄndVO vom 9.10.2019).

Die Kundeneigenschaft des Anlegers ergibt sich aus § 67 WpHG. Nach § 67 I WpHG ist grundsätzlich jeder Vertragspartner des Robo Advisors, für den dieser Wertpapierdienstleistungen erbringt, als Kunde einzustufen. Dennoch wird nicht jeder Vertragspartner als Kunde gleichbehandelt, vielmehr unterscheidet § 67 WpHG weiterhin zwischen Privatkunden (§ 67 III WpHG), professionellen Kunden (§ 67 II WpHG) und geeigneten Gegenparteien (§ 67 IV WpHG). Für Professionelle Kunden enthält § 67 II WpHG eine Reihe an abschließenden Voraussetzungen, die für eine entsprechende Einstufung vorliegen müssen. Die Einstufung als Privatkunde wird hingegen in § 67 III WpHG negativ definiert, indem der Gesetzgeber festlegt, dass alle Kunden, die keine professionellen Kunden sind, als Privatkunden einzuordnen sind. Es handelt sich damit um ein System der abstrakten Kundenkategorisierung, bei dem es nicht auf die Kenntnisse und Erfahrung des einzelnen Kunden ankommt.[294] Dabei handelt es sich bei § 67 WpHG um eine abschließende Regelung, d.h. es besteht nicht die Möglichkeit, die Kundeneigenschaft individualvertraglich abzubedingen.

Die jeweilige Kundenkategorisierung hat Auswirkungen auf die Geltung der einzelnen Wohlverhaltens- und Organisationspflichten, nur bei einer Einstufung als Privatkunde gelten diese vollumfänglich.[295]

Wie oben bereits erwähnt, richtet sich das Produktangebot von Robo Advisors primär an Privatkunden. Diese werden in der Regel schon aufgrund der Negativdefinition des § 67 III WpHG als solche einzustufen sein.

Dennoch entscheiden sich viele Anbieter dafür, im Rahmen einer AGB-Klausel klarzustellen, dass alle Kunden als Privatkunden i.S.d. § 67 III WpHG eingestuft werden. Eine solche Klausel sorgt hinsichtlich der Einstufung für Rechtsklarheit und begegnet auch hinsichtlich ihrer Zulässigkeit keinen Bedenken.[296] Zudem erspart es sich der Anbieter Mechanismen zu implementieren, durch die vor Erbringung der Dienstleistung zuverlässig ermittelt werden kann, welcher Kunden Kategorie der Kunde zuzuordnen ist. Durch die Einstufung als Privatkunde kommen dem Kunden sämtliche Wohlverhaltens- und Organisationspflichten des WpHG zugute, die ansonsten nur eingeschränkt gelten würden. Der Kunde erhält damit durch eine entsprechende AGB-Klausel ein Mehr

294 *Fuchs* in: Fuchs, WpHG, 2. Auflage 2016, § 31a a.F., Rn. 6 f.

295 Zur Absenkung des Schutzstandards bei einer Einstufung als professioneller Kunde oder geeignete Gegenpartei vgl. *Grundmann* in: Staub, HGB Kommentar, 5. Auflage 2018, Bankvertragsrecht, Achter Teil, Rn. 234.

296 So auch: *Madel*, Robo Advice, S. 149, m.w.N.

an Anlegerschutz, sodass keine unangemessene Benachteiligung, die zu einer Unwirksamkeit der Klausel nach § 307 BGB führen könnte, ersichtlich.

Damit ist davon auszugehen, dass Robo Advisors, die dem WpHG unterliegen, ihren Kunden gegenüber sämtliche Wohlverhaltens- und Organisationspflichten einzuhalten haben.

Denkbar wäre es, dass Robo Advisors versuchen, sich von ihren Kunden im Rahmen des Anlageprozesses bestätigen zu lassen, dass sie als professionelle Kunden handeln, um so nicht den für Dienstleistungen gegenüber Privatkunden einzuhaltenden Pflichtenumfang befolgen zu müssen. Allerdings stellt § 2 II WPDVerOV hohe Anforderungen an die Einstufung eines Privatkunden als professionellen Kunden. Der Privatkunde muss gegenüber dem Anbieter zumindest in Textform die Einstufung als Privatkunde beantragen (§ 2 II 1 Nr. 1 WpDVerOV), daraufhin muss der Anbieter den Kunden auf einem dauerhaften Datenträger eindeutig auf die rechtlichen Folgen der geänderten Einstufung hingewiesen werden (§ 2 II 1 Nr. 2 WpDVerOV), woraufhin der Kunde in einem gesonderten Dokument bestätigen muss, diese Hinweise zur Kenntnis genommen zu haben (§ 2 II 1 Nr. 3 WpDVerOV). Ein derart komplexes Vorgehen erscheint für Robo Advisors kaum praktikabel.[297]

Die Einstufung als Privatkunde hat unmittelbare Auswirkungen ohnehin nur auf die Geltung der aufsichtsrechtlichen Pflichten, im zivilrechtlichen Vertragsverhältnis zwischen Kunde und Anbieter kann dieser Einstufung allenfalls eine Indizwirkung[298] zukommen, der Umfang der Beratung hat sich hier dennoch an den Kenntnissen und Fähigkeiten des konkreten Anlegers zu orientieren.[299]

II. Einhaltung der aufsichtsrechtlichen Pflichten des WpHG

Sofern Robo Advice-Anbieter Wertpapierdienstleistungen i.S.d. § 2 VIII WpHG erbringen, sind sie zur Einhaltung der Normen des WpHG und damit auch der Organisationspflichten verpflichtet. Diese werden zusätzlich noch durch die

297 So auch: *Madel*, Robo Advice, S. 148 f.

298 Dem Aufsichtsrecht kommt nur eine Ausstrahlungswirkung auf das zivilrechtliche Rechtsverhältnis zu, vgl. ausführlich zur Abgrenzung zwischen Aufsichts- und Zivilrecht unten unter D.I.

299 Es gelten die vom BGH aufgestellten Grundsätze der anleger- (und anlage-)gerechten Beratung, ausgehend von BGHZ 123, 126; dazu auch: *Buck-Heeb/Lang* in BeckOGK, Stand: 01.07.2022, § 675, Rn. 374 ff.; vgl. zur Durchführung einer anleger- und anlagegerechten Beratung durch Robo Advisors ausführlich unten E.I.1.b).

DVO-MiFID II, sowie durch die MaComp[300] konkretisiert. Eine Ausnahme gilt hier nach § 2a II WpHG lediglich für Unternehmen, die als vertraglich gebundene Vermittler i.S.d. § 2 X KWG agieren, für diese gelten die Vorgaben der FinVermV.[301] Seit Inkrafttreten des Zweiten Finanzmarktnovellierungsgesetzes Anfang 2018 sind die Regelungen der MiFID II durch das WpHG umgesetzt. Im Folgenden soll anhand ausgewählter Organisationspflichten überprüft werden, inwiefern sich Probleme bei einer Erbringung von Robo Advice ergeben können.

1. Gewährleistung von Kontinuität und Regelmäßigkeit der Wertpapierdienstleistungen (§ 80 I 2 Nr. 1 WpHG)

§ 80 I 2 Nr. 1 WpHG enthält die recht allgemein gehaltene Pflicht der Wertpapierdienstleistungsunternehmen, entsprechende Vorkehrungen zu treffen, um die Kontinuität und Regelmäßigkeit der von ihnen angebotenen Wertpapierdienstleistungen zu gewährleisten.

Der Wortlaut des § 80 I 2 Nr. 1 WpHG entspricht dabei dem der Vorgängernorm des § 33 I 2 Nr. 2 WpHG a.F., insofern sind durch die Umsetzung der MiFID II keine Änderungen eingetreten.

Vorliegend soll insbesondere auf die Notwendigkeit und Relevanz bestimmter organisatorischer Vorkehrungen i.S.d. § 80 I 2 Nr. 1 WpHG im Hinblick auf die Erbringung von Robo Advice eingegangen werden.[302]

Während bereits für Wertpapierdienstleistungsunternehmen, die ihre Dienstleistungen auf herkömmlichem Wege erbringen, umfangreiche IT-Sicherheitssysteme gefordert werden[303], besteht beim Angebot einer algorithmenbasierten Dienstleistung, die der Kunde ausschließlich computergestützt und online in Anspruch nehmen kann, erst recht das Erfordernis von leistungsfähigen Mechanismen, die die Zuverlässigkeit der eingesetzten Systeme

---

300 *BaFin*, Rundschreiben 05/2018 (WA) – Mindestanforderungen an die Compliance-Funktion und weitere Verhaltens-, Organisations- und Transparenzpflichten – MaComp, abrufbar unter: www.bafin.de/SharedDocs/Veroeffentlichungen/DE/Rundschreiben/2018/rs_18_05_wa3_macomp.html (zuletzt abgerufen am: 16.07.2018).

301 Vgl. dazu näher unter B.II.3.

302 Für einen Überblick über die allgemeinen Anforderungen nach § 80 I 2 Nr. 1 WpHG vgl. die Kommentierung zu § 33 a.F. WpHG von *Fuchs* in: Fuchs, WpHG, 2. Auflage 2016, § 33, Rn. 46 ff.

303 *Fuchs* in: Fuchs, WpHG, 2. Auflage 2016, § 33 a.F., Rn. 63ff; *Meyer/Paetzel/Will* in: Kölner Kommentar zum WpHG, 2. Auflage 2014, § 33 a.F., Rn. 135; *Baur* in: Just/Voß/Ritz/Becker, WpHG, 1. Auflage 2015, § 33 a.F., Rn. 46.

gewährleisten. Hierzu gehört neben einer Gewährleistung der datenschutzkonformen Sicherung von Kundendaten insbesondere vor dem Zugriff Unbefugter auch die Einrichtung von Datensicherungssystemen für den Störungsfall.[304] Zusätzlich müssen Robo Advisors die Programmierung des Algorithmus so sichern, dass sie gegen die Veränderung durch Unbefugte geschützt ist. Dabei korrespondiert die Pflicht aus § 80 I 2 Nr. 1 WpHG mit der sich aus § 80 I 1 WpHG i. V. m. § 25a I 3 Nr. 5 KWG ergebenden Pflicht, ein angemessenes Notfallsystem für die IT-Systeme vorzuhalten.[305]

Neben der Einrichtung eines Sicherheitskonzepts ist auch dafür zu sorgen, dass die Informationsflüsse innerhalb des Unternehmens gewährleistet und organisiert werden.[306] Diese Vorkehrungen sind erforderlich, damit alle Mitarbeiter auf aktuelle Informationen zugreifen und ggf. auch schnell auf diese reagieren können. Daher muss analog zu dieser Pflicht bei einer algorithmischen Erbringung der Finanzdienstleistungen der Algorithmus so gestaltet werden, dass er in der Lage ist, auch auf aktuelle Informationen und Nachrichten (nicht nur) von den Finanzmärkten zuzugreifen und ggf. auch auf diese zu reagieren. Im Falle außergewöhnlicher Ereignisse, bei denen eine Reaktion des Algorithmus technisch nicht ausreichend umsetzbar ist, muss dann auch die Möglichkeit eines menschlichen Eingriffs in Entscheidungen des Algorithmus bestehen.

2. Vermeidung von Interessenkonflikten

Im Rahmen der Organisationspflichten hat der Gesetzgeber ein großes Augenmerk auf die Verhinderung von Interessenkonflikten gelegt.

Bevor unten darauf eingegangen wird, inwiefern auf Basis der geltenden Rechtslage eine effektive Vermeidung von Interessenkonflikten bei Robo Advisors erreicht werden kann, soll zunächst auf die grundsätzliche Struktur der Regelungen zur Verhinderung von Interessenkonflikten eingegangen werden.

Für die Vermeidung von Interessenkonflikten ist zwischen zwei Regelungen zu unterscheiden – § 63 II WpHG enthält eine transaktionsbezogene Pflicht, während § 80 I 2 Nr. 2 WpHG eine organisationsbezogene Pflicht enthält.[307] Damit ist die Pflicht zur Interessenwahrung sowohl als Verhaltens-, als auch

304 *Fuchs* in: Fuchs, WpHG, 2. Auflage 2016, § 33 WpHG a.F., Rn. 63.

305 So auch: *Meyer/Paetzel/Will* in: Kölner Kommentar zum WpHG, 2. Auflage 2014, § 33 a.F., Rn. 135; *Baur* in: Just/Voß/Ritz/Becker, WpHG, 1. Auflage 2015, § 33 a.F., Rn. 46.

306 Vgl. dazu *Fuchs* in: Fuchs, WpHG, 2. Auflage 2016, § 33 a.F., Rn. 56 ff.

307 *Grundmann* in: Staub, HGB Kommentar, 5. Auflage 2018, Bankvertragsrecht, Achter Teil, Rn. 144.

als Organisationspflicht im WpHG enthalten. § 63 II WpHG enthält als transaktionsbezogene Norm die Verpflichtung, den Kunden im Falle eines Versagens der Organisationsmaßnahmen im Hinblick auf die konkrete Transaktion über die getroffenen Präventionsmaßnahmen zur Vermeidung von Interessenkollisionen und die allgemeine Art und Herkunft von Interessenkonflikten zu informieren.[308]

§ 80 I 2 Nr. 2 WpHG enthält hingegen unabhängig von einem konkreten Kunden- oder Transaktionsbezug die Pflicht „auf Dauer wirksame Vorkehrungen für angemessene Maßnahmen zu treffen, um Interessenkonflikte bei der Erbringung von Wertpapierdienstleistungen [...] zwischen einerseits ihm selbst [...] und andererseits seinen Kunden oder zwischen seinen Kunden untereinander zu erkennen und zu vermeiden oder zu regeln [...]."

Diesbezüglich ist auch eine Abgrenzung gegenüber § 63 I WpHG erforderlich, diese Norm beinhaltet eine sog. Interessenwahrungspflicht stricto sensu. Demnach sind im Hinblick auf den Kunden und die konkreten für ihn vorzunehmenden Transaktionen nur die Interessen des Kunden zu berücksichtigen, während Eigeninteressen des Anbieters keine Rolle spielen dürfen.[309]

Bevor darauf eingegangen wird, inwiefern diese Vorgaben bei Erbringung der Wertpapierdienstleistung mithilfe eines Algorithmus eingehalten werden können, soll zunächst dargelegt werden, ob und inwiefern Interessenkonflikte bei Einbeziehung eines Algorithmus in die Erbringung der Dienstleistung auftreten können.

a) Arten von Interessenkonflikten

Beim Vorliegen von Interessenkonflikten werden allgemein zwei Konstellationen unterschieden: Zum einen kommt eine Kollision zwischen Interessen des Anlegers und den Eigeninteressen des Anbieters in Betracht, zum anderen besteht aber auch die Möglichkeit einer Kollision von Fremdinteressen, also insbesondere zwischen Kunden desselben Anbieters.[310]

---

308 Vgl. dazu auch: *Grundmann* in: Staub, HGB Kommentar, 5. Auflage 2018, Bankvertragsrecht, Achter Teil, Rn. 149.

309 *Grundmann* in: Staub, HGB Kommentar, 5. Auflage 2018, Bankvertragsrecht, Achter Teil, Rn. 134; vgl. dazu auch näher unten unter E.I.1.

310 *Fuchs* in: Fuchs, WpHG Kommentar, 2. Auflage 2016, § 31 a.F., Rn. 50; *Voß* in: Just/Voß/Ritz/Becker, WpHG Kommentar, 1. Auflage 2015, § 31 a.F., Rn. 109 f.; *Grundmann* in: Staub, HGB Kommentar, 5. Auflage 2018, Bankvertragsrecht, Achter Teil, Rn. 149.

Robo Advice-Anbieter übernehmen je nach Geschäftsmodell bestimmte Anlagegeschäfte für ihre Kunden oder erteilen zumindest einen Rat hinsichtlich zu tätigender Finanzanlagen. Sie sind damit dazu verpflichtet, im Interesse ihrer Kunden zu handeln.[311] Verfolgen Sie stattdessen primär eigene Interessen, so kommt es zu einem Konflikt zwischen den Eigeninteressen des Anbieters und den Interessen des Anlegers.[312]

Im Bereich der Vermögensanlage kommen hier insbesondere parallele Eigengeschäfte, also das sog. Vor-, Mit-, Gegen und Nachlaufen in Betracht, durch die der Kunde geschädigt werden kann.[313] Darüber hinaus kann aber auch die eigenmächtige Aneignung von Geschäftschancen, die Vornahme schädigender Wettbewerbshandlungen oder die Nutzung erlangter Geschäftsgeheimnisse für eigene Geschäfte einen Interessenkonflikt herbeiführen.[314]

Darüber hinaus kann sich ein Konflikt auch aus konkurrierenden Kundeninteressen ergeben, die nicht durch den Anbieter ausgeglichen werden können. Der Robo Advisor ist verpflichtet die Interessen seines Kunden zu wahren und diesen entsprechend zu handeln.[315] Im Falle gegenläufiger Kundeninteressen kommt es daher zu einer Pflichtenkollision.[316] Dabei ist die Pflichtenkollision gegenüber einem Interessenkonflikt der speziellere Fall, da aus den kollidierenden Kundeninteressen erst bei Abschluss der Verträge mit dem Robo Advisor infolge der dadurch entstehenden Interessenwahrungspflicht kollidierende Pflichten werden.[317]

---

311 *Grundmann* in: Staub, HGB Kommentar, 5. Auflage 2018, Bankvertragsrecht, Achter Teil, Rn. 137 f.; aA aber *Fuchs* in: Fuchs, WpHG Kommentar, 2. Auflage 2016, § 31 a.F., Rn. 55, wonach das Wertpapierdienstleistungsunternehmen nicht dazu verpflichtet sei, seine Interessen immer gegenüber denen des Kunden hintenan zu stellen, vielmehr sei dem Kundeninteresse nur „im Zweifel oder bei Gleichwertigkeit" der Vorrang einzuräumen.

312 *Kumpan*, Der Interessenkonflikt im deutschen Privatrecht, S. 38; *Hopt*, ZGR 2004, 1, 10.

313 *Hopt*, ZGR 2004, 1, 10 f.

314 *Hopt*, ZGR 2004, 1, 11 f.; *Möslein/Lordt*, ZIP 2017, 793, 801.

315 *Grundmann* in: Staub, HGB Kommentar, 5. Auflage 2018, Bankvertragsrecht, Achter Teil, Rn. 137 f.; aA aber *Fuchs* in: Fuchs, WpHG Kommentar, 2. Auflage 2016, § 31 a.F., Rn. 55.

316 *Kumpan*, Der Interessenkonflikt im deutschen Privatrecht, S. 38; *Möslein/Lordt*, ZIP 2017, 793, 801.

317 Dazu auch: *Kumpan*, Der Interessenkonflikt im deutschen Privatrecht, S. 39.

b) Algorithmische Interessenkonflikte

Robo Advisors erbringen Ihre Dienstleistungen algorithmenbasiert, d. h. die Beratungsleistung oder die Vermögensverwaltung wird algorithmisch und ohne direkten Kontakt zwischen Kunden und Mitarbeitern des Anbieters erbracht. Somit stellt sich die Frage, ob und inwiefern Algorithmen selbst Interessenkonflikten unterliegen können.

Das Vorliegen eigener Interessenkonflikte setzt voraus, dass Algorithmen echte Eigeninteressen entwickeln können. Die Entwicklung eigener Interessen erfordert ein eigenes Bewusstsein und basiert auf einem Wertesystem, derartige Fähigkeiten können Algorithmen – zumindest derzeit – nicht zugesprochen werden.[318] Algorithmen bestehen aus einer Folge von mathematischen Wenn-Dann-Regeln und entscheiden daher rein regelbasiert, sodass sie nicht in der Lage sind, ihr Handeln an eigenen Anreizen auszurichten und so in einen Interessenkonflikt zu geraten. Damit scheiden situative Konflikte zwischen Eigen- und Fremdinteressen bei der Nutzung von Algorithmen aus.[319] Es besteht aber die Möglichkeit, dass der Algorithmus einem Interessenkonflikt unterliegt, der bereits in seiner Programmierung angelegt ist.[320] Betreiber könnten ihre Algorithmen bereits im Sinne ihrer eigenen Interessen programmieren, sodass zumindest die Gefahr struktureller Interessenkonflikte besteht.[321] Derartige Konflikte treten dann nicht mehr vereinzelt infolge einer Interessenkollision des Beraters auf, sondern haben Einfluss auf jeden Kunden, der das algorithmische Angebot nutzt. Damit sind die Auswirkungen derartiger struktureller Interessenkonflikte wesentlich umfangreicher und negativer, als bei situativen Interessenkonflikten.[322]

Eine Kollision von Fremdinteressen, unbeachtlich, ob es sich um gegen- oder gleichläufige Interessen handelt, ist hingegen auch beim Einsatz von

---

318 *Möslein/Lordt*, ZIP 2017, 793, 801; *Kumpan* in: Möslein/Omlor, FinTech-Handbuch, 2. Auflage 2021, § 29, Rn. 17.

319 So auch: *Möslein/Lordt*, ZIP 2017, 793, 801; *Kumpan* in: Möslein/Omlor, FinTech-Handbuch, 2. Auflage 2021, § 29, Rn. 18.

320 So auch: *Herresthal* in: Linardatos Rechtshandbuch Robo Advice, 1. Auflage 2020, § 9, Rn. 14.

321 Dazu auch: *Möslein/Lordt*, ZIP 2017, 793, 801; *Kumpan* in: Möslein/Omlor, FinTech-Handbuch, 2. Auflage 2021, § 29 Rn. 18.

322 So auch: *Kumpan* in: Möslein/Omlor, FinTech-Handbuch, 2. Auflage 2021, § 29, Rn. 18.

Algorithmen möglich, da hierbei die Kundeninteressen und damit menschliche Interessen maßgeblich sind.[323]

c) *Maßnahmen zur Vermeidung*

Ziel des Aufsichtsrechts muss es sein, auch beim Einsatz von Algorithmen einen ausreichenden Schutz vor dem Entstehen von Interessenkonflikten zu gewähren.

Dabei ist jedoch zu beachten, dass Algorithmen aufgrund ihrer fehlenden Rechtssubjektivität[324] nicht selbst Adressat von Regelungen zur Vermeidung solcher Interessenkonflikte sein können.[325] Dies erkennt auch die BaFin und fordert, dass die Person ermittelt werden muss, der die Leistung des Robo Advisors zugerechnet werden kann.[326]

Das deutsche und europäische Aufsichtsrecht enthält umfangreiche Vorgaben zur Vermeidung von Interessenkonflikten, diese beziehen sich jedoch nach ihrem Wortlaut auf die Vermeidung von Interessenkonflikten im persönlichen Kontakt, nicht aber auf die Konstellation eines Kontaktes zwischen Anleger und Algorithmus, wie sie bei Robo Advisors gegeben ist.

Somit ist im Folgenden zu ermitteln, inwiefern aus den bereits bestehenden Regelungen Vorgaben für die Vermeidung von Interessenkonflikten beim Einsatz von Algorithmen abgeleitet werden können. Hierfür ist zwischen einer Kollision von Eigen- und Fremdinteressen und der Kollision von unterschiedlichen Fremdinteressen zu unterscheiden, um der Besonderheit der Möglichkeit struktureller Interessenkonflikte beim Einsatz von Algorithmen Rechnung zu tragen.

aa) *Allgemeine Maßnahmen*

Bevor auf die Besonderheiten für die Vermeidung der unterschiedlichen Interessenkonflikte eingegangen wird, sollen zunächst die allgemeinen Maßnahmen des Aufsichtsrechts für die Vermeidung von Interessenkonflikten auf Ihre Vereinbarkeit mit der Erbringung von Robo Advice untersucht werden.

§ 80 I 2 Nr. 2 WpHG regelt im Rahmen der Bestimmung der Organisationspflichten für Finanzdienstleistungsinstitute die Pflicht, „auf Dauer wirksame Vorkehrungen für angemessene Maßnahmen um Interessenkonflikte […] zu erkennen und zu vermeiden oder zu regeln".

---

323 So auch: *Möslein/Lordt*, ZIP 2017, 793, 801.

324 Vgl. dazu ausführlich auch unten D.II.1.a).

325 *Möslein/Lordt*, ZIP 2017, 793, 801.

326 In Bezug auf die Anfertigung eines Beratungsprotokolls, aber wohl verallgemeinerungswürdig: *BaFin*, Merkblatt Robo Advice und Auto-Trading.

Darüber hinaus sieht § 63 II WpHG im Rahmen der Verhaltenspflichten eine Pflicht zur Information des Kunden bei Vorliegen eines Interessenkonfliktes vor. Präzisiert werden diese Regelungen durch Art. 33–43 DVO MiFID II.

Art. 33 DVO MiFID II enthält zunächst eine Aufzählung von für Kunden nachhaltigen Interessenkonflikten. Hierbei stellt der Wortlaut der Vorschrift auf die „Wertpapierfirma" ab, eine solche ist nach Art. 4 I Nr. 1 MiFID II „jede juristische Person, die im Rahmen ihrer üblichen beruflichen oder gewerblichen Tätigkeit gewerbsmäßig eine oder mehrere Wertpapierdienstleistungen für Dritte erbringt und/oder eine odermehrere Anlagetätigkeiten ausübt". Unter diese Definition fallen auch Robo Advisors, sodass hinsichtlich der Bestimmung des Vorliegens von Interessenkonflikten auf den Wortlaut des Art. 33 DVO MiFID II abgestellt werden kann und keine weitergehende Auslegung erforderlich ist.

Anschließend regelt Art. 34 DVO MiFID II umfangreiche Grundsätze für den Umgang mit Interessenkonflikten.

> **Artikel 34 Grundsätze für den Umgang mit Interessenkonflikten (Artikel 16 Absatz 3 und Artikel 23 der Richtlinie 2014/65/EU)**
>
> (1) Die Wertpapierfirmen müssen in schriftlicher Form wirksame, der Größe und Organisation der jeweiligen Firma sowie der Art, des Umfangs und der Komplexität ihrer Geschäfte angemessene Grundsätze für den Umgang mit Interessenkonflikten festlegen und auf Dauer umsetzen. Ist die Wertpapierfirma Teil einer Gruppe, müssen diese Grundsätze darüber hinaus allen Umständen Rechnung tragen, von denen die Wertpapierfirma weiß oder wissen müsste und die aufgrund der Struktur und der Geschäftstätigkeiten anderer Gruppenmitglieder einen Interessenkonflikt nach sich ziehen könnten.
>
> (2) In den gemäß Absatz 1 festgelegten Grundsätzen für den Umgang mit Interessenkonflikten
>
> a) wird im Hinblick auf die Wertpapierdienstleistungen, Anlagetätigkeiten und Nebendienstleistungen, die von oder im Namen der Wertpapierfirma erbracht werden, festgelegt, unter welchen Umständen ein Interessenkonflikt, der den Interessen eines oder mehrerer Kunden erheblich schaden könnte, vorliegt oder entstehen könnte;
>
> b) wird festgelegt, welche Verfahren einzuleiten und welche Maßnahmen zu treffen sind, um diese Konflikte zu verhindern oder zu bewältigen.
>
> (3) Die Verfahren und Maßnahmen, auf die in Absatz 2 Buchstabe b Bezug genommen wird, werden so gestaltet, dass relevante Personen, die mit Tätigkeiten befasst sind, bei denen ein Interessenkonflikt im Sinne von Absatz 2 Buchstabe a besteht, diese Tätigkeiten mit einem Grad an Unabhängigkeit ausführen, der der Größe und dem Betätigungsfeld der Wertpapierfirma und der Gruppe, der diese angehört, sowie der Höhe des Risikos, dass die Interessen von Kunden geschädigt werden, angemessen ist. Für die Zwecke von Absatz 2 Buchstabe b schließen die dort genannten zu befolgenden Verfahren und Maßnahmen – soweit dies zur Gewährleistung des geforderten Grades an Unabhängigkeit der Wertpapierfirma notwendig ist – Folgendes ein:

a) wirksame Verfahren, die den Austausch von Informationen zwischen relevanten Personen, deren Tätigkeiten einen Interessenkonflikt nach sich ziehen könnten, verhindern oder kontrollieren, wenn dieser Informationsaustausch den Interessen eines oder mehrerer Kunden abträglich sein könnte;
b) die gesonderte Überwachung relevanter Personen, deren Hauptaufgabe darin besteht, Tätigkeiten im Namen von Kunden auszuführen oder Dienstleistungen für Kunden zu erbringen, deren Interessen möglicherweise kollidieren oder die in anderer Weise unterschiedliche Interessen – einschließlich der der Wertpapierfirma – vertreten, die kollidieren könnten;
c) die Beseitigung jeder direkten Verbindung zwischen der Vergütung relevanter Personen, die sich hauptsächlich mit einer Tätigkeit beschäftigen, und der Vergütung oder den Einnahmen anderer relevanter Personen, die sich hauptsächlich mit einer anderen Tätigkeit beschäftigen, wenn bei diesen Tätigkeiten ein Interessenkonflikt entstehen könnte;
d) Maßnahmen, die jeden ungebührlichen Einfluss auf die Art und Weise, in der eine relevante Person Wertpapier- oder Nebendienstleistungen erbringt oder Anlagetätigkeiten ausführt, verhindern oder einschränken;
e) Maßnahmen, die die gleichzeitige oder unmittelbar nachfolgende Einbeziehung einer relevanten Person in verschiedene Wertpapier- oder Nebendienstleistungen bzw. Anlagetätigkeiten verhindern oder kontrollieren, wenn diese Einbeziehung ein ordnungsgemäßes Konfliktmanagement beeinträchtigen könnte.
(4) Die Wertpapierfirmen stellen sicher, dass die Unterrichtung der Kunden gemäß Artikel 23 Absatz 2 der Richtlinie 2014/65/EU nur als Ultima Ratio angewandt wird, wenn die wirksamen organisatorischen und administrativen Vorkehrungen, die sie zur Verhinderung oder Bewältigung ihrer Interessenkonflikte gemäß Artikel 23 der Richtlinie 2014/65/EU getroffen haben, nicht ausreichen, um mit hinreichender Sicherheit zu gewährleisten, dass die Interessen des Kunden nicht geschädigt werden. Bei dieser Unterrichtung wird deutlich angegeben, dass die wirksamen organisatorischen und administrativen Vorkehrungen, die die Wertpapierfirma zur Verhinderung oder Bewältigung dieses Konflikts getroffen hat, nicht ausreichen, um mit hinreichender Sicherheit zur gewährleisten, dass die Interessen des Kunden nicht geschädigt werden. Die Unterrichtung beinhaltet eine genaue Beschreibung der Interessenkonflikte, die bei der Erbringung von Wertpapier- und/ oder Nebendienstleistungen entstehen, unter Berücksichtigung der Art des Kunden, an den sich die Unterrichtung richtet. Die Beschreibung erklärt die allgemeine Art und die Ursachen von Interessenkonflikten sowie die Risiken, die dem Kunden infolge der Interessenkonflikte und der zur Minderung dieser Risiken getroffenen Maßnahmen entstehen, ausreichend detailliert, um es dem Kunden zu ermöglichen, in Bezug auf die Wertpapier- oder Nebendienstleistung, in deren Zusammenhang die Interessenkonflikte entstehen, eine fundierte Entscheidung zu treffen.
(5) Die Wertpapierfirmen beurteilen und prüfen die Grundsätze für den Umgang mit Interessenkonflikten, die gemäß Artikel 1 bis 4 festgelegt wurden, regelmäßig, mindestens aber einmal jährlich, und ergreifen sämtliche erforderlichen Maßnahmen zur Beseitigung etwaiger Mängel. Übermäßige Abhängigkeit von der Offenlegung von

Interessenkonflikten wird in den Grundsätzen der Firma für den Umgang mit Interessenkonflikten als Mangel angesehen.

Dabei statuiert Art. 34 I DVO MiFID II zunächst, analog zu § 80 I 2 Nr. 2 WpHG, die Pflicht zur Festlegung und Umsetzung von Grundsätzen für den Umgang mit Interessenkonflikten, die schriftlich festzuhalten sind. Diese Pflicht gilt grundsätzlich auch für Robo Advice-Anbieter, auslegungsbedürftig sind lediglich die von Art. 34 III DVO MiFID II vorgegebenen Verfahren, die zur Vermeidung von Interessenkonflikten ergriffen werden sollen, diese können aufgrund der Besonderheit der Möglichkeit struktureller Interessenkonflikte nur bei kollidierenden Fremdinteressen zur Anwendung kommen.

Art. 34 III DVO MiFID II legt fest, dass die Verfahren zur Verhinderung von Interessenkonflikten so auszugestalten sind, dass handelnde Personen, bei denen das Vorliegen eines Interessenkonflikts i.S.d. Art. 34 II a) DVO MiFID II in Betracht kommt, ihre Tätigkeit mit einer im Hinblick auf die Größe des Unternehmens und die Höhe des Risikos ausreichenden Unabhängigkeit ausüben können.

Eine solche Regelung passt jedoch nicht zu einer algorithmischen Erbringung der Dienstleistung und kann daher nach ihrem Sinn und Zweck nur so ausgelegt werden, dass auch die Programmierung des Algorithmus diesem eine Unabhängigkeit von entsprechenden Beeinflussungen einräumen muss.

bb) Vermeidung struktureller Interessenkonflikte

Wie obenstehend[327] bereits dargelegt wurde, kann aufgrund fehlender Eigeninteressen eines Algorithmus eine Kollision von Eigen- und Fremdinteressen bei Robo Advice nur vorliegen, wenn diese bereits zuvor in der Programmierung des Algorithmus angelegt wurde und damit ein sog. struktureller Interessenkonflikt vorliegt.

Art. 34 II a) DVO MiFID II gibt vor, dass die Anbieter festzulegen haben, unter welchen Umständen ein Interessenkonflikt vorliegen könnte. Die Bestimmung potentieller Interessenkonflikte ist auch bei Robo Advisors möglich, wobei zu berücksichtigen ist, dass aufgrund des Einsatzes von Algorithmen in Bezug auf die Kollision von Eigen- und Fremdinteressen nur strukturelle Interessenkonflikte in Betracht kommen. Daher können bei der Bestimmung potentieller Interessenkonflikte nur solche berücksichtigt werden, die nicht durch eine veränderte Programmierung des Algorithmus verhindert werden können. Lassen

327 Siehe C.II.2.b).

sich Interessenkonflikte bereits durch eine Veränderung der Programmierung des Algorithmus verhindern, so ist aus dem Sinn und Zweck des § 80 I 2 Nr. 2 WpHG i. V. m. Art. 34 DVO MiFID II die Pflicht abzuleiten, durch eine Veränderung des Algorithmus das Entstehen eines solchen strukturellen Interessenkonflikts zu vermeiden, soweit dies technisch möglich ist.[328] Im Ergebnis dürfte dies dazu führen, dass bei Einsatz eines Algorithmus für die Erbringung von Wertpapierdienstleistungen im Idealfall das Vorliegen potentieller Konflikte zwischen Eigen- und Fremdinteressen gegen Null geht.

Laut dem Verbraucherzentrale Bundesverband e.V. liegt jedoch bereits im Geschäftsmodell der Robo Advisors ein potentieller struktureller Interessenkonflikt.[329] Vorrangiger Sinn und Zweck des Einsatzes von Algorithmen ist es, den komplexen Prozess der Finanzanlage möglichst einfach zu gestalten, um dem Kunden im Ergebnis möglichst viele Anlageprodukte verkaufen zu können.[330] Damit handele es sich bei der von Robo Advisors eingesetzten Technologie um eine sog. *persuasive technology*.[331] Dies zeige sich auch daran, dass die Gebühren von Robo Advisors in der Regel anhand des angelegten Vermögens berechnet werden, sodass durchaus ein Interesse daran besteht, den Kunden zu einer möglichst hohen Anlagesumme zu bewegen.

Dem ist jedoch entgegen zu halten, dass Robo Advice-Anbieter schon aufgrund der mit einer unzureichenden Kundenexploration verbundenen hohen Haftungsrisiken ein hohes Eigeninteresse daran haben, ihren Explorationsprozess so auszugestalten, dass der Kunde nicht dazu verleitet wird, Anlagen jenseits seiner finanziellen Leistungsfähigkeit zu tätigen.[332] Weiterhin könnte insoweit auch der Einsatz des vorgeschlagenen freiwilligen Prüfsiegels für größere Sicherheit bei den Kunden sorgen.[333]

Darüber hinaus ergibt sich aber auch bereits aus der oben dargelegten Pflicht zur Vermeidung struktureller Interessenkonflikte eine Verpflichtung des Robo Advisors, den Algorithmus zumindest so zu gestalten, dass dem Kunden nicht

---

328 So auch: *Möslein/Lordt*, ZIP 2017, 793, 802; *Kumpan* in: Möslein/Omlor, FinTech-Handbuch, 2. Auflage 2021, § 29, Rn. 38, 40.

329 *Verbraucherzentrale*, Positionspapier „Bessere Beratung durch Digitalisierung?!“, 2018, S. 6.

330 *Verbraucherzentrale*, Positionspapier „Bessere Beratung durch Digitalisierung?!“, 2018, S. 6.

331 *Verbraucherzentrale*, Positionspapier „Bessere Beratung durch Digitalisierung?!“, 2018, S. 6.

332 Vgl. dazu oben unter C.III.3.

333 Vgl. dazu oben unter C.III.2.

vorrangig besonders teure oder ungeeignete Produkte angeboten werden, die vorrangig den Gewinninteressen des Robo Advisors dienen.

cc) Vermeidung von Kollisionen zwischen Fremdinteressen

Die bloße Kontrolle des Algorithmus ist zwar geeignet, um strukturelle Interessenkonflikte (weitestgehend) zu vermeiden, Kollisionen von Fremdinteressen können nur durch die Programmierung des Algorithmus jedoch nicht vollständig ausgeschlossen werden. Diesbezüglich besteht zunächst ebenfalls nach Art. 34 II a) DVO MiFID II die Pflicht festzulegen, unter welchen Umständen es zu einer Kollision von Fremdinteressen kommen kann. Sodann sind für die Vermeidung solcher Kollisionen die Regelungen des Art. 34 III DVO MiFID II zu berücksichtigen. Da die Regelungen sich wie oben schon erwähnt auf eine herkömmliche Erbringung von Finanzdienstleistungen mit dem Einsatz von Mitarbeitern beziehen, sind die einzelnen Vorgaben auf ihre Vereinbarkeit mit den spezifischen Besonderheiten einer algorithmischen Erbringung der Wertpapierdienstleistung durch einen Robo Advisor zu überprüfen.

Setzt der Robo Advisor noch zusätzlich Mitarbeiter ein, die direkt in die Erbringung der Finanzdienstleistungen eingebunden sind, so gelten für diese die Vorgaben des Art. 34 III DVO MiFID unmittelbar, da diesbezüglich dann eine besondere Bewertung erforderlich ist. Eine Modifizierung oder entsprechende Auslegung der Vorgaben ist nur insoweit erforderlich, wie der Robo Advisor die von ihm angebotenen Dienstleistungen durch einen Algorithmus erbringen lässt.

Art. 34 III a) DVO MiFID II fordert die Einrichtung sog. chinese walls, um den Austausch von Informationen zwischen Personen deren Tätigkeiten einen Interessenkonflikt nach sich ziehen könnten, zu regulieren. Da bei Robo Advice der Hauptteil der angebotenen Dienstleistung algorithmisch erbracht wird, besteht grundsätzlich kein Erfordernis zur Einrichtung solcher chinese walls. Die Programmierung des Algorithmus muss jedoch ebenfalls so gestaltet werden, dass der Algorithmus nicht in der Lage ist, Kundeninformationen zuungunsten anderer Kunden zu nutzen. Etwas anderes gilt nur dann, wenn der Robo Advisor zusätzlich auch Mitarbeiter einsetzt, deren Tätigkeiten ebenfalls das Risiko von Interessenkonflikten beinhalten.

Art. 34 III b) DVO MiFID II fordert eine gesonderte Überwachung von Mitarbeitern, die für Kunden tätig werden. Damit trägt der Gesetzgeber dem besonderen Risiko Rechnung, dass Mitarbeiter mit Kundenkontakt situativen Interessenkonflikten unterliegen. Ein solches Risiko besteht jedoch bei einer algorithmenbasierten Erbringung der Dienstleistung nicht oder nur in sehr geringem Maße. Eine Pflicht zur gesonderten Überwachung des Algorithmus kann aus Art. 34 III b) DVO MiFID II daher nicht abgeleitet werden. Sind jedoch Mitarbeiter des Robo Advisors in den Kundenkontakt eingebunden, so gilt die Norm für diese unmittelbar und es ist eine entsprechende Überwachung sicherzustellen.

Art. 34 III c) DVO MiFID II trifft Vorgaben zur Vergütung von Mitarbeitern, diese darf nicht so aufgebaut sein, dass sie das Entstehen von Interessenkonflikten fördert. Im Hinblick auf den Einsatz des Algorithmus kann Art. 34 III c) DVO MiFID II offensichtlich nicht zur Anwendung gelangen. Dennoch haben auch Robo Advisors darauf zu achten, die Vergütung der Mitarbeiter, die in das Geschäft mit Kunden (sei es auch ohne direkten Kontakt) eingebunden sind, entsprechend Art. 34 III c) DVO MiFID II zu gestalten, diese Pflicht wird gesetzlich durch § 63 III WpHG konkretisiert.

Art. 34 III d) DVO MiFID II sieht vor, dass eine Beeinflussung von Mitarbeitern, die Wertpapierdienstleistungen erbringen, durch entsprechende Maßnahmen verhindert oder eingeschränkt werden muss. Legt man diese Norm nach ihrem Sinn und Zweck aus, so müssen Robo Advice-Betreiber dafür sorgen, dass die Programmierung ihres Algorithmus so geschützt wird, dass eine Veränderung nur von entsprechend autorisierten Personen vorgenommen werden kann und der Algorithmus ansonsten gegen jegliche Beeinflussung geschützt ist.[334]

Art. 34 III e) DVO MiFID II verpflichtet die Betreiber dazu, entsprechende Maßnahmen zu ergreifen, um zu verhindern, dass Personen nicht gleichzeitig oder unmittelbar aufeinanderfolgend in Tätigkeiten eingebunden werden, die zu Interessenkollisionen führen können. Ein derartiges Risiko besteht bei Robo Advisors nur im Hinblick darauf, dass alle Dienstleistungen algorithmisch erbracht werden. Daher ist im Hinblick auf diese Pflicht erneut auf die Pflicht zur Überwachung des Algorithmus, die sich schon aus Art. 34 III b) DVO MiFID II ergibt, sowie auf die Pflicht, Interessenkonflikte, die bereits aus der Programmierung resultieren, zu vermeiden, zu verweisen.

Zusammenfassend lässt sich aus der Auslegung der oben dargestellten Regelungen eine Organisationspflicht der Robo Advisors dahingehend ableiten, dass

---

334 Eine solche Pflicht den Algorithmus vor einer unbefugten Veränderung zu schützen, lässt sich auch aus § 80 I 2 Nr. 1 WpHG ableiten, vgl. dazu ausführlich oben unter C.II.1.

das Vorliegen derartiger Konflikte soweit wie möglich im Zuge der Programmierung des Algorithmus verhindert werden muss.[335]

Darüber hinaus kann eine Verhinderung, bzw. die Auflösung von Interessenkonflikten bereits durch vertragsrechtliche Abreden zwischen Robo Advisor und Kunde erreicht werden. Den Parteien steht es grundsätzlich frei, im Rahmen des Abschlusses des Vermögensverwaltungs- oder Anlageberatungsvertrages eine Beschränkung auf bestimmte Produktkategorien oder die Anlageprodukte bestimmter Anbieter zu vereinbaren und so die Pflicht des Robo Advisors zur Interessenwahrung entsprechend zu beschränken.[336] Eine solche vertragliche Ausgestaltung muss auch im Rahmen der Organisationspflichten zur Vermeidung von Interessenkonflikten Berücksichtigung finden.[337] Ebenfalls zulässig ist es, dass der Kunde sich im Rahmen vertraglicher Abreden bewusst dem Risiko von Interessenkonflikten aussetzt.[338] Etwa bei einer vertraglichen Abrede dahingehend, dass der Robo Advisor berechtigt ist, in gewissem Maße auch eigene Produkte bei der Anlageempfehlung und Investitionsentscheidung zu berücksichtigen. In einem solchen Fall der Zubilligung der Verfolgung von Eigeninteressen ist es jedoch erforderlich, dass der Kunde zu seinem Schutz hinreichend deutlich und verständlich darauf hingewiesen wird, dass er sich durch die vertragliche Abrede dem Risiko eines Interessenkonfliktes aussetzt.[339]

dd) Durchsetzung der Pflicht zur Vermeidung von Interessenkonflikten

Um sicherzustellen, dass die Pflicht zur Vermeidung von Interessenkonflikten auch eingehalten wird, ist es erforderlich, dass der BaFin als Aufsichtsbehörde wirksame Maßnahmen zur Verfügung stehen, um diese Pflicht auch durchzusetzen.

Aus den obigen Ausführungen ergibt sich, dass die bei der Erbringung von Robo Advice auftretenden Interessenkonflikte überwiegend aus der Programmierung des Algorithmus resultieren. Daher kann eine wirksame Durchsetzung der Organisationspflicht nur durch eine regelmäßige Kontrolle des Algorithmus

---

335 So auch: *Kumpan* in: Möslein/Omlor, FinTech-Handbuch, 2. Auflage 2021, § 29, Rn. 40, der ebenfalls eine Beibehaltung der bisherigen Regularien und des technologieneutralen Regulierungsansatzes befürwortet.

336 Siehe dazu ausführlich: *Herresthal* in: Linardatos, Rechtshandbuch Robo Advice, 1. Auflage 2020, § 9, Rn. 55 ff.

337 *Herresthal* in: Linardatos, Rechtshandbuch Robo Advice, 1. Auflage 2020, § 9, Rn. 56.

338 *Herresthal* in: Linardatos, Rechtshandbuch Robo Advice, 1. Auflage 2020, § 9, Rn. 57.

339 *Herresthal* in: Linardatos, Rechtshandbuch Robo Advice, 1. Auflage 2020, § 9, Rn. 57.

durch die BaFin erfolgen. Um derartige Kontrollen möglich zu machen und effektiv durchführen zu können, ist zunächst zu fordern, dass der Algorithmus in seiner Grundstruktur und seinem Aufbau für Fachleute verständlich sein muss, sodass diese klar erkennen können, auf welcher Datenbasis dieser die Anlageentscheidungen trifft und inwiefern der Algorithmus strukturelle Interessenkonflikte enthält, bzw. wie diese aufgelöst werden.[340]

Eine explizite Befugnis der BaFin zur Überprüfung von Algorithmen sieht das WpHG bisher jedoch nicht vor, sodass zunächst nur die Möglichkeit der Herleitung eines solchen Rechts aus bereits bestehenden Kontrollrechten der BaFin in Betracht kommt.

Aus §§ 88, 89 WpHG ergibt sich die Befugnis der BaFin, Wertpapierdienstleistungsunternehmen u.a. zur Einhaltung der in §§ 80 ff. WpHG geregelten Organisationspflichten und der Pflichten aus der DVO MiFID II, also auch hinsichtlich ausreichender Mechanismen zur Vermeidung von Interessenkonflikten, einer Prüfung zu unterziehen. § 88 WpHG ermöglicht die Durchführung solcher Prüfungen zu einem beliebigen Zeitpunkt auch ohne besonderen Anlass, während § 89 WpHG eine jährliche Prüfung vorsieht.

Zu den Rechten bei der Durchführung der Prüfung ist auf die allgemeinen Befugnisse der BaFin aus § 6 WpHG zurückzugreifen.[341]

§ 6 III WpHG räumt der BaFin eine umfassende Befugnis ein, zur Wahrnehmung ihrer Überwachungsfunktion die Vorlage von Unterlagen oder sonstigen Daten zu verlangen. Diese Befugnis steht der BaFin unter anderem zur Überwachung der Einhaltung der Verbote und Gebote des WpHG zu.[342] Hierzu gehört auch die Überprüfung der Einhaltung der Organisationspflichten, wie der hier einschlägigen Pflicht zur Vermeidung von Interessenkonflikten. Die Befugnis, die Vorlage von Unterlagen oder sonstigen Daten zu verlangen, bezieht sich auch auf elektronische Daten, die der Bundesanstalt unverschlüsselt zugänglich zu machen sind.[343] Aufgrund des weiten Anwendungsbereichs der Norm, die es der BaFin umfassend ermöglichen soll, die Einhaltung der Verbote und Gebote des WpHG zu überprüfen, ist davon auszugehen, dass der BaFin auf Basis des

---

340 *Herresthal* in: Linardatos, Rechtshandbuch Robo Advice, 1. Auflage 2020, § 9, Rn. 62.

341 So auch schon zur alten Rechtslage: *Fett* in: Schwark/Zimmer, KMRK, 4. Auflage 2010, § 35 WpHG a.F., Rn. 5.

342 *Döhmel* in: Assmann/Schneider/Mülbert, WpHG Kommentar, 7. Auflage 2019, § 6, Rn. 99.

343 *Döhmel* in: Assmann/Schneider/Mülbert, WpHG Kommentar, 7. Auflage 2019, § 6, Rn. 118.

§ 6 III WpHG auch die Befugnis zusteht, den Algorithmus des Robo Advisors einzusehen, um beurteilen zu können, ob dieser den Vorgaben zur Vermeidung von Interessenkonflikten entspricht und insbesondere nicht bereits in seiner Programmierung strukturelle Interessenkonflikte angelegt sind.

Dies zeigt auch, dass die Durchsetzung der Pflicht zur Vermeidung von Interessenkonflikten anhand der vorhandenen Regularien erfolgen kann, sodass diesbezüglich der bisherige technologieneutrale Regulierungsansatz beibehalten werden kann und keine Robo-Advice-spezifischen Regelungen erforderlich sind.[344]

ee) Offenlegung des Interessenkonflikts als Ultima Ratio

Wie obenstehend bereits anhand der umfangreich geregelten Maßnahmen deutlich geworden ist, liegt das Hauptaugenmerk des Gesetzgebers im Hinblick auf die Vermeidung von Interessenkonflikten auf der Prävention, also auf Maßnahmen, die bereits das Entstehen von Konflikten unterbinden sollen.

Soweit solche organisatorischen Maßnahmen zur Prävention aber nicht ausreichen, besteht darüber hinaus aus § 63 II WpHG die Pflicht, den Kunden in einem solchen Fall über den Interessenkonflikt umfassend aufzuklären, um ihm zu ermöglichen, den vorliegenden Konflikt selbst beurteilen zu können.[345] Im Rahmen der Interessenwahrung ist die Information des Kunden damit die letzte Alternative zur Verweigerung einer Empfehlung, sie hat als „Ultima Ratio" (Art. 34 IV DVO MiFID II) zu erfolgen, wenn klar ist, dass die organisatorischen Vorkehrungen nicht zur Verhinderung von Interessenkonflikten ausreichen. Dabei wird das Vorliegen einer Aufklärungspflicht, wie sie § 63 II WpHG fordert, auch dann bejaht, wenn es sich um einen Interessenkonflikt handelt, der auch bei anderen Anbietern bestehen würde (bspw. kollidierende Kundeninteressen).[346]

Die Information des Kunden hat dann das Versagen der Präventionsmaßnahmen auch klar deutlich zu machen (Art. 34 IV 2 DVO MiFID II). Die genaueren Anforderungen an die Ausgestaltung der Information regelt zudem § 63 II 2 WpHG i. V. m. Art. 34 IV DVO MiFID II.

---

344 So auch: *Kumpan* in: Möslein/Omlor, FinTech-Handbuch, 2. Auflage 2021, § 29 Rn. 40.

345 *Grundmann* in: Staub, HGB Kommentar, 5. Auflage 2018, Bankvertragsrecht, Achter Teil, Rn. 154.

346 *Grundmann* in: Staub, HGB Kommentar, 5. Auflage 2018, Bankvertragsrecht, Achter Teil, Rn. 155.

Demnach ist die Information so auszugestalten, dass der konkrete Kunde in der Lage ist, zu verstehen, warum ein Interessenkonflikt vorliegt.[347]

Auch Robo Advisors trifft diese Pflicht, ihre Kunden über nicht vermeidbare Interessenkonflikte zu informieren, sofern die Organisationspflichten ordnungsgemäß umgesetzt werden, dürfte eine solche Darlegung aber im Hinblick auf strukturelle Interessenkonflikte nicht notwendig werden.

Die Information des Kunden hat nach § 63 II 2 Nr. 1 WpHG auf einem dauerhaften Datenträger zu erfolgen. Nach § 2 XLIII WpHG genügt jedes Medium, dass es dem Kunden gestattet, an ihn persönlich gerichtete Informationen derart zu speichern, dass er sie dauerhaft abrufen kann. Konkretisiert wird § 2 XLIII WpHG durch Art. 3 DVO MiFID II. Demnach ist die Verwendung eines anderen Datenträgers als Papier nur dann zulässig, wenn dies nach den sonstigen Rahmenbedingungen des Geschäfts angemessen ist und der Kunde sich ausdrücklich für diese andere Form der Informationsbereitstellung entschieden hat. Die Angemessenheit einer elektronischen Mitteilung steht bei Robo Advice als ausschließlich online erbrachter Dienstleistung außer Frage. Dennoch müssen auch Robo Advisors die Zustimmung ihrer Kunden für die Bereitstellung von elektronischen Mitteilungen einholen.

Demnach ist auch eine Information des Kunden per E-Mail zulässig. Diese kann, sofern dies dem Robo-Advice-Anbieter technisch möglich ist, auch automatisiert erfolgen, so lange die darin enthaltenen Informationen den oben geschilderten Kriterien genügen.

d) Behandlung von Zuwendungen

Neben einer allgemeinen Pflicht, das Entstehen von Interessenkonflikten zu vermeiden, ergibt sich aus § 80 I Nr. 2 auch die besondere Pflicht, solche Interessenkonflikte zu vermeiden, die sich durch die Annahme von Zuwendungen Dritter ergeben können.

Die allgemeine Behandlung von Zuwendungen regelt § 70 WpHG, der im Zuge der Umsetzung der Vorgaben der MiFID II durch das 2. FiMaNoG den bisherigen § 31d WpHG ersetzt und diesen teilweise noch verschärft.[348]

Nach § 70 I WpHG ist die Annahme von Zuwendungen grundsätzlich verboten. Etwas anderes gilt nach § 70 I Nr. 1 WpHG nur dann, wenn die Zuwendung

---

347 *Grundmann* in: Staub, HGB Kommentar, 5. Auflage 2018, Bankvertragsrecht, Achter Teil, Rn. 155.

348 Vgl. ausführlich zur Normhistorie und zur Umsetzung der MiFID II: *Mansen*, Die neuen Anlageberatungsregelungen der MiFID II, S. 121–132.

zur Qualitätsverbesserung der Dienstleistung gegenüber dem Kunden dient. In einem solchen Fall hat das WpDU die Zuwendung gegenüber dem Kunden aber nach § 70 I Nr. 2 WpHG unmissverständlich offenzulegen.[349] Zuwendungen sind dabei nach § 70 II WpHG Provisionen, Gebühren oder sonstige nicht-monetäre Vorteile.

Eine Konkretisierung, welche Zuwendungen nach § 70 I Nr. 1 WpHG zulässig sind, enthält die – nicht abschließende – Aufzählung in § 6 WpDVerVO.

Für Robo Advice insbesondere relevant ist die Frage, ob eine Anwendung des Zuwendungsverbots bei einer algorithmischen Erbringung von Finanzdienstleistungen überhaupt erforderlich ist.

Durch das Zuwendungsverbot soll unter anderem eine Beeinflussung von Mitarbeitern durch eigene Verdienstinteressen bei der Beratung von Kunden verhindert werden.[350] Robo Advisors nutzen jedoch, wie bereits dargelegt, Algorithmen für die Erbringung ihrer Dienstleistungen. Diese können in Ermangelung eines eigenen Bewusstseins nicht durch Vermögensinteressen beeinflusst werden. Es besteht jedoch die Gefahr einer strukturellen Beeinflussung des Algorithmus, indem sich die durch Zuwendungen beeinflussten Interessen bereits in der Programmierung des Algorithmus niederschlagen.[351] Obenstehend wurde bereits dargelegt, dass sich aus § 80 I Nr. 2 WpHG die Pflicht ableiten lässt, den Algorithmus so konfliktfrei, wie es technisch möglich ist, zu programmieren.[352] Ist der Algorithmus entsprechend konfliktfrei programmiert, sodass Zuwendungen, die der Betreiber des Robo Advisors erhält, keinen Einfluss auf die Entscheidungen des Algorithmus haben können, so fehlt es schon technisch an einer Gefahr der Beeinflussung. Ebendiese Gefahr der Beeinflussung ist aber einer der Hauptgründe für die Einführung eines Zuwendungsverbots.

§ 70 I Nr. 1 WpHG stellt jedoch nur auf die abstrakte Gefahr eines Interessenkonflikts durch den Erhalt von Zuwendungen ab.[353] Die konfliktfreie Programmierung des Algorithmus beseitigt hingegen lediglich die konkrete Gefahr eines Interessenkonflikts. Demnach kann der Einsatz eines Algorithmus durch einen Robo Advisor nichts an dem Bestehen einer situativen Offenlegungspflicht

---

349 Eine ähnliche zivilrechtliche Offenlegungspflicht statuiert auch der BGH, vgl. dazu unten E.I.4.

350 *Poelzig*, Kapitalmarktrecht, 1. Auflage 2018, Rn. 776.

351 Vgl. zum Vorliegen struktureller Interessenkonflikte oben C.II.2.b).

352 Siehe dazu oben C.II.2.c)bb).

353 Noch zur Vorgängerregelung § 31d WpHG: *Koch* in: Schwark/Zimmer, KMRK, 4. Auflage 2010, § 31d, Rn. 44; *Fuchs* in: WpHG Kommentar, 2. Auflage 2016, § 31d WpHG, Rn. 32–34.

ändern. Etwas anderes kann sich auch nicht durch eine teleologische Reduktion der Norm ergeben, da der Gesetzgeber sich bewusst für eine Verschärfung der Zuwendungsregelungen entschieden hat.[354]

Erhält ein Robo Advisor nach § 70 I Nr. 1 WpHG i. V. m. § 6 WpDVerOV zulässige Zuwendungen, so hat er nach § 70 I Nr. 2 WpHG seine Kunden unmissverständlich über den Erhalt dieser Zuwendungen aufzuklären. Diese Offenlegung kann seit der Überarbeitung des WpHG durch das 2. FiMaNoG nicht mehr standardisiert erfolgen.[355] Eine Ausnahme gilt hier nach § 70 IV WpHG lediglich für geringfügige nichtmonetäre Zuwendungen, bei denen eine Offenlegung mittels generischer Beschreibung erfolgen kann. Demnach haben Robo Advisors, die entsprechende Zuwendungen erhalten, ihre Kunden individuell – d.h. entsprechend ihrem jeweiligen Kenntnisstand – über den Erhalt der Zuwendungen aufzuklären. § 70 enthält jedoch keine weitergehenden Formvorgaben, sodass eine Aufklärung in jeglicher elektronischen Form, solange Sie dem Kriterium der Unmissverständlichkeit genügt und eine Dauerhaftigkeit aufweist, keinen Bedenken begegnet.[356]

Für die Finanzportfolioverwaltung hat der Gesetzgeber zusätzlich zu § 70 WpHG in § 64 VII WpHG weitere Regelungen in Bezug auf die Annahme und das Behalten von Zuwendungen getroffen. So ist nach § 64 VII 2 WpHG lediglich die Annahme bestimmter geringfügiger nicht-monetärer Zuwendungen gestattet, wenn der Kunde nach § 64 VII 2 Nr. 1, 2 WpHG umfassend über den Erhalt aufgeklärt wird und dadurch nicht die Gefahr des Entstehens eines Interessenkonfliktes besteht. Darüber hinaus sind die Anbieter nach § 64 VII 4 WpHG verpflichtet, erhaltene monetäre Zuwendungen möglichst schnell nach Erhalt und in vollem Umfang an den Kunden auszukehren. Diese Regelung löst den durch Zuwendungen entstehenden Interessenkonflikt dahingehend auf, dass der Robo Advisor die Zuwendung zwar annehmen, aber nicht behalten darf, sodass grundsätzlich kein Eigeninteresse an etwaigen Zuwendungen anzunehmen ist.[357] Dennoch ist bei der Programmierung des Algorithmus zu beachten, dass dieser etwaige Zuwendungen adäquat berücksichtigt, sich aber gleichzeitig bei der Auswahl der zu empfehlenden Produkte an den Interessen des Kunden orientiert.[358] Dabei kann die Berücksichtigung von monetären Zuwendungen

354 *Möslein/Lordt*, ZIP 2017, 793, 802.

355 *Mansen*, Die neuen Anlageberatungsregelungen der MiFID II, S. 128.

356 *Grundmann* in: Staub, HGB, 5. Auflage 2018, Bankvertragsrecht, Achter Teil, Rn. 250.

357 *Herresthal* in: Linardatos, Rechtshandbuch Robo Advice, 1. Auflage 2020, § 9, Rn. 41.

358 *Herresthal* in: Linardatos, Rechtshandbuch Robo Advice, 1. Auflage 2020, § 9, Rn. 43.

durchaus im objektiven Interesse des Kunden liegen, sofern die ausgewählten Produkte hinsichtlich der verfolgten Anlegerinteressen und dem Risikoprofil gleichwertig gegenüber Produkten sind, die keine monetären Zuwendungen enthalten.[359]

e) Bewertung und Vergütung von Mitarbeitern

§ 63 III WpHG sieht Regelungen zur Bewertung und Vergütung von Mitarbeitern vor, die aufgrund ihrer Ausgestaltung ebenfalls Teil der Regulierungsstrategie zur Verhinderung von Interessenkonflikten sind. So hat ein Unternehmen nach § 63 III 1 WpHG sicherzustellen, *„dass es die Leistung seiner Mitarbeiter nicht in einer Wiese vergütet oder bewertet, die mit seiner Pflicht, im bestmöglichen Interesse der Kunden zu handeln, kollidiert"*. Zudem haben die Unternehmen sicherzustellen, dass sie nicht durch Vergütungsvereinbarungen oder Verkaufsziele Anreize für die Mitarbeiter setzen, sich bei der Empfehlung von Finanzinstrumenten gegenüber dem Anleger nicht von dessen Interessen, sondern von Eigeninteressen leiten zu lassen (§ 63 III 2 WpHG).

Da Robo Advisors große Teile ihrer Dienstleistungen algorithmisch erbringen, ist zu ermitteln, ob und inwiefern § 63 III WpHG bei Robo Advisors zur Anwendung gelangen kann.

Die Norm richtet sich als Adressat an die Wertpapierdienstleistungsunternehmen und differenziert dabei nicht weiter nach der Art der Unternehmen, sodass – auch unter Berücksichtigung des Sinns und Zwecke der Norm, eine möglichst effektive Prävention von Interessenkonflikten zu erreichen – davon auszugehen ist, dass § 63 III WpHG grundsätzlich auch von Robo Advisors zu beachten ist.[360]

Da der Algorithmus wie oben gezeigt nicht der Gefahr unterliegt, sich von Eigeninteressen leiten zu lassen, weil er strikt seiner Programmierung folgt, ist der Algorithmus selbst nicht Normadressat des § 63 III WpHG.[361]

Allerdings sind auch bei einem Robo Advisor Mitarbeiter an der Erbringung der Dienstleistung beteiligt, etwa durch die Konzeptionierung und Programmierung des Algorithmus. Um der oben bereits beschriebenen Gefahr struktureller Interessenkonflikte, die bereits in der Programmierung des Algorithmus angelegt sind, entgegenzuwirken, ist zu ermitteln, ob die Vorgaben des § 63 III WpHG für diese Mitarbeiter der Robo Advisors Anwendung finden.

---

359 *Herresthal* in: Linardatos, Rechtshandbuch Robo Advice, 1. Auflage 2020, § 9, Rn. 42.
360 So auch: *Madel*, Robo Advice, S. 160.
361 So auch: *Madel*, Robo Advice, S. 160.

Art. 27 DVO MiFID II konkretisiert die bei der Mitarbeitervergütung zu berücksichtigenden Anforderungen und legt gem. Art. 27 II DVO MiFID II fest, dass die aufzustellenden Vergütungsgrundsätze für alle *„relevanten Personen“* zu gelten haben. Nach der Legaldefinition des Art. 2 Nr. 1 DVO MiFID II sind hierunter bei Robo Advisors nach Art. 2 Nr. 1 a), b) DVO MiFID II die Mitglieder der Geschäftsführung, Gesellschafter oder vergleichbare Personen ebenso erfasst, wie die Mitarbeiter, die an der Erbringung der Wertpapierdienstleistung beteiligt sind (Art. 2 Nr. 1 c) DVO MiFID II). Dabei erfasst Art. 2 Nr. 1 c) ausweislich des Erwägungsgrundes Nr. 41 DVO MiFID II alle Mitarbeiter, die Einfluss auf die erbrachte Dienstleistung oder das unternehmerische Verhalten haben können.

Es ist daher davon auszugehen, dass die Vergütungsregelungen des § 63 III WpHG bei Robo Advisors jedenfalls auf alle Mitarbeiter in zentralen Positionen, also bei der Entwicklung des Algorithmus und der Auswahl der angebotenen Finanzinstrumente, Anwendung finden müssen.[362] *Madel* verweist richtigerweise darauf, dass ohne eine solch weite Auslegung der Norm das erforderliche Anlegerschutzniveau nicht gewährleistet werden kann.[363]

3. Einhaltung der Compliance-Vorgaben

Aus § 80 I 3 WpHG i. V. m. Art. 22 DVO MiFID II ergibt sich die Pflicht zur Einrichtung einer Compliance-Funktion. Im Zuge der Umsetzung der MiFID II ist die bisherige § 33 I Nr. 1 WpHG, der explizit auf die Einrichtung einer Compliance-Funktion verwiesen hat, weggefallen, die Anforderungen an die Compliance-Funktion ergeben sich nunmehr aus dem direkt anwendbaren Art. 22 DVO MiFID II.[364]

Nach Art. 22 III DVO MiFID II ist in jedem Unternehmen ein Compliance-Beauftragter zu benennen, der für die Funktion der Compliance, sowie für die Anfertigung der Berichte für die Geschäftsführung verantwortlich ist.[365] Die sonstige personelle Ausgestaltung der Compliance-Abteilung hängt von der Größe und der Komplexität des

362 So auch: *Madel*, Robo Advice, S. 161.

363 *Madel*, Robo Advice, S. 161.

364 Zur Regelungssystematik vgl. *Binder* in. Staub, HGB, 5. Auflage 2018, Bankvertragsrecht, Siebter Teil, Rn. 50.

365 Noch zur Vorgängernorm des § 33 WpHG a.F.: *Baur* in: Just/Voß/Ritz/Becker, WpHG Kommentar, 1. Auflage 2015, § 33, Rn. 27.

Unternehmens und seiner Geschäfte ab (Art. 22 I UAbs. 2, IV DVO MiFID II).[366]

Hauptziel der Compliance-Funktion ist es, sicherzustellen, dass das Wertpapierdienstleistungsunternehmen die transaktionsbezogenen Wohlverhaltenspflichten befolgt.[367]

Bei Robo Advisors erfolgt die Erbringung der Wertpapierdienstleistungen algorithmenbasiert, sodass fraglich ist, ob überhaupt die Einrichtung einer Compliance-Funktion erforderlich ist.[368]

Diesbezüglich hat die BaFin jedoch festgestellt, dass hinsichtlich der Compliance-Funktion keine Ausnahmen für automatisierte Prozesse gelten.[369] Darüber hinaus unterliegen der Compliance-Prüfung im Bereich der automatisierten Vermögensberatung ebenso wie die automatisierten Prozesse auch die Algorithmen.[370]

Klärungsbedürftig ist jedoch, inwiefern die Einhaltung der Compliance-Vorgaben beim Einsatz von Algorithmen überprüft werden sollen.

Die ESMA[371] fordert in ihren Richtlinien zu den Geeignetheitskriterien der MiFID II[372] eine regelmäßige Überwachung des Algorithmus im Hinblick auf die Beständigkeit der Geeignetheitsprüfung.[373] Dabei sollen die Anbieter nicht nur eine umfangreiche Dokumentation der Funktionsweise des Robo Advisors vorhalten, sondern auch entsprechende Testverfahren, um die Funktionsweise

---

366 *Binder* in: Staub, HGB, 5. Auflage 2018, Bankvertragsrecht, Siebter Teil, Rn. 55; noch zur Vorgängernorm des § 33 WpHG a.F.: *Baur* in: Just/Voß/Ritz/Becker, WpHG Kommentar, 1. Auflage 2015, § 33, Rn. 27.

367 *Binder* in: Staub, HGB, 5. Auflage 2018, Bankvertragsrecht, Siebter Teil, Rn. 51; noch zur alten Rechtslage vor Umsetzung der MiFID II: *Baur* in: Just/Voß/Ritz/Becker, WpHG Kommentar, 1. Auflage 2015, § 33, Rn. 26; *Schäfer*, BKR 2011, 187 f.

368 Dazu auch: *Feger*, CB 2017, 359, 359 f.

369 BaFinTech 2016 – Workshop zum Thema Robo Advice, Folie 19.

370 BaFinTech 2016 – Workshop zum Thema Robo Advice, Folie 19.

371 European Securities and Markets Authority – Europäische Wertpapier- und Marktaufsichtsbehörde.

372 Bei den Richtlinien der ESMA handelt es sich nicht um bindende Rechtsnormen, sondern um Auslegungsvorschläge für EU-Richtlinien, sodass die Vorgaben der ESMA für private Akteure in Deutschland keine Rechtswirkungen entfalten. Möglich ist lediglich eine mittelbare Wirkung, wenn sich die BaFin Richtlinien der ESMA zu eigen macht; vgl. dazu *Lohmann/Gebauer*, BKR 2018, 244, 245.

373 *ESMA*, Guidelines on certain aspects of the MiFID II suitability requirement, S. 52, Nr. 82.

des Algorithmus überprüfen zu können.[374] Diesbezüglich bietet es sich an, den Ablauf des Beratungsprozesses ausführlich in einer Prozessbeschreibung zu dokumentieren, ähnlich einer Arbeitsanweisung an Anlageberater.[375] Diese sollte auch eine Definition der einzelnen Algorithmen, die für die Erteilung der Anlageempfehlungen entscheidend sind, enthalten.[376] Weitergehend muss sichergestellt werden, dass Verfahren existieren, um für den Algorithmus relevante Veränderungen schnell zu registrieren und berücksichtigen zu können.[377] Zudem sollen die Anbieter Verhaltensweisen zur Aufdeckung und Behandlung von Fehlern des Algorithmus entwickeln; insbesondere soll der Algorithmus in der Lage sein, die Beratungsleistung im Falle eines Fehlers, der zu einem Verlust des Kunden oder einem Rechtsverstoß führen kann, zu unterbrechen.[378] Darüber hinaus sollen die Anbieter auch die Performance des Algorithmus regelmäßig überwachen.[379] Diese Überwachung des Algorithmus entspricht dabei den verschiedenen Kontrollmechanismen zur Überwachung von Mitarbeitern, wie stichprobenartigen Desk-Reviews oder kontinuierlichem Watch-List-, Positions-, und Transaktions-Monitoring.[380] Analog zu diesen Pflichten sollte zudem klar definiert werden, welche Mitarbeiter des Robo Advisors in die Programmierung des Algorithmus involviert sind und zusätzlich dokumentiert werden, welcher Mitarbeiter Veränderungen am Algorithmus vorgenommen hat.[381] So können Manipulationen nicht nur im Nachhinein besser nachvollzogen werden, sondern diese auch bereits präventiv verhindert werden, indem festgelegt wird, dass für einzelne Arbeitsschritte (bspw. Entwicklung und Test) verschiedene Mitarbeiter zuständig sind.[382] Die Überwachungspflicht beinhaltet neben einer Überprüfung der algorithmisch definierten Regeln auch eine stichprobenartige

374 *ESMA*, Guidelines on certain aspects of the MiFID II suitability requirement, S. 53, Nr. 82.

375 *Feger*, CB 2017, 359, 360.

376 *Feger*, CB 2017, 359, 360.

377 *ESMA*, Guidelines on certain aspects of the MiFID II suitability requirement, S. 53, Nr. 82.

378 *ESMA*, Guidelines on certain aspects of the MiFID II suitability requirement, S. 53, Nr. 82.

379 *ESMA*, Guidelines on certain aspects of the MiFID II suitability requirement, S. 53, Nr. 82.

380 Vgl. zu den einzelnen Kontrollverfahren ausführlich *Faust* in: Schimansky/Bunte/Lwowski, Bankrechts-Handbuch, 5. Auflage 2017, § 109, Rn. 166 ff.

381 *Madel*, Robo Advice, S. 233.

382 *Madel*, Robo Advice, S. 233.

Überprüfung der algorithmisch erstellten Empfehlungen auf ihre Geeignetheit.[383] Für die Überprüfung des Algorithmus ist nicht die Analyse desselben erforderlich, sondern es kann auf den zugrundeliegenden Fragen- und Entscheidungsbaum zurückgegriffen werden.[384] Erforderlich hierfür ist jedoch, dass der Algorithmus so aufgebaut ist, dass auch Fachleute, die den Algorithmus nicht selbst programmiert haben, dessen Struktur und Funktionsweise nachvollziehen können.[385]

Insbesondere im Hinblick auf eine hinreichende Durchführung der Geeignetheitsprüfung erscheinen die von der ESMA geforderten Überwachungspflichten sinnvoll.

Weitergehend ist auch erforderlich, dass der Algorithmus in der Lage ist, auf von der BaFin ausgesprochene Produktverbote zu reagieren und die betroffenen Finanzprodukte dann nicht mehr empfiehlt, sowie den Kunden, die bereits ein betroffenes Produkt in ihrem Depot haben, eine Verkaufsempfehlung zustellt.[386]

Ebenfalls in den Aufgabenbereich der Compliance-Prüfung fällt es, die Informationen, die der Robo Advisor seinen Kunden zur Verfügung stellt, auf ihre Aktualität zu überprüfen.[387] Dabei kann die Aktualität der Informationen jedoch auch mithilfe von automatisierten Prozessen gewährleistet werden, solange diese in einem ausführlichen Prozessbericht dargestellt werden, der eine Überprüfung durch die Compliance-Funktion ermöglicht.[388]

4. Product Governance

a) Know your Product, § 63 V WpHG

§ 63 V WpHG verlangt in Umsetzung von Art. 24 II UAbs. 2, Art. 25 I MiFID II, dass Wertpapierdienstleistungsunternehmen die Produkte, die sie ihren Kunden anbieten und empfehlen, verstehen. Durch die Regelung des § 63 V WpHG wurde der zuvor von der Rechtsprechung[389] entwickelte Know-your-Product-Grundsatz modifiziert. Da § 63 V WpHG der Umsetzung eines europäischen

---

383 *Feger*, CB 2017, 359, 361.

384 *Feger*, CB 2017, 359, 361.

385 So auch: *Herresthal* in: Linardatos, Rechtshandbuch Robo Advice, 1. Auflage 2020, § 9, Rn. 62 f.

386 *Feger*, CB 2017, 359, 361.

387 *Feger*, CB 2017, 359, 361.

388 *Feger*, CB 2017, 359, 362.

389 Grundlegend für die Entwicklung des Know-your-Product-Grundsatzes war das Bond-Urteil des BGH (Urt. v. 6.7. 1993, XI ZR 12/93, BGHZ 123, 126, 128 f.).

Rechtsaktes dient, hat die Auslegung primär anhand des europäischen Rechts zu erfolgen und es kann nicht ohne Weiteres auf die zuvor im Rahmen des Know-your-Product-Grundsatzes entwickelten Prinzipien zurückgegriffen werden.[390]

Zur Erfüllung des Grundsatzes ist es erforderlich, dass die Wertpapierdienstleistungsunternehmen dafür sorgen, dass ihre Mitarbeiter die angebotenen Finanzinstrumente jedenfalls soweit verstehen, dass sie in der Lage sind, nicht nur ausreichende Informationen zu erteilen, sondern auch redliche und professionelle Entscheidungen zu treffen.[391] Der Umfang der Kenntnisse, die ein konkreter Mitarbeiter aufweisen muss, richtet sich nach seiner jeweiligen Funktion und Aufgabe.[392]

Da sich die Vorschrift des § 63 V WpHG allgemein an Wertpapierdienstleistungsunternehmen richtet, sind grundsätzlich auch Robo Advisors von ihrem Anwendungsbereich erfasst.

Fraglich ist jedoch, wie die Vorschrift auf Robo Advisors anzuwenden ist. Wie oben bereits dargestellt, sind bei einem klassischen Wertpapierdienstleistungsunternehmen die jeweiligen Mitarbeiter verpflichtet, über die notwendigen Kenntnisse zu verfügen. Da bei Robo Advisors die Anlageempfehlung aber nicht durch einen Mitarbeiter, sondern algorithmisch erfolgt, ist es erforderlich zu bestimmen, inwiefern die Pflichten des § 63 V WpHG dennoch erfüllt werden können, um die Norm nicht leer laufen zu lassen. Die Pflicht des § 63 V WpHG trifft jedoch, da sie sich generell an „Wertpapierdienstleistungsunternehmen“ richtet, all jene Mitarbeiter eines Unternehmens, die mit den angebotenen Finanzinstrumenten in Berührung kommen.[393] Bei einem Robo Advisor erfolgt zwar die letztendliche Anlageempfehlung algorithmisch, im Vorfeld sind jedoch auch Mitarbeiter in die Entwicklung des Algorithmus und bei der Auswahl der angebotenen Finanzinstrumente involviert.

Auch bei derartigen Tätigkeiten kommt es auf eine hinreichende Kenntnis der Finanzinstrumente an, um dem Kunden eine seinem Risikoprofil entsprechende Empfehlung unterbreiten zu können.[394] Damit ist bei Robo Advisors davon auszugehen, dass die Mitarbeiter, die in den der Anlageempfehlung vorgelagerten

---

390 *Madel*, Robo Advice, S. 152.

391 *Koller* in: Assmann/Schneider/Mülbert, WpHG Kommentar, 7. Auflage 2019, § 63, Rn. 50.

392 *Koller* in: Assmann/Schneider/Mülbert, WpHG Kommentar, 7. Auflage 2019, § 63, Rn. 50.

393 *Madel*, Robo Advice, S. 153.

394 *Madel*, Robo Advice, S. 153.

Prozessen tätig sind, über die nach § 63 V WpHG erforderliche Sachkenntnis verfügen müssen.[395] Nicht erforderlich ist dies jedoch bei solchen Mitarbeitern, die lediglich rein technische Tätigkeiten (bspw. Programmierer, etc.) durchführen.[396] Diese Pflicht korrespondiert mit der Verpflichtung zum Einsatz sachkundiger Mitarbeiter nach § 87 WpHG.[397]

b) Zielmarktprüfung

Neben der Pflicht, die angebotenen Finanzinstrumente zu verstehen, enthält § 63 V WpHG auch die zusätzliche Pflicht, den Zielmarkt zu verstehen.

Da Robo Advisors in der Regel keine eigenen Finanzinstrumente konzipieren, sondern lediglich von anderen hergestellte und konzipierte Produkte empfehlen und verkaufen, treten sie als reine Vertreiber (Distributoren) auf. Sie sind daher gem. § 63 V 2 WpHG verpflichtet, die Vereinbarkeit der angebotenen Finanzinstrumente mit den Bedürfnissen des Kunden unter Berücksichtigung des jeweiligen Zielmarktes zu beurteilen.[398] Im Rahmen einer abstrakt-generellen Prüfung hat jeder Betreiber für die von ihm angebotenen Finanzinstrumente zur Konkretisierung des vom Emittenten definierten Zielmarktes einen eigenen Zielmarkt zu bestimmen.[399] Dabei richten sich die Anforderungen nach der Komplexität der Finanzinstrumente, sodass bei einfacheren Produkten wie ETFs, die von vielen Robo Advisors vertrieben werden, in großen Teilen auf die bereits vom Emittenten erfolgte Zielmarktbestimmung zurückgegriffen werden kann.[400] In diesen Fällen haben die Distributoren (Robo Advisors) den Zielmarkt lediglich nach § 12 III 1 WpDVerOV zu konkretisieren, indem die Bedürfnisse der spezifischen Kundenzielgruppe, an die die Produkte vertrieben werden sollen, ermittelt werden.[401]

Robo Advisors müssen, da sie ihre Kunden in der Regel in vorher definierte Risikogruppen einteilen, ohnehin Kriterien für die verschiedenen Risikogruppen entwickeln und bei der Auswahl der Finanzinstrumente für die

---

395 So auch: *Madel*, Robo Advice, S. 153.

396 *Madel*, Robo Advice, S. 153.

397 Vgl. Dazu ausführlich unten unter C.II.6.

398 *Buck-Heeb/Poelzig*, BKR 2017, 485, 489; *Madel*, Robo Advice, S. 165 f.

399 *ESMA*, Guidelines on MiFID II product governance requirements, S. 10 Nr. 34; Busch, WM 2017, 409, 411; *Madel*, Robo Advice, S. 166.

400 *ESMA*, Guidelines on MiFID II product governance requirements, S. 11 Nr. 38; *Madel*, Robo Advice, S. 166.

401 *Lohmann/Gebauer*, BKR 2018, 244, 252.

Zusammenstellung der Musterportfolios die Finanzinstrumente nach diesen Kriterien auswählen. Diese Vorauswahl erfüllt, wenn sie anhand ausreichend konkreter Kriterien erfolgt, bereits die Vorgaben der soeben geschilderten Zielmarktbestimmung, sodass Robo Advisors insoweit kein weiteres Verfahren zur Zielmarktbestimmung implementieren müssen.[402]

5. Einhaltung der Dokumentationspflichten

Die Organisationspflichten des WpHG beinhalten auch umfangreiche Dokumentationspflichten, die von den Wertpapierdienstleistern bei der Erbringung ihrer Dienstleistungen eingehalten werden müssen.

Im Zuge der MiFID II und deren Umsetzung in deutsches Recht im Wege des 2. FiMaNoG wurde der bisherige § 34 WpHG a.F. durch § 83 WpHG ersetzt, dabei wurde zwar die Grundstruktur der Norm aufrechterhalten, der Regelungsinhalt aber nahezu komplett verändert.[403]

§ 83 I WpHG enthält zunächst eine Art Generalklausel, die Wertpapierdienstleistungsunternehmen zur Führung von Aufzeichnungen über die von ihnen erbrachten Dienstleistungen verpflichtet. Diese Pflicht gilt aufgrund ihrer generalklauselartigen Ausgestaltung unproblematisch auch für Robo Advisors. Diesbezüglich insbesondere relevant sind aber die Regelungen zur Aufzeichnung elektronischer Kommunikation in § 83 IV, V WpHG, die durch Art. 76 DVO-MiFID II eine weitere Konkretisierung erfahren. Demnach haben die Wertpapierfirmen schriftliche Grundsätze für die Aufzeichnung elektronischer und telefonischer Kommunikation festzulegen und umzusetzen, die für das jeweilige Unternehmen angemessen sind, Art. 76 I DVO-MiFID II. Erfolgt die Erbringung der Wertpapierdienstleistungen algorithmenbasiert, ist aber schon fraglich, ob die Interaktion zwischen Kunde und Algorithmus als elektronische Kommunikation einzuordnen und damit aufzeichnungspflichtig ist.

Der Gesetzgeber hat von einer expliziten Definition der elektronischen Kommunikation abgesehen, für den generellen Umfang des Begriffs der Definition der elektronischen Kommunikation ist daher auf den Sinn und Zweck des § 83 WpHG abzustellen. Ziel der Norm ist es, die ordnungsgemäße Beratung des Kunden – insbesondere im Hinblick auf seine Risiken und Ertragschancen zu dokumentieren. Herkömmlich erfolgt die Kommunikation zwischen Anleger und Anbieter im direkten oder schriftlichen Kontakt. Bei Robo Advisors wird

402 So auch: *Madel*, Robo Advice, S. 167.

403 *Binder* in: Staub, HGB, 5. Auflage 2018, Bankvertragsrecht, Siebter Teil, Rn. 108.

dieser Kontakt soweit wie möglich – idealerweise komplett – durch die Interaktion mit dem Algorithmus ersetzt. Geht man vom Sinn und Zweck des § 83 WpHG aus, so ist es dann auch erforderlich, dass die algorithmisch erfolgten Aufklärungen und Entscheidungen aufgezeichnet werden. Demnach muss auch die algorithmisch erfolgte Interaktion zwischen Anleger und Kunde unter die Definition der elektronischen Kommunikation gefasst werden.

Damit bestehen auch für Robo Advisors die umfangreichen Aufzeichnungspflichten des § 83 WpHG und damit einhergehend weitergehende Fragestellungen hinsichtlich der Umsetzung dieser Pflichten.

Zunächst soll der Umfang der Aufklärungspflicht geklärt werden. Die Aufzeichnung erfolgt zu Beweiszwecken, muss gleichzeitig aber auch dem Grundsatz der Datensparsamkeit aus Art. 5 I c) DSGVO genügen, sodass sich diesbezüglich ein Spannungsverhältnis ergibt.[404] Der Gesetzgeber geht allerdings davon aus, dass bei Anbietern, die ausschließlich Wertpapierdienstleistungen und keine nicht vom Anwendungsbereich der MiFID II erfassten Dienstleistungen im Wege der telefonischen oder elektronischen Kommunikation erbringen, eine Aufzeichnungspflicht ab Gesprächsbeginn besteht.[405] Bei einer algorithmischen Erbringung der Dienstleistung muss die Aufzeichnung damit mit Beginn der Eingaben durch den Kunden beginnen. Diesbezüglich bietet die Nutzung eines Algorithmus jedoch den Vorteil, dass durch die vorgegebene Struktur nur Aufklärungen und Entscheidungen mit Bezug zu der entsprechenden Dienstleistung vorgenommen werden, sodass keine nachträgliche Auswertung der Aufzeichnungen erforderlich ist.[406] Die Aufzeichnungspflicht besteht nach § 83 III 4 WpHG auch dann, wenn im Rahmen der aufgezeichneten Kommunikation kein Abschluss eines Geschäfts erfolgt ist.

Für die genauen Anforderungen an die Aufzeichnung sind auch für Robo Advisors Art. 76 IX, X DVO-MiFID II zu beachten. Da die Aufzeichnungen zu Beweiszwecken erfolgen und zudem dem Kunden auch ein Herausgabeanspruch (§ 83 VII WpHG) zusteht, muss die Aufzeichnung so erfolgen, dass auf Basis der Aufzeichnungen nachvollzogen werden kann, welche Aufklärungen erfolgt sind und weshalb bestimmte Empfehlungen ausgesprochen wurden. Robo Advisors müssen daher die Aufzeichnung der algorithmischen Interaktion so

404 *Mansen*, Die neuen Anlageberatungsregeln der MiFID II, S. 263.

405 BT-Drucks. 18/19036, S. 244.

406 Eine solche ist nach *von Drathen/Strauch* im Falle einer Komplettaufzeichnung bei der herkömmlichen Vermögensberatung erforderlich: *von Drathen/Strauch*, WPg 2017, 1265, 1271.

ausgestalten oder aufarbeiten, dass sie für den Kunden ohne technisches Fachwissen verständlich sind.

Um zu verhindern, dass in Grundrechte des Kunden (insbes. Art. 7, 8 GRChr) eingegriffen wird, ist es erforderlich, dass der Kunde die Möglichkeit hat, einer Aufzeichnung seiner Daten zu widersprechen.[407] Eine solche Widerspruchsmöglichkeit ist in der MiFID II jedoch nicht vorgesehen. Der deutsche Gesetzgeber hat diese datenschutzrechtliche Problematik erkannt und in der Neufassung des WpHG in § 83 V WpHG eine Widerspruchsmöglichkeit des Kunden vorgesehen. Die Schaffung einer solchen Widerspruchslösung geht zwar über die geforderte Harmonisierung hinaus, ist aber dennoch als mit der MiFID II vereinbar anzusehen, da der EU-Gesetzgeber in den Erwägungsgründen zur MiFID II auch eine Gewährleistung der datenschutzrechtlichen Vorgaben fordert, was durch die Schaffung einer Widerspruchsmöglichkeit sichergestellt wird.[408] Zudem verpflichtet § 83 V WpHG die Wertpapierdienstleister auch zu einer Aufklärung des Kunden über die Aufzeichnung. Erfolgt diese nicht oder widerspricht der Kunde, so darf das Wertpapierdienstleister für den Kunden keine Wertpapierdienstleistungen im Wege telefonischer oder elektronischer Kommunikation erbringen. Für Robo Advisors bedeutet die Verweigerung dieser Einwilligung auch den Ausschluss von Geschäften mit dem betreffenden Kunden, da die Anbieter ihre Dienstleistungen allesamt auf elektronischem Wege erbringen. Da der Wortlaut des § 83 V WpHG in dieser Hinsicht eindeutig ist, ist die Belehrung des Kunden über die Aufzeichnung und das Ausbleiben eines Widerspruchs für die Erbringung von Wertpapierdienstleistungen durch Robo Advisors essentiell.

6. Einsatz sachkundiger Mitarbeiter (§ 87 WpHG)

§ 87 WpHG schreibt den Wertpapierfirmen vor, dass diese nur solche Mitarbeiter für die Erbringung ihrer Dienstleistungen einsetzen dürfen, die die dort aufgestellten Sachkundevoraussetzungen erfüllen. Zudem sind die eingesetzten Mitarbeiter einem Mitarbeiter- und Beschwerderegister zu melden (§ 87 I 2 WpHG). Die Anforderungen an die Sachkunde der Mitarbeiter werden konkretisiert durch die WpHGMaAnzV.[409]

---

407 Ausführlich zur darauf resultierenden Grundrechtsverletzung: *Mansen*, Die neuen Anlageberatungsregeln der MiFID II, S. 246 ff.

408 *Mansen*, Die neuen Anlageberatungsregeln der MiFID II, S. 264 ff.

409 Verordnung über den Einsatz von Mitarbeitern in der Anlageberatung, als Vertriebsmitarbeiter, in der Finanzportfolioverwaltung, als Vertriebsbeauftragte

Hinsichtlich der Anwendbarkeit der Norm hat die BaFin bereits für die Vorgängernorm des § 34d WpHG a. F. festgestellt, dass diese auch bei Robo Advisors zur Anwendung kommt, da auch bei einem vollautomatisierten Beratungsprozess noch immer Menschen involviert seien.[410]

Fraglich ist damit lediglich der genaue Anwendungsbereich des Erfordernisses eines Sachkundenachweises und der Meldung zum Mitarbeiter- und Beschwerderegister im Hinblick auf Robo Advisors.

Der Hauptteil der Dienstleistungen eines Robo Advisors wird algorithmisch erbracht, sodass zunächst daran zu denken wäre, ob auch ein Sachkundenachweis im Hinblick auf den eingesetzten Algorithmus erforderlich ist. Zum Teil fordern Verbraucherschützer die Einführung von Mindestanforderungen für die algorithmisch erbrachten Dienstleistungen der Robo Advisors[411], derartige Mindestanforderungen könnten auch dadurch geschaffen werden, dass die Anforderungen des § 87 WpHG auf den Algorithmus des Robo Advisors übertragen werden.

Aufgrund seines eindeutigen Wortlauts ist jedoch nur eine analoge Anwendbarkeit des § 87 WpHG denkbar. § 87 WpHG regelt zwar eindeutig die erforderliche Sachkunde für Mitarbeiter, knüpft aber auch an die Erbringung von Anlageberatung und Finanzportfolioverwaltung an, diese wird bei Robo Advisors ebenfalls erbracht, aber algorithmisch und nicht durch den Einsatz von Mitarbeitern. Damit ist insoweit von einer Regelungslücke auszugehen. Es fehlt jedoch an einer hinreichend vergleichbaren Interessenlage. Während es im Hinblick auf den Einsatz von Mitarbeitern sinnvoll erscheint, eine entsprechende Sachkunde zu verlangen, um die Qualität der erbrachten Wertpapierdienstleistungen und damit auch ein hinreichendes Anlegerschutzniveau zu gewährleisten, agiert ein Algorithmus rein deterministisch. Der Algorithmus folgt damit einem klaren, vorab definierten, Schema und trifft anders als menschliche Berater keine eigenen Entscheidungen. Damit ist hinsichtlich der algorithmischen Erbringung von Anlageberatung und Finanzportfolioverwaltung für die hinreichende Sachkunde zu Gewährleistung des Anlegerschutzes schon zu einem früheren Zeitpunkt anzusetzen, nämlich bei der Konzeption und Programmierung des Algorithmus. Damit ist eine analoge Anwendung des § 87 WpHG auf den Algorithmus des Robo Advisors abzulehnen.[412]

---

oder als Compliance-Beauftragte und über die Anzeigepflichten nach § 87 des Wertpapierhandelsgesetzes.

410 BaFinTech 2016 – Workshop zum Thema Robo Advice, Folie 30 f.

411 Dazu ausführlich unter C.III.2.a).

412 So ebenfalls zutreffend: *Madel*, Robo Advice, S. 241 f.

Erforderlich ist ein solcher Sachkundenachweis i.S.d. § 87 WpHG und eine Meldung zum Mitarbeiterregister der BaFin nach § 87 I 2 WpHG damit aber für alle Mitarbeiter des Robo Advisors, die Tätigkeiten im Zusammenhang mit den Daten oder der Funktionsweise des Algorithmus erbringen oder an der Auswahl der angebotenen Finanzinstrumente beteiligt sind.[413] Das Erfordernis eines Sachkundenachweises für diese Mitarbeiter ist trotz des fehlenden direkten Kundenkontakts gerechtfertigt, da die Kenntnisse und Einschätzungen dieser Mitarbeiter unmittelbar in die Gestaltung des Algorithmus einfließen und sich daher vergleichbar mit einer persönlichen Beratung auf die Erteilung der letztlichen Empfehlung auswirken. Dies gilt jedoch nicht, sofern es sich bei den Tätigkeiten der Mitarbeiter um eine reine technische Umsetzung, bspw. in Form von Programmierungstätigkeiten handelt, daher kann für diese Mitarbeiter auf einen Sachkundenachweis verzichtet werden.[414]

III. Weitergehende Regulierungsansätze zur Gewährleistung des Anlegerschutzes

Neben den bereits bestehenden Organisationspflichten, die – wie oben bereits dargelegt – vollumfänglich auch für Robo Advisors Geltung entfalten, stellt sich die Frage, ob im Zuge der besonderen Art der Erbringung der Finanzdienstleistungen durch Robo Advisors eine weitergehende Regulierung zur Gewährleistung des Anlegerschutzniveaus geboten erscheint.

Robo Advisors bieten ihren Kunden einen sehr niedrigschwelligen Einstieg in die Kapitalanlage, da die Usability der einzelnen Portale sehr hoch ist und die Möglichkeit der Kapitalanlage aufgrund der Verfügbarkeit von Apps von überall aus möglich ist. Aufgrund dessen ist davon auszugehen, dass viele Kunden von Robo Advisors bisher keine weitergehenden Kenntnisse im Bereich der Kapitalanlage haben und auch nicht bereit sind, sich vertieft mit den Einzelheiten der Kapitalanlage zu beschäftigen. Genau für diese Zielgruppe bieten Robo Advisors die Möglichkeit, auch ohne sich selbst eingehend mit Chancen und Risiken der Kapitalmärkte auseinandersetzen zu müssen, Geld anzulegen. Diese Einfachheit der Kapitalanlage kann grundsätzlich als Vorteil für den Anleger gesehen werden. Sie birgt jedoch auch das Risiko, dass Kunden, die ihre Finanzanlage mit sehr wenig Aufwand bspw. vom Smartphone aus organisieren können, die Tragweite der von ihnen dabei getroffenen Entscheidungen nicht zutreffend

413 BaFinTech 2016 – Workshop zum Thema Robo Advice, Folie 31.
414 BaFinTech 2016 – Workshop zum Thema Robo Advice, Folie 31.

einschätzen und ggf. nicht nur ihre eigene finanzielle Leistungsfähigkeit, sondern vor allem ihre Risikobereitschaft falsch einschätzen.[415]

Die Beratung oder Information (je nach angebotener Wertpapierdienstleistung) des Kunden hinsichtlich der in Frage kommenden Finanzprodukte kann beim Einsatz von ADM-Systemen[416] zudem nur durch die Bereitstellung von Informationen erfolgen, sofern es sich nicht um Hybrid-Modelle handelt, bei denen die Beratungsleistung persönlich erbracht wird. Es besteht zwar die Möglichkeit, die einzelnen Informationen für den Kunden so einfach wie möglich aufzubereiten und sich durch entsprechende Gestaltungen des ADM-Systems (bspw. Download-Zwang, Lesebestätigung, etc.) zumindest bestätigen zu lassen, dass der Kunde die Informationen auch zur Kenntnis genommen hat. Allerdings birgt die rein digitale Bereitstellung von Informationen das Risiko einer Überlastung, die sich letztlich negativ auf die Wirkungen der Informationen auswirken kann.[417] Der Annahme einer solchen Überlastung liegt die Theorie der begrenzten Rationalität zugrunde, wonach die Quantität und Komplexität von Informationen in Verbindung mit den jeweiligen Aufnahme- und Verarbeitungskapazitäten des Empfängers die Grenzen für rationales Verhalten definieren.[418] Wird der kognitive Schwellenwert überschritten, bei dem Informationen noch aufgenommen und verarbeitet werden können, so geht man von einem sog. *information overload* aus.[419] Ein solcher liegt dann vor, wenn dem Anleger derart viele Informationen zur Verfügung gestellt werden, dass sein Schwellenwert für die Kenntnisnahme dieser Informationen überschritten wird.

Zudem handelt es sich bei dem Geschäftsmodell von Robo Advisors um eine sog. *persuasive technology*, bei der der Verkauf der Finanzprodukte im Vordergrund steht, da die Anbieter sich insbesondere durch den Verkauf solcher Produkte finanzieren. Es ist daher zu überlegen, ob die bisherigen Regulierungskonzepte durch weitere Ansätze, ergänzt werden müssen, um den speziellen

---

415 *Linardatos* in: Linardatos, Rechtshandbuch Robo Advice, § 6,, Rn. 11 verweist richtigerweise ebenfalls darauf, dass eine App „nicht denselben appelativen und warnenden Charakter wie der Besuch beim Berater in der Bankfiliale“ habe.

416 Algorithmenbasierte Entscheidungssysteme (algorithmic-decision-making), vgl. dazu: *Verbraucherzentrale*, Positionspapier „Bessere Beratung durch Digitalisierung?!“, 2018, S. 4.

417 *Mülbert*, ZHR 177 (2013), 160, 167.

418 Grundlegend dazu: *Simon*, The Quarterly Journal of Economics, 1955, 99 ff.; zit. nach: *Möllers/Poppele*, ZGR 2013, 437, 457, m.w.N.

419 Grundlegend dazu: *Jacoby/Speller/Kohn Berning*, JcR 1974, 33 ff.; zit. nach: *Möllers/Poppele*, ZGR 2013, 437, 457, m.w.N.

Risiken solcher niedrigschwelliger Angebote zu begegnen und ein gegenüber der herkömmlichen Finanzanlage gleichwertiges Anlegerschutzniveau zu gewährleisten.

1. Begrenzung des Produktportfolios

Um diesen Risiken für den Anleger zu begegnen ist zu überlegen, ob eine Einführung von Mindestanforderungen an die Portfoliozusammenstellung erforderlich ist.[420]

Durch die Definierung von Mindeststandards, die Robo Advisors bei der Zusammenstellung ihrer Portfolios beachten müssen, könnte die Sicherung eines bestimmten Qualitätsniveaus der Dienstleistungen von Robo Advisors erreicht werden. Eine solche Qualitätssicherung kann grundsätzlich zu einer Verbesserung des Anlegerschutzes beitragen.

In der Praxis wird eine Definition von Mindestanforderungen letztlich auf eine Beschränkung des Produktangebots und damit auf Produktinterventionen hinauslaufen. Um die Gefahr des oben geschilderten *information overloads* zu verhindern, die bei einer allumfassenden Aufklärung über ein komplexes Finanzinstrument erforderlich wäre, wäre eine Beschränkung des Produktangebots insofern erforderlich, dass nur solche Produkte angeboten werden dürften, die für den Kunden ohne vorherige Kenntnisse an den Kapitalmärkten mit einem zumutbaren Maß an Informationen verständlich sind.[421]

Die grundsätzliche Zulässigkeit entsprechender Produktinterventionen durch die BaFin ergibt sich aus § 6 II 4 WpHG i. V. m. Art. 42 MiFIR[422]. Diese Regelungen wurden als Lehre aus der Finanzkrise 2008 geschaffen, als deutlich wurde, dass die bis dahin geltenden Regelungen nicht für die Gewährleistung eines ausreichenden Anlegerschutzniveaus ausreichten.[423]

Eine solche Beschränkung des Produktangebots würde Robo Advisors jedoch gegenüber anderen Anbietern, die Wertpapierdienstleistungen auf herkömmlichen Wege erbringen und nicht von entsprechenden Mindestanforderungen

420 So auch die Forderung der Verbraucherzentrale im Positionspapier „Bessere Beratung durch Digitalisierung?!“, S. 8.

421 So auch: *Linardatos*, InTer 2017, 216, 219, der ebenfalls die Möglichkeit eines Vertriebs von komplexen Finanzinstrumenten durch Robo Advisors verneint.

422 Verordnung (EU) Nr. 600/2014 des Europäischen Parlaments und des Rates vom 15. Mai 2014 über Märkte für Finanzinstrumente und zur Änderung der Verordnung (EU) Nr. 648/2012).

423 *Pfisterer*, Die neuen Regelungen der MiFID II zum Anlegerschutz, S. 21.

betroffen wären, erheblich benachteiligen. Zudem stiege auch der Regulierungsaufwand, da im Falle von Mindestanforderungen umfassende Produktprüfungen erforderlich wären.

Weiterhin ist zu berücksichtigen, dass die Begrenzung des Produktangebots nur für Robo Advisors Sonderregelungen für diese Technologie schafft. Neben der bereits angesprochenen Benachteiligung der Anbieter haben solche technologiebasierten Regelungen stets den Nachteil, dass sie selbst immer nur im Nachhinein auf technologische Fortschritte reagieren können und so im Ergebnis zumeist innovationshemmend wirken.[424]

Zudem verpflichtet § 63 V 2 WpHG die Wertpapierdienstleistungsunternehmen, nur Produkte anzubieten, die im Interesse ihrer Kunden liegen. Die Anbieter sind damit schon aufgrund dessen verpflichtet, die Bedürfnisse und Interessen der jeweiligen Kundengruppen des Zielmarktes bei der Erbringung ihrer Dienstleistungen zu berücksichtigen.[425]

Mithin ist eine vorauseilende Begrenzung des Produktangebots von Robo Advisors durch den Gesetzgeber letztlich abzulehnen.

2. Mindestanforderungen für die Gestaltung von Web-Portal und App

Alternativ zu einer Begrenzung des Produktportfolios wäre es auch zu überlegen, den Anbietern stattdessen Vorgaben hinsichtlich der Gestaltung Ihrer Portale zu machen. Denkbar wären insoweit Vorgaben für die Kundenexploration und die Bereitstellung von Informationen gegenüber den Kunden.

Durch derartige Vorgaben könnte ein einheitlicher Standard für durch Robo Advisors erbrachte Finanzdienstleistungen geschaffen und damit auch ein einheitliches Anlegerschutzniveau etabliert werden.

Eine solche Regulierung bringt jedoch ebenfalls die oben bereits angesprochenen Nachteile mit sich. So wären auch derartige Mindestanforderungen technologiespezifisch, sodass sie letztlich innovationshemmend wirken könnten, da bspw. verhindert wird, dass Anbieter im Bereich der KI-gestützten Algorithmen neuartige Formen der Interaktion mit dem Kunden etablieren.

Darüber hinaus sind die Anbieter ihren Kunden gegenüber auch in zivilrechtlicher Hinsicht verpflichtet, eine ordnungsgemäße Exploration durchzuführen

---

424 Zu den Vorteilen eines technologieneutralen und prinzipienbasierten Regulierungsansatzes siehe auch unten unter G.II.1.

425 Dazu *Koller* in: Assmann/Schneider/Mülbert, WpHG Kommentar, 7. Auflage 2019, § 63, Rn. 54.

und auch die geschuldete Finanzdienstleistung im vereinbarten Umfang zu erbringen.[426] Die Anbieter haben damit schon zur Vermeidung von Haftungsrisiken ein Interesse daran, ihre Web-Anwendungen so auszugestalten, dass ein hinreichender Beratungsstandard gewährleistet wird.

Damit ist im Hinblick auf einen zu befürwortenden prinzipienbasierten und technologieneutralen Regulierungsansatz auch die Schaffung von zwingenden Mindestanforderungen für die Gestaltung von Web-Portal und App durch den Gesetzgeber abzulehnen.

3. Einführung eines freiwilligen Prüfsiegels für Robo Advice-Anbieter

Die obigen Ausführungen haben gezeigt, dass vorauseilende Produktinterventionen oder Mindestanforderungen für die Portale der Robo Advisors zur Gewährleistung des Anlegerschutzes nicht zielführend sind. Die oben geschilderten Risiken eines *information overload* des Kunden und des durch das Vorliegen einer *persuasive technology* entstehenden Interessenkonfliktes des Anbieters zwischen seinen eigenen Verkaufsinteressen und den Interessen des Kunden bleiben damit jedoch bestehen.

Zu überlegen ist daher, ob jedenfalls auf freiwilliger Ebene ein Instrument geschaffen werden kann, durch das die Anbieter angehalten werden, ein möglichst hohes Anlegerschutzniveau für ihre Kunden zu gewährleisten.

Insoweit erscheint die Einführung eines freiwilligen Prüfsiegels, dass an Robo Advice-Anbieter vergeben werden kann, die hohe Anforderungen an Kundenexploration und Information des Kunden erfüllen.

Im Hinblick auf die Kundenexploration sollte dabei darauf geachtet werden, dass auch durch geschickte Verständnisfragen geprüft wird, ob der Kunde tatsächlich in der Lage ist, die Risiken der gewählten Finanzanlage zu verstehen und ob es Möglichkeiten für den Kunden gibt, eigene Rückfragen zu stellen, etwa durch den Einsatz von KI-gestützten Chatbots oder Hotline-, bzw. Video-Chat-Angeboten.

Zudem sollte berücksichtigt werden, ob es dem Robo Advisor gelingt, dem Kunden die für ihn erforderlichen Informationen möglichst leicht verständlich und eingängig zu vermitteln, sodass die Gefahr eines *information overloads* weitestgehend ausgeschlossen wird.

426 Vgl. dazu ausführlich unten unter E.I.

Verliehen werden könnte ein entsprechendes Siegel durch von der BaFin akkreditierte Stellen, die dann auch eine entsprechende Prüfung der Geschäftsmodelle der Robo Advisors vornehmen.

Eine solche freiwillige Lösung hat gegenüber regulatorischen Eingriffen den Vorteil, dass sie nicht innovationshemmend wirkt, da keine unmittelbaren und zwingenden Vorgaben für die Gestaltung der Geschäftsmodelle getroffen gemacht werden. Gleichzeitig schafft ein solches Siegel aber Anreize für die Anbieter, die höheren Anforderungen für die Erlangung des Siegels zu erfüllen, da ein solches Siegel auch zu einem erhöhten Kundenvertrauen und damit ggf. zu Vorteilen gegenüber Wettbewerbern führen kann.

IV. Ergebnisse zu Kap. C.

1. Die Dienstleistungen von Robo Advisors richten sich in der Regel an Privatkunden. Eine Einstufung der Kunden als Privatkunde durch AGB-Klausel ist zulässig. Nicht ohne weiteres möglich ist jedoch eine Einordnung des Kunden als professioneller Kunde durch AGB-Klausel.
2. Robo Advisors, die Wertpapierdienstleistungen i.S.d. § 2 VIII WpHG erbringen, haben die im WpHG normierten Organisationspflichten einzuhalten.
3. Robo Advice-Anbieter müssen dafür sorgen, dass ihre IT-Systeme leistungsfähig und zuverlässig sind und der Algorithmus hinreichend gegen Veränderung durch Unbefugte geschützt ist.
4. Bei der Erbringung von Robo Advice besteht die Gefahr sog. algorithmischer Interessenkonflikte, d.h. der Algorithmus kann bereits aufgrund seiner Programmierung einem Interessenkonflikt unterliegen. Derartige Interessenkonflikte sind dann struktureller Natur, da sie potentiell Einfluss auf jeden Kunden haben, der das Angebot des Robo Advisors nutzt.
5. Für die Mitarbeiter eines Robo Advisors gelten die Pflichten zur Vermeidung von Interessenkonflikten unmittelbar.
6. Die Verhinderung bzw. Auflösung von Interessenkonflikten kann auch durch entsprechende vertragliche Abreden mit den Kunden herbeigeführt werden.
7. Für eine wirksame Kontrolle der Einhaltung der Pflichten zur Vermeidung von Interessenkonflikten ist die BaFin befugt, den Algorithmus des Robo Advisors entsprechend zu überprüfen. Der Algorithmus muss daher in Grundstruktur und Aufbau für Fachleute verständlich sein.
8. Die Information des Kunden über das Vorliegen eines Interessenkonfliktes als ultima ratio kann auch per E-Mail erfolgen.

9. Die Vergütungsregelungen des § 63 III WpHG finden keine unmittelbare Anwendung auf den Algorithmus selbst, sind aber auf alle Mitarbeiter des Robo Advisors in zentralen Positionen anzuwenden.
10. Für die Pflicht zur Einrichtung einer Compliance-Funktion gelten für Robo Advisors keine Ausnahmen.
11. Um eine Überprüfung des Algorithmus zu ermöglichen haben die Anbieter eine umfangreiche Dokumentation der Funktionsweise des Robo Advisors vorzuhalten, die auch eine Erläuterung des Algorithmus enthält.
12. Der Algorithmus muss in der Lage sein, die Beratungsleistung im Falle eines Fehlers, der zu einem Rechtsverstoß oder einem Kundenverlust führen könnte, zu unterbrechen.
13. Auch Robo Advisors sind vom, aus § 63 V WpHG folgenden, „Know-your-product-Grundsatz" erfasst. Sämtliche Mitarbeiter, die in den der Anlageempfehlung vorgelagerten Prozessen tätig sind, müssen über die nach § 63 V WpHG erforderliche Sachkenntnis verfügen.
14. Robo Advisors, die eine umfassende Einteilung ihrer Kunden in vorher definierte Risikogruppen vornehmen und für diese Risikogruppen Musterportfolios entwickeln, erfüllen durch diese Zuordnung ebenfalls die Vorgaben zur Zielmarktbestimmung aus § 63 IV WpHG.
15. Auch Robo Advice-Anbieter unterliegen der Aufzeichnungspflicht des § 83 WpHG.
16. Da Robo Advisors ihre Dienstleistungen ausschließlich auf elektronischem Wege erbringen, führt eine Verweigerung des Kunden zur Aufzeichnung zu einem Ausschluss von Geschäften mit dem entsprechenden Kunden.
17. Der nach § 87 WpHG erforderliche Sachkundenachweis ist nicht auf den Algorithmus des Robo Advisors anwendbar.
18. Die Niedrigschwelligkeit der Robo Advice-Angebote birgt Risiken für den Anlegerschutz, daher sollten die Anbieter durch die Schaffung eines freiwilligen Prüfsiegels, dass für besonders umfangreiche Kundenexploration und effektive Informationsvermittlung verliehen wird, dazu angehalten werden, ein möglichst hohes Anlegerschutzniveau zu gewährleisten.

D. Vertragsanbahnung und Vertragsschluss

Die Erbringung von Robo Advice beinhaltet auch diverse zivilrechtliche Fragestellungen. Vorliegend soll zunächst darauf eingegangen werden, wann und inwiefern ein Vertrag zwischen Robo Advisor und Kunde zustandekommt. Zudem soll erörtert werden, welche Vorgaben bei einem Vertragsschluss einzuhalten sind. Für die Vorgaben, die bei einem Vertragsschluss einzuhalten sind, wird sowohl auf zivilrechtliche, als auch auf aufsichtsrechtliche Erfordernisse einzugehen sein.

I. Abgrenzung zwischen Aufsichtsrecht und Zivilrecht

Die bisher behandelten Rechtsfragen bewegten sich allesamt im Bereich des Aufsichtsrechts, für das Vorliegen einer erlaubnispflichtigen Finanzdienstleistung kommt es auf das tatsächliche Verhalten des Unternehmens an, nicht aber auf einen konkreten zivilrechtlichen Vertragsschluss.

Der Interaktion zwischen Kunde und Robo Advisor liegt jedoch immer ein – je nach erbrachter Finanzdienstleistung unterschiedlicher ausgestalteter – zivilrechtlicher Vertrag zugrunde. Dementsprechend kommt es auch darauf an, inwiefern Zivil- und Aufsichtsrecht in Wechselwirkung zueinanderstehen. Eine solche vorherige Abgrenzung ist erforderlich, um vorab zu bestimmen, welche Rechtsnormen bei Vertragsanbahnung und Vertragsschluss tatsächlich zur Anwendung gelangen. Der Gesetzgeber hat diesbezüglich keine klaren Festlegungen getroffen, daran hat sich auch durch das 2. Finanzmarktnovellierungsgesetz, durch das große Teile des WpHG neugefasst wurden, nichts geändert, sodass diese Frage weiterhin umstritten ist.[427]

1. Allgemeine Abgrenzung

Während das Aufsichtsrecht die tatsächliche Ebene der erbrachten Finanzdienstleistung regelt, für die kein zivilrechtlicher Vertragsschluss erforderlich ist, bezieht sich das Zivilrecht auf die konkrete vertragliche Grundlage zwischen Robo Advisor und Kunde.

427 *Buck-Heeb/Poelzig*, BKR 2017, 485, 495.

Zwar wird es aufgrund einer weitgehenden Übereinstimmung zwischen den vertraglichen Pflichten und Erwartungen auf der einen und der aufsichtsrechtlichen Definition der jeweiligen Finanzdienstleistungen auf der anderen Seite in der Regel nicht zu auffälligen Divergenzen zwischen Aufsichts- und Zivilrecht kommen.[428] Dennoch kann es hinsichtlich der Begründung aufsichtsrechtlicher Pflichten zu Unterschieden zwischen Aufsichts- und Zivilrecht kommen. So wird bspw. im Falle einer Anlageberatung grundsätzlich bereits mit der Aufnahme eines Beratungsgesprächs ein konkludenter Anlageberatungsvertrag geschlossen, eine Anlageberatung i.S.d. Aufsichtsrechts liegt jedoch erst dann vor, wenn tatsächlich eine entsprechende persönliche Empfehlung erteilt wurde.[429] Kommt es jedoch nicht zu einer Empfehlung, bspw. aufgrund fehlender Kundenangaben, so liegt aufsichtsrechtlich keine Anlageberatung vor, es wurde aber dennoch ein Anlageberatungsvertrag geschlossen.[430]

Das Vertragsverhältnis zwischen Kunde und Robo Advisor ist demnach grundsätzlich getrennt von den Vorgaben des Aufsichtsrechts zu beurteilen.

Im Hinblick auf die stark ausdifferenzierten Wohlverhaltenspflichten der §§ 31 ff. WpHG ist jedoch fraglich, ob die Wirkung dieser Normen auf das Aufsichtsrecht beschränkt ist oder ob eine Geltung auch im Rahmen des vertraglichen Verhältnisses zwischen Anbieter und Kunde zu bejahen ist. Hierbei kommt nicht nur eine Wirkung für das vertragliche Verhältnis, sondern auch eine mögliche Herleitung von Schadensersatzansprüchen[431] in Betracht.

Ob und inwiefern §§ 63 ff. WpHG auf das Zivilrecht einwirken, ist strittig.

2. Gleichlauf von Aufsichtsrecht und Zivilrecht

Einige Autoren vertreten die Ansicht, durch die Umsetzung der MiFID sei auch das Vertragsrecht harmonisiert worden, sodass von einem Gleichlauf von Aufsichts- und Zivilrecht auszugehen sei.[432] Zur Begründung wird insbesondere auf Art. 4 der Durchführungsrichtlinie zur MiFID verwiesen, die eine Maximalharmonisierung der Wohlverhaltensregeln vorschreibe. Daraus wird abgeleitet, dass aufgrund der fehlenden Unterscheidung der Richtlinie zwischen Aufsichts- und

428 *Forschner*, Wechselwirkungen zwischen Aufsichtsrecht und Zivilrecht, S. 154.

429 *Buck-Heeb*, ZIP 2013, 1401, 1409.

430 *Buck-Heeb*, ZIP 2013, 1401, 1409.

431 Hierzu näher unten unter E.III.

432 *Sethe* in: Schäfer/Sethe/Lang, Handbuch der Vermögensverwaltung, 2. Auflage 2016, § 5, Rn. 289 ff.

Zivilrecht auch zivilrechtliche Pflichten nicht über die Vorgaben der Richtlinie hinausgehen dürfen.[433]

3. Unmittelbare zivilrechtliche Wirkung des Aufsichtsrechts

Von Teilen der Literatur wird die Ansicht vertreten, dass bestimmte aufsichtsrechtliche Normen auch im Rahmen des Zivilrechts unmittelbar anwendbar seien.

Innerhalb dieser Ansicht ist jedoch wiederum umstritten, inwiefern die Normen dogmatisch zu verorten sind und wie ihre Anwendbarkeit herzuleiten ist.

a) Einordnung als Vertragsrecht

Eine sehr weitgehende zivilrechtliche Wirkung der Wohlverhaltenspflichten und insbesondere des § 31 WpHG vertritt *Einsele.*[434] Demnach seien die Wohlverhaltenspflichten trotz ihrer Verortung im öffentlichen Recht als privatrechtliche Normen anzusehen.[435]

Diese Einordnung leitet Sie aus der Subjektstheorie her, da die Wohlverhaltenspflichten sich an die Wertpapierdienstleistungsunternehmen und damit nicht an öffentliche Institutionen richten und Pflichten normiert werden, die gegenüber den Kunden und damit gegenüber Privatpersonen zu erfüllen seien.[436]

Dem stehe es auch nicht entgegen, dass die Überwachung der Einhaltung dieser Regelungen durch die BaFin als staatliche Institution erfolge.[437]

b) Einordnung als Doppelnormen

Ein größerer Teil der Literatur will die aufsichtsrechtlichen Normen als sog. Doppelnormen einordnen, also als Normen, denen sowohl eine aufsichtsrechtliche als auch eine zivilrechtliche Geltung zukomme.[438] Diese Einordnung bezieht sich inzwischen jedoch insbesondere auf die Einordnung des § 63 WpHG (vorher: § 31 WpHG), die Organisationspflichten der §§ 80 ff. WpHG

---

433 *Sethe* in: Schäfer/Sethe/Lang, Handbuch der Vermögensverwaltung, 2. Auflage 2016, § 5, Rn. 289.

434 *Einsele*, JZ 2008, 477.

435 *Einsele*, JZ 2008, 477, 482.

436 *Einsele*, JZ 2008, 477, 482.

437 *Einsele*, JZ 2008, 477, 483.

438 *Lang*, ZBB 2004, 289; vgl. hierzu auch: *Fuchs* in: Fuchs, WpHG Kommentar, 2. Auflage 2016, vor §§ 31 ff. a.F., Rn. 78, m.w.N.

(vorher: §§ 33 ff. WpHG) werden hingegen überwiegend als aufsichtsrechtliche Normen eingeordnet.[439]

Als Konsequenz aus dieser Einordnung ergibt sich, dass die Wohlverhaltenspflichten unmittelbare Geltung auch für das Rechtsverhältnis zwischen Kunde und Wertpapierdienstleistungsunternehmen entfalten und somit als zwingende (vor-)vertragliche Schutzpflichten zu behandeln sind.[440]

Dogmatischen Bedenken, die sich daraus ergeben, dass die Wohlverhaltenspflichten eindeutig im öffentlichen Recht normiert sind, wird dabei entgegengehalten, dass der Gesetzgeber hier lediglich von einer Dispositionsmöglichkeit hinsichtlich der Einordnung der Norm Gebrauch gemacht habe, diese Einordnung stehe einer auch zivilrechtlichen Anwendung der Norm jedoch nicht entgegen.[441]

4. Wohlverhaltenspflichten als ausschließlich öffentlich-rechtliche Normen

Ein wohl überwiegender Teil der Literatur und auch die Rechtsprechung ordnen die Wohlverhaltenspflichten als rein öffentlich-rechtliche Normen ein. Aus dieser Einordnung werden jedoch wiederum unterschiedliche Schlüsse gezogen.

a) Unmittelbare zivilrechtliche Anwendbarkeit der öffentlich-rechtlichen Normen

Dieckmann vertritt die Ansicht, dass es der Einordnung der Wohlverhaltenspflichten nicht entgegenstehe, diese dennoch unmittelbar auf das zivilrechtliche Vertragsverhältnis zwischen Wertpapierdienstleistungsunternehmen und Kunde anzuwenden.[442]

Dabei lehnt *Dieckmann* die Einordnung als Doppelnormen explizit ab[443] und ordnet die Wohlverhaltenspflichten stattdessen als funktionelles Zivilrecht ein.[444] Daraus ergebe sich eine unmittelbare Anwendbarkeit auf das (vor-)vertragliche Schuldverhältnis zwischen Kunde und Wertpapierdienstleistungsunternehmen

---

439 *Sethe* in: Schäfer/Sethe/Lang, Handbuch der Vermögensverwaltung, 2. Auflage 2016, § 5, Rn. 293.

440 *Sethe* in: Schäfer/Sethe/Lang, Handbuch der Vermögensverwaltung, 2. Auflage 2016, § 5, Rn. 293.

441 Vgl. hierzu *Lang*, ZBB 2004, 289, 294, m.w.N.

442 *Dieckmann*, AcP 213 (2013), 1.

443 *Dieckmann*, AcP 213 (2013), 1, 28.

444 *Dieckmann*, AcP 213 (2013), 1, 44.

als zwingende Mindeststandards, die einen bindenden Charakter aufweisen.[445] Diese Geltung sei jedoch auf das Vertragsrecht beschränkt.

b) Ablehnung jeglicher zivilrechtlicher Wirkung

In einer Entscheidung aus dem Jahr 2013 hat der BGH jegliche Einwirkungen der Wohlverhaltenspflichten auf das zivilrechtliche Vertragsverhältnis verneint und ausdrücklich klargestellt, dass es sich um eine rein öffentlich-rechtliche Norm handele.[446]

Ein solches „Primat des Zivilrechts" wurde zuvor auch bereits vereinzelt in der Literatur vertreten.[447] Der Gesetzgeber habe sich ausdrücklich für eine Ausgestaltung als aufsichtsrechtliche Normen entschieden, sodass schon aus diesem Grund eine zivilrechtliche Geltung abzulehnen sei. Zwar könne der Inhalt der Wohlverhaltenspflichten, soweit er anlegerschützende Funktion habe auf Inhalt und Reichweite vertraglicher Aufklärungs- und Beratungspflichten einwirken, eine eigenständige zivilrechtliche Bedeutung sei aber abzulehnen.[448]

Auch könne keine Eigenschaft als Schutzgesetz i.S.d. § 823 II BGB angenommen werden.[449]

Diese Rechtsprechung hat der BGH allerdings in einer weiteren Entscheidung aus dem Jahre 2014 teilweise eingeschränkt.[450] So wurde in dieser Entscheidung zumindest hinsichtlich des § 31d a. F. WpHG eine zivilrechtliche Aufklärungspflicht aufgrund einer Ausstrahlungswirkung der Norm auf das Zivilrecht angenommen.[451]

c) Ausstrahlungswirkung der Wohlverhaltenspflichten

Die wohl herrschende Meinung innerhalb der Literatur geht hingegen von einer Ausstrahlungswirkung der Wohlverhaltenspflichten auf das zivilrechtliche Vertragsverhältnis aus.[452]

---

445 *Dieckmann*, AcP 213 (2013), 1, 44 f.

446 BGH, NZG 2013, 1226, 1227 f.

447 *Assmann* in: FS Schneider, 2011, S. 37 ff.

448 BGH, NZG 2013, 1226, 1228.

449 BGH NZG 2013, 1226, 1228.

450 BGH NJW 2014, 2947.

451 BGH NJW 2014, 2947, 2950.

452 Anstelle vieler: *Fuchs* in: Fuchs WpHG Kommentar, 2. Auflage 2016, Vor §§ 31 ff., Rn. 81, m.w.N.

Demnach sei zwar keine unmittelbare Einbeziehung der Wohlverhaltenspflichten in das zivilrechtliche Vertragsverhältnis möglich, dennoch strahlten die Wohlverhaltenspflichten auf das Schuldverhältnis aus und führten so zu einer Beeinflussung der vertraglich geschuldeten Pflichten, ohne hierbei jedoch bindende oder abschließende Wirkung zu entfalten.[453]

Eine derartige Ausstrahlungswirkung führe – trotz der grundsätzlichen Trennung – auch zu einer gleichförmigen Entwicklung von zivilrechtlichen Beratungspflichten und dem Aufsichtsrecht.[454]

d) *Stellungnahme*

Folgte man der oben vertretenen Ansicht zum Gleichlauf von Aufsichtsrecht und Zivilrecht infolge der durch die MiFID vorgeschriebenen Maximalharmonisierung, so hätte die MiFID auch eine Abschaffung des Haftungsrechts in Deutschland zur Folge, wovon nicht ausgegangen werden kann.[455] Da die Gesetzgebungskompetenz für die MiFID auf Art. 42 II EGV (Art. 53 II AEUV) gestützt wurde, fehlt es dem EU-Gesetzgeber auch an der Kompetenz für derart umfassende Vorgaben, da sich aus dieser Ermächtigungsgrundlage lediglich ein aufsichtsrechtlicher Gegenstandsbereich ableiten lässt.[456]

Darüber hinaus würde ein derartiger Gleichlauf im nationalen Recht zu einer gegenseitigen Bindungswirkung zwischen der Rechtsprechung des Bundesgerichtshofs und der Konkretisierung der aufsichtsrechtlichen Vorgaben durch die BaFin führen, worin ein verfassungswidriger Eingriff in die Gewaltenteilung liegen würde.[457]

Demnach kann nicht von einem zwingenden Gleichlauf zwischen den aufsichtsrechtlichen Wohlverhaltenspflichten und dem zivilrechtlichen Vertragsverhältnis zwischen Anbieter und Anleger ausgegangen werden.

Auch eine unmittelbare zivilrechtliche Wirkung der Wohlverhaltenspflichten, ob nun als Vertragsrecht oder als Doppelnormen ist letztlich abzulehnen. Dies lässt sich zum einen damit begründen, dass das gesamte deutsche Aufsichtsrecht im Bereich der Finanzanlage öffentlich-rechtlich ausgestaltet ist und

---

453 U.a. *Horn*, ZBB 1997, 139, 149 f.

454 *Fuchs* in: Fuchs, WpHG Kommentar, 2. Auflage 2016, Vor §§ 31 ff., Rn. 82.

455 *Sethe* in: Schäfer/Sethe/Lang, Handbuch der Vermögensverwaltung, 2. Auflage 2016, § 5, Rn. 291.

456 Vgl. hierzu ausführlich *Forschner*, Wechselwirkungen zwischen Aufsichtsrecht und Zivilrecht, S. 28 ff.

457 *Assmann* in: FS Schneider, 2011, S. 47.

zum anderen spricht auch der Wortlaut des § 63 WpHG gegen eine unmittelbare zivilrechtliche Geltung, da hier keine Vorgaben für die Ausgestaltung des Vertragsverhältnisses zwischen Anbieter und Anleger gemacht werden, sondern Vorgaben die beim Vertragsschluss und der Erfüllung des Vertrages zu beachten sind, für deren Einhaltung aber die BaFin verantwortlich ist.[458]

Ebenfalls abzulehnen ist die von *Dieckmann* vorgeschlagene unmittelbare zivilrechtliche Anwendbarkeit der öffentlich-rechtlichen Normen. Aus den obigen Ausführungen ergibt sich, dass gerade nicht von einer unmittelbaren Anwendbarkeit der Wohlverhaltenspflichten ausgegangen werden kann, daran ändert auch eine Einordnung der Wohlverhaltenspflichten als öffentlich-rechtliche Pflichten nichts.

Von der Ablehnung jeglicher zivilrechtlicher Wirkung ist inzwischen richtigerweise auch der BGH wieder abgewichen und geht in seiner Rechtsprechung jedenfalls im Grundsatz ebenfalls von einer Art Ausstrahlungswirkung aus, wenngleich er diese nicht so benennt.[459]

Letztlich sprechen die nachvollziehbarsten Argumente für die Bejahung einer Ausstrahlungswirkung der Wohlverhaltenspflichten auf das Vertragsverhältnis zwischen Anbieter und Anleger. Die Annahme einer Ausstrahlungswirkung ermöglicht es sowohl den Gerichten, als auch der BaFin sich an den Wohlverhaltensregelungen zu orientieren, ohne hierfür eine Verpflichtung zu statuieren.[460] Durch eine solche Ausstrahlungswirkung bleibt es bei einer Trennung zwischen Aufsichts- und Zivilrecht, ohne dabei aber die zweifelsohne bestehenden Überschneidungen zu leugnen.[461]

II. Verträge zwischen Robo Advisor und Kunde

Je nach erbrachter Finanzdienstleistung kommt es zu verschiedenen Verträgen zwischen Robo Advisor und Kunde, Im Folgenden soll überprüft werden, welche Besonderheiten im Zusammenhang mit der digitalen Vermögensanlage zu beachten sind.

---

458 *Sethe* in: Schäfer/Sethe/Lang, Handbuch der Vermögensverwaltung, 2. Auflage 2016, § 5, Rn. 293.

459 BGHZ 201, 310 = BKR 2014, 370, Rn. 35 ff.

460 *Sethe* in: Schäfer/Sethe/Lang, Handbuch der Vermögensverwaltung, 2. Auflage 2016, § 5, Rn. 294.

461 *Lingen*, Anlageberatung im Spannungsfeld zwischen Verbraucherschutz und Überregulierung, S. 83.

1. Einbeziehung des Algorithmus im Vertragsverhältnis

Bevor auf die im Einzelnen zwischen Robo Advisor und Kunde abgeschlossenen Verträge eingegangen wird, soll zunächst erörtert werden, welche Besonderheiten sich durch die Nutzung eines Algorithmus im Prozess der Kapitalanlage ergeben.

Bei der Nutzung eines Robo Advisors erfolgt der Vertragsschluss unter Einbeziehung eines Algorithmus, d.h. es kommt in der Regel nicht zu einer menschlichen Interaktion zwischen Anbieter und Kunde.

In Betracht kommt somit sowohl die Möglichkeit eines Vertragsschlusses zwischen Algorithmus und Anleger, sowie ein Handeln des Algorithmus für den Anbieter. Inwiefern die derartige Einbeziehung von Algorithmen mit der derzeitigen Rechtslage zu vereinbaren ist, soll Gegenstand der folgenden Ausführungen sein.

a) Eigene Willenserklärung des Algorithmus

Geht man davon aus, dass der Algorithmus als eigener Vertragspartner oder auch nur als Stellvertreter des Robo-Advice-Anbieters auftritt, so erfordert dies grundsätzlich die Möglichkeit, dass der Algorithmus in der Lage ist, eine eigene Willenserklärung abzugeben.

Sofern einem autonomen System eine solche Möglichkeit eingeräumt werden soll, impliziert dies, dass ihm auch Rechts- und Geschäftsfähigkeit zugeschrieben werden müssen.[462] Nach der bisherigen Rechtslage können jedoch nur natürliche Personen Träger von Rechten und Pflichten sein, juristischen Personen wird unter bestimmten Voraussetzungen ebenfalls die Rechtsfähigkeit verliehen.[463]

De lege ferenda wäre eine einschneidende Änderung dieses Grundsatzes erforderlich, um autonomen Systemen ebenfalls eine Rechtsfähigkeit zu verleihen und damit auch die Möglichkeit eigene Willenserklärungen abzugeben, einzuräumen. In der Literatur wird diesbezüglich diskutiert, ob Roboter und anderen autonomen Systemen ebenfalls Rechtsfähigkeit verliehen werden soll, bspw. durch Schaffung der Rechtsfigur einer sog. „ePerson".[464] Auch auf politischer Ebene wurde die Frage der Rechtsfähigkeit von Robotern bereits thematisiert.

---

462 *Pieper*, InTer 2016, 188, 191; *Spindler*, CR 2015, 766, 774.

463 *Behme* in: BeckOGK, Stand: 01.11.2021, § 1, Rn. 33 ff.

464 *Kluge/Müller*, InTer 2017, 24, 27; *Hilgendorf*, Recht, Maschinen und die Idee des Posthumanen; *Börding/Jülicher/Röttgen/v. Schönfeld*, CR 2017, 134, 140; *Kersten*, JZ 2015, 1, 6f; ablehnend: *Riehm*, RDi 2020, 42.

Das EU-Parlament schlug Anfang 2017 vor, einen rechtlichen Status für autonome Roboter in Form einer elektronischen Person zu schaffen, um auf diese Weise auch eine Haftung der autonomen Systeme zu ermöglichen.[465] Die EU-Kommission hat die Vorschläge des Parlaments jedoch bisher nicht aufgegriffen.

Die Frage der Einführung einer Rechtssubjektivität für Roboter und andere autonome Systeme ist zudem nicht nur in juristischer, sondern auch in philosophischer Hinsicht schwierig zu beurteilen, da sie ganz allgemein die Frage berührt, welchen Status Roboter und andere autonome Systeme in unserer Gesellschaft erhalten sollen.[466]

Die Rechtsfigur einer ePerson müsste grundsätzlich ähnlich einer juristischen Person ausgestaltet sein, ihr könnte zumindest beschränkte Geschäftsfähigkeit zugeschrieben werden oder sie würde im Rahmen einer Stellvertretung handeln.[467] Für die Haftung müsste zudem ein eigenes Vermögen des autonomen Systems, bspw. in Form der Schaffung eines Fonds vorhanden sein.[468] Hier würde es sich empfehlen, einen funktionalen Ansatz zu wählen, dem autonomen System also nur in den Bereichen Rechtsfähigkeit zu verleihen, in denen dies notwendig und sinnvoll ist.[469]

Die vorgeschlagenen Konstruktionen zeigen jedoch bereits, wie problematisch die Schaffung eines solchen dritten Rechtssubjekts ist. Im deutschen Recht wird der Mensch grundsätzlich als natürliche Person und damit als Träger von Rechten und Pflichten angesehen, dies lässt sich aus Art. 1, 2 GG ableiten und dieser Grundsatz liegt auch der Ausgestaltung des deutschen Zivil- und Strafrechts zugrunde.[470]

Dieser Grundsatz zeigt sich auch darin, dass juristische Personen nur durch Ihre Organe handeln können, nicht aber selbst zur Abgabe von Willenserklärungen fähig sind.[471] Diesbezüglich gilt die Lehre *Savignys*, derzufolge für den Status

465 *EU-Parlament*, Entschließung vom 16.02.2017 mit Empfehlungen an die Kommission zu zivilrechtlichen Regelungen im Bereich Robotik, 2015/2103 (INL), Ziff. 59 f.

466 Hierzu ausführlicher: *Schirmer*, JZ 2016, 660; zu philosophischen, soziologischen und funktionalen Fragen der Einordnung autonomer Systeme als Rechtspersönlichkeiten auch: *Linke*, MMR 2021, 200, 202 f.

467 *Spindler*, CR 2015, 766, 774; *Börding/Jülicher/Röttgen/v. Schönfeld*, CR 2017, 134, 140.

468 *Pieper*, InTer 2016, 188, 191; *Spindler*, CR 2015, 766, 774; *Börding/Jülicher/Röttgen/v. Schönfeld*, CR 2017, 134, 140.

469 So auch: *Schirmer*, JZ 2016, 660, 663.

470 *Kirn/Müller-Hengstenberg*, MMR 2014, 307; *Taeger*, NJW 2016, 3764.

471 *Kirn/Müller-Hengstenberg*, MMR 2014, 307; *Taeger*, NJW 2016, 3764.

eines Rechtssubjekts die Fähigkeit zur Willensbildung erforderlich ist, welche nur Menschen haben.[472]

Ebenfalls gegen die Schaffung einer ePerson spricht, dass zumindest nach jetzigem Stand der Technik immer ein Mensch durch die Programmierung des autonomen Systems die Ursache für die Handlungen des Systems setzt, sodass hier auch eine Zurechnung in Betracht kommt.[473]

Darüber hinaus wäre bei Schaffung einer ePerson auch nur sehr schwer eine Abgrenzung vorzunehmen, welche Teile eines autonomen Systems von dem Begriff der ePerson erfasst werden sollen, da derzeit nicht einmal einheitliche Begrifflichkeiten, bzw. eine Definition für die Verwendung autonomer Systeme existieren.[474]

Zudem müssten die algorithmisch generierten Empfehlungen unabhängig von der Frage nach der Schaffung einer ePerson auch die für eine Willenserklärung erforderlichen Merkmale aufweisen. Eine Willenserklärung ist eine auf den Eintritt einer Rechtsfolge gerichtete Willensäußerung.[475] Sie erfordert damit in objektiver Hinsicht eine Erklärungshandlung und in subjektiver Hinsicht einen auf die Herbeiführung einer Rechtsfolge gerichteten Willen.[476]

Diese Voraussetzungen gelten auch für autonome Systeme. Das Vorliegen einer objektiv nach außen gerichteten Erklärung des Willens kann auch bei autonomen Systemen unproblematisch angenommen werden.[477] Die subjektive Komponente der Willenserklärung lässt sich in einen Handlungs-, Erklärungs- und Geschäftswillen unterteilen. Der Handlungswille setzt voraus, dass sich der Erklärende seines Verhaltens bewusst war.[478] Ein Erklärungswille ist dann anzunehmen, wenn sich der Erklärende darüber bewusst ist, mit der Abgabe seiner Erklärung rechtserheblich zu handeln.[479] Als drittes Element erfordert der

---

472 *Savigny*, System des heutigen römischen Rechts, Bd. 2, Nachdruck 1981, S. 2; dazu auch: Spindler, CR 2015, 766, 774; *Taeger*, NJW 2016, 3764; *Schirmer*, JZ 2016, 660, 661.

473 *Taeger*, NJW 2016, 3764; eine solche Zurechnung hat auch der BGH in einer Entscheidung bezüglich eines automatisierten Systems zur Buchung von Flügen bejaht: BGH NJW 2013, 598.

474 *Spindler*, CR 2015, 766, 774.

475 *Wendtland* in: BeckOK BGB, Stand: 01.08.2021, § 133, Rn. 4.

476 *Wendtland* in: BeckOK BGB, Stand: 01.08.2021, § 133, Rn. 4.

477 *Pieper*, InTer 2016, 188, 191.

478 *Bork*, BGB AT, 3. Auflage 2011, Rn. 589.

479 *Bork*, BGB AT, 3. Auflage 2011, Rn. 593.

Geschäftswille, dass der Erklärende den Willen hat, durch seine Erklärung eine konkrete Rechtsfolge herbeizuführen.[480]

Die derzeitigen Robo Advice-Anbieter arbeiten algorithmusbasiert, d. h. ohne den Einsatz von selbstlernenden Algorithmen oder künstlicher Intelligenz, sodass – wie oben bereits ausgeführt – die Programmierung durch den Menschen allein ursächlich für die Handlungen des Algorithmus ist.[481] Dabei arbeitet der Algorithmus deterministisch, d. h. alleine aufgrund der vorher festgelegten Entscheidungsstrukturen, eine Ausweitung der vorgesehenen Entscheidungsspielräume durch eigene Interessen oder autonomes Verhalten ist gerade nicht möglich.[482] Somit handelt es sich bei der Erbringung von Robo Advice um den Einsatz von automatisierten Systemen, nicht aber von autonom agierenden Systemen.[483] Vom Vorliegen der für eine Willenserklärung erforderlichen subjektiven Komponenten kann damit unstreitig schon deshalb nicht ausgegangen werden, da diese Systeme noch nicht in der Lage sind, tatsächlich bewusste Entscheidungen zu treffen.[484]

Bei zunehmender Autonomie des Algorithmus wird jedoch die Frage nach der Schaffung einer Rechtssubjektivität für die entscheidenden Algorithmen immer mehr an Bedeutung gewinnen.

Zum jetzigen Zeitpunkt wäre eine eigene Rechtssubjektivität des Algorithmus eines Robo Advisors auch nicht mit den Vorgaben des Aufsichtsrechts zu vereinbaren, da die BaFin eine Zuordnung der algorithmischen Empfehlung zu einer natürlichen Person fordert.[485]

Infolge der bloßen Algorithmusbasierung der Dienstleistungen kann demnach nicht vom Vorliegen der Bestandteile einer Willenserklärung bei den algorithmisch erstellten Empfehlungen ausgegangen werden.

---

480 *Bork*, BGB AT, 3. Auflage 2011, Rn. 600.

481 *Elsner*, Robo-Advisor müssen noch viel lernen, abrufbar unter: https://www.capital.de/wirtschaft-politik/fintech-robo-advisor-anlageberatung-banken-8293; *Cocca*, Was Robo Advisors noch nicht können, abrufbar unter: https://www.fuw.ch/article/was-robo-advisors-noch-nicht-koennen/; *Kumpan* in: Möslein/Omlor, FinTech-Handbuch, 2. Auflage 2021, § 29, Rn. 17; *Giesen*, in Everling/Lempka, S. 195.

482 *Ernst*, JZ 2017, 1026, 1027 f.

483 Zu dieser Abgrenzung auch: *Specht/Herold*, MMR 2018, 40, 40 f.

484 *Pieper*, InTer 2016, 188, 192; *Reichwald/Pfisterer*, CR 2016, 208, 211.

485 *BaFin*, Merkblatt Robo Advice und Auto-Trading.

b) Zurechnung der algorithmischen Anlageempfehlung

Wie obenstehend festgestellt wurde, erfüllen die algorithmisch erstellen Empfehlungen der Robo Advisors nicht die Kriterien einer Willenserklärung. Es ist somit eine Zurechnung dieser Empfehlung zum Anbieter der Finanzdienstleistung erforderlich. Wenn die algorithmisch erstellte Anlageempfehlung keine eigene Willenserklärung darstellt, so ist eine Zurechnung dieser Empfehlung zu dem Betreiber des Robo Advisors erforderlich, um einen Vertragsschluss zwischen diesem und dem Anleger bejahen zu können.

Es kommt sowohl eine Zurechnung der Empfehlung nach den Grundsätzen des Stellvertretungsrechts oder eine Einordnung als Bote in Betracht.

Dabei erfolgt die Abgrenzung zwischen Stellvertretung und Botenschaft über das Vorliegen einer eigenen Willenserklärung der handelnden Person.[486]

Da dieses Kriterium aber objektiv nur schwer zu erkennen ist, erfolgt die Abgrenzung im Rechtsverkehr auch nach dem äußeren Erscheinungsbild der abgegebenen Erklärung.[487] Stellt sich die algorithmische Empfehlung für den Kunden als Entsprechung eines menschlichen Denkvorgangs dar, so wäre das Vorliegen einer Stellvertretung und damit eine Zurechnung nach § 164 I BGB analog zu bejahen.[488] Ist hingegen nur von einer strukturellen Vergleichbarkeit zwischen der algorithmisch generierten Empfehlung und einem menschlichen Denkvorgang auszugehen, ist vom Vorliegen einer Botenschaft auszugehen.[489]

Bevor auf die Abgrenzung nach dem äußeren Erscheinungsbild eingegangen wird, soll aber zunächst erörtert werden, ob vorliegend überhaupt eine Anwendung des Stellvertretungsrecht und damit insbesondere des § 164 BGB in Betracht kommt.

Da der Algorithmus keine eigene Rechtssubjektivität aufweist und zudem auch keine eigene Willenserklärung abgibt, scheidet eine direkte Anwendung der Norm aus, sodass eine Zurechnung nur bei Vorliegen der Voraussetzungen für eine analoge Anwendbarkeit in Betracht kommt.

Normen, die Regelungen zur Einbeziehung von Algorithmen in den Vertragsschluss und die Vertragsbeziehung regeln, existieren nicht, damit liegt eine Regelungslücke vor.

---

486 *Brox/Walker*, BGB AT, 41. Auflage 2017, § 24, Rn. 518; *Wolf/Neuner*, BGB AT, 11. Auflage 2016, § 49, Rn. 13; *Medicus/Petersen*, BGB AT, 11. Auflage 2016, Rn. 886.

487 *Schubert* in: MüKo BGB 9. Auflage 2021, § 164, Rn. 80.

488 *Keßler*, MMR 2017, 589, 592.

489 *Keßler*, MMR 2017, 589, 592.

Zwar existieren auch zur Botenschaft keine gesetzlichen Regelungen, es ist jedoch davon auszugehen, dass der Gesetzgeber, wenn er eine solche Einbeziehung von Algorithmen bei Schaffung der Regelungen des Stellvertretungsrechts vorhergesehen hätte, klarstellende Regelungen getroffen hätte. Zusätzlich spricht für das Vorliegen einer Planwidrigkeit der Regelungslücke auch, dass Unklarheiten über die Rolle des Algorithmus beim Vertragsschluss und im Vertragsverhältnis insbesondere bei Finanzdienstleistungen weitreichende Folgen haben können.

Für eine analoge Anwendbarkeit des Stellvertretungsrechts ist aber auch eine vergleichbare Interessenlage zwischen der Einbeziehung eines Algorithmus und der Einschaltung eines Stellvertreters erforderlich.

Der Stellvertreter gibt – wie oben bereits erwähnt – beim Vertragsschluss eine eigene Willenserklärung ab, d.h. ihm steht ein Entscheidungsspielraum zu. Ein derartiger Entscheidungsspielraum steht auch dem Algorithmus zu, da er im Rahmen seiner Programmierung selbsttätig Entscheidungen trifft. Dem steht es nicht entgegen, dass der Algorithmus nach derzeitigem Stand der Technik lediglich deterministisch handelt, alle seine Handlungswege also bereits in seiner Programmierung vorgegeben sind und ihm mithin ein Entscheidungsspielraum nur im Rahmen der vorher programmierten Entscheidungswege zusteht.[490] Es kann insoweit auch nicht lediglich vom Vorliegen einer Boten-Eigenschaft ausgegangen werden, da dem Algorithmus nicht nur ein Entscheidungsspielraum hinsichtlich der Art der Übermittlung einer Botschaft zusteht, sondern er auf Basis der eingespeisten Kundendaten auch selbst den Inhalt der übermittelten Erklärung bestimmt.

Auch ein persönlicher Berater unterliegt bei der Erbringung von Finanzdienstleistungen gewissen Vorgaben und handelt in vielen Bereichen schematisch, ihm steht mithin ebenso wie dem Algorithmus auch nur ein eingeschränkter Entscheidungsspielraum zur Verfügung. Ebenso wie bei der persönlichen Erbringung einer Finanzdienstleistung, wie Anlageberatung oder Finanzportfolioverwaltung, werden bei der algorithmischen Erbringung zunächst anhand eines fest definierten Fragenkatalogs die persönlichen Umstände des Kunden ermittelt, anschließend wird dieser einer ebenfalls vordefinierten Risikogruppe zugeordnet, bevor auf Basis der ermittelten Daten und unter Berücksichtigung vorhandener Kapitalmarktinformationen eine persönliche Empfehlung ausgesprochen wird. Dies zeigt, dass es große Übereinstimmungen zwischen dem Beratungsstandard in der persönlichen und in der algorithmischen Finanzberatung gibt,

490 *Ernst*, JZ 2017, 1027 f.

sodass es geboten erscheint, auch von einer vergleichbaren Interessenlage bei der Einschaltung eines Algorithmus anstelle eines persönlichen Stellvertreters auszugehen. Dem steht es auch nicht entgegen, dass dem Algorithmus keine eigene Geschäftsfähigkeit zugesprochen werden kann.

Da die Gestaltung des Algorithmus dem Handeln und Denken eines persönlichen Beraters nachgebildet ist, ist davon auszugehen, dass nicht lediglich eine strukturelle Vergleichbarkeit mit einem menschlichen Denkvorgang vorliegt. Auch der Nutzer eines Robo Advisors wird davon ausgehen, dass die ihm erteilten Empfehlungen denen entsprechen, die er auch bei einer herkömmlichen Finanzdienstleistung mit persönlichem Kontakt zwischen Anbieter und Anleger erhalten hätte.

Demnach ist für die Zurechnung algorithmischer Handlungen des Robo Advisors nach derzeitiger Rechtslage § 164 BGB analog heranzuziehen.

Letztlich erscheint jedoch auch eine solche Konstruktion einer Zurechnung nicht als völlig zufriedenstellend. In der Frage der rechtlichen Behandlung automatisierter und autonom agierender Systeme ist eine Reaktion des Gesetzgebers erforderlich. Dabei soll an dieser Stelle jedoch nicht erneut auf die möglicherweise bestehende Notwendigkeit der Schaffung einer Rechtsfähigkeit für autonome Systeme eingegangen werden, sondern insbesondere auf die hier relevante Frage, inwiefern die Zurechnung einer algorithmisch abgegebenen Erklärung rechtlich geregelt werden kann.

Dafür wäre es zunächst erforderlich, dass der Gesetzgeber die Möglichkeit eines Vertragsschlusses zwischen einem automatisiert agierenden System und einer natürlichen oder juristischen Person kodifiziert. Als Vorbild hierfür kann Sec. 14 des amerikanischen *Uniform electronic Transactions Act* dienen[491], dessen Abs. 2 ebenfalls die Möglichkeit eines Vertragsschlusses zwischen einem *electronic agent* und einem *individual* regelt.[492]

Alternativ wäre die Schaffung einer Regulierung ähnlich den Vorgaben des Minderjährigenrechts denkbar. Dabei soll den automatisierten Systemen nicht

---

491 So auch: *Schirmer*, JZ 2016, 660, 664.

492 Sec. 14 Uniform Electronic Transactions Act: (1) A contract may be formed by the interaction of electronic agents of the parties even if no individual was aware of or reviewed the electronic agents' actions or the resulting terms and agreement. (2) A contract may be formed by the interaction of an electronic agent and an individual, acting on the individual's own behalf or for another person, including by an interaction in which the individual performs actions that the individual is free to refuse to perform and which the individual knows or has reason to know will cause the electronic agent to complete the transaction or performance.

die Fähigkeit, selbst Willenserklärungen abzugeben zugeschrieben werden, sondern es soll ein Einwilligungserfordernis für algorithmisch übermittelte Erklärungen geschaffen werden.[493] Dies hätte zur Folge, dass jede Erklärung des Algorithmus einer vorherigen Einwilligung des Robo Advice-Anbieters bedürfte. Diese Einwilligung könnte der Robo Advisor für alle Geschäfte erteilen, für deren Erbringung der Algorithmus programmiert wurde.[494] Anders als bspw. bei einem Einsatz von internetbasierten intelligenten persönlichen Assistenten, wie Amazons Alexa, wäre es im Falle eines Robo Advisors jedoch erforderlich, dass nicht der Nutzer des Algorithmus, sondern der Betreiber der Plattform und damit der Verwender des Algorithmus seine Einwilligung erteilt. Durch die Schaffung einer solchen Regelung wäre eine klare Zurechnung der algorithmischen Erklärung geschaffen, die es dem Betreiber dennoch ermöglicht, durch das Einwilligungserfordernis Einfluss auf die Wirksamkeit der algorithmischen Empfehlungen zu nehmen.

Abschließend kann festgehalten werden, dass die derzeit existierenden Regelungen keine zufriedenstellende Zurechnung von algorithmischen Willenserklärungen zu natürlichen oder juristischen Personen erlauben. Es lässt sich zwar in analoger Anwendung des § 164 BGB für den hier in Rede stehenden Fall einer algorithmischen Erbringung von Beratungsleistungen im Bereich der Kapitalanlage eine Zurechnung herleiten, auch diese Lösung weist jedoch Schwächen auf. Somit ist eine Reaktion des Gesetzgebers erforderlich, der nicht nur die generelle Möglichkeit eines entsprechenden Vertragsschlusses zwischen Algorithmus und natürlicher Person regeln sollte, sondern in Anlehnung an das Minderjährigenrecht auch ein Zurechnungsregime für die Willenserklärungen von automatisierten Systemen schaffen sollte.

c) Zulässigkeit einer algorithmischen Anlageempfehlung nach Art. 22 DS-GVO

In der Einleitung wurde festgestellt, dass datenschutzrechtliche Fragen nicht Gegenstand der vorliegenden Arbeit sein sollen. Der EU-Gesetzgeber hat in Art. 22 DS-GVO allerdings eine Norm geschaffen, die in ihrer Regelungsweite über den bloßen Datenschutz hinaus geht und vielmehr dem Schutz der menschlichen Individualität vor den Entscheidungen von Algorithmen dient.[495]

493 *Specht/Herold*, MMR 2018, 40, 42.
494 Vgl. dazu *Wendtland* in: BeckOK BGB, Stand: 01.08.2021, § 107, Rn. 15.
495 *Ernst*, JZ 2017, 1026, 1031.

Im Folgenden soll daher darauf eingegangen werden, ob Art. 22 DS-GVO Auswirkungen auf die Erbringung von Finanzdienstleistungen durch Robo Advisors hat oder diese sogar unmöglich macht.

Nach Art. 22 DS-GVO hat eine Person das Recht, nicht ausschließlich einer auf einer automatisierten Verarbeitung beruhenden Entscheidung unterworfen zu werden. Kommt die Norm zur Anwendung, so kann dies dazu unter Umständen dazu führen, dass eine Erbringung von Robo Advice komplett ohne menschliche Interaktion unzulässig ist.

Dies setzt voraus, dass die von Robo Advisors erbrachten Dienstleistungen überhaupt vom Anwendungsbereich des Art. 22 DS-GVO erfasst sind.

Da die Erbringung von Robo Advice algorithmenbasiert und in der Regel ohne menschliche Interaktion vorgenommen wird, ist grundsätzlich vom Vorliegen einer ausschließlich automatischen Verarbeitung auszugehen. Für das Vorliegen einer Entscheidung durch den Algorithmus i.S.d. Art. 22 I DS-GVO ist zwischen den einzelnen Handlungen des Algorithmus zu differenzieren. Der Algorithmus des Robo Advisors handelt gegenüber dem Kunden in Form von Anlageempfehlungen und Entscheidungen im Rahmen einer Finanzportfolioverwaltung. Es kann jedoch auch vorkommen, dass unter bestimmen Voraussetzungen die Ausgabe einer Anlageempfehlung verweigert wird, wenn ein Abgleich der durch den Kunden gemachten Angaben mit den vorgegebenen Parametern des Algorithmus ergibt, dass dem Kunden keine Vermögensanlage empfohlen werden sollte. Vom Vorliegen einer Entscheidung i.S.d. Art. 22 I DS-GVO ist auszugehen, wenn das Handeln des Algorithmus sich als „gestaltender Akt mit in gewisser Weise abschließender Wirkung" darstellt.[496] Nach dieser Definition ist im Falle von algorithmischen Handlungen im Rahmen einer Finanzportfolioverwaltung vom Vorliegen von Entscheidungen auszugehen. Aber auch die Ausgabe von Produktempfehlungen soll als Entscheidung angesehen werden, sodass auch bei der Ausgabe von Anlageempfehlungen vom Vorliegen einer Entscheidung auszugehen ist.[497] Ebenfalls vom Vorliegen einer Entscheidung ist dann auszugehen, wenn der Algorithmus die Ausgabe einer Anlageempfehlung und damit auch die Möglichkeit, den Robo Advisor zur Vermögensanlage zu nutzen, ablehnt; eine solche Konstellation ist vergleichbar mit der Ablehnung eines online gestellten Darlehensantrags durch eine Direktbank.[498]

---

496 *von Lewinski* in: BeckOK Datenschutzrecht, Stand: 01.05.2021, Art. 22 DS-GVO, Rn. 14.

497 *von Lewinski* in: BeckOK Datenschutzrecht, Stand: 01.05.2021, Art. 22 DS-GVO, Rn. 17.

498 Dazu *Ernst*, JZ 2017, 1026, 1030.

Die Entscheidung muss jedoch auch eine rechtliche Wirkung entfalten.[499] Eine zumindest mittelbare rechtliche Wirkung ließe sich bei fast jeder faktischen Entscheidung konstruieren, weshalb eine solch weitgehende Auslegung des Tatbestandsmerkmals abzulehnen ist, um das ebenfalls in Art. 22 I DS-GVO enthaltene Tatbestandsmerkmal der „erheblichen Beeinträchtigung" nicht leerlaufen zu lassen.[500] Sobald eine algorithmische Entscheidung eine Rechtsfolge nach sich zieht unterfällt sie aber dem Tatbestand des Art. 22 DS-GVO, dabei ist allerdings zu beachten, dass Art. 22 DS-GVO sich nur auf nachteilige algorithmische Einzelentscheidungen bezieht.[501] Da durch die Ausgabe einer Anlageempfehlung durch den Algorithmus des Robo Advisors gerade keine unmittelbare Veränderung des rechtlichen Status des Kunden eintritt, ist eine das Vorliegen einer rechtlichen Wirkung für die Ausgabe solcher Empfehlungen abzulehnen.[502] Ebenfalls nicht vom Vorliegen einer rechtlichen Wirkung ist bei der Ablehnung der Ausgabe einer Anlageempfehlung auszugehen. Eine solche Ablehnung geschieht im Vorfeld eines Vertragsschlusses, sodass vom Ausbleiben einer rechtlichen Wirkung auszugehen ist und sich diese folglich gerade nicht „entfaltet".[503] Darüber hinaus ist die Ablehnung eines Vertragsschlusses, wie sie im Falle einer solchen Ablehnung vorliegt, als Ausdruck der Privatautonomie zu werten, die andernfalls über Gebühr eingeschränkt wäre.[504] Art. 22 I DS-GVO erfasst jedoch neben rechtlichen Wirkungen auch ähnliche erhebliche Beeinträchtigungen. Im Falle der Verweigerung eines Vertragsschlusses ist von einer solchen erheblichen Beeinträchtigung jedoch nur dann auszugehen, wenn die begehrte Leistung für den Kunden auf dem Markt ansonsten nicht – auch nicht zu wesentlich schlechteren Konditionen – zu bekommen ist; davon wäre nur dann auszugehen, wenn ein Robo Advisor als Monopolist agieren würde.[505]

---

499 *von Lewinski* in: BeckOK Datenschutzrecht, Stand: 01.05.2021, Art. 22 DS-GVO, Rn. 28 ff.; *Martini* in: Paal/Pauly, DS-GVO, 3. Auflage 2021, Art. 22 DS-GVO, Rn. 25 f.

500 So auch: *von Lewinski*, BeckOK Datenschutzrecht, Stand: 01.05.2021, Art. 22 DS-GVO, Rn. 28.

501 *von Lewinski*, BeckOK Datenschutzrecht, Stand: 01.05.2021, Art. 22 DS-GVO, Rn. 29, 33.

502 *Martini* in: Paal/Pauly, DS-GVO, 3. Auflage 2021, Art. 22 DS-GVO, Rn. 26.

503 *von Lewinski* in: BeckOK Datenschutzrecht, Stand: 01.05.2021, Art. 22 DS-GVO, Rn. 35.

504 *von Lewinski* in: BeckOK Datenschutzrecht, Stand: 01.05.2021, Art. 22 DS-GVO, Rn. 36.

505 *von Lewinski* in: BeckOK Datenschutzrecht, Stand: 01.05.2021, Art. 22 DS-GVO, Rn. 39.

Handelt der Algorithmus im Rahmen einer Finanzportfolioverwaltung, so könnte man wohl das Vorliegen von rechtlichen Wirkungen zumindest bei für den Kunden nachteiligen Entscheidungen bejahen[506], allerdings liegt in solchen Konstellationen ohnehin eine Einwilligung des Kunden vor. Im Falle des Vorliegens einer solchen Einwilligung kommt Art. 22 I DS-GVO nach Art. 22 II c) DS-GVO nicht zur Anwendung.

Somit kann im Ergebnis festgehalten werden, dass die Vorschrift des Art. 22 DS-GVO keine Auswirkungen für die Erbringung von Robo Advice entfaltet.

2. Anlageberatungsvertrag

Da das Aufsichtsrecht, wie oben gezeigt wurde, nur eine Ausstrahlungswirkung für das Zivilrecht entfaltet, ist unabhängig vom Vorliegen der Voraussetzungen für eine aufsichtsrechtliche Anlageberatung auch eine zivilrechtliche Vereinbarung zwischen Kunde und Robo Advisor erforderlich.

Das Zivilrecht enthält dabei allerdings keine Legaldefinition der Anlageberatung. Von einem Anlageberatungsvertrag ist daher dann auszugehen, wenn sich „der Anlageberater verpflichtet, dem Kunden eine nach dessen persönlichen und wirtschaftlichen Verhältnissen geeignete Vermögensanlage zu empfehlen“.[507]

Eine solche vertragliche Vereinbarung ist selbstverständlich auch beim Einsatz von Algorithmen in der Kapitalanlage erforderlich. Die sich aus den Besonderheiten des Robo Advice ergebenden Herausforderungen sollen daher im Folgenden erläutert werden.

a) Rechtsnatur

Hinsichtlich der Rechtsnatur des Beratungsvertrages ist zu differenzieren zwischen entgeltlicher und unentgeltlicher Beratung. Wird die Beratung gegen Entgelt erbracht, so wird überwiegend das Vorliegen eines Geschäftsbesorgungsvertrages (§ 675 II BGB) mit dienstvertraglichen Elementen (§§ 611 ff BGB) angenommen.[508]

---

506 Zur Anwendung des Art. 22 I DS-GVO nur auf nachteilige Entscheidungen: *von Lewinski* in: BeckOK Datenschutzrecht, Stand: 01.05.2021, Art. 22 DS-GVO, Rn. 33; *Martini* in: Paal/Pauly, DS-GVO, 3. Auflage 2021, Art. 22 DS-GVO, Rn. 28.

507 *Zahrte* in: MüKo HGB, 4. Auflage 2019, Anlageberatung, Rn. 115.

508 *Zahrte* in: MüKo HGB, 4. Auflage 2019, Anlageberatung, Rn. 117; *Buck-Heeb/Lang* in: BeckOGK, Stand: 01.08.2018, § 675, Rn. 185.

Wird die Beratung hingegen unentgeltlich erbracht, wird also kein Entgelt für die Beratungsleistung als solche fällig, so liegt ein Geschäftsbesorgungsvertrag mit auftragsrechtlichen Elementen vor.[509]

Bei den derzeit am Markt vertretenen Robo Advice-Geschäftsmodellen werden Gebühren für den Kunden erst nach Tätigung einer Anlage fällig, sodass von einer unentgeltlichen Beratung und damit vom Vorliegen eines Geschäftsbesorgungsvertrages mit Auftragscharakter auszugehen ist.

b) Konkludenter Vertragsschluss

Grundsätzlich ist für den Abschluss eines Vertrages ein Rechtsbindungswille beider Parteien erforderlich.[510] Dennoch kann es auch zu einem konkludenten Vertragsschluss kommen, derartige Vertragsschlüsse sind insbesondere beim Zustandekommen von Beratungsverträgen über Finanzdienstleistungen häufig zu bejahen.[511] Die Annahme des Abschlusses eines Beratungsvertrages ohne das Vorliegen eines entsprechenden korrespondieren Rechtsbindungswillens bei zumindest einer der Parteien geht jedoch zu weit.[512]

Im Folgenden soll zum besseren Verständnis zunächst das Zustandekommen eines Beratungsvertrages bei der herkömmlichen Anlageberatung dargestellt werden, bevor versucht wird, diese Vorgaben auf die algorithmenbasierte Anlageberatung zu übertragen und entsprechend zu modifizieren.

aa) Herkommliche Anlageberatung

Die Anforderungen, die die Rechtsprechung an das Vorliegen eines Rechtsbindungswillens und damit an das konkludente Zustandekommen eines Anlageberatungsvertrages stellt, sind gering. Nach ständiger Rechtsprechung genügt es für das Zustandekommen eines Beratungsvertrages grundsätzlich bereits, dass der Anlageinteressent an den Finanzdienstleister herantritt, um sich von diesem hinsichtlich einer möglichen Finanzanlage beraten zu lassen.[513] Durch dieses

509 *Zahrte* in: MüKo HGB, 4. Auflage 2019, Anlageberatung, Rn. 117; *Herresthal* in: BeckOGK, Stand: 01.04.2022, § 311, Rn. 706.

510 *Busche* in: MüKo BGB, 9. Auflage 2021, § 145, Rn. 7 ff.; *Armbrüster* in: MüKo BGB, 9. Auflage 2021, § 116, Rn. 8.

511 BGH BKR 2016, 291, Rn. 21; BGH BKR 2015, 371, Rn. 23; BKR 2008, 199, Rn. 12; BGHZ 163, 311, 319; BGHZ 123, 126.

512 *Schmitt* in: *Zerey*, Finanzderivate, 4. Auflage 2016, § 34, Rn. 164.

513 *Buck-Heeb/Lang* in: BeckOGK, Stand: 01.07.2022, § 675 BGB, Rn. 285; *Zahrte* in: MüKo HGB, 4. Auflage 2019, Anlageberatung, Rn. 126; BGHZ 100, 117, 118; BGHZ 123, 126, 128; BGHZ 178, 149, 152.

Herantreten unterbreitet der Interessent ein Angebot zum Abschluss eines Beratungsvertrages, das dann durch die Aufnahme des Beratungsgespräches konkludent angenommen wird.

Diese Ansicht der Rechtsprechung ist in der Literatur nicht unumstritten, so wird ihr zum Teil vorgeworfen, es handele sich bei der Annahme eines derartigen Vertragsschlusses um bloße Fiktion.[514] Als Lösung werden vermehrt eine Abkehr vom Konstrukt des Beratungsvertrages und eine Statuierung der Beratungspflichten als Nebenpflichten gefordert.[515]

bb) Modifizierung des Vertragsschlusses bei der Erbringung von Robo Advice

Überträgt man die obigen Ausführungen zum konkludenten Vertragsschluss auf die Erbringung von Anlageberatung durch Robo Advice, so stellt sich zunächst die Frage, ob ein derartiger konkludenter Vertragsschluss bei der algorithmischen Anlageberatung schon aufgrund der von § 312j III BGB geforderten sog. Button-Lösung ausgeschlossen ist.[516] Ein Beratungsvertrag ist jedoch, sofern keine Honoraranlageberatung erbracht wird, ein unentgeltlicher Vertrag, da der Anleger kein Entgelt für die Beratungsleistung als solche entrichtet, somit ist bereits der grundsätzliche Anwendungsbereich des § 312 I BGB im Falle des Beratungsvertrages nicht eröffnet und § 312j III BGB steht einem konkludenten Vertragsschluss nicht entgegen.

Folgt man den Annahmen der Rechtsprechung, so wäre es denkbar, den konkludenten Abschluss eines Beratungsvertrages bereits dann zu bejahen, wenn der potentielle Anleger die jeweilige Webseite oder App des Robo Advisors abruft. Die Annahme eines Vertragsschlusses zu diesem Zeitpunkt ist jedoch als bloße Fiktion abzulehnen.[517]

Bei den meisten Robo-Advice-Anbietern besteht die Möglichkeit, sich ohne Registrierung oder lediglich unter Angabe einer E-Mail-Adresse einen Anlagevorschlag erstellen zu lassen. Da der Kunde zumeist gerade keine weitergehenden Angaben zu seiner Person machen muss, ist ein Rechtsbindungswillen des Anbieters zu diesem Zeitpunkt abzulehnen.[518] Der Anlageinteressent wird

---

514 Vgl. dazu m.w.N.: *Buck-Heeb/Lang* in: BeckOGK, Stand: 01.07.2022, § 675, Rn. 283 ff.

515 Dazu ausführlich: *Krüger*, NJW 2013, 1845.

516 Hierzu näher unter D.IV.3.

517 So auch: *Rosenkranz* in: Linardatos, Rechtshandbuch Robo Advice, 1. Auflage 2020, § 2, Rn. 69.

518 aA: *Rosenkranz* in: Linardatos, Rechtshandbuch Robo Advice, 1. Auflage 2020, § 2, Rn. 69, 76 ff., der für den Vertragsschluss schon auf den Beginn des vom Kunden

seine Anlageentscheidung aber letztlich maßgeblich auch auf die Empfehlung auf Basis des von ihm ausgefüllten Anlegerfragebogens stützen, und sich folglich aufgrund dessen für eine Umsetzung des Anlagevorschlags und damit einhergehend eine Registrierung bei dem Robo-Advice-Anbieter oder aber gegen eine Umsetzung des Vorschlags entscheiden. Demnach ließe sich zumindest auf Seiten des Anlageinteressenten das Vorliegen eines Rechtsbindungswillens schon bei Nutzung des Online-Fragebogens der Robo-Advice-Anbieter konstruieren. Genauso gut ließe sich jedoch auch vertreten, dass bei dem potentiellen Anleger nicht von einem Rechtsbindungswillen auszugehen ist, wenn er lediglich einen online frei verfügbaren Fragebogen ausfüllt. Um derartige Unklarheiten über den Zeitpunkt des Abschlusses eines Beratungsvertrages bei der Erbringung von Anlageberatung durch Robo Advice zu verhindern, soll vorliegend eine alternative Möglichkeit des Vertragsschlusses ermittelt werden.

Zunächst wäre daran zu denken, im Rahmen der Anlageberatung durch Robo Advice, dem Vorschlag von *Krüger*[519] für den Beratungsvertrag bei der herkömmlichen Anlageberatung zu folgen und einen Vertragsschluss erst mit der Umsetzung der Anlageempfehlung zu bejahen und die bestehenden Beratungspflichten als Nebenpflichten anzusehen. Gegen eine solche Lösung spricht jedoch neben der bereits von anderen Autoren vorgebrachten Verschlechterung des Anlegerschutzes, da der Anleger es schwerer hat, ihm zustehende Ansprüche durchzusetzen,[520] auch die zur herkömmlichen Anlageberatung bereits gefestigte Rechtsprechung. Die großzügige Annahme eines konkludenten Vertragsschlusses durch die Rechtsprechung hat zu einer Etablierung des Beratungsvertrages im Bankgeschäft und damit einhergehend zu einem hohen Anlegerschutzniveau geführt.[521] Grundsätzlich von der Konstruktion der Rechtsprechung

gestarteten Explorationsvorganges abstellen will; ebenfalls aA: *Linardatos* in: Linardatos, Rechtshandbuch Robo Advice, 1. Auflage 2020, § 4 Rn. 65.

519 Krüger, NJW 2013, 1845; ebenso: *Herresthal* in: BeckOGK, Stand: 01.04.2022, § 311, Rn. 713 f.

520 Handelt es sich um einen eigenständigen Beratungsvertrag, so kann der Kunde im Falle einer Nichterfüllung Schadensersatz über § 281 BGB erlangen und es steht ihm ein Rücktrittsrecht nach § 323 BGB zu. Handelt es sich bei der Beratungspflicht hingegen nur um eine Nebenpflicht, so kann Schadensersatz nur über § 282 BGB erlangt werden (*Tonner* in: Derleder/Knops/Bamberger, Deutsches und europäisches Bank- und Kapitalmarktrecht, 3. Auflage 2017, § 6, Rn. 5). Dazu auch: *Buck-Heeb/Lang* in: BeckOGK, Stand: 01.07.2022, § 675, Rn. 283; *Lingen*, Anlageberatung im Spannungsfeld zwischen Verbraucherschutz und Überregulierung, S. 60 f.

521 So auch: *Lingen*, Anlageberatung im Spannungsfeld zwischen Verbraucherschutz und Überregulierung, S. 60.

abzuweichen, sobald Anlageberatung algorithmisch erbracht wird, erscheint daher widersinnig.

Um jedoch zu vermeiden, dass der Vertragsschluss bei der algorithmischen Anlageberatung zu einer reinen Fiktion verkommt, ist dieser auf den Moment zu verschieben, in dem der Kunde als Ergebnis seiner Angaben in dem Online-Fragebogen eine Anlageempfehlung erhält. Der Anlageinteressent gibt damit, indem er den Fragebogen komplett ausfüllt und diesen an den Anbieter übermittelt ein Angebot auf Abschluss eines Anlageberatungsvertrages ab. Erteilt der Algorithmus des Anbieters daraufhin einen Anlagevorschlag, so ist darin eine Annahme dieses Angebots zu sehen und es kommt zum Abschluss eines Anlageberatungsvertrages.

Da die Anlageempfehlung des Algorithmus auf den Angaben des Kunden basiert und es auch dazu kommen kann, dass der Algorithmus aufgrund dieser Angaben (bspw. bei fehlenden Kundenangaben oder wenn aufgrund der Eingaben deutlich wird, dass dem Kunden die finanziellen Mittel für eine Kapitalanlage fehlen) eine Anlageempfehlung verweigert, ist das Absenden des komplett ausgefüllten Fragebogens nach dieser Modifizierung des Vertragsschlusses als Angebot gerichtet auf den Abschluss eines Beratungsvertrages anzusehen.

Von einer Verschlechterung des Anlegerschutzes ist durch diese Verlagerung des Vertragsschlusses nicht auszugehen, da durch den Fragebogen ohnehin nur Informationen des Kunden eingeholt werden, für deren wahrheitsgemäße Angabe der Kunde ohnehin in der Regel selbst haftet.[522] Anders als bei Führung eines Beratungsgespräches kann bei der Anlageberatung durch einen Robo Advisor der Zeitpunkt des Vertragsschlusses bei Erteilung einer Anlageempfehlung auch eindeutig bestimmt werden. Verlagert man den Vertragsschluss auf diesen Zeitpunkt, so ist auch ein Rechtsbindungswille des Anbieters anzunehmen, da für diesen – wie von der Rspr. gefordert – klar erkennbar ist, dass der Anleger seine Anlageentscheidung auf die durch den Algorithmus erteilte Anlageempfehlung stützen wird. Auch die Tatsache, dass auch Situationen denkbar sind, in denen der Algorithmus die Ausgabe einer Anlageempfehlung verweigert (vgl. dazu bereits oben) spricht für eine Verlagerung des Vertragsschlusses, da in einem solchen Fall gerade kein Rechtsbindungswille des Anbieters anzunehmen ist.

Ein Rechtsbindungswille des Kunden ist ohnehin in der Regel unproblematisch zu bejahen, da der Beratungsvertrag für ihn vorteilhaft ist und somit davon ausgegangen wird, dass er diesen gewollt hat.[523]

---

522 Vgl. hierzu ausführlich D.VIII.

523 *Buck-Heeb*, WM 2012, 625, 627.

Es wäre ebenfalls vorstellbar, statt eines konkludenten Vertragsschlusses von einem ausdrücklichen Vertragsschluss auszugehen. In einem solchen Fall, wäre die Anlageempfehlung lediglich als *invitatio ad offerendum* anzusehen und der Kunde würde, indem er sich zur Umsetzung der Anlageempfehlung entscheidet, ein Angebot zum Abschluss eines Beratungsvertrages abgeben. Eine solche Lösung würde dem Umstand Rechnung tragen, dass andernfalls auch dann ein Beratungsvertrag zustande käme, wenn der Kunde sich letztlich gegen eine Umsetzung der Anlageempfehlung entscheidet. Eine derartige Verlagerung des Vertragsschlusses ist jedoch mit dem Konzept des Beratungsvertrages und dem Schutzzweck der Gewährleistung eines Anlegerschutzes nicht zu vereinbaren.

Nach dieser Lösung wäre zudem auch die Hauptleistung des Beratungsvertrages, die Erteilung der Anlageempfehlung, bereits vor dem Vertragsschluss erbracht, was bereits dem Konzept eines solchen Beratungsvertrages zuwiderläuft. Unter dem Gesichtspunkt des Anlegerschutzes besteht zudem das Risiko, dass der Kunde sich zwar gegen eine weitere Nutzung des Robo Advisors, aber für eine eigenständige Umsetzung der erhaltenen Anlageempfehlung entscheidet, sodass er im Falle eines derart nach hinten verlagerten Vertragsschlusses im Hinblick auf etwaige Haftungsansprüche schutzlos wäre.

Demnach erscheint es für die Erbringung von Robo Advice am sachgerechtesten, den Abschluss eines Beratungsvertrages für den Zeitpunkt der Erteilung der Anlageempfehlung anzunehmen.

cc) *Ausschluss eines konkludenten Vertragsschlusses durch Disclaimer bei Angebot eines reinen Vergleichsportals*

Etwas anderes gilt jedoch dann, wenn sich aus den Umständen des Geschäfts ergibt, dass keine Beratung vorliegen soll.[524] Eine solche spezielle Konstellation liegt dann vor, wenn Robo Advisors lediglich ein reines Vergleichsportal, das eine Orientierung bei der Planung einer Kapitalanlage bieten soll, betreibt.[525] Derartige Portale bieten zumeist ebenfalls einen Anlageassistenten, sind aber ohne Registrierung nutzbar. Bei Nutzung des Assistenten wird durch verschiedene Fragen ermittelt, welche Summe der Nutzer über welchen Zeitraum anlegen möchte, wie seine derzeitige finanzielle Situation sich gestaltet und wie risikobereit der Nutzer ist. Auf Basis dieser Daten errechnet der Algorithmus einen Anlagevorschlag für den Nutzer. Insofern unterscheidet sich das Geschäftsmodell

---

524 *Buck-Heeb/Lang* in: BeckOGK, Stand: 01.07.2022, § 675, Rn. 292.

525 Ein solches Portal betreibt bspw. der Anbieter *moneyfilter*, dessen Geschäftsmodell auch Basis der nachfolgenden Ausführungen ist.

nicht von anderen Robo Advisors, die Anlageberatung anbieten. Bei bloßen Vergleichsportalen hat der Nutzer jedoch nicht die Möglichkeit sein Geld direkt anzulegen, sondern er kann lediglich die ihm unterbreitete Anlageempfehlung auf einem digitalen „Merkzettel" speichern und diese dann durch seine depotführende Bank umsetzen lassen. Dennoch entsteht für den Nutzer grundsätzlich der Eindruck, er erhalte eine unter Berücksichtigung seiner persönlichen Umstände entwickelte persönliche Anlageempfehlung, was grundsätzlich zur Bejahung einer Anlageberatung und zum Zustandekommen eines Beratungsvertrages ausreichen würde. Die Betreiber solcher Vergleichsportale weisen jedoch in der Regel an mehreren Stellen während des Fragebogens, sowie an anderen Stellen auf der Webseite und in den Allgemeinen Geschäftsbedingungen darauf hin, dass keine Anlageempfehlung erteilt wird, sondern das Ergebnis des Fragebogens den Nutzer lediglich bei seiner eigenen Anlageentscheidung unterstützen soll. Ebenfalls wird zumeist explizit klargestellt, dass kein Rechtsbindungswille zum Abschluss eines Beratungsvertrages vorliegt.

Grundsätzlich besteht die Möglichkeit, dass der Berater dem Kunden vor Beginn eines Gesprächs mitteilt, dass die Bank keinen Beratungsvertrag mitsamt den damit einhergehenden Pflichten eingehen möchte um den Abschluss eines konkludenten Beratungsvertrages zu verhindern.[526] Ein solcher Ausschluss ist jedoch nur dann wirksam, wenn nicht im Laufe des Gespräches dennoch eine Beratungsleistung erbracht wird.[527] Dies ist aufgrund der fehlenden persönlichen Interaktion und der deterministischen Funktionsweise der Algorithmen bei der Erbringung von Anlageberatung durch Robo Advisors ausgeschlossen. Somit besteht auch für Robo-Advice-Anbieter die Möglichkeit, den Rechtsbindungswillen durch Disclaimer auszuschließen.[528] Hierbei ist jedoch sicherzustellen, dass der Kunde in jedem Fall Kenntnis vom fehlenden Rechtsbindungswillen des Anbieters erlangt, sodass, über einen bloßen Ausschluss in den Allgemeinen Geschäftsbedingungen hinaus, auch Disclaimer im Rahmen des Online-Fragebogens für einen wirksamen Ausschluss des Rechtsbindungswillens zu fordern sind.

c) Vertragsinhalt

Der Anlageberatungsvertrag ist ein Vertrag der Fremdinteressenwahrung, d.h. es liegt eine einseitige Interessenausrichtung zugunsten des Kunden vor.[529] Die

---

526 *Buck-Heeb*, ZIP 2013, 1401, 1404.
527 *Buck-Heeb*, ZIP 2013, 1401, 1404.
528 Näher zur Wirksamkeit von Disclaimern bereits oben unter B.II.1.a)bb)(2)(b).
529 *Weller*, ZBB 2011, 191, 197.

Interessen des Kunden sind vorrangiger Vertragsinhalt, während die Vergütungsinteressen der Bank oder des Beraters nur nachrangigen rechtlichen Schutz genießen.[530]

Den Robo Advisor als beratende Partei des Anlageberatungsvertrages treffen umfangreiche Beratungs- und Auskunftspflichten, so schuldet er dem Kunden die Abgabe einer Anlageempfehlung, die auf einer Berücksichtigung der persönlichen und finanziellen Verhältnisse des Kunden basiert.[531] Der Kunde muss alle für seine Anlageentscheidung relevanten Informationen vollständig und wahrheitsgemäß erhalten.[532] Der BGH hat hierfür in seiner Bond-Rechtsprechung den Grundsatz der anleger- und objektgerechten Beratung entwickelt.[533]

3. Anlagevermittlung – Auskunftsvertrag

Zwischen Anlagevermittler und Kunde wird ein Auskunftsvertrag geschlossen, dessen Gegenstand die Vermittlung einer Anlage ist, ohne jedoch eine persönliche Beratung des Kunden vorzunehmen.

Auch der Auskunftsvertrag kommt in der Regel konkludent zustande.[534] Somit ergeben sich hinsichtlich des Zeitpunkts des Vertragsschlusses keine Unterschiede zu der oben im Rahmen des Anlageberatungsvertrags dargestellten Lösung. Auch der Auskunftsvertrag kommt konkludent erst in dem Moment zustande, in dem der Anlageinteressent einen Anlagevorschlag erhält. Dieser Lösung stehen auch im Bereich der Anlagevermittlung keine Bedenken entgegen, da der Robo Advisor unproblematisch erst bei Unterbreitung eines Anlagevorschlags mit der für den Vertragsschluss geforderten Erteilung von Auskünften beginnt. Ebenso hat der Kunde auch erst dann ein Interesse daran, das Wissen des Algorithmus als Anlagevermittler in Anspruch zu nehmen. Der Auskunftsvertrag kann grundlos formlos geschlossen werden, es ergibt sich jedoch ein aufsichtsrechtliches Formerfordernis aus § 83 II WpHG i. V. m. Art. 58 DVO MIFID II.[535]

---

530 *Weller*, ZBB 2011, 191, 197.

531 *Zahrte* in: MüKo HGB, 4. Auflage 2019, Anlageberatung, Rn. 119; *Schmitt* in: *Zerey*, Finanzderivate, 4. Auflage 2016, § 34, Rn. 174 ff.; *Buck-Heeb*, WM 2012, 625, 628.

532 *Schmitt* in: *Zerey*, Finanzderivate, 4. Auflage 2016, § 34, Rn. 174.

533 BGHZ 123, 126; ausführlich zu diesen Grundsätzen unten unter E.I.1.

534 *Buck-Heeb/Lang* in: BeckOGK, Stand: 01.07.2022, § 675, Rn. 234; *Zahrte* in: MüKo HGB, 4. Auflage 2019, Anlageberatung, Rn. 456; näher dazu auch unten unter E.I.1.

535 Dazu näher unten unter D.V.1.

Anders als bei der Anlageberatung schuldet der Anlagevermittler keine auf die individuellen Bedürfnisse des Kunden zugeschnittene Beratung.[536] Er wird durch den Auskunftsvertrag nur verpflichtet, den Anleger zutreffend und umfassend über die in Betracht kommenden Anlageformen zu informieren.[537] Dies impliziert, dass er sich die entsprechenden Informationen gegebenenfalls zuvor beschaffen muss.[538] Der Algorithmus muss daher bei der Anlagevermittlung nur in der Lage sein, dem Kunden entsprechende Anlageformen vorzuschlagen und ihm hierzu zutreffende und umfassende Informationen bereitzustellen.

4. Finanzportfolioverwaltung

Auch bei der Finanzportfolioverwaltung kommt es auf für die Entscheidung für eine Anlageform entscheidend auf die Einschätzung des Robo Advisors an, im Gegensatz zur Anlageberatung übernimmt der Robo Advisor bei der Finanzportfolioverwaltung aber auch die Umsetzung der Anlageempfehlung. Dennoch bestehen erkennbar Parallelen zum soeben erläuterten Beratungsvertrag. Zusätzlich ist für die Ermächtigung über das Vermögen des Anlegers zu verfügen jedoch auch ein Vermögensverwaltungsvertrag erforderlich. Im Folgenden soll ermittelt werden, welche rechtlichen Probleme und Besonderheiten sich in diesen zivilrechtlichen Verhältnissen zwischen dem Robo Advisor als Finanzportfolioverwalter und dem Kunden ergeben.

a) Beratungsvertrag

Von einer überwiegenden Ansicht wird der Abschluss eines Beratungsvertrages bei der Vertragsanbahnung auch bei der Finanzportfolioverwaltung angenommen. Inhalt dieses Vertrags soll die Bestimmung des geeigneten Inhalts des Vermögensverwaltungsvertrages durch Beratung des Kunden sein.[539]

Zum Teil wird jedoch auch bei der Finanzportfolioverwaltung davon ausgegangen, dass kein Beratungsvertrag geschlossen werde, sondern es sich um vorvertragliche Pflichten handele, bzw. diese Pflichten als Hauptleistungspflichten in den Vermögensverwaltungsvertrag hineingelesen werden sollen.[540] Letztlich ist

---

536 *Zahrte* in: MüKo HGB, 4. Auflage 2019, Anlageberatung, Rn. 457.

537 *Zahrte* in: MüKo HGB, 4. Auflage 2019, Anlageberatung, Rn. 458 ff.

538 *Zahrte* in: MüKo HGB, 4. Auflage 2019, Anlageberatung, Rn. 462 ff.

539 *Buck-Heeb/Lang* in: BeckOGK, Stand: 01.07.2022, § 675, Rn. 764; *Lang* in Schäfer/Sethe/Lang, Handbuch der Vermögensverwaltung, 2. Auflage 2016, § 7, Rn. 41.

540 *Buck-Heeb/Lang* in: BeckOGK, Stand: 01.07.2022, § 675, Rn. 764, m.w.N.

es für die Beratungsbedürftigkeit des Anlegers jedoch bedeutungslos, ob es sich um eine Finanzportfolioverwaltung oder eine Anlageberatung handelt, sodass es nicht einleuchtet, das Vorliegen eines Beratungsvertrages bei der Finanzportfolioverwaltung zu verneinen.[541]

Geht man vom Abschluss eines Beratungsvertrages im Vorfeld des Abschlusses des Vermögensverwaltungsvertrages aus, so wird dieser ebenfalls in der Regel konkludent geschlossen werden. Somit kann für die erforderliche Modifizierung des Zeitpunktes des konkludenten Vertragsschlusses auf die obigen Ausführungen[542] zum Anlageberatungsvertrag verwiesen werden.

b) Vermögensverwaltungsvertrag

Entscheidet sich der Kunde dazu, die Verwaltung (eines Teils) seines Vermögens dem Finanzportfolioverwalter zu übertragen, so wird ein Vermögensverwaltungsvertrag geschlossen.

Dieser Vertrag bildet die Rechtsgrundlage für die Beziehung zwischen Vermögensverwalter und Anleger und verpflichtet den Vermögensverwalter grundsätzlich, das ihm anvertraute Vermögen im Interesse des Anlegers zu verwalten. Der Verwalter schuldet jedoch keinen bestimmten Anlageerfolg, sondern lediglich eine ordnungsgemäße (den Anlagerichtlinien entsprechende) Anlageverwaltung.[543] Daher handelt es sich bei dem Vermögensverwaltungsvertrag um einen Dienstvertrag im Rahmen dessen eine persönliche Geschäftsbesorgung geschuldet ist, mithin um einen Geschäftsbesorgungsvertrag.[544]

Ein solcher Vertrag kann in der Regel nur ausdrücklich geschlossen werden. Dabei gibt der Kunde auf Basis des Anlagevorschlags, den er anhand seiner Angaben durch den Algorithmus des Robo Advisors erhält, ein Angebot auf Abschluss eines entsprechenden Vermögensverwaltungsvertrages ab, sodass der

---

541 So im Ergebnis auch: *Buck-Heeb/Lang* in: BeckOGK, Stand: 01.07.2022, § 675, Rn. 766, m.w.N.

542 Siehe dazu D.II.2.b).

543 *F. Schäfer/Sethe/Lang* in: Schäfer/Sethe/Lang, Handbuch der Vermögensverwaltung, 2. Auflage 2016, § 1, Rn. 37; *U. Schäfer* in: Assmann/Schütze/Buck-Heeb, Handbuch des Kapitalanlagerechts, 5. Auflage 2020, § 23, Rn. 16; *Balzer*, Vermögensverwaltung, S. 43 f.; ausführlich zur Abgrenzung von Werk- und Dienstvertrag im Hinblick auf die Finanzportfolioverwaltung auch: *Benicke*, Wertpapiervermögensverwaltung, S. 176 ff.

544 *Balzer/Lang* in: Schäfer/Sethe/Lang, Handbuch der Vermögensverwaltung, 2. Auflage 2016, § 6, Rn. 6.

Vertrag erst dann zustande kommt, wenn der Vermögensverwalter dieses Angebot angenommen hat.

Zivilrechtlich ist jedoch kein Formzwang festgeschrieben. Es besteht jedoch ein aufsichtsrechtliches Formerfordernis aus § 83 II WpHG i. V. m. Art. 58 DVO MIFID II.[545]

Zentraler Bestandteil des Vermögensverwaltungsvertrages ist die Festlegung des Umfangs und der Ausgestaltung der Finanzportfolioverwaltung.[546]

Diese erfolgt insbesondere durch die Anlagerichtlinien. Hierbei handelt es sich nach überwiegender Ansicht grundsätzlich um verbindliche Weisungen des Anlegers i.S.d. § 665 BGB, die Anlagerichtlinien können jedoch auch vertraglich vereinbart werden.[547] Eine solche vertragliche Vereinbarung der Anlagerichtlinien soll bei der standardisierten Vermögensverwaltung vorliegen, bei der der Anleger ebenso an die Anlagerichtlinien gebunden ist und ihm auch kein Einzelweisungsrecht zusteht.[548] Ein solcher Fall der standardisierten Vermögensverwaltung liegt auch bei der Erbringung von Finanzportfolioverwaltung durch Robo Advisors vor. Bei Vertragsabschluss erhält der Kunde zunächst eine Empfehlung für eine Risikoklasse und die darauf basierenden Anlagerichtlinien, dieser Empfehlung wird er in der Regel auch folgen. Eine derartige Vorgabe der Anlagerichtlinien steht dem wirksamen Abschluss eines Vermögensverwaltungsvertrages zwischen Robo Advisor und Anleger jedoch nicht entgegen.

Neben der Vereinbarung der Anlagerichtlinien ist es auch erforderlich, dass der Anleger dem Finanzportfolioverwalter im Rahmen des Vermögensverwaltungsvertrages eine entsprechende Vollmacht zur Vornahme der im Rahmen der Finanzportfolioverwaltung zu tätigenden Geschäfte einräumt.

Hinsichtlich der sonstigen Regelungsgegenstände des Vermögensverwaltungsvertrages ergeben sich keine Unterschiede gegenüber der herkömmlichen Finanzportfolioverwaltung.

545 Hierzu näher unter D.V.1.

546 *Balzer/Lang* in: Schäfer/Sethe/Lang, Handbuch der Vermögensverwaltung, 2. Auflage 2016, § 6, Rn. 21.

547 *U. Schäfer* in: Assmann/Schütze/Buck-Heeb, Handbuch des Kapitalanlagerechts, 5. Auflage 2020, § 23, Rn. 71.

548 *U. Schäfer* in: Assmann/Schütze/Buck-Heeb, Handbuch des Kapitalanlagerechts, 5. Auflage 2020, § 23, Rn. 71.

III. Verhältnis zwischen Kunde und Kooperationsbank des Robo Advisors

Im Rahmen der Ausführungen zu den Erlaubnispflichten wurde bereits dargelegt, dass Robo Advisors aufgrund der hierfür erforderlichen umfangreicheren Lizenz der BaFin für Bankgeschäfte in der Regel eine Kooperationsbank benötigen, da sie die Depotverwaltung und damit auch die Transaktionsabwicklung für ihre Kunden nicht selbst übernehmen dürfen. Diese Kooperation wirkt sich auch auf das vertragliche Verhältnis mit dem Anleger aus, was im Folgenden erläutert wird.

1. Aufsichtsrechtliche Pflicht zur Weiterleitung an eine Depotbank

Wie bereits dargelegt wurde, fehlt es Robo Advisors an einer Erlaubnis i.S.d. § 32 KWG, die sie zur Erbringung von Depotgeschäften befugt. Im Falle einer solchen fehlenden Erlaubnis normiert § 84 V WpHG eine ausdrückliche Pflicht zur Weiterleitung der Wertpapiere des Kunden an eine Depotbank. § 84 V WpHG übernimmt dabei den Wortlaut der Vorgängerregelung des § 34a II WpHG aF. Durch diese Pflicht zur externen Verwaltung wird erreicht, dass das Depot des Kunden dem Schutz des DepotG und einer Depotprüfung unterliegt[549], zudem dient diese Regelung auch dem Schutz der Kundengelder im Falle einer Insolvenz des Wertpapierdienstleistungsunternehmens.[550]

Umstritten ist, ob das Wertpapierdienstleistungsunternehmen auch berechtigt ist, das Depot im eigenen Namen für den Kunden zu führen. Hiergegen spricht jedoch, dass der Robo Advisor gerade keine Lizenz für die Erbringung von Bankgeschäften besitzt, der Abschluss eines Depotvertrags im eigenen Namen aber eine Zwischenverwahrung der Wertpapiere des Kunden voraussetzt, die ebenfalls ein Bankgeschäft nach § 1 I 2 Nr. 5 KWG und damit erlaubnispflichtig ist.[551]

---

549 *Benicke*, Wertpapiervermögensverwaltung, S. 369.

550 *du Buisson*, WM 2009, 834, 834 f.

551 *Möllers* in: Kölner Kommentar zum WpHG, 2. Auflage 2014, § 34a WpHG, Rn. 88; aA *Koller* in: Assmann/Schneider/Mülbert, WpHG Kommentar, 7. Auflage 2019, § 84, Rn. 40, demnach genüge es, wenn der Kunde grundsätzlich Eigentümer bleibe oder Eigentümer werde, dies könne auch bei Depoteröffnung im Namen des Wertpapierdienstleistungsunternehmens und Verwahrung in einem Streifbanddepot erreicht werden.

Ebenfalls problematisch ist die Ausgestaltung des Depotverhältnisses, neben einer Ermächtigungstreuhand kommt auch eine Ausgestaltung als Vollrechtstreuhand in Betracht.[552] (Mit-)Eigentümer bleibt der Kunde nur bei der Wahl einer Ermächtigungstreuhand[553], bei einer Vollrechtstreuhand hingegen verliert der Kunde seine Eigentümerstellung und der Verwahrer ist dazu verpflichtet im Sinne der Interessen des Kunden zu handeln.[554] Nur im Falle einer (Mit-)Eigentümerschaft des Kunden steht diesem auch ein Auslieferungsanspruch aus § 8 DepotG zu.[555]

Aus § 84 VIII WpHG ergibt sich, dass eine Depotführung im Rahmen der Vollrechtstreuhand grundsätzlich zulässig ist, es bestehen dann jedoch erhöhte Informationspflichten, um den Kunden über die Risiken dieser Art der Treuhand aufzuklären. Somit kann vertraglich vereinbart werden, ob die Depotverwaltung in Vollrechtstreuhand oder Ermächtigungstreuhand erfolgen soll.

Diesbezüglich ergeben sich auch bei einer Erbringung der Wertpapierdienstleistung durch einen Robo Advisor keine Besonderheiten.

2. Abschluss eines Depotvertrags

Aus den obigen Ausführungen folgt, dass es erforderlich ist, dass der Anleger neben dem Vertrag mit dem Robo Advisor auch einen Depotvertrag mit der Kooperationsbank des Robo Advice-Anbieters abschließt. Die Notwendigkeit eines Depotvertrages besteht nur bei den Robo Advice-Anbietern, die Half-Service- und Full-Service-Plattformen betreiben, da nur hier die Möglichkeit angeboten wird, die empfohlene Anlage direkt umzusetzen oder eine Finanzportfolioverwaltung in Anspruch zu nehmen.[556]

---

552 *Benicke*, Wertpapiervermögensverwaltung, S. 370 ff.

553 *Benicke*, Wertpapiervermögensverwaltung, S. 369 f.

554 *F. Schäfer/Sethe/Lang* in: Schäfer/Sethe/Lang, Handbuch der Vermögensverwaltung, 2. Auflage 2016, § 1, Rn. 45.

555 *Benicke*, Wertpapiervermögensverwaltung, S. 370; zu § 8 DepotG: *Kumpan* in: Baumbach/Hopt, HGB, 40. Auflage 2021, § 8 DepotG, Rn. 1.

556 Will der Kunde die Anlageempfehlung einer Self-Service-Plattform umsetzen, so ist auch hierfür ein Depot und damit auch ein entsprechender Depotvertrag erforderlich. Im Falle einer Self-Service-Plattform muss der Kunde die Eröffnung eines Depots aber selbst übernehmen, da eine Umsetzung der Anlage über das Portal des Robo Advisors gerade nicht möglich ist und dieser dementsprechend auch nicht mit einem entsprechend regulierten Institut für die Depotführung kooperieren muss.

Bei dem Depotvertrag handelt es sich um einen typengemischten Vertrag, der eine entgeltliche Geschäftsbesorgung mit dienstvertraglichen Elementen und Elementen des Verwahrungsvertrags i.S.d. § 688 ff. BGB verbindet.[557]

Sofern es sich um die Verwahrung von Wertpapieren i.S.d. § 1 I DepotG handelt, sind die Regelungen dieses Gesetzes auf den Depotvertrag anwendbar. Darüber hinaus wird das Vertragsverhältnis zwischen Kunde und Depotbank rechtsgeschäftlich durch die Sonderbedingungen Wertpapiere der AGB-Banken ausgestaltet.[558]

Vertragsinhalt ist lediglich die technische Verwaltung des Depots, die Entscheidung über die Zusammensetzung des Depots obliegt ausdrücklich nicht der Depotbank.[559] Dies ergibt sich auch aus Nr. 16 der Sonderbedingungen für Wertpapiere, wonach eine Pflicht der Depotbank zur Weitergabe von Informationen besteht, nicht aber zu einer weitergehenden Aufklärung hinsichtlich der wirtschaftlichen Konsequenzen und Bedeutung dieser Informationen.[560]

Der Abschluss des Vertrages kann durch den Kunden selbst oder durch das Wertpapierdienstleistungsunternehmen im Namen des Kunden erfolgen.[561] Ein Vertragsschluss im Namen des Robo Advisors kommt – wie oben dargelegt – aufgrund der fehlenden Lizenz nicht in Betracht.

Damit die Robo Advice-Anbieter die Umsetzung der Anlageempfehlung für den Anleger oder eine Verwaltung des Anlagevermögens vornehmen können, ist es erforderlich, dass bei Vertragsschluss eine Modifizierung des Bankgeheimnisses gegenüber dem Robo Advisor vereinbart wird und dieser bevollmächtigt wird, im Rahmen seiner mit dem Kunden vereinbarten vertraglichen Befugnisse über das Depot zu verfügen. Diese Bevollmächtigung ist insbesondere bei einer Erbringung von Finanzportfolioverwaltung erforderlich, da der Anbieter andernfalls keine eigenständige Verwaltung des Unternehmens vornehmen kann.

Mit Ausnahme der erforderlichen Modifizierung des Bankgeheimnisses ergeben sich für den Vertrag zwischen Anleger und Depotbank für die digitale Kapitalanlage jedoch keine weiteren Besonderheiten.

---

557 *Benicke*, Wertpapiervermögensverwaltung, S. 32.

558 *Benicke*, Wertpapiervermögensverwaltung, S. 32.

559 *U. Schäfer* in: Assmann/Schütze/Buck-Heeb, Handbuch des Kapitalanlagerechts, 5. Auflage 2020, § 23, Rn. 12; *F. Schäfer/Sethe/Lang* in: Schäfer/Sethe/Lang, Handbuch der Vermögensverwaltung, 2. Auflage 2016, § 1, Rn. 31.

560 *Bunte* in: Bunte, AGB-Banken, 5. Auflage 2019, SB Wertpapiergeschäfte, Nr. 16, Rn. 151.

561 *Möllers* in: Kölner Kommentar zum WpHG, 2. Auflage 2014, § 34a WpHG, Rn. 85.

IV. Einhaltung der Regelungen zu Verbraucherverträgen

Die Dienstleistungen der Robo Advice-Anbieter werden überwiegend online, also ohne direkten persönlichen Kundenkontakt, erbracht und richten sich auch aufgrund der niedrigen Mindestanlagesummen vorrangig an Verbraucher als Kunden.[562]

Die Verträge zwischen Robo Advisor und Kunde kommen unter Verwendung einer App oder eines entsprechenden Online-Portals und damit unter Verwendung von Fernkommunikationsmitteln zustande.[563] Somit handelt es sich bei den Verträgen zwischen Robo Advisor und Kunde grundsätzlich um Fernabsatzverträge i.S.d. § 312c BGB.

Zusätzlich fallen die verwendeten elektronischen Kommunikationsdienste auch unter die Definition der Telemedien nach § 1 I TMG, sodass auch Verträge im elektronischen Geschäftsverkehr vorliegen.[564]

Somit sind für das Zustandekommen eines Vertrages zwischen Robo Advisor und Kunde, sowie zwischen der depotführenden Bank und dem Kunden die Regelungen der §§ 312 ff. BGB zum Vertragsschluss bei Verbraucherverträgen einzuhalten, soweit der Anleger tatsächlich Verbraucher i.S.d. § 13 BGB ist.[565] Im Folgenden soll lediglich auf etwaige Probleme, die sich in Zusammenhang mit der digitalen Kapitalanlage ergeben können, eingegangen werden.

1. Verbrauchereigenschaft des Kunden

Maßgeblich für die Verpflichtung zur Einhaltung der nachfolgend darzustellenden Regelungen ist das Vorliegen einer Verbrauchereigenschaft des Kunden nach § 13 BGB. Dies erfordert, dass der Kunde als natürliche Person ein Rechtsgeschäft vornimmt, dass weder seiner gewerblichen, noch seiner selbstständigen Tätigkeit zugeordnet werden kann.[566]

Problematisch für Robo Advisors ist jedoch schon die Bewertung der Verbrauchereigenschaft des Kunden. Zwar bietet die Höhe der Anlagesumme ein

---

562 Siehe zur Frage, an welchen Kundenkreis sich das Angebot von Robo Advisors richtet auch C.I.

563 Vgl. zum Begriff der Fernkommunikationsmittel im Kontext des § 312c BGB: *Martens* in: BeckOK BGB, Stand: 01.08.2021, § 312c, Rn. 10 f.; *Wendehorst* in: MüKo BGB, 9. Auflage 2022, § 312c, Rn. 11f; *Busch* in: BeckOGK, Stand: 01.06.2021, § 312c, Rn. 13 f.

564 *Wendehorst* in: MüKo BGB, 9. Auflage 2022, § 312i, Rn. 9.

565 Hierzu näher unter D.IV.1.

566 *Alexander* in: BeckOGK, Stand: 01.08.2022, § 13, Rn. 1.

Indiz hinsichtlich der Verbrauchereigenschaft, sie alleine erlaubt aber noch keine zuverlässigen Rückschlüsse. Dennoch besteht gerade bei Robo Advisors, die Finanzportfolioverwaltung mit einer Mindestanlagesumme von 10.000 € oder sogar 100.000 € anbieten, die Möglichkeit, dass ein Teil der Anleger nicht unter den Verbraucherbegriff des § 13 BGB fällt. Es besteht zwar die Möglichkeit, im Explorationsprozess auch Fragen aufzunehmen, die eine Einschätzung der Verbrauchereigenschaft des Kunden erlauben. Um zu verhindern, dass Pflichten gegenüber Verbrauchern nicht befolgt werden, ist es aber dennoch empfehlenswert, die nachfolgend dargestellten Regelungen zu einzuhalten. Die Erfüllung der verbraucherrechtlichen Pflichten auch gegenüber Unternehmern bringt aus rechtlicher Sicht grundsätzlich keine Nachteile für den Robo Advisor mit sich. Eine Ausnahme hierzu gilt lediglich bei der Widerrufsbelehrung[567] und der Einhaltung der Informationspflichten aus § 312i BGB aufgrund des Vorliegens von Verträgen im elektronischen Geschäftsverkehr.

Um die Verpflichtung zur Einhaltung der oben genannten Regelungen zu vermeiden, kann der Robo Advisor die Erbringung seiner Dienstleistungen von vornherein auf Unternehmer beschränken und somit im Umkehrschluss Verbraucher ausschließen. Dann kann auf die Einhaltung der nachfolgend darzustellenden Regelungen verzichtet werden. Eine derartige Beschränkung des Personenkreises, mit dem man Verträge abschließen will, ist grundsätzlich zulässig.[568] Die Beschränkung auf Geschäftskunden (Unternehmer) muss jedoch klar und deutlich erkennbar sein, ein bloßer Hinweis auf der Webseite genügt nicht[569], der Robo Advice Anbieter muss somit Rahmen des Prozesses des Vertragsschlusses ausdrücklich und deutlich erkennbar darauf hinweisen, dass sich seine Dienstleistungen nur an Geschäftskunden richten.

2. Unternehmereigenschaft des Robo Advisors

Da die Regelungen zu den Verbraucherverträgen ein Unternehmer-Verbraucher-Verhältnis voraussetzen, ist zusätzlich zur Verbrauchereigenschaft des Kunden auch die Unternehmereigenschaft des Robo Advisors nach § 14 BGB festzustellen.

567 Hierzu näher unter D.IV.5.b).

568 *Alexander* in: BeckOGK, Stand: 01.08.2022, § 13, Rn. 121.

569 *Alexander* in: BeckOGK, Stand: 01.08.2022, § 13, Rn. 121.1.

Hierfür erforderlich ist die Ausübung einer gewerblichen Tätigkeit, wozu jedes planmäßige und dauerhafte Angebot von Waren und Dienstleistungen gegen Entgelt zu fassen ist.[570]

Bezüglich des planmäßigen und dauerhaften Angebots von Dienstleistungen bestehen bei Robo Advisors keine Bedenken.

Einzig problematisch könnte aufgrund des Abrechnungsmodells der meisten Anbieter das Vorliegen einer Entgeltlichkeit sein. Die meisten Anbieter setzen auf eine jährliche Zahlungsgebühr in Abhängigkeit zum getätigten Anlagevolumen. Dies führt dazu, dass das zu zahlende Entgelt nicht in unmittelbarem Zusammenhang mit den erbrachten Dienstleistungen steht. Dies ist jedoch unschädlich, da es für eine Bejahung des Entgeltlichkeitskriteriums bereits genügt, wenn dem Anbieter durch die erbrachten Dienstleistungen mittelbar oder unmittelbar Vermögenswerte zufließen.[571] Damit kann die Unternehmereigenschaft von Robo Advisors bejaht werden, sodass auch der Anwendungsbereich der Regelungen zu den Verbraucherverträgen eröffnet ist.

3. Vorgaben zum Vertragsschluss

§ 312j III BGB gibt genaue Vorgaben hinsichtlich der Ausgestaltung des Vertragsschlusses von entgeltlichen Verträgen im elektronischen Geschäftsverkehr. Grundsätzlich ist der Vertragsschluss so auszugestalten, dass der Kunde ausdrücklich bestätigen muss, dass es zu einem Vertragsschluss kommt.[572]

§ 312j III 1 BGB sieht vor, dass die Bestellsituation so ausgestaltet sein muss, dass der Verbraucher bei der Abgabe seiner Bestellung ausdrücklich bestätigt, dass er sich zu einer Zahlung verpflichtet. § 312j III 2 BGB spezifiziert dies, indem er klarstellt, dass, sofern die Bestellung mittels einer Schaltfläche bestätigt wird, diese gut lesbar die Aufschrift „zahlungspflichtig bestellen“ tragen muss (sog. Button-Lösung).

Robo Advisors bieten Ihre Dienstleistung per App oder mithilfe eines Webbrowsers an, sodass ein ausdrücklicher Vertragsschluss nur unter Verwendung einer Schaltfläche erfolgen kann und somit die Vorgaben der Button-Lösung grundsätzlich eingehalten werden müssen. Dies gilt jedoch nicht für den konkludenten Abschluss von Beratungsverträgen, hier ist, unter anderem weil kein entgeltlicher Vertrag vorliegt, kein ausdrücklicher Vertragsschluss

---

570 *Martens* in: BeckOK BGB, Stand: 01.08.2021, § 14, Rn. 4; *Micklitz* in: MüKo BGB, 9. Auflage 2021, § 14, Rn. 19; *Mansel* in: Jauernig, BGB, 18. Auflage 2021, § 14, Rn. 2.

571 *Alexander* in: BeckOGK, Stand: 01.08.2022, § 14, Rn. 143.

572 *Oppenheim/Lange-Hausstein*, WM 2016, 1966, 1971.

erforderlich, sodass auch die Vorgaben der Button-Lösung nicht eingehalten werden müssen.[573]

Die Button-Lösung passt Ihrer Konzeption nach nicht unmittelbar auf die Online-Erbringung von Finanzdienstleistungen.[574] Schließt der Kunde mit dem Robo Advice-Anbieter einen Vertrag ab, so liegt dem unmittelbaren Wortsinn nach keine „Bestellung" vor.[575]

§ 312j BGB gilt für Verträge im elektronischen Geschäftsverkehr, diese definiert § 312i BGB als Verträge, bei denen „sich ein Unternehmer zum Zwecke des Abschlusses eines Vertrags über die Lieferung von Waren oder über die Erbringung von Dienstleistungen der Telemedien" bedient. § 312i BGB dient der Umsetzung der Umsetzung der E-Commerce-Richtlinie[576] und ist somit richtlinienkonform so auszulegen, dass jegliche Arten von Geschäften von § 312i I BGB erfasst sind, sofern sie geeignet sind, Gegenstand entgeltlicher Geschäfte zu sein.[577]

Oppenheim/ Lange-Hausstein verweisen hinsichtlich der Anwendbarkeit des § 312j BGB auf die Erbringung von Finanzdienstleistungen durch Robo Advice richtigerweise auf die Parallele zum Maklerrecht[578], wonach das Vorliegen einer Dienstleistung und damit die Anwendbarkeit des Fernabsatzrechts gegeben sind[579]. Dementsprechend ist davon auszugehen, dass auch Robo Advice vom Anwendungsbereich der §§ 312j, 357, 357a BGB umfasst ist.

Diese Annahme unterstützt auch die sonstige Systematik des § 312j BGB, so nimmt § 312j V BGB die Finanzdienstleistungen aus dem Anwendungsbereich der Absätze 1 und 2 heraus, nicht aber aus dem Anwendungsbereich des Absatz 3.

Auch im Hinblick auf den verbraucherschützenden Zweck der Norm ist eine Anwendung auf Robo Advisors zu bejahen, da nach dem Gebührenmodell der meisten Robo Advisors die Gebühren nicht bei Vertragsschluss, sondern erst bei Erwirtschaftung einer Rendite oder in Form einer niedrigen Jahresgebühr anfallen,

573 Hierzu bereits oben unter D.II.2.b)bb).

574 *Oppenheim/Lange-Hausstein*, WM 2016, 1966, 1971.

575 *Oppenheim/Lange-Hausstein*, WM 2016, 1966, 1971.

576 Richtlinie 2000/31/EG des Europäischen Parlaments und des Rates vom 8.6.2000 über bestimmte rechtliche Aspekte der Dienste der Informationsgesellschaft, insbesondere des elektronischen Geschäftsverkehrs, im Binnenmarkt.

577 *Wendehorst*, in MüKo BGB, 9. Auflage 2022, § 312i, Rn. 40.

578 *Oppenheim/Lange-Hausstein*, WM 2016, 1966, 1971.

579 *Lange/Werneburg*, NJW 2015, 193.

sodass ein besonderes Bedürfnis besteht, den Kunden bereits bei Vertragsabschluss klar darauf hinzuweisen, dass er einen kostenpflichtigen Vertrag abschließt.

Dennoch passt die gesetzlich vorgegebene Formulierung „zahlungspflichtig bestellen" als Beschriftung für die Bestell-Schaltfläche nicht komplett zum Vertragsabschluss zwischen Robo Advisor und Kunden, da der Kunde – je nach Geschäftsmodell – entweder eine Anlageempfehlung erhält, die er in der Folge umsetzen kann oder eine Finanzportfolioverwaltung in Auftrag gibt. Zwar kann die Verwendung des Wortes „bestellen" auch als „in Auftrag geben" verstanden werden[580], insbesondere im Kontext des Online-Shoppings, aus dem heraus den meisten Kunden die Button-Lösung bekannt sein dürfte, ist „bestellen" jedoch eher als die „Veranlassung, dass etwas geliefert wird" zu verstehen, was bei Finanzdienstleistungen jedoch gerade nicht der Fall ist.

Nach allgemeinem Verständnis ermöglicht § 312j III 2 BGB zwar auch die Verwendung einer anderen, ebenso eindeutigen Formulierung, hierbei ergibt sich jedoch das erhebliche Risiko, dass eine Formulierung gewählt wird, die nach gerichtlicher Einschätzung nicht ebenso eindeutig ist, da das Gesetz keine Kriterien für die Bestimmung der erforderlichen Eindeutigkeit enthält.

Ist dies der Fall, so sieht § 312j IV BGB vor, dass der Vertrag nicht zustande kommt. Die genauen Rechtsfolgen dieser Norm sind zwar strittig[581], es besteht jedoch ein nicht unerhebliches Risiko, das eine Rückabwicklung aller bereits ausgetauschten Leistungen erforderlich wird.[582] Somit sollten Robo-Advice-Anbieter eng den Vorgaben der Button-Lösung folgen, um eine ggf. erforderliche komplizierte Rückabwicklung zu vermeiden.

Der Gesetzgeber sollte hier jedoch eine Anpassung der Regelung vornehmen, sodass diese auch eindeutige und angepasste Vorgaben für die Erbringung von Finanzdienstleistungen im elektronischen Geschäftsverkehr enthält. Hierfür genügt bereits eine Abweichung von der strikten Vorgabe der Beschriftung des Buttons oder der Formulierung einer Alternativbeschriftung für die Erbringung von (Finanz) dienstleistungen.

Ebenfalls ist zu beachten, dass Robo Advisors die Anforderungen der Button-Lösungen in der Regel zweimal zu erfüllen haben, da der Kunde zum einen einen Vertrag mit dem Robo Advisor und zum anderen in der Regel auch einen Depotvertrag für die Verwaltung der Anlage[583] mit einer Kooperationsbank des Robo Advisors direkt über diesen abschließt.[584]

---

580 https://www.duden.de/rechtschreibung/bestellen (zuletzt abgerufen am: 01.06.2021).

581 Hierzu u.a.: *Fervers*, NJW 2016, 2289.

582 *Oppenheim/Lange-Hausstein*, WM 2016, 1966, 1971.

583 Siehe dazu auch D.III.

584 *Oppenheim/Lange-Hausstein*, WM 2016, 1966, 1971.

4. Einhaltung der allgemeinen Informationspflichten

Wie obenstehend schon dargelegt wurde, handelt es sich bei den Verträgen zwischen Robo Advisor und Kunde sowohl um Fernabsatzverträge, als auch um Verträge im elektronischen Geschäftsverkehr. Für diese Vertragstypen bestehen jeweils eigene Informationspflichten, die einzuhalten sind.

Es ergeben sich Informationspflichten aus § 312d II BGB, der eine Informationspflicht auch für Verträge über Finanzdienstleistungen begründet.

§ 312 V BGB fasst unter der Legaldefinition der Finanzdienstleistungen jegliche Bankdienstleistungen, sodass auch die von Robo Advisors angebotenen Dienstleistungen unter diese Legaldefinition subsumiert werden können.

Die Informationspflicht besteht nach § 312 V BGB jedoch nur für den Abschluss einer Rahmenvereinbarung oder, falls eine solche nicht geschlossen wird, für die erste durchgeführte Transaktion.[585] Es genügt damit ein einmaliges Zurverfügungstellen der Information, das rechtzeitig vor Abgabe einer Vertragserklärung des Kunden (Art. 246b § 1 I 1 EGBGB) zu erfolgen hat.[586]

Die Anforderungen an die Information regelt Art. 246b EGBGB. Hinsichtlich des Umfangs der Information ergeben sich keine Besonderheiten bei der Erbringung digitaler Finanzdienstleistungen.

Die Informationen können dem Kunden nach Art. 246b § 2 I EGBGB auch auf einem dauerhaften Datenträger i.S.d. § 126b 2 BGB zur Verfügung gestellt werden. Zusätzlich zu den in Art. 246b § 1 EGBGB genannten Informationen, hat der Anbieter dem Kunden nach Art. 246b § 2 I Nr. 1 EGBGB auch die Vertragsbestimmungen mitsamt der Allgemeinen Geschäftsbedingungen zu übermitteln.

Bei der Erbringung von Robo Advice kann somit problemlos eine Übermittlung der Informationen per E-Mail stattfinden, da diese als dauerhafter Datenträger i.S.d. § 126b 2 BGB einzustufen ist[587], erfolgen.

Zusätzlich sind nach § 312i I Nr. 2 BGB auch die Informationspflichten aus Art. 246c EGBGB einzuhalten.

---

585 *Busch* in: BeckOGK, Stand: 01.06.2021, § 312, Rn. 88.

586 *Busch* in: BeckOGK, Stand: 01.06.2021, § 312, Rn. 88.

587 *Einsele* in: MüKo BGB, 9. Auflage 2021, § 126b, Rn. 6; *Wendtland* in: BeckOK BGB, Stand: 01.08.2021, § 126b, Rn. 8.

5. Widerrufsrecht des Kunden

a) Bestehen eines Widerrufsrechts

Dem Kunden steht (sofern er Verbraucher ist) aus seinem Vertrag mit dem Robo Advisor grundsätzlich ein Widerrufsrecht nach § 312g I BGB i. V. m. §§ 355, 356 BGB zu.

Eine Ausnahme gilt hier jedoch nach § 312g II Nr. 8 BGB, wonach ein Widerrufsrecht für solche Finanzinstrumente ausgeschlossen ist, „deren Preis von Schwankungen auf dem Finanzmarkt abhängt, auf die der Unternehmer keinen Einfluss hat und die innerhalb der Widerrufsfrist auftreten können [...]". Ohne eine derartige Regelung träfe den Robo Advice-Anbieter bei der nach § 357a I BGB vorgeschriebenen Rückabwicklung infolge des Widerrufs das Risiko eines Wertverlusts.[588]

Ein Widerrufsrecht ist damit nur dann gegeben, wenn die Voraussetzungen des § 312g II Nr. 8 BGB nicht vorliegen.

Aus dem Wortlaut der Norm lässt sich jedoch nicht eindeutig entnehmen, ob der Ausschluss des Widerrufsrechts auch für die Wertpapierberatung (Anlageberatung/ Anlagevermittlung) und die Vermögensverwaltung gelten soll. Sinn und Zweck des Ausschlusses des Widerrufsrechts ist jedoch, dass ausgeschlossen werden soll, dass der Verbraucher sein Widerrufsrecht ausnutzt, um bei einer negativen Preisentwicklung des Finanzinstruments diese Entwicklung auf seinen Vertragspartner abzuwälzen. Demnach ist ein Ausschluss des Widerrufsrechts nur dann erforderlich, wenn der Preis des Vertragsgegenstands unmittelbar und wesentlich von Schwankungen auf dem Finanzmarkt abhängt. Hiervon kann jedoch bei Vorliegen einer Anlageberatung oder Vermögensverwaltung nicht ausgegangen werden, da der Preis für diese Dienstleistung als solche nicht von Schwankungen auf dem Finanzmarkt abhängig ist.[589] Damit ist grundsätzlich vom Bestehen eines Widerrufsrechts für die von Robo Advisors angebotenen Dienstleistungen auszugehen.[590]

---

588 *Oppenheim/Lange-Hausstein*, WM 2016, 1966, 1972.

589 So auch: *U. Schäfer* in: Assmann/Schütze/Buck-Heeb, Handbuch des Kapitalanlagerechts, 5. Auflage 2020, § 23, Rn. 57; *Möslein/Lordt*, ZIP 2017, 793, 799.

590 So auch: *Wendehorst* in: MüKo BGB, 9. Auflage 2022, § 312g, Rn. 41; *U. Schäfer* in: Assmann/Schütze/Buck-Heeb, Handbuch des Kapitalanlagerechts, 5. Auflage 2020, § 23, Rn. 57; *Busch* in: BeckOGK, Stand: 01.06.2021, § 312g, Rn. 48; *Möslein/Lordt*, ZIP 2017, 793, 799; im Ergebnis wohl auch: *Schirmbacher* in: Spindler/Schuster, Recht der elektronischen Medien, 4. Auflage 2019, § 312g, Rn. 52; anders dagegen wohl: *Oppenheim/Lange-Hausstein*, WM 2016, 1966, 1972, die das Vorliegen eines

Problematisch sind Fälle, in denen der Vertrag zwischen Robo Advisor und Kunde sowohl Produkte umfasst, für die ein Widerrufsrecht besteht, als auch solche, die von der Ausnahme des § 312g II Nr. 8 BGB erfasst sind.

Da für einen Teil der Produkte ein gesetzliches Widerrufsrecht besteht, ist der Verbraucher hierüber auch zu belehren, will der Anbieter jedoch verhindern, dass er dem Kunden hinsichtlich der eigentlich vom Widerrufsrecht ausgenommenen Produkte ebenfalls ein vertragliches Widerrufsrecht einräumt, so bleibt nur die Möglichkeit getrennter Vertragsschlüsse.[591]

Häufig wird über den Robo-Advice-Anbieter auch ein Vertrag mit einer depotführenden Bank vermittelt, ist dies der Fall, steht dem Verbraucher auch hinsichtlich dieses Vertrages ein Widerrufsrecht zu. Schließt der Kunde im Zuge des Vertrages mit dem Robo Advisor auch einen Vertrag mit einer Depotbank ab, so handelt es sich bei diesen beiden Verträgen um verbundene Verträge i.S.d. § 360 BGB.[592] Dies hat zur Folge, dass im Falle der Erklärung eines Widerrufs dieser Wirkung für beide Verträge entfaltet.[593]

Sofern dem Verbraucher nach den obigen Ausführungen ein Widerrufsrecht zusteht, beträgt die Widerrufsfrist nach der allgemeinen Regelung des § 355 II BGB 14 Tage. Dabei beginnt die Frist mit Abschluss des Vertrages zwischen Anleger und Robo Advisor.

b) Widerrufsbelehrung

Der Verbraucher ist gem. § 312d II BGB i. V. m. Art. 246b § 1 I Nr. 12 EGBGB über das Bestehen oder Nichtbestehen eines Widerrufsrechts, sowie über die Bedingungen und Rechtsfolgen der Ausübung des Widerrufs zu informieren.

Zur Erfüllung dieser Belehrungspflicht kann und sollte der Robo Advisor die in Anlage 3 zu Art. 246b § 2 III EGBGB zur Verfügung gestellte Muster-Widerrufsbelehrung verwenden.

Wird der Kunde fehlerhaft oder trotz bestehendem Widerrufsrecht gar nicht belehrt, so steht ihm nach § 356 III 3 BGB ein zeitlich unbegrenztes Widerrufsrecht zu.[594]

Widerrufsrechts auch dann verneinen, wenn lediglich die genannten Dienstleistungen erbracht werden.

591 *Oppenheim/Lange-Hausstein*, WM 2016, 1966, 1972.

592 *Möslein/Lordt*, ZIP 2017, 793, 800; *Oppenheim/Lange-Hausstein*, WM 2016, 1966, 1972.

593 Vgl. hierzu näher unten unter F.I.

594 *Fritsche* in: MüKo BGB, 9. Auflage 2022, § 356, Rn. 33; *Mörsdorf* in: BeckOGK, Stand: 01.06.2022, § 356, Rn. 48.

Sofern der Kunde zwei Verträge über die Plattform des Robo Advisors abschließt, der Depotvertrag mit einer Bank also auch durch Vermittlung des Robo Advisors zustande kommt, ist der Kunde über das Bestehen beider Widerrufsrechte zu belehren.[595] Da in der Regel vom Vorliegen zusammenhängender Verträge nach § 360 BGB auszugehen ist, ist auch darüber zu belehren, dass eine Ausübung des Widerrufsrechts die Rückabwicklung beider Verträge zur Folge hat.[596]

Problematisch hinsichtlich der Belehrung über das Widerrufsrecht sind Fälle, in denen eigentlich kein gesetzliches Widerrufsrecht besteht. Dies kann zum einen der Fall sein, wenn der Kunde kein Verbraucher, sondern Unternehmer ist oder wenn der Ausschlussgrund des § 312g II Nr. 8 BGB[597] einschlägig ist.

Nach überwiegender und zutreffender Ansicht in Literatur[598] und Rechtsprechung[599] führt jedoch eine Widerrufsbelehrung, die gesetzlich nicht erforderlich ist, zur Einräumung eines vertraglichen Widerrufsrechts. Dies lässt sich schon aus dem Wortlaut des § 312g II 1 BGB ableiten.[600] Es besteht damit grundsätzlich im Rahmen der Vertragsfreiheit die Möglichkeit, dass die Parteien auch dann das Bestehen eines Widerrufsrechts vereinbaren, wenn dies gesetzlich nicht vorgeschrieben ist. Die Widerrufsbelehrung ist als Teil des Vertrags vom Robo Advisor vorformuliert i.S.d. § 305 BGB, sodass von der Einräumung eines vertraglichen Widerrufsrechts auszugehen ist, wenn der Kunde aufgrund der Formulierung davon ausgehen darf, dass er die Möglichkeit erhält, das Geschäft nach Abschluss zu widerrufen.[601]

Demnach besteht für Robo Advisors das Risiko, bei einer umfassenden Belehrung aller Kunden auch solchen Kunden ein Widerrufsrecht einzuräumen, bei denen dieses aufgrund einer fehlenden Verbrauchereigenschaft nicht erforderlich wäre.[602]

Es besteht jedoch die Möglichkeit, die Widerrufsbelehrung derart zu formulieren, dass sie schon ihrem Wortlaut nach nur für Verbraucher Wirksamkeit entfaltet (bspw. „Verbraucher haben folgendes Widerrufsrecht“).[603] Eine

---

595 *Oppenheim/Lange-Hausstein*, WM 2016, 1966, 1972.

596 *Oppenheim/Lange-Hausstein*, WM 2016, 1966, 1972.

597 Vgl. hierzu oben D.IV.5.a).

598 *Ebnet*, NJW 2011, 1029, 1030; *Grüneberg* in: Palandt, 78. Auflage 2019, Vorb v § 355, Rn. 5.

599 So u. a.: BGH NJW 2012, 1066; BGH NJW 1982, 2313.

600 *Grüneberg* in: Palandt, 78. Auflage 2019, Vorb v § 355, Rn. 5.

601 *Ebnet*, NJW 2011, 1029, 1031.

602 So auch: *Oppenheim/Lange-Hausstein*, WM 2016, 1966, 1971.

603 *Ebnet*, NJW 2011, 1029, 1031, unter Verweis auf: OLG Hamburg, MMR 2011, 100.

derartige Einschränkung ist grundsätzlich zulässig und widerspricht auch nicht dem Deutlichkeitsgebot des Art. 246 III EGBGB.[604]

Wirkungslos wäre es hingegen, sich die Verbrauchereigenschaft durch den Kunden bestätigen zu lassen. Da die Verbrauchereigenschaft ein objektives Merkmal ist, das auch nicht abdingbar ist[605], wäre die Angabe des Kunden für das letztliche Bestehen einer Verbrauchereigenschaft ohnehin irrelevant.

V. Einhaltung der vor Erbringung einer Wertpapierdienstleistung einzuhaltenden aufsichtsrechtlichen Wohlverhaltenspflichten

Neben den bereits dargestellten zivilrechtlichen Pflichten, die im Vorfeld eines Vertragsschlusses zu erfüllen und einzuhalten sind, statuiert das WpHG auch aufsichtsrechtliche Vorgaben, die vor Erbringung der eigentlichen Wertpapierdienstleistung einzuhalten sind, hierzu gehört neben dem Abschluss einer Rahmenvereinbarung zwischen Dienstleister und Kunde auch die Erfüllung verschiedener Informationspflichten. Diese Pflichten gelten jedoch selbstverständlich lediglich für solche Robo Advisors, die grundsätzlich einer Regulierung durch das WpHG unterliegen.

1. Abschluss einer Rahmenvereinbarung mit dem Kunden (§ 83 II WpHG i. V. m. Art. 58 DVO MIFID II)

Nach § 83 II WpHG ist das Wertpapierdienstleistungsunternehmen verpflichtet, Aufzeichnungen über die Vereinbarungen mit dem Kunden zu erstellen. Den genauen Umfang dieser schriftlichen Rahmenvereinbarung regelt Art. 58 DVO MIFID II. Demnach hat die Rahmenvereinbarung insbesondere eine Beschreibung der zu erbringenden Dienstleistungen zu enthalten, sowie bei der Erbringung von Finanzportfolioverwaltung zusätzlich auch eine Aufzählung der durchzuführenden Geschäfte, sowie der nicht erlaubten Finanzinstrumente und Geschäfte. Bei der Erbringung von Anlageberatung genügt das Wertpapierdienstleistungsunternehmen der Verpflichtung aus Art. 58 DVO MIFID II überdies nur dann, wenn zusätzlich regelmäßige Eignungsbeurteilungen der empfohlenen Finanzinstrumente und Dienstleistungen angefertigt werden (Art. 58 S. 2 DVO MIFID II).

---

604 So noch unter Verweis auf §§ 355 II, 360 BGB aF, OLG Hamburg, MMR 2011, 100.

605 *Alexander* in: BeckOGK, Stand: 01.08.2022, § 13, Rn. 117.

Die Rahmenvereinbarung ist nach Art. 58 I S. 1 DVO MIFID II schriftlich oder auf einem anderen dauerhaften Datenträger abzuschließen. Da Robo Advice in der Regel auf einer reinen Online-Basis erbracht wird, kommt es vorliegend insbesondere auf die Möglichkeit der Bereitstellung der Rahmenvereinbarung auf einem anderen dauerhaften Datenträger an. Hierfür regelt Art. 3 Nr. 1 DVO MIFID II zunächst, dass eine solche Bereitstellung nur dann zulässig ist, wenn sie im Hinblick auf die sonstigen Rahmenbedingungen des Geschäftes als angemessen erscheint und dem Kunden zudem eine Auswahl zusteht, ob er die Rahmenvereinbarung in Papierform oder durch einen anderen dauerhaften Datenträger erhalten möchte.

Da Robo Advice, wie oben schon festgestellt, in der Regel online und damit (überwiegend) papierlos erbracht wird, ist von einer Angemessenheit der Bereitstellung der Rahmenvereinbarung auf einem dauerhaften Datenträger i.S.d. Art. 3 Nr. 1 a) DVO MIFID II unproblematisch auszugehen. Dennoch muss der Robo Advisor dem Kunden, um dem Erfordernis aus Art. 3 Nr. 1 b) DVO MIFID II zu genügen, auch eine Bereitstellung in Papierform anbieten.

Für die Anforderungen an die Bereitstellung auf einem dauerhaften Datenträger verweist Art. 3 Nr. 1 DVO MIFID II auf Art. 4 I Nr. 62 MiFID II. Demnach ist als dauerhafter Datenträger jedes Medium gestattet, dass es dem Kunden ermöglicht, die an ihn persönlich gerichteten Informationen so zu speichern, dass er sie für eine angemessene Dauer zum Zwecke der Information einsehen kann, ohne, dass die Wiedergabe der gespeicherten Informationen verändert wird.

Da die Norm nur eine Möglichkeit zur Speicherung vorsieht, ist davon auszugehen, dass es jedenfalls ausreichend ist, wenn der Robo Advisor dem Kunden die Rahmenvereinbarung als Anhang einer E-Mail zur Verfügung stellt. Die Bereitstellung in einem Kundenpostfach auf der Webseite des Robo Advisors begegnet hingegen Bedenken, da es bei dieser Art der Übermittlung im Machtbereich des Anbieters liegt, das Kundenpostfach zu sperren oder zu löschen und der Anleger damit auch keinen Zugriff mehr auf die bereitgestellten Informationen hätte.[606] Zudem müsste der Kunde weiterhin jedenfalls per E-Mail über das im Kundenpostfach bereitgestellte Dokument informiert werden, um eine Kenntnisnahme sicherzustellen.[607] Der EuGH hat darüber hinaus weitere Mindestanforderungen an die Bereitstellung von Kundenpostfächern aufgestellt,

606 So auch: *Schwarz* in: Linardatos, Rechtshandbuch Robo Advice, 1. Auflage 2020, § 7, Rn. 48.

607 So auch die Vorgabe des EuGH: EuGH, Urt. v. 25.01.2017 – C-375/15 (BAWAG/VKI) = NJW 2017, 871, Rn. 50 f.

wonach es für eine formgerechte Übermittlung erforderlich ist, dass der Kunde die Dokumente für einen angemessenen Zeitraum abrufen kann, die Dokumente unverändert wiedergegeben werden können und eine einseitige Veränderung der Unterlagen durch den Zahlungsdienstleister ausgeschlossen ist.[608] Um eine unveränderte Wiedergabe der gespeicherten Informationen sicherzustellen, sollte für die Bereitstellung ein schreibgeschütztes Dateiformat, wie bspw. das Adobe pdf-Format gewählt werden.

2. Erfüllung der vor Erbringung der Finanzdienstleistung bestehenden Informationspflichten

Zur Gewährleistung des Anlegerschutzes enthält das WpHG umfassende Informationspflichten, die das Wertpapierdienstleistungsunternehmen zu erfüllen hat. Diese Pflichten treffen selbstverständlich auch Robo Advisors, sofern Sie den Pflichten des 11. Abschnitts des WpHG unterliegen.

a) Allgemeine Informationspflichten

Zunächst ist das Wertpapierdienstleistungsunternehmen nach § 63 VII WpHG zur Bereitstellung eines Informationsblatts, aus dem der potentielle Anleger „angemessene Informationen über das Wertpapierdienstleistungsunternehmen und seine Dienstleistungen, über die Finanzinstrumente und die vorgeschlagenen Anlagestrategien, über Ausführungsplätze und alle Kosten und Nebenkosten" entnehmen kann, verpflichtet. Die genauen Anforderungen an das Informationsblatt listen § 63 VII Nr. 1 und 2 WpHG nachfolgend auf. Zudem verweist § 63 XIII Nr. 5 WpHG auf die Art. 38, 39, 41, 45–53, 61 und 65 der DVO MIFID II, die ebenfalls nähere Anforderungen statuieren. Die Bereitstellung dieser Informationen kann nach § 63 VII 2 WpHG in standardisierter Form erfolgen.

Hinsichtlich dieser Anforderungen bestehen keine Unterschiede zwischen einem herkömmlichen Wertpapierdienstleistungsunternehmen und einem Robo Advisor, weshalb auch hier nicht im Einzelnen auf die Ausgestaltung des Informationsblatts eingegangen werden soll.

Unterschiede können sich jedoch – wie oben bereits bei der Erfüllung der Informationspflichten aus den Regelungen über Verbraucherverträge thematisiert[609] – in der Bereitstellung der Informationen ergeben. Da Robo Advice in

608 EuGH, Urt. v. 25.01.2017 – C-375/15 (BAWAG/VKI) = NJW 2017, 871, Rn. 44.

609 Vgl. hierzu D.IV.

der Regel überwiegend online abgewickelt wird, kommt hier insbesondere eine Bereitstellung der Informationen in digitaler Form in Betracht.

Diese Art der Bereitstellung ist infolge der MiFID-II-Richtlinie erheblich vereinfacht worden, so ermöglicht Art. 46 III DVO MIFID II das Zurverfügungstellen der Informationen sowohl auf einem dauerhaften Datenträger, als auch auf einer Webseite.

Diese Möglichkeit der Bereitstellung wird durch Art. 3 II DVO MIFID II konkretisiert, so muss die Bereitstellung der Informationen auf die gewählte Art und Weise für die Art des Geschäfts angemessen sein, der Kunde muss der Art der Bereitstellung zugestimmt haben, ihm muss der genaue Fundort der Informationen mitgeteilt und die Informationen müssen aktuell gehalten und dauerhaft für den Anleger abrufbar sein. Der Begriff der Aktualität ist dabei so zu verstehen, dass die entsprechenden Informationen periodisch min. 1x jährlich neu zur Verfügung zu stellen sind.[610]

Sofern diese Voraussetzungen eingehalten werden, bestehen somit keine Bedenken gegenüber einer Bereitstellung der nach § 63 VII WpHG erforderlichen Informationen auf der Webseite des Robo Advisors.

Zudem muss die Bereitstellung der Informationen auch rechtzeitig erfolgen. Von einer rechtzeitigen Bereitstellung ist grundsätzlich dann auszugehen, wenn die Information die Anlageentscheidung noch beeinflussen kann.[611] Art. 46 I, II DVO MIFID II schreibt vor, dass die Bereitstellung der Informationen entweder vor Vertragsabschluss oder vor Erbringung der vereinbarten Dienstleistung, je nachdem, welcher Zeitpunkt eher eintritt, erfolgt.[612]

Somit ist bei der Erbringung von Robo Advice eine Bereitstellung der Informationen spätestens bei der Vertragsanbahnung, also bevor die für den Vertragsschluss notwendigen Angaben des Kunden abgefragt werden und bevor dieser den endgültigen Vertragsschluss durch Betätigung des entsprechenden Buttons bestätigt, erforderlich. Ebenfalls soll dem Kunden ausreichend Zeit zum Verständnis der Informationen eingeräumt werden, um diesen nicht unter Zeitdruck zu setzen.[613] Dem Kunden muss daher technisch die Möglichkeit eingeräumt

610 *Grundmann* in: Staub, HGB Kommentar, 5. Auflage 2018, Bankvertragsrecht, Achter Teil, Rn. 171.

611 Hierzu zu § 31 WpHG aF bei identischem Wortlaut: *Fuchs* in: Fuchs, WpHG Kommentar, 2. Auflage 2016, § 31, Rn. 122.

612 *Grundmann* in: Staub, HGB Kommentar, 5. Auflage 2018, Bankvertragsrecht, Achter Teil, Rn. 171.

613 Zur alten Rechtslage: *Voß* in: Just/Voß/Ritz/Becker, WpHG Kommentar, 1. Auflage 2015, § 31, Rn. 314.

werden, den Vertragsabschluss mit zeitlicher Verzögerung fortzusetzen oder zu einem späteren Zeitpunkt erneut auf die Formulare zum Vertragsabschluss (und damit verbunden auch auf die ihm erteilte Empfehlung) zuzugreifen.

b) Besondere Informationspflichten bei der Erbringung von Anlageberatung

Sofern Anlageberatung erbracht wird, hat das Wertpapierdienstleistungsunternehmen zusätzlich zu den oben genannten Informationspflichten die umfassenderen Informationspflichten nach § 64 WpHG zu erfüllen. Auch diesbezüglich sind Robo Advisors nicht anders zu behandeln, als andere Wertpapierdienstleistungsunternehmen.

Zunächst hat der Robo Advisor den potentiellen Anleger im Vorfeld der Erbringung einer Beratung nach § 64 I WpHG darüber zu informieren, ob eine unabhängige Anlageberatung erbracht wird (§ 64 I Nr. 1 WpHG), welchen Umfang die der Anlageberatung zugrundeliegende Analyse der Finanzinstrumente hat (§ 64 I Nr. 2 WpHG) und ob eine regelmäßige Geeignetheitsbeurteilung der empfohlenen Finanzinstrumente vorgenommen wird (§ 64 I Nr. 3 WpHG).

Darüber hinaus sind dem Anleger vor Abschluss eines Geschäfts über Finanzinstrumente nach § 64 II WPHG auch jeweils Informationsblätter zu den empfohlenen Finanzinstrumenten zur Verfügung zu stellen. Die Anforderungen hierzu konkretisiert § 4 WpDVerOV. Nach § 4 II WpDVerOV ist explizit auch eine elektronische Bereitstellung der Informationen zulässig.

Hinsichtlich der Erbringung von Robo Advice ergeben sich damit keine Probleme im Vergleich zu einer herkömmlichen Wertpapierdienstleistung.

c) Notwendigkeit weitergehender Informationspflichten bei der Erbringung von Robo Advice

Zum Teil wird gefordert, dass bei Erbringung von Wertpapierdienstleistungen durch Robo Advisors weitergehende Informationspflichten bestehen sollen, um den Kunden speziell über die Funktionsweise und Risiken dieser Art der Erbringung aufzuklären. Im Folgenden soll neben den Vorschlägen der ESMA auch auf die Forderung nach einer vertieften Information durch den Verbraucherzentrale Bundesverband (VZBV) eingegangen werden, bevor anschließend im Rahmen der Stellungnahme ermittelt werden soll, ob und welche zusätzlichen Informationspflichten bei einer Erbringung von Robo Advice notwendig und sinnvoll sind.

aa) ESMA-Richtlinie

Die ESMA stellt in ihren *Guidelines on certain aspects of the MiFID II suitability requirements* weitergehende Informationspflichten für Robo Advisors auf. Dabei beziehen sich diese Richtlinien jedoch insbesondere auf die Durchführung der Geeignetheitsprüfung und daher lediglich auf die Erbringung von Anlageberatung und Finanzportfolioverwaltung. So sollen Kunden klar und verständlich darüber informiert werden, inwiefern menschliche Berater in den Beratungsprozess eingebunden sind und inwiefern der Kunde persönlichen Kontakt mit einem Berater in Anspruch nehmen kann.[614] Darüber hinaus soll dem Kunden mitgeteilt werden, dass seine Antworten sich unmittelbar auf die Beurteilung der Geeignetheit der vorgeschlagenen Anlagemöglichkeiten auswirkt.[615] Zudem soll dargelegt werden, auf Basis welcher Informationen die letztliche Anlageempfehlung erteilt wird, dem Kunden soll also klar sein, ob die erteilte Anlageempfehlung nur auf den von ihm gemachten Angaben im Rahmen der Exploration beruht oder ob der Robo Advisor auf weitere Informationsquellen zurückgreift.[616] Ebenfalls hält die ESMA es für erforderlich, dass der Kunde darüber informiert wird, wie und zu welchem Zeitpunkt eine Aktualisierung seiner persönlichen Informationen vorgenommen wird.[617]

Damit sind die in der letztlichen Richtlinie vorgesehenen Informationspflichten jedoch schon abgeschwächt gegenüber den ursprünglich im Rahmen des entsprechenden *Consultation Papers*[618] vorgeschlagenen Pflichten. So war ursprünglich vorgesehen, dass Robo Advisors den Kunden auch ausdrücklich darüber informieren sollen, dass ein Algorithmus eingesetzt wird, um die Exploration durchzuführen und die Beratungs-/ Verwaltungsleistung zu erbringen.[619] Ebenfalls sollte der Kunde ursprünglich eine Information darüber erhalten, inwiefern die von ihm gemachten Angaben für die Ausarbeitung einer

---

614 *ESMA*, Final Report Guidelines on certain aspects of the MiFID II suitability requirements, ESMA35-43-869, S. 36, Ziff. 20.

615 *ESMA*, Final Report Guidelines on certain aspects of the MiFID II suitability requirements, ESMA35-43-869, S. 36, Ziff. 20.

616 *ESMA*, Final Report Guidelines on certain aspects of the MiFID II suitability requirements, ESMA35-43-869, S. 36, Ziff. 20.

617 *ESMA*, Final Report Guidelines on certain aspects of the MiFID II suitability requirements, ESMA35-43-869, S. 36, Ziff. 20.

618 *ESMA*, Consultation Paper Guidelines on certain aspects of the MiFID II suitability requirements, ESMA35-43-748.

619 *ESMA*, Consultation Paper Guidelines on certain aspects of the MiFID II suitability requirements, ESMA35-43-748, S. 40, Ziff. 21.

Anlageempfehlung oder die Verwaltung des Portfolios herangezogen werden. Diese Passage wurde jedoch aufgrund des Feedbacks infolge des Consultation Papers im Final Report gestrichen, da richtigerweise angemerkt wurde, dass der durchschnittliche Kunde eines Robo Advisors zu wenig eigenes Fachwissen aufweist, um die Funktionsweise und Effektivität des Algorithmus nachvollziehen und beurteilen zu können, sodass diese Information wertlos für ihn ist.[620]

Zusätzlich wurde sowohl in den Stellungnahmen der Deutschen Kreditwirtschaft, als auch des Robo Advisors Scalable Capital kritisiert, dass die ESMA in Ihrer Richtlinie verstärkt auf Sonderregelungen für Robo Advisors setzt, stattdessen solle es gleiche Vorgaben für alle Arten von Geschäftsmodellen geben.[621] Zudem sieht Scalable Capital das Risiko einer negativen Signalwirkung für Verbraucher, wenn für Robo Advisors besondere und strengere Vorgaben gelten.[622]

Darüber hinaus kritisiert die Deutsche Kreditwirtschaft auch, dass durch die Einführung zusätzlicher Informationspflichten die Gefahr eines *information overloads* verschärft wird.[623]

bb) Positionspapier des Bundesverbands der Verbraucherzentralen und Verbraucherverbände

Auch die Verbraucherzentralen fordern in ihrem Positionspapier zu digitaler Finanzanlageberatung und Vermögensverwaltung weitergehende Informationsverpflichtungen für Robo Advisors.[624] So sollen Verbraucher vor Vertragsabschluss eine nachvollziehbare Darstellung der Wirkungsweise des Robo Advisors erhalten, damit sie sich darauf aufbauend bewusst für die Nutzung eines Robo

620 *ESMA*, Final Report Guidelines on certain aspects of the MiFID II suitability requirements, ESMA35-43-869, S. 13, Ziff. 2; die dort vorgenommene „Sonderbehandlung" von Robo Advisors wurde auch in der Stellungnahme von Scalable Capital kritisiert: *Scalable Capital*, Contribution to consultation on guidelines on certain aspects of the MiFID II suitability requirements, S. 1.

621 *Die Deutsche Kreditwirtschaft*, Comments on the ESMA consultation paper „Guidelines on certain aspects of the MiFID II suitability requirements", S. 2; *Scalable Capital*, Contribution to consultation on guidelines on certain aspects of the MiFID II suitability requirements, S. 1.

622 *Scalable Capital*, Contribution to consultation on guidelines on certain aspects of the MiFID II suitability requirements, S. 1.

623 *Die Deutsche Kreditwirtschaft*, Comments on the ESMA consultation paper „Guidelines on certain aspects of the MiFID II suitability requirements", S. 3, 4.

624 *Verbraucherzentrale*, Positionspapier „Bessere Beratung durch Digitalisierung?!", 2018.

Advisors entscheiden können.[625] Dabei soll neben einer Darstellung der empfohlenen Portfolios und der Anlagegrundsätze ebenfalls die technische Umsetzung dargelegt werden.

Genauere Vorgaben enthält das Positionspapier hierzu nicht, es wird jedoch gefordert, diese Informationspflichten gesetzlich zu regeln.[626] Dabei sollen sie Geltung sowohl für Robo Advisors als auch für solche Anbieter, die persönliche Beratung erbringen aber ADM-Systeme im Hintergrund einsetzen.[627]

cc) Stellungnahme

Im Hinblick auf die Einführung weitergehender Informationspflichten für Robo Advisors ist eine sorgfältige Abwägung erforderlich.

So wird richtigerweise bemängelt, dass durch weitere Informationspflichten die Gefahr einer Überfrachtung des Kunden mit Informationen steigt und zudem eine Sonderbehandlung von Robo Advisors negative Auswirkungen auf die Nutzung solcher Anbieter haben könnte.

Ziel von weitergehenden Informationspflichten kann nur eine Verbesserung des Anlegerschutzes sein. Die Einführung weitergehender Informationspflichten ist damit nur dann zu befürworten, wenn durch sie Lücken im Anlegerschutz bei der Nutzung eines Robo Advisors gegenüber einem herkömmlichen Anbieter ausgeglichen werden.

Dies ist für eine Verpflichtung zur Darstellung der technischen Funktionsweise, wie sie die ESMA und der VZBV fordern, abzulehnen, da hierzu richtigerweise angemerkt wurde, dass eine solche Information in der Regel keinen Mehrwert für die Kunden bietet.

Im Hinblick auf die Tatsache, dass Robo Advisors noch immer recht neu am Markt und für viele Anleger unbekannt sind, erscheint es jedoch sinnvoll, wenn der Kunde darüber informiert wird, inwiefern ein Algorithmus die Erbringung der Beratungsleistung übernimmt und ob zusätzlich noch menschliche Berater involviert sind. Dies erscheint auch deshalb sinnvoll, da verschiedene Studien belegt haben, dass noch immer eine große Skepsis gegenüber dem Einsatz von Algorithmen besteht und nur geringes Vertrauen in algorithmische

---

625 *Verbraucherzentrale*, Positionspapier „Bessere Beratung durch Digitalisierung?!“, 2018, S. 8.

626 *Verbraucherzentrale*, Positionspapier „Bessere Beratung durch Digitalisierung?!“, 2018, S. 8.

627 *Verbraucherzentrale*, Positionspapier „Bessere Beratung durch Digitalisierung?!“, 2018, S. 8.

Entscheidungen besteht.[628] Dabei genügt jedoch eine vereinfachte schematische Darstellung des grundsätzlichen Prozesses, weitergehende technische Erläuterungen sind als zu weitgehend und für den Kunden irrelevant abzulehnen.

Eine Informationspflicht, inwiefern die Angaben aus der Exploration in die Erbringung der Wertpapierdienstleistung mit einbezogen werden und ob zusätzlich auf weitere Informationsquellen zurückgegriffen wird, erscheint ebenfalls sinnvoll. Andernfalls besteht das Risiko, dass der Kunde aufgrund einer ausführlichen Exploration davon ausgeht eine hochindividualisierte Empfehlung zu erhalten, letztlich aber nur wenige seiner Daten für eine überwiegend standardisierte Empfehlung verwendet werden. Durch eine solche Informationspflicht kann somit eine Verbesserung des Anlegerschutzes erreicht werden; dies gilt jedoch nicht nur für Robo Advisors sondern generell für Wertpapierdienstleistungen, sodass die Einführung einer solchen Informationspflicht generell zu befürworten ist.

Hinsichtlich der Darstellung dieser Informationen ist zu beachten, dass der Gefahr eines *information overload* entgegengewirkt werden muss, d. h. die Informationen müssen so kurz und verständlich wie möglich erfolgen und es muss sichergestellt sein, dass der Kunde sie auch zur Kenntnis nimmt. Dies wäre bspw. durch die Nutzung von Pop-Up-Fenstern möglich, deren Kenntnisnahme der Kunde bestätigen muss, bevor er weitere Eingaben tätigen kann.

Die vom VZBV geforderte Darstellung der angebotenen Portfolios und der Anlagerichtlinien entspricht im Endeffekt den bereits bestehenden Informationspflichten aus §§ 63 VII, 64 WpHG, sodass diesbezüglich keine weitergehende Information des Kunden notwendig erscheint.

VI. Verwendung eines gemeinsamen Informationsblattes für die Erfüllung der vorvertraglichen Informationspflichten nach Art. 246b EGBGB und der aufsichtsrechtlichen Pflichten

Die obenstehend dargestellten Informationspflichten, die sich aus dem BGB und dem WpHG ergeben, überschneiden sich in erheblicher Hinsicht und haben

628 Siehe dazu: *Fischer/Petersen*, Was Deutschland über Algorithmen weiß und denkt, S. 25; *Dietvorst/Simmons/Massey*, Algorithm Aversion: People Erroneously Avoid Algorithms After Seeing them Err, in: Journal of Experimental Psychology, 2014; *Hodge/Mendoza/Sinha*, The Effect of Humanizing Robo-Advisors in Investor Judgements, 2018.

einen erheblichen Umfang. Auch die Erfüllung dieser Informationspflichten erfolgt in der Regel durch entsprechend vorgefertigte Informationsblätter.

Aufgrund der hohen Übereinstimmungen zwischen den einzelnen Informationspflichten, die aber dennoch nicht komplett deckungsgleich sind, kommt es in Betracht, die bestehenden aufsichts- und zivilrechtlichen Informationspflichten in einem einheitlichen Informationsblatt zusammenzufassen.[629] Eine derartige Zusammenfassung würde jedoch dem Sinn und Zweck der ausdrücklich für aufsichts- und zivilrechtlich Aufklärungspflichten geforderten übersichtlichen Darstellungen widersprechen.[630]

Da Robo Advice aufgrund seiner starken Online-Basierung ein recht niedrigschwelliges Angebot zur Kapitalanlage bietet, birgt dies die Gefahr, dass die Risiken der Kapitalanlage unterschätzt werden; zudem ist Robo Advice gerade aufgrund seiner Niedrigschwelligkeit auch für Kunden interessant, die bisher keine besonderen Erfahrungen im Bereich der Kapitalanlage gesammelt haben. Somit kommt den zu erfüllenden Informationspflichten hier eine besonders große Bedeutung zu. Eine Zusammenfassung der Informationspflichten in einem Informationsblatt, führt nicht zwangsläufig zu einer weniger übersichtlichen Darstellung, sondern könnte diese sogar fördern, da doppelt geforderte Informationen zusammengefasst werden könnten. Durch eine Zusammenfassung der Informationen würde jedoch die ansonsten strikte Unterteilung zwischen zivil- und aufsichtsrechtlichen Informationspflichten verloren gehen. Hauptzweck der geforderten Informationen ist jedoch die Aufklärung des Kunden, diese kann durch ein einheitliches Informationsblatt verbessert werden. Gerade bei Anlegern ohne Erfahrung in der Kapitalanlage wird in der Regel ohnehin nicht von Kenntnissen zur Unterscheidung zwischen Zivil- und Aufsichtsrecht auszugehen sein. Somit sprechen gute Argumente dafür, dass Robo-Advice-Anbieter die Möglichkeit erhalten, einheitliche Informationsblätter für die Erfüllung der aufsichts- und zivilrechtlichen Informationspflichten zu verwenden.[631]

---

629 *Oppenheim/Lange-Hausstein*, WM 2016, 1966, 1972.

630 *Oppenheim/Lange-Hausstein*, WM 2016, 1966, 1972.

631 aA.: *Oppenheim/Lange-Hausstein*, WM 2016, 1966, 1972.

VII. Erfüllung der Voraussetzungen zur Verhinderung von Geldwäsche und Terrorismusfinanzierung nach dem GwG

Robo Advisors, die als Wertpapierinstitute nach § 2 I WpIG oder als Finanzdienstleistungsinstitute nach § 1 Ia KWG eingestuft sind, gelten als Verpflichtete nach § 2 I Nr. 2 GwG und haben damit grundsätzlich die Voraussetzungen des Geldwäschegesetzes zu erfüllen. Auch Robo Advisors, die selbst nicht als Finanzdienstleistungsinstitute gelten, können aber – sofern Sie die Einrichtung eine Kundendepots über ihr Portal abwickeln – geldwäscherechtliche Vorgaben zu erfüllen haben.

Ein zentrales Augenmerk liegt dabei auf der Identifikation des Kunden, die im Folgenden gesondert von den weiterhin bestehenden allgemeinen Sorgfaltspflichten erläutert wird.

1. Identifikation des Kunden

Nach § 11 I GwG ist eine Identifizierung des Vertragspartners erforderlich, bevor eine Geschäftsbeziehung begründet oder eine Transaktion durchgeführt wird.

Robo Advisors, die als Finanzdienstleistungsinstitute gelten, sind von dieser Verpflichtung grundsätzlich ebenfalls erfasst.

Es ist allerdings eine Differenzierung nach den Geschäftsmodellen der Robo Advisors erforderlich.

§ 11 I GwG stellt auf die Begründung einer Geschäftsbeziehung oder die Eine Geschäftsbeziehung ist dabei nach § 1 IV GwG jede Beziehung, die unmittelbar in Verbindung mit den gewerblichen oder beruflichen Aktivitäten der Verpflichteten steht und bei der beim Zustandekommen des Kontakts davon ausgegangen wird, dass sie von gewisser Dauer sein wird.[632] Aufgrund des zeitlichen Erfordernisses einer gewissen Dauer ist davon auszugehen, dass eine dauerhafte Geschäftsbeziehung erforderlich ist und einzelne Transaktionen nicht ausreichend sind.[633] Eine solche zeitliche Komponente kann beim Abschluss eines Vermögensverwaltungsvertrages, der sich gerade dadurch auszeichnet, dass der Robo Advisor die Verwaltung des Vermögens des Kunden für einen längeren Zeitraum übernimmt, problemlos bejaht werden. Handelt es sich jedoch nur um einzelne Beratungstätigkeiten, wie bei der Anlageberatung oder -vermittlung, kann nicht generell vom Vorliegen einer

---

632 *Figura* in: Herzog, GwG Kommentar, 4. Auflage 2020, § 1, Rn. 26.

633 *Figura* in: Herzog, GwG Kommentar, 4. Auflage 2020, § 1, Rn. 26.

gewissen Dauer der Geschäftsbeziehung ausgegangen werden.[634] Es kommt jedoch auf die Umstände des Einzelfalls an, ergibt sich aus diesen, dass der Kunde vorhat, nicht nur den einmaligen Anlagerat des Robo Advisors zu nutzen, sondern diesen auch zukünftig in Anspruch zu nehmen, so ist das Vorliegen einer Geschäftsbeziehung zu bejahen.[635] Maßgeblich für die Bewertung einer gewissen Dauer ist eine ex-ante-Perspektive.[636] Für die Annahme einer Geschäftsbeziehung spricht, dass der Kunde auf dem Portal eines Robo Advisors in der Regel die Möglichkeit hat, ein Kundenkonto zu eröffnen, um so bei Folgeaufträgen auf seine bereits eingegebenen Daten zurückgreifen zu können. Da eine Betrachtung aus der ex-ante-Perspektive maßgeblich ist, ist es für die Annahme einer Geschäftsbeziehung auch unschädlich, wenn der Anleger es letztlich bei einer einmaligen Inanspruchnahme des Anbieters belässt.[637] Damit ist unabhängig von der angebotenen Finanzdienstleistung davon auszugehen, dass Robo Advisors, die als Wertpapierinstitute i.S.d. § 2 I WpIG oder als Finanzdienstleistungsinstitute i.S.d. § 1 Ia KWG gelten, einer Identifizierungspflicht nach § 11 I GwG unterliegen.

Eine solche besteht unproblematisch auch, wenn der Anleger ein Depot bei der Kooperationsbank des Robo Advisors eröffnen möchte.

Die genaueren Anforderungen an Umfang und Durchführung der Identitätsüberprüfung ergeben sich aus §§ 11 IV, 12 GwG. Diesbezüglich sind für Robo Advice-Anbieter keine Besonderheiten zu berücksichtigen.

Infolge der reinen Onlinebasierung von Robo Advisors und dem fehlenden persönlichen Kontakt kommt allerdings keine persönliche Überprüfung der Identität des Kunden in Betracht, wie sie § 13 I Nr. 1 GwG vorsieht. Nach § 13 I Nr. 2 GwG sind jedoch auch andere Verfahren zur Identitätsfeststellung zulässig, solange sie ein, dem in Nr. 1 geregelten Verfahren vergleichbares Sicherheitsniveau aufweisen. Eine solche Möglichkeit bietet ein Videoidentifizierungsverfahren, bei dem mittels der Webcam des Kunden durch Kontakt mit einem Callcenter eine Identifikation des Kunden und die Überprüfung der Übereinstimmung zwischen Kunde und Auswei. S. d.okument durchgeführt werden kann.[638] Ein

634 So in Bezug auf Einzelberatungstätigkeiten von Rechtsanwälten: *Figura* in: Herzog, GwG Kommentar, 4. Auflage 2020, § 1, Rn. 28.

635 So auch: *Kaetzler* in: Zentes/Glaab, GwG Kommentar, 2. Auflage 2020, § 1, Rn. 50; *Figura* in: Herzog, GwG Kommentar, 4. Auflage 2020, § 1, Rn. 28.

636 *Kaetzler* in: Zentes/Glaab, GwG Kommentar, 2. Auflage 2020, § 1, Rn. 50.

637 *Figura* in: Herzog, GwG Kommentar, 4. Auflage 2020, § 1, Rn. 29.

638 Vgl. dazu *Möhring*, Das Video-Ident-Verfahren: Was ist das und wie benutze ich es?

solches Verfahren muss jedoch den Vorgaben, die die BaFin hierfür aufgestellt hat, entsprechen.[639]

Eine weitere Möglichkeit der Identitätsprüfung bietet das sog. POST-Ident-Verfahren. Bei dieser Form der Identitätsüberprüfung kann eine Überprüfung der vorgelegten Dokumente vor Ort erfolgen, sodass die Voraussetzungen des § 13 I Nr. 1 GwG gegeben sind. Robo Advisors werden die Identitätsüberprüfung in der Regel nicht selbst vornehmen, eine Auslagerung dieser Tätigkeit ist jedoch nach § 17 GwG zulässig.[640]

Sofern der Robo Advisor die Depoteröffnung des Kunden bei einer Partnerbank über sein Portal abwickelt, genügt eine einmalige Identitätsfeststellung für die Eingehung der Geschäftsbeziehung mit dem Robo Advisor und der Einrichtung des Depots.

Zusätzlich kann sich eine Identifizierungspflicht auch aus § 154 II AO ergeben.

Nach dieser Norm muss, „wer ein Konto führt, Wertsachen verwahrt […] sich zuvor Gewissheit über die Person und Anschrift des Verfügungsberechtigten […] verschaffen und die entsprechenden Angaben in geeigneter Form […] [festhalten]. Da die bisher am Markt vertretenen Robo Advisors jedoch alle ohne eigene Banklizenz agieren und somit den Kunden keine eigenen Depots anbieten können, besteht eine solche Identifizierungspflicht nur für die Depoteröffnung bei der Partnerbank des Robo Advisors. Wickelt der Robo-Advice-Anbieter diese aber als Vermittler ebenfalls über sein Portal ab, so hat er auch die Vorgaben es § 154 II AO zu erfüllen.

2. Erfüllung der allgemeinen Sorgfaltspflichten

Robo Advice-Anbieter, die als Finanzdienstleistungsinstitute zu den Verpflichteten des GwG zählen, haben neben der Pflicht zur Identifizierung ihrer Kunden auch die allgemeinen Sorgfaltspflichten des § 10 GwG zu erfüllen, diesbezüglich bestehen keine Besonderheiten gegenüber anderen Unternehmen.

Für Robo Advisors gelten aber unter Umständen verstärkte Sorgfaltspflichten nach § 15 II GwG. Hiervon ist dann auszugehen, wenn unter anderem Voraussetzungen der in Anlage 2 zum GwG genannten Faktoren für ein potenziell höheres Risiko erfüllt sind. Demnach können erhöhte Sorgfaltspflichten unter anderem dann in Betracht kommen, wenn „neue Produkte und neue Geschäftsmodelle

---

639 BaFin Rundschreiben 3/2017 (GW) vom 10.04.2017 – Videoidentifizierungsverfahren; zu den Anforderungen auch: *Sonnenberg* in: Zentes/Glaab, GwG Kommentar, 2. Auflage 2020, § 13, Rn. 10 ff.

640 *Lang* in: Zentes/Glaab, GwG Kommentar, 2. Auflage 2020, § 17, Rn. 8; *Figura* in: Herzog, GwG Kommentar, 4. Auflage 2020, § 17, Rn. 10.

einschließlich neuer Vertriebsmechanismen sowie Nutzung neuer oder in der Entwicklung begriffener Technologien für neue oder bereits bestehende Produkte" genutzt werden. Der Einsatz von Algorithmen in der Finanzanlage kann als eine solche Nutzung neuer Technologien angesehen werden. Zudem wird auch dann von einer Notwendigkeit für erhöhte Sorgfaltspflichten ausgegangen, wenn zur Identitätsprüfung ein Videoidentifizierungsverfahren genutzt wird.[641]

Den genauen Umfang der erhöhten Sorgfaltspflichten gibt § 15 GwG nicht vor, hierbei gilt ein risikobasierter Ansatz, sodass die betroffenen Unternehmen selbst zu ermitteln haben, welche erhöhten Sorgfaltspflichten Sie zur Erreichung der Verhinderung von Geldwäsche und Terrorismusfinanzierung für angemessen erachten.[642]

VIII. Haftungsansprüche des Kunden wegen vorvertraglicher Pflichtverletzungen

Neben vertraglichen Haftungsansprüchen im Falle von verschiedenen Pflichtverletzungen[643] kommen auch Haftungsansprüche für Pflichtverletzungen in Betracht, die bereits im vorvertraglichen Bereich bei der Vertragsanbahnung begangen werden, auf diese soll im Folgenden eingegangen werden.

1. Eigenhaftung des Anlageberaters

Im Bereich der herkömmlichen Anlageberatung kommt unter bestimmten Voraussetzungen auch die Möglichkeit eines Haftungsanspruchs gegenüber der Person des Beraters in Betracht.

Für eine solche vorvertragliche Eigenhaftung muss der Anlageberater jedoch in besonderem Maße Vertrauen für sich in Anspruch nehmen und dadurch auch die Verhandlungen und den letztlichen Vertragsabschluss beeinflussen.[644]

Auf die genauen Voraussetzungen einer solchen Eigenhaftung braucht vorliegend jedoch nicht eingegangen werden, da eine Haftung des Anlageberaters vorliegend auf eine Eigenhaftung des Algorithmus hinauslaufen würde. Fraglich ist daher nur, ob eine solche Eigenhaftung überhaupt in Betracht kommt.

Wie oben im Rahmen der Ausführungen zur Einbeziehung des Algorithmus im Vertragsverhältnis[645] bereits festgestellt wurde, handelt der Algorithmus

---

641 *Achtelik* in: Herzog, GwG Kommentar, 4. Auflage 2020, § 15, Rn. 47.
642 *Achtelik* in: Herzog, GwG Kommentar, 4. Auflage 2020, § 15, Rn. 1 f.
643 Siehe dazu ausführlich unten E.III.
644 *Buck-Heeb/Lang* in: BeckOGK, Stand: 01.07.2022, § 675, Rn. 694.
645 Siehe hierzu D.II.1.

vergleichbar einem Stellvertreter, sodass § 164 BGB in analoger Anwendung heranzuziehen ist und die Empfehlungen des Algorithmus für und gegen den Anbieter wirken. Liegt eine Pflichtverletzung vor, die auf einer Fehlfunktion des Algorithmus beruht, so läge eine Überschreitung der Vertretungsmacht vor, da der Algorithmus gewissermaßen den Rahmen seines rechtlichen „Dürfens" überschritten hat. In einem solchen Fall hinge die Wirksamkeit des Geschäfts nach § 177 BGB, hier in analoger Anwendung, von der Genehmigung des Anbieters ab.[646] In der Regel wird davon auszugehen sein, dass der Robo Advice-Anbieter bei Bestehen einer solchen Möglichkeit das entsprechende Geschäft nicht genehmigen wird. In der Folge käme damit eine Haftung des Vertreters ohne Vertretungsmacht nach § 179 BGB analog in Betracht. Eine solche Haftung kann jedoch aufgrund der obenstehend abgelehnten Rechtssubjektivität des Algorithmus nicht in Betracht kommen, da diese für eine Eigenhaftung des Algorithmus erforderlich ist.[647]

Etwas Anderes kann lediglich dann gelten, wenn über die algorithmische Beratung hinaus eine ergänzende Beratungsleistung durch Mitarbeiter des Robo Advisors erbracht wird. Man wird jedoch auch dann nur von einer Eigenhaftung des jeweiligen Anlageberaters ausgehen können, wenn dieser tatsächlich beratend tätig geworden ist, es sich mithin bei dem Robo Advice-Angebot um eine Hybridlösung aus Algorithmus und persönlicher Beratung handelt. Ein bloßer technischer Support, etwa hinsichtlich der Durchführung der Kundenexploration dürfte hingegen nicht für das Entstehen eines erforderlichen Vertrauensverhältnisses genügen.

2. Verletzung der Informationspflichten aus § 312d II BGB

Wie obenstehend dargelegt wurde, bestehen bei Vertragsschluss mit einem Verbraucher umfassende Informationspflichten aus § 312d II BGB i. V. m. Art. 246b EGBGB. Kommt der Robo Advisor diesen nicht oder nur unzureichend nach, so stellt sich die Frage, ob dies eine Haftung im vorvertraglichen Bereich begründen kann. In Betracht kommt hierbei eine Haftung aus §§ 280 I, 311 II, 241 II BGB (*culpa in contrahendo*).

646 so auch: *Keßler*, MMR 2017, 589, 592.
647 *Keßler*, MMR 2017, 589, 592.

a) Anwendbarkeit

Im Hinblick auf das, dem Verbraucher eingeräumte Widerrufsrecht aus § 312g BGB stellt sich zunächst die Frage, ob der Gesetzgeber hier nicht mit der Gestaltung des Widerrufsrechts eine abschließende Wertung getroffen hat, die durch die Annahme einer vorvertraglichen Haftung umgangen würde.[648]

Eine solche Ansicht würde jedoch unter anderem verkennen, dass der Bedarf nach einer solchen Haftung insbesondere dann besteht, wenn das Widerrufsrecht des Anlegers nach § 312g II Nr. 8 BGB[649] ausgeschlossen ist.[650]

Auch sind die Zweckrichtungen von Widerrufsrecht und Schadensersatzanspruch verschieden. Die Informationspflichten dienen dazu, den Kunden vor dem Vertragsschluss umfassend über das von ihm abzuschließende Geschäft aufzuklären, das Widerrufsrecht soll es ihm dann ermöglichen, sich vom Vertrag lösen zu können.[651] Im Falle eines Schadensersatzanspruchs haftet der Unternehmer hingegen in der Regel auf den Ersatz des Vertrauensschadens, dieser kann jedoch auch auf Vertragsaufhebung gerichtet sein.[652]

b) Schuldverhältnis

Im vorvertraglichen Bereich kommt eine Haftung aus culpa in contrahendo in Betracht, sodass ein vorvertragliches Schuldverhältnis i.S.d. § 311 II BGB vorliegen muss.

Aus der reinen Informationsverpflichtung des Anbieters lässt sich ein derartiges Schuldverhältnis noch nicht ableiten.[653] Spätestens, wenn der potentielle Anleger aber mit dem Ausfüllen des Fragebogens auf der Webseite des Robo Advisors beginnt, ist vom Entstehen eines vorvertraglichen Schuldverhältnisses i.S.d. § 311 II BGB auszugehen.

c) Pflichtverletzung

Nach Entstehen des vorvertraglichen Schuldverhältnisses sind beide Parteien zur Wahrung der Schutz- und Rücksichtspflichten des § 241 II BGB verpflichtet.

---

648 *Hoffmann*, ZIP 2005, 829, 834.
649 Vgl. hierzu oben D.IV.5.a).
650 *Greenwood*, Verbraucherschutz beim Fernabsatz von Finanzdienstleistungen, S. 181.
651 *Greenwood*, Verbraucherschutz beim Fernabsatz von Finanzdienstleistungen, S. 182.
652 *Felke/Jordans*, NJW 2005, 710, 711, m.w.N.
653 *Greenwood*, Verbraucherschutz beim Fernabsatz von Finanzdienstleistungen, S. 183.

Hierzu zählen nach allgemein anerkannter Ansicht auch Aufklärungs- und Informationspflichten.[654]

Erfüllt der Robo Advisor seine Informationspflichten aus § 312d BGB i. V. m. Art. 246b EGBGB nicht oder nur unzureichend, so liegt unstreitig eine Verletzung der nach § 241 II BGB einzuhaltenden Pflichten vor.

d) Vertretenmüssen

Von einem grundsätzlich erforderlichen Vertretenmüssen wird regelmäßig auszugehen sein. Es genügt bereits ein fahrlässiges Handeln, zudem greift auch bei einer Haftung aus cic die Verschuldensvermutung des § 280 I 2 BGB, die zugunsten des potentiellen Anlegers wirkt.

Bekommt der Anbieter durch das Portal des Robo-Advice-Anbieters keine oder nur unzureichende Informationen i.S.d. § 312d BGB i. V. m. Art. 246b EGBGB zur Verfügung gestellt, so ist darin regelmäßig ein Organisationsverschulden des Betreibers zu sehen, da dieser verpflichtet ist, die Informationen so aufzubereiten und in sein System einzupflegen, dass der Algorithmus in der Lage ist, den Kunden auf die entsprechenden Informationen hinzuweisen.

e) Inhalt des Schadensersatzanspruchs

Grundsätzlich ist der Geschädigte auch im Bereich der vorvertraglichen Haftung so zu stellen, wie er ohne die vorvertragliche Pflichtverletzung stünde, insoweit gelten die allgemeinen schadensrechtlichen Regelungen der §§ 249–253 BGB.[655] Hierfür ist es unerheblich, ob es letztlich auch zu einem Vertragsabschluss kam oder nicht.[656]

Im Falle einer Informationspflichtverletzung wird in der Regel davon auszugehen sein, dass der Kunde den Vertrag bei ordnungsgemäßer Aufklärung nicht oder nur mit anderem Inhalt abgeschlossen hätte. Sein Begehren wird damit auf eine Aufhebung oder Rückabwicklung des Vertrages gerichtet sein. Diese kann grundsätzlich im Wege der Naturalrestitution verlangt werden.[657]

Der Anspruch richtet sich dann auf Rückabwicklung des Vertrages, sowie ggf. auf Ersatz eines entgangenen Gewinns nach § 252 BGB.

---

654 *Emmerich* in: MüKo BGB, 9. Auflage 2022, § 311, Rn. 66; *Herresthal* in: BeckOGK, Stand: 01.04.2022, § 311, Rn. 388.

655 *Emmerich* in: MüKo BGB, 8. Auflage 2019, § 311, Rn. 219.

656 *Herresthal* in: BeckOGK, Stand: 01.04.2022, § 311, Rn. 336.

657 *Emmerich* in: MüKo BGB, 8. Auflage 2019, § 311, Rn. 232.

Insoweit ergeben sich keine Unterschiede gegenüber einer herkömmlichen Erbringung von Finanzdienstleistungen, weshalb vorliegend auf eine Darstellung der Einzelheiten des Schadensumfangs verzichtet wird.

3. Verletzung von Beratungs- und Aufklärungspflichten

Möglicherweise kommt auch bereits im vorvertraglichen Bereich eine Haftung des Robo Advisors für die Verletzung von Beratungs- und Aufklärungspflichten, die sich aus einer Ausstrahlungswirkung der Wohlverhaltensregeln des WpHG oder aus den für den vertraglichen Bereich entwickelten Pflichten des Finanzdienstleisters ergeben. Hierzu ist jedoch zwischen den einzelnen Finanzdienstleistungen zu differenzieren.

a) Anlageberatung und Anlagevermittlung

Grundsätzlich ist das Entstehen eines Haftungsanspruchs des Kunden aus cic auch bei einer Verletzung von Aufklärungspflichten im Vorfeld einer Anlageberatung denkbar.[658] Die praktische Relevanz eines derartigen Haftungsanspruchs hängt jedoch entscheidend davon ab, zu welchem Zeitpunkt ein konkludenter Abschluss eines Beratungsvertrages angenommen werden soll.[659] Aufgrund der geringen Anforderungen an den konkludenten Vertragsschluss kommt es in der Regel vor dem Entstehen von Beratungs- und Aufklärungspflichten schon zum Abschluss eines Beratungsvertrages, sodass die vertraglichen Pflichten des Anlageberaters eine vorvertragliche Haftung dann überlagern.

Hiervon ist nach dem oben dargestellten Zeitpunkt des Vertragsschlusses des Beratungsvertrages bei der Erbringung von Anlageberatung durch einen Robo Advisor ebenfalls auszugehen. Dadurch, dass es, sobald der Kunde einen Anlagevorschlag erhält, zum konkludenten Abschluss eines Beratungsvertrages kommt[660], entstehen Aufklärungs- und Beratungspflichten ohnehin erst mit Abschluss des Beratungsvertrages. Auch im Hinblick auf etwaige Fehler in der Gestaltung des Fragebogens ist von einer Überlagerung durch die vertraglichen Pflichten aus dem Beratungsvertrag auszugehen, da diese Fehler sich zwangsläufig auf die Gestaltung der Anlageempfehlung auswirken, sodass der Kunde auch in dieser Hinsicht ausreichend geschützt ist.

---

658 *Zahrte* in: MüKo HGB, 4. Auflage 2019, Anlageberatung, Rn. 497.
659 *Zahrte* in: MüKo HGB, 4. Auflage 2019, Anlageberatung, Rn. 501.
660 Vgl. hierzu oben D.II.2.b)bb).

Hinsichtlich der Anlagevermittlung ergeben sich diesbezüglich aufgrund des gleichgelagerten Zeitpunkts des Vertragsschlusses des Auskunftsvertrags keine Unterschiede.

b) *Finanzportfolioverwaltung*

Im Bereich der automatisierten Finanzportfolioverwaltung kommt eine vorvertragliche Haftung nach §§ 280 I, 311 II BGB insbesondere dann in Betracht, wenn dem Anleger eine Einstufung in eine Risikoklasse (und damit verbunden auch Anlagerichtlinien) empfohlen wird, die nicht mit seinen Angaben zu Kenntnissen und Erfahrungen mit Wertpapiergeschäften übereinstimmt.[661] Eine solche Haftung kommt jedoch nur dann in Frage, wenn nicht bereits vom Vorliegen eines konkludent geschlossenen Beratungsvertrages ausgegangen werden kann.[662]

Nimmt der Algorithmus keine ausreichende Kundenexploration vor oder wertet die im Rahmen der Exploration erlangten Informationen falsch aus und kommt es so zu einer Einstufung des potentiellen Anlegers in eine höhere Risikokategorie, so ist dies dem Robo Advisor als Betreiber des Portals im Rahmen eines Organisationsverschuldens in Form der fehlerhaften Programmierung, bzw. der unzureichenden Kontrolle des Algorithmus vorzuwerfen. Dem Kunden steht dann ein Anspruch auf Schadensersatz nach §§ 280 I, 311 II BGB zu.

IX. Ergebnisse zu Kap. D.

1. Für die derzeit eingesetzten Algorithmen ist die Schaffung einer eigenen Rechtspersönlichkeit nicht erforderlich, da es sich nicht um autonome, selbstlernende Systeme handelt, sondern um deterministisch agierende Algorithmen.
2. Die Zurechnung der Erklärungen des Algorithmus erfolgt gem. § 164 BGB analog. *De lege ferenda* sollte aber ein Zurechnungsregime für algorithmische Erklärungen in Anlehnung an das Minderjährigenrecht geschaffen werden.
3. Der Anlageberatungsvertrag kommt bei der Nutzung eines Robo Advisors erst in dem Moment zustande, in dem der Kunde als Ergebnis seiner Angaben im Online-Fragebogen des Anbieters seine Anlageempfehlung erhält.

---

661 *Buck-Heeb/Lang* in: BeckOGK, Stand: 01.07.2022, § 675, Rn. 907.

662 Vgl. zum Vorliegen eines Beratungsvertrages bei der Finanzportfolioverwaltung D.II.4a).

4. Kunden von Half-Service- und Full-Service-Plattformen müssen zusätzlich zu den Verträgen mit dem Robo Advice-Anbieter auch einen Depotvertrag mit der Kooperationsbank des Robo Advisors abschließen, um die Umsetzung der Finanzanlage zu ermöglichen.
5. Robo Advisors sollten die Vorgaben der Button-Lösung 1:1 einhalten.
6. Dem Kunden steht (sofern er Verbraucher ist) aus seinem Vertrag mit dem Robo Advisor grundsätzlich ein Widerrufsrecht nach § 312g I BGB i. V. m. §§ 355, 356 BGB zu.
7. Die Bereitstellung von Informationen in einem Kundenpostfach ist nur dann zulässig, wenn der Kunde die Dokumente für einen angemessenen Zeitraum abrufen kann, die Dokumente unverändert wiedergegeben werden können, eine einseitige Veränderung der Unterlagen durch den Zahlungsdienstleister ausgeschlossen ist und der Kunde per E-Mail über das bereitgestellte Dokument informiert wird.
8. Für die Erfüllung der Informationspflichten gelten für Robo Advisors keine Besonderheiten. Die Bereitstellung der Informationen hat spätestens im Rahmen der Vertragsanbahnung, also zu Beginn der Kundenexploration zu erfolgen.
9. Der Kunde muss die Möglichkeit haben, die Informationen zur Kenntnis zu nehmen und zu verstehen, daher ist es erforderlich, den Vertragsprozess auch mit zeitlicher Verzögerung fortsetzen zu können.
10. Robo Advisors sollten ihre Kunden über die bestehenden Informationspflichten hinaus auch in einfacher schematischer Form über den Einsatz des Algorithmus und darüber aufklären, inwiefern die Angaben aus der Kundenexploration tatsächlich für die Anlageempfehlung berücksichtigt werden.
11. Um eine bessere Übersichtlichkeit der bereitzustellenden Informationen zu erreichen, sollte Robo Advisors die Möglichkeit eingeräumt werden, alle Informationspflichten in einem einheitlichen Informationsblatt zu erfüllen.
12. Als Finanzdienstleistungsinstitute haben Robo Advisors die Pflichten des Geldwäschegesetzes zu erfüllen.
13. Verletzt der Robo Advisor vorvertragliche Informationspflichten (§ 312d II BGB) oder Beratungs- und Aufklärungspflichten kommt eine Haftung nach §§ 280 I, 311 II BGB in Betracht.

E. Vertragsdurchführung

Im Rahmen der Vertragsdurchführung ist der Robo Advisor selbstverständlich verpflichtet, die vertraglich geschuldete Leistung zu erbringen. Ob und inwiefern er diese erbringen kann und muss soll im Folgenden erörtert werden. Dabei wird insbesondere auf die Möglichkeit der Erbringung einer anlage- und anlegergerechten Beratung durch den Robo Advisor bei der Erbringung von Anlageberatung eingegangen.

Zudem ergeben sich für Robo Advisors, die als Wertpapierinstitute i.S.d. § 2 I WpIG oder als Finanzdienstleistungsinstitute i.S.d. § 1 Ia KWG gelten bei der Erbringung der Wertpapierdienstleistung auch aufsichtsrechtliche Pflichten, die einzuhalten sind.

Auch die Frage, wann und unter welchen Voraussetzungen eine Haftung des Robo Advisors zu bejahen ist, soll durch einen Vergleich mit den Haftungsgrundsätzen für die herkömmliche Erbringung der Finanzdienstleistungen beantwortet werden.

I. Einhaltung der vertraglichen Pflichten

Je nachdem, ob der Robo Advisor Anlageberatung, Anlagevermittlung oder Finanzportfolioverwaltung erbringt, bestehen unterschiedliche vertragliche Pflichten gegenüber dem Anleger. Dabei sind grundsätzlich dieselben Voraussetzungen wie für alle anderen Finanzdienstleister zu beachten, im Folgenden wird aber darauf eingegangen, inwiefern eine Einhaltung der geltenden vertraglichen Pflichten bei der Erbringung von Robo Advice problematisch ist.

1. Anlageberatung

Infolge des zwischen Anbieter und Anleger geschlossenen Beratungsvertrags ist der Anlageberater zu einer anleger- und objektgerechten Beratung verpflichtet, diese Pflicht lässt sich aus § 675 BGB i. V. m. §§ 611, 241 II ableiten und dient auch der Verwirklichung des Anlegerschutzes.[663] Hiervon gelten auch bei der Erbringung von Robo Advice grundsätzlich keine Ausnahmen. Im Folgenden soll aber erörtert werden, ob für eine Erbringung von Anlageberatung durch Robo Advisors eine Modifizierung dieser Grundsätze erforderlich ist.

663 *Buck-Heeb/Lang* in: BeckOGK, Stand: 01.07.2022, § 675, Rn. 305.

a) Herkömmliche Anlageberatung

Der genaue Umfang der Beratungspflichten des Anlageberaters ist nicht gesetzlich geregelt, die Rechtsprechung hat hierzu aber für die herkömmliche Anlageberatung umfassende Grundsätze entwickelt.

Diese basieren auf einem Informations- und Beratungsmodell[664], dem die Annahme zugrunde liegt, dass der Anleger dem Anlageberater hinsichtlich seines Kenntnisstandes unterlegen ist, dieses Informationsdefizit soll durch Aufklärung und Beratung des Kunden ausgeglichen werden, sodass er in die Lage versetzt wird, eine eigenständige Anlageentscheidung zu treffen und die Risiken dieser Entscheidung zu erkennen und zu bewerten.[665]

aa) Anlegergerechte Beratung

Die Grundsätze der anlegergerechten Beratung haben Ihren Ursprung überwiegend in der sog. Bond-Rechtsprechung des BGH.[666] Grundlegend geht die Rspr davon aus, dass die Beratung des Anlegers individuell auf seine Kenntnisse und Bedürfnisse zugeschnitten sein muss.[667] Ihr liegt somit kein bestimmtes Anlegerleitbild zugrunde.[668]

Die Grundsätze zur anlegergerechten Beratung stimmen überwiegend mit den aufsichtsrechtlichen Vorgaben zur Kundenexploration und der Geeignetheitsprüfung überein. Diese Regelung kann aber aufgrund der Trennung zwischen Aufsichts- und Zivilrecht nicht unmittelbar angewandt werden.[669]

Um eine anlegergerechte Beratung durchführen zu können, muss der Anlageberater zunächst die persönlichen Verhältnisse des Kunden erfassen. Hierzu gehören insbesondere Informationen darüber, ob der Kunde bereits Fachwissen hinsichtlich der geplanten Anlage hat und wie risikobereit der Kunde ist.[670] Zusätzlich ist es für die Abgabe einer anlegergerechten Empfehlung auch erforderlich, dass der Anlageberater Informationen über die finanzielle Situation des Kunden erlangt.[671] Ebenso hat er den Zweck der Anlage zu erfragen.[672]

---

664 Vgl. ausführlich zu den einzelnen Anlegerleitbildern oben C.III.2.b)aa).
665 *Eberius*, Regulierung der Anlageberatung und behavioral finance, S. 34.
666 BGHZ 123, 126.
667 BGH NJW 1993, 2433, 2433 = BGH 123, 126.
668 *Buck-Heeb/Lang* in: BeckOGK, Stand: 01.07.2022, § 675, Rn. 374.
669 Näher zur Abgrenzung zwischen Aufsichts- und Zivilrecht oben unter D.I.
670 *Edelmann* in: Assmann/Schütze/Buck-Heeb, Handbuch des Kapitalanlagerecht, 5. Auflage 2020, § 3, Rn. 17.
671 *Buck-Heeb/Lang* in: BeckOGK, Stand: 01.07.2022, § 675, Rn. 377.
672 BGH NJW 1993, 2433, 2433 = BGHZ 123, 126, 128; *Buck-Heeb/Lang* in: BeckOGK, Stand: 01.07.2022, § 675, Rn. 393 f.

Den Anforderungen der Erkundigungspflicht kann der Anlageberater auch mithilfe von standardisierten Fragebögen nachkommen.[673]

Der tatsächliche Umfang der Aufklärungs- und Beratungspflichten lässt sich jedoch nicht standardisiert festlegen, sondern hat immer individuell zu erfolgen und auf den vom Kunden eingeholten Informationen zu basieren.[674]

bb) Anlagegerechte Beratung

Die Beratung hat sich nicht nur am Anleger zu orientieren, sondern auch an den Anlageformen, über die beraten werden soll. Auch hierzu hat die Rechtsprechung Grundsätze entwickelt.[675]

Zunächst ist, damit überhaupt eine anlagegerechte Beratung möglich ist, erforderlich, dass sich der Anlageberater umfassend über die zu empfehlenden Produkte informiert.[676] Grundsätzlich ist über alle Risiken aufzuklären, die für das zu empfehlende Produkt von Bedeutung sein können, d.h. ihre Verwirklichung darf nicht gänzlich fernliegend sein.[677]

Die Informationen, die der Anlageberater über das zu empfehlende Produkt gesammelt hat und die für den Anleger relevant sind, hat er so aufzubereiten, dass sie vollständig und richtig sind und der Kunde sie zeitnah zur Kenntnis nehmen und verstehen kann.[678]

b) Algorithmische Anlageberatung

Die oben dargestellten Grundsätze wurden für die herkömmliche Anlageberatung und damit für eine persönliche Interaktion zwischen Anlageberater und Kunde entwickelt. Entscheidendes Merkmal der algorithmischen Anlageberatung ist jedoch das Fehlen einer persönlichen Interaktion, sodass zu prüfen ist, in welcher Form die Grundsätze der anleger- und anlagegerechten Beratung durch Robo Advisors erbracht werden können.

Die Schaffung eigener Grundsätze ohne eine den bestehenden Grundsätzen vergleichbare Kodifizierung durch die Rechtsprechung erscheint schon aus

---

673 *Buck-Heeb/Lang* in: BeckOGK, Stand: 01.07.2022, § 675, Rn. 379.

674 BGH NJW 1993, 2433, 2433 = BGH 123, 126.

675 Eine ausführliche Darstellung dieser Grundsätze bietet *Buck-Heeb/Lang* in: BeckOGK, Stand: 01.07.2022, § 675, Rn. 428 ff.

676 *Buck-Heeb/Lang* in: BeckOGK, Stand: 01.07.2022, § 675, Rn. 428 ff.

677 *Edelmann* in: Assmann/Schütze/Buck-Heeb, Handbuch des Kapitalanlagerechts, 5. Auflage 2020, § 3, Rn. 20.

678 BGH NJW 1993, 2433 = BGHZ 123, 126, 129; BGH BKR 2006, 256; BGH NJW-RR 2000, 1497.

methodischer Sicht fraglich und würde zudem auch zu Unsicherheiten bei Anlegern führen, da für Laien kaum nachzuvollziehen sein dürfte, warum für Anlageberatung je nach Art ihrer Erbringung unterschiedliche Regeln gelten sollen. Problematisch wären derartige technologiespezifische Regelungen insbesondere bei Hybridmodellen, also einer Kombination aus persönlicher Beratung und teilweiser algorithmischer Erbringung der Anlageberatung.

Daher kann auch Anlageberatung durch Robo Advisors nur dann erfolgen, wenn die oben dargestellten Grundsätze eingehalten werden können.

Wird Anlageberatung algorithmisch erbracht, kann infolge der fehlenden persönlichen Interaktion zwischen Anlageberater und Kunde jedenfalls keine „Beratung" im eigentlichen Wortsinn erbracht werden.[679]

Die Beratung des Kunden muss primär durch das Bereitstellen schriftlicher Informationsmaterialien und die Exploration in Form des Online-Fragebogens erfolgen. Einige Anbieter setzen zwar auf Chat-Bots oder nutzen Sprachassistenten wie Apples Siri oder Amazons Alexa; auch der Einsatz derartiger technischer Hilfsmittel kann jedoch nicht die tatsächliche persönliche Interaktion zwischen Berater und Kunde bei der herkömmlichen Anlageberatung, die weitergehende Rückfragen und Erklärungen ermöglicht, ersetzen. Etwas anderes kommt nur dann in Betracht, wenn der Robo Advisor zusätzlich auch eine Hotline anbietet, bei der der Kunde im Einzelfall im persönlichen Kontakt Rückfragen stellen kann.[680]

Gerade aufgrund der originär nicht vorgesehenen persönlichen Interaktion ist bei der algorithmischen Anlageberatung ein besonderes Augenmerk auf die Gestaltung der Online-Fragebögen zu legen. Diesen kommt eine ungleich größere Bedeutung zu, als bei der herkömmlichen Anlageberatung.

Die Einholung der erforderlichen Informationen über den Kunden kann, da die Verwendung von standardisierten Fragebögen zulässig ist[681], bei der algorithmischen Anlageberatung problemlos automatisiert erfolgen. Hierzu gehört insbesondere eine ausführliche Befragung zu den bisherigen Erfahrungen des Kunden auf den Kapitalmärkten vorzunehmen.[682]

Die eigentliche Beratungsleistung hat sich dann an den bereits vorhandenen Kenntnissen des Kunden auszurichten, sodass der Algorithmus in der Lage sein müsste, die Angaben des Kunden zu seinen Kenntnissen zu verarbeiten.

---

679 Zur Möglichkeit einer „Beratung" durch Algorithmen ausführlich oben unter A.IV.

680 So auch: *Buck-Heeb/Lang* in: BeckOGK, Stand: 01.07.2022, § 675, Rn. 722.

681 Vgl. hierzu auch E.II1.a) zur aufsichtsrechtlichen Kundenexploration.

682 *Buck-Heeb/Lang* in: BeckOGK, Stand: 01.07.2022, § 675, Rn. 386 f.

Je niedriger die Kenntnisse des Kunden sind, umso ausführlicher hat die Aufklärung zu erfolgen. Zwar darf der Anlageberater grundsätzlich auf die vom Kunden gemachten Angaben vertrauen und ist nur dann zur Nachfrage verpflichtet, wenn sie offensichtlich unrichtig sind.[683] Gleichzeitig ist er aber auch verpflichtet, ihm bekannte falsche Annahmen des Kunden aufzuklären.[684] Um diese Vorgaben erfüllen zu können, ist eine sehr sorgfältige Programmierung des Algorithmus erforderlich. Der Algorithmus sollte in der Lage sein, Widersprüche in den Angaben des Kunden zu erkennen und dann entsprechende Hinweise zu erteilen, sowie bei Fortbestehen der Widersprüche die Umsetzung der Anlageentscheidung zu verweigern. Weiterhin muss sich die Bereitstellung der erforderlichen Informationen an den zuvor abgefragten Kenntnissen des Kunden ausrichten, um eine hinreichend individualisierte Beratungsleistung erbringen zu können und einen *information overload* des Kunden zu verhindern. Die Bereitstellung der Informationen hat dabei so zu erfolgen, dass bestmöglich gewährleistet wird, dass der Kunde sie nachvollziehen kann. Dabei kann neben der schriftlichen Bereitstellung auch auf KI-gestützte Sprachbots oder Videos zurückgegriffen werden. Entscheidend ist nicht die Art und Weise der Informationsermittlung, sondern das Verständnis des Anlegers.

Fraglich ist, ob auch die Implementierung von Verständnis-, bzw. Kontrollfragen, also solchen Fragestellungen, anhand derer der Algorithmus beurteilen kann, ob der Kunde die mitgeteilten Informationen zur Kenntnis genommen und verstanden hat und ob er bspw. seinen Risikohorizont zutreffend eingeschätzt hat. Dabei ist jedoch zu berücksichtigen, dass auch ein menschlicher Anlageberater nicht vollkommen sicherstellen kann, dass sein Kunde die mitgeteilten Informationen vollumfänglich verstanden hat und seine finanzielle Leistungsfähigkeit tatsächlich zutreffend einschätzt. Damit besteht kein Anlass für eine Pflicht, Verständnisfragen in die Exploration aufzunehmen. Empfehlenswert sind solche Verständnisfragen aber dennoch, da der Robo Advisor auf diese Weise wirkungsvoll Haftungsrisiken minimieren kann.[685] Hat der Algorithmus aufgrund der Beantwortung der Verständnisfragen durch den Kunden keinen Anlass an dessen Kenntnissen und seiner finanziellen Leistungsfähigkeit zu zweifeln, so wird es dem Kunden im Nachhinein schwerfallen, dem Robo Advisor einen Beratungsfehler nachzuweisen. Eine solche Minimierung von Haftungsrisiken kann dagegen nicht schon dadurch erreicht werden, dass der

683 BGH BKR 2004, 124, 126.

684 *Buck-Heeb/Lang* in: BeckOGK, Stand: 01.07.2022, § 675, Rn. 378.

685 So zutreffend auch: *Buck-Heeb/Lang* in: BeckOGK, Stand: 01.07.2022, § 675, Rn. 725.

Kunde bestätigen muss, die bereitgestellten Informationen verstanden zu haben, einer solchen Selbsteinschätzung kann gerade bei wenig erfahrenen Kunden kein hinreichender Stellenwert zugebilligt werden.

Die vorstehenden Ausführungen haben gezeigt, dass bei entsprechender Programmierung des Algorithmus auch eine Einhaltung der Grundsätze der anleger- und anlagegerechten Beratung durch Robo Advisors möglich erscheint.

Dabei sind für die Durchsetzung der Einhaltung dieser Grundsätze ebenso wie bei der herkömmlichen Anlageberatung keine weitergehenden Pflichten, die eine genaue Gestaltung der Exploration vorschreiben erforderlich. Da es sich bei der Einhaltung der Grundsätze zur anleger- und anlagegerechten Beratung um zivilrechtliche Pflichten gegenüber dem einzelnen Kunden handelt, liegt es schon im Interesse der Anbieter, ihre Algorithmen so zu gestalten, dass die Grundsätze vollumfänglich eingehalten werden, um etwaige Haftungsrisiken – die bei einer fehlerhaften Programmierung des Algorithmus eine Vielzahl von Kunden betreffen würden[686] – zu vermeiden.

Neben diese Haftungsrisiken tritt zudem auch ein nicht zu unterschätzendes Reputationsrisiko bei Beratungsfehlern, sodass insoweit von einer hinreichenden inneren Motivation der Anbieter, die vorstehenden Grundsätze einzuhalten, auszugehen ist.[687]

2. Anlagevermittlung

Den Anlagevermittler treffen im Gegensatz zur Anlageberatung deutlich weniger umfangreiche Pflichten. So ist er zwar ebenfalls dazu verpflichtet, den Kunden richtig und umfassend über die ihm angebotenen Anlageformen zu informieren, er muss diese Informationen aber nicht bewerten.

Es besteht aber eine Pflicht die Informationen über die einzelnen Anlageformen zumindest auf ihre Plausibilität zu überprüfen und im Falle offensichtlicher Unrichtigkeiten Aufklärung zu betreiben.

Vereinzelt wird gefordert, dass zusätzlich zu einer Überlassung von schriftlichen Informationen auch eine Erläuterung dieser zu erfolgen hat.[688] Dies ist jedoch, auch um die Abgrenzung zur Anlageberatung nicht zu verwischen, abzulehnen. Der Vermittler ist zwar verpflichtet, Fragen des Kunden zu beantworten

---

686 Zu Haftungsfragen ausführlich unten unter E.III.4.

687 Ausführlich zum diesen Ausführungen zugrundeliegenden Konzept der Selbstregulierung durch zivilrechtliche Haftungsregelungen: *Nathmann*, FinTech, S. 309 ff.

688 *Edelmann* in: Assmann/Schütze/Buck-Heeb, Handbuch des Kapitalanlagerechts, 4. Auflage 2015, § 3 Rn. 31.

und offensichtliche Unrichtigkeiten in den Informationsmaterialien aufzuklären, genügt seiner Aufklärungspflicht ansonsten aber bereits, indem er dem Anleger den Emissionsprospekt übergibt.[689]

Eine Bereitstellung von Informationen kann auch durch Robo Advisors problemlos erfolgen. Gleichzeitig sollte es dem Kunden aber ermöglicht werden, eine Beantwortung etwaiger Fragen zu erhalten. Dies kann bspw. durch den Einsatz KI-gestützter Chat-Bots oder durch die Schaltung einer Kundenhotline erfolgen.

Es muss sichergestellt werden, dass der Kunde in der Lage ist, sich im Wesentlichen auf Basis der ihm zu dem Produkt zur Verfügung gestellten Informationen umfassend über dieses zu informieren. Dabei müssen die Informationen so leicht verständlich gestaltet sein, dass auch unerfahrene Anleger sie ohne zusätzliche Nachfragen verstehen können. Da sich die Informationen hierbei auf die empfohlenen Produkte beschränken können und keine weitergehende Aufklärung des Kunden erforderlich ist, ist auch nicht der Eintritt eines *information overload* zu befürchten.

3. Finanzportfolioverwaltung

Im Rahmen einer Finanzportfolioverwaltung schuldet der Vermögensverwalter als Hauptleistungspflicht die Durchführung der Vermögensverwaltung. Hierzu hat er die Grundsätze ordnungsgemäßer Vermögensverwaltung zu befolgen.

a) Gebot der produktiven Verwaltung

Hierzu gehört zunächst das Gebot der produktiven Verwaltung. D. h. der Vermögensverwalter ist dazu verpflichtet, sich im Rahmen der vereinbarten Anlagerichtlinien zu bemühen die vereinbarten Ziele bestmöglich zu erreichen. Da aber mit dem Geschäftsbesorgungsvertrag ein Dienstvertrag vorliegt, schuldet der Vermögensverwalter nicht die Herbeiführung eines Erfolges.[690] Der Vermögensverwalter ist infolge des Charakters der Geschäftsbesorgung als Dienstvertrag grundsätzlich wegen § 613 S. 1 BGB persönlich verpflichtet, die Vermögensverwaltung zu erbringen.[691] Dies gilt auch, wenn es sich dabei um eine juristische

689 *Siol* in: Schimansky/Bunte/Lwowski, Bankrechts-Handbuch, 5. Auflage 2017, § 45 Rn. 10.

690 So auch oben unter D.II.4.b).

691 *Lang*, Informationspflichten bei Wertpapierdienstleistungen, § 21 Rn. 8; *Walz* in: Schimansky/Bunte/Lwowski, Bankrechts-Handbuch, 5. Auflage 2017, § 111, Rn. 20; *Balzer*, Vermögensverwaltung durch Kreditinstitute, S. 120.

Person handelt.[692] Die Pflicht der persönlichen Erbringung bezieht sich jedoch nur auf die „Bildung der Anlageentscheidung und damit auf das wesentliche Element der Interessenwahrungspflicht“.[693] Eine Delegation der Umsetzung der Anlageentscheidung ist problemlos zulässig.[694]

Erfolgt die Vermögensverwaltung automatisiert, so wird die Anlageentscheidung jedoch nicht von einem persönlich verpflichteten Vermögensverwalter, sondern durch einen Algorithmus getroffen, sodass keine wortwörtliche „höchstpersönliche“ Erbringung der Vermögensverwaltung vorliegt.

Für die herkömmliche Vermögensberatung wird verlangt, dass die Bildung der Anlageentscheidung durch den Vermögensverwalter persönlich übernommen wird, die sonstige technische Umsetzung kann jedoch auch an Dritte übertragen werden.[695] Einer solchen Übertragung an Dritte steht es gleich, wenn bei der automatisierten Finanzportfolioverwaltung ein Algorithmus eingesetzt wird. Die Bildung der Anlageentscheidung wurde dabei bereits bei der Entwicklung des Algorithmus vorweggenommen und insofern standardisiert, dass er anschließend in der Lage ist, auf Basis der hinterlegten Vorgaben eine Anlageentscheidung anhand der Kundenangaben zu treffen. Hierbei setzt er aber lediglich die bereits vorab getroffenen Entscheidungen des Vermögensverwalters um. Somit ist auch beim Vorliegen einer automatisierten Finanzportfolioverwaltung von einer höchstpersönlichen Erbringung der Verwaltung auszugehen. Zu berücksichtigen ist jedoch auch, dass der Kunde den Vermögensverwaltungsvertrag ohnehin mit der den Robo Advisor betreibenden Gesellschaft abschließt und nicht mit einem bestimmten Vermögensverwalter. Insoweit ist – analog zu Vertragsschlüssen mit Anwaltssozietäten – davon auszugehen, dass die Gesellschaft selbst Vertragspartner wird und somit berechtigt ist, die Erbringung der Vermögensverwaltung im Rahmen ihrer Organisationsstruktur zu delegieren. Für die Begründung einer weiterhin persönlichen Erbringung kann zudem auch auf den methodischen Anlageansatz und die Anlageprinzipien des Anbieters zurückgegriffen werden.[696] Damit wäre auch beim Einsatz eines selbst lernenden

---

692 *Balzer*, Vermögensverwaltung durch Kreditinstitute, S. 120; *Lang*, Informationspflichten bei Wertpapierdienstleistungen, § 21 Rn. 10.

693 Balzer, Vermögensverwaltung durch Kreditinstitute, S. 121; *Roll*, Vermögensverwaltung durch Kreditinstitute, S. 149.

694 *Lang*, Informationspflichten bei Wertpapierdienstleistungen, § 21 Rn. 10; *Balzer*, Vermögensverwaltung durch Kreditinstitute, S. 121; *Roll*, Vermögensverwaltung durch Kreditinstitute, S. 149.

695 Vgl. dazu *Balzer*, Vermögensverwaltung, S. 121.

696 *Linardatos* in: Rechtshandbuch Robo Advice, 1. Auflage 2020, § 4, Rn. 71.

Algorithmus noch eine hinreichend persönliche Erbringung denkbar, auch wenn in diesem Fall die möglichen Anlageentscheidungen nicht schon bei der Programmierung des Algorithmus vorweggenommen werden.

Darüber hinaus darf der Verwalter das Vermögen des Anlegers nur in solchen Werten anlegen, über die er ausreichende Kenntnisse besitzt, dies gilt insbesondere für die mit der Anlage verbundenen Risiken, sowie ein Austarieren des Gesamtrisikos des Portfolios.[697]

b) Gebot der Diversifikation und Spekulationsverbot

Ebenso wie bei der herkömmlichen Finanzportfolioverwaltung sind auch bei der automatisierten Verwaltung das Gebot der Diversifikation und das Spekulationsverbot zu beachten.

Das Diversifikationsgebot und das Spekulationsverbot korrespondieren dabei miteinander.[698] Das Diversifikationsgebot gibt vor, dass der Verwalter das ihm anvertraute Vermögen in Werten mit verschiedenen Risiken (im Rahmen der vereinbarten Anlagerichtlinien) anzulegen hat, um so durch die Verteilung des Vermögens das Risiko von Verlusten größtmöglich zu minimieren.[699]

Das Spekulationsverbot folgt schon daraus, dass eine Vermögensverwaltung bereits begrifflich zeigt, dass keine Spekulation gewollt ist, sondern ein längerfristiger Vermögensaufbau.[700] Dem Verwalter ist es somit nicht gestattet, das ihm anvertraute Vermögen in Anlageformen zu investieren, deren Risiken wesentlich höher sind, als dies mit dem Anleger (etwa im Rahmen der Anlagerichtlinien) vereinbart wurde.[701]

Diese Vorgaben sind bei der Gestaltung des Algorithmus für die automatisierte Finanzportfolioverwaltung zu beachten. Darüber hinaus bestehen keine weiteren Besonderheiten gegenüber der herkömmlichen Vermögensverwaltung,

---

697 *Lang*, Informationspflichten bei Wertpapierdienstleistungen, § 24 Rn. 2 f.

698 *Lang*, Informationspflichten bei Wertpapierdienstleistungen, § 24 Rn. 6.

699 *Lang*, Informationspflichten bei Wertpapierdienstleistungen, § 24 Rn. 6.

700 *U. Schäfer* in Assmann/Schütze/Buck-Heeb, Handbuch des Kapitalanlagerechts, 5. Auflage 2020, § 23, Rn. 80; *Lang*, Informationspflichten bei Wertpapierdienstleistungen, § 24 Rn. 5; *Buck-Heeb* in BeckOGK, Stand: 01.07.2022, § 675, Rn. 843.

701 *Lang*, Informationspflichten bei Wertpapierdienstleistungen, § 24, Rn. 5; *U. Schäfer* in Assmann/Schütze/Buck-Heeb, Handbuch des Kapitalanlagerechts, 5. Auflage 2020, § 23, Rn. 80.

weshalb an dieser Stelle auf eine ausführlichere Darstellung dieser Grundsätze verzichtet wird.[702]

4. Aufklärung über den Erhalt von Zuwendungen

Wie obenstehend[703] bereits dargelegt wurde, enthält das WpHG neben einem grundsätzlichen Zuwendungsverbot auch eine Offenlegungspflicht hinsichtlich des Erhalts erlaubter Zuwendungen.

Eine vergleichbare Pflicht statuiert der BGH auch in zivilrechtlicher Hinsicht. Demnach sind Banken verpflichtet, Ihre Kunden vorvertraglich darüber aufzuklären, wenn sie von dem Kunden gezahlte Provisionen und Depotgebühren teilweise an seinen Berater zurückzahlen (sog. Kick-Backs).[704] Diese Pflicht hat der BGH in der Folge weiter ausgedehnt, mit dem Ziel, dem Kunden zu ermöglichen „das Umsatzinteresse der Bank selbst einzuschätzen [...] und zu beurteilen, ob die Bank ihm einen bestimmten Titel nur deswegen empfiehlt, weil sie selbst daran verdient."[705] Gesetzliche Grundlage für den sich aus dieser Informationspflicht ergebenden Aufklärungsanspruch ist § 666 Fall 1 BGB, da der BGH eine Schutzgesetzeigenschaft der Pflicht zur Vermeidung von Interessenkonflikten aus § 63 II WpHG (§ 31 I Nr. 2 WpHG a.F.) i.S.d. § 823 II BGB verneint hat.[706]

Neben diesen Rückvergütungen bejaht der BGH eine Aufklärungspflicht auch im Hinblick auf sog. versteckte Innenprovisionen.[707]

Diese Rechtsprechung des BGH hat zu umfangreichen Diskussionen in der Literatur geführt, die bisher noch nicht abschließend geklärt sind.[708] Im Hinblick auf die Erbringung von Finanzdienstleistungen durch Robo Advisors ist aber insbesondere fraglich, ob überhaupt eine entsprechende Aufklärungspflicht, wie sie der BGH statuiert hat, besteht.

---

702 Ausführlich zum Spekulationsverbot und dem Gebot der Diversifikation: *Buck-Heeb* in: BeckOGK, Stand: 01.07.2022, § 675 Rn. 843 ff.; *Lang* in: Informationspflichten bei Wertpapierdienstleistungen, § 24 Rn. 5 ff.; *F. Schäfer* in: Schäfer/Sethe/Lang, Handbuch der Vermögensverwaltung, 2. Auflage 2016, § 4 Rn. 25 ff.

703 Siehe C.II.2.d).

704 BGHZ 146, 235, 239.

705 BGHZ 170, 226, Rn. 23.

706 BGHZ 170, 226; *Martinek/Omlor* in: Staudinger, BGB, Neubearbeitung 2017, § 666, Rn. 7a.

707 BGH NJW 2014, 2947.

708 Ausführlich zur Rspr. des BGH und der daran geübten Kritik: *Spindler* in: Langenbucher/Bliesener/Spindler, Bankrechtskommentar, 3. Auflage 2020, 33. Kap., Rn. 319 ff.

Nach einem Urteil des BGH aus dem Jahre 2010 gilt diese Aufklärungspflicht nicht für freie Anlageberater, sofern sie nicht dem § 31d WpHG a.F. (jetzt § 70 WpHG) unterliegen.[709] In dieser Hinsicht ist zumindest fraglich, ob Robo Advisors, die Anlageberatung im Rahmen einer Erlaubnis nach § 34f GewO erbringen, als freie Anlageberater i.S.d. Rechtsprechung des BGH einzustufen sind, was zur Folge hätte, dass für diese Anbieter keine entsprechende Aufklärungspflicht gilt. Mit Inkrafttreten der FinVermV 2013 ist die Rechtsprechung des BGH in dieser Hinsicht jedoch obsolet geworden, da § 17 FinVermV ebenfalls ein Zuwendungsverbot, bzw. ein entsprechendes Offenlegungsgebot enthält.[710] Infolge dieser gesetzgeberischen Reaktion kann damit nicht mehr der Meinung des BGH zur Ablehnung einer Aufklärungspflicht von freien Anlageberatern gefolgt werden, sodass auch Robo Advisors, die Anlageberatung im Rahmen des § 34f GewO erbringen, einer zivilrechtlichen Aufklärungspflicht bei Erhalt von Zuwendungen unterliegen.[711]

Die dogmatische Konstruktion der zivilrechtlichen Aufklärungspflicht erfordert, anders als die aufsichtsrechtliche Aufklärungspflicht, das Vorliegen einer konkreten Gefahr der Beeinträchtigung von Kundeninteressen. Eine solche konkrete Gefahr besteht jedoch nur dann, wenn in der Programmierung des Algorithmus bereits eine Beeinflussung der Entscheidung infolge des Erhalts von Zuwendungen angelegt ist, mithin ein struktureller Interessenkonflikt vorliegt. Dies bedeutet im Umkehrschluss, dass im Falle einer konfliktfreien Programmierung des Algorithmus keine konkrete Gefahr einer Beeinträchtigung von Kundeninteressen besteht, sodass auch das Vorliegen einer Aufklärungspflicht zu verneinen ist.[712]

Liegt hingegen eine strukturelle Beeinflussung des Algorithmus vor die schon nach aufsichtsrechtlichen Vorgaben zu vermeiden ist[713] – so muss im Hinblick auf das Vertrauen der Kunden auch das Vorliegen einer strukturellen Offenlegungspflicht bejaht werden. In einem solchen Fall ist der Kunde in verständlicher Art und Weise über den Erhalt der Zuwendung aufzuklären.[714]

---

709 BGHZ 185, 185.

710 Da die FinVermV von 2012 noch keine Umsetzung der MiFID II enthält, ist eine Überarbeitung der Verordnung zu erwarten, eine solche ist jedoch bis zum Abschluss des Manuskripts dieser Arbeit nicht erfolgt.

711 So auch: *Zahrte*, MüKo HGB, Anlageberatung, 4. Auflage 2019, Rn. 263.

712 So auch: *Möslein/Lordt*, ZIP 2017, 793, 802; *Kumpan* in: Möslein/Omlor, FinTech-Handbuch, 2. Auflage 2021, § 29, Rn. 36; *Madel*, Robo Advice, S. 158.

713 Vgl. dazu oben C.II.2.c)bb).

714 *Möslein/Lordt*, ZIP 2017, 793, 802.

Darüber hinaus ist eine Aufklärung dahingehend erforderlich, inwieweit der Algorithmus von Zuwendungen abhängig ist.[715] Der Kunde muss aufgrund dieser Aufklärung die Möglichkeit erhalten, die Abhängigkeit der Dienstleistung von Zuwendungen zu verstehen und das für ihn dadurch entstehende Risiko bewerten zu können.

II. Einhaltung der aufsichtsrechtlichen Pflichten

Ebenso wie jedes andere Wertpapierdienstleistungsunternehmen auch, haben Robo Advisors, die dem Regelungsregime des WpHG unterliegen, die dort geregelten Verhaltenspflichten vollumfänglich einzuhalten. Im Folgenden soll daher auf eine Darstellung aller einzuhaltenden Verhaltenspflichten verzichtet werden, sondern nur auf die Besonderheiten, die sich bei der Durchführung einer Angemessenheits- oder Geeignetheitsprüfung ergeben, eingegangen werden.

1. Anlageberatung und Finanzportfolioverwaltung

a) Ordnungsgemäße Kundenexploration

Erbringt der Robo Advisor Anlageberatung oder Finanzportfolioverwaltung, so ist er nach §§ 63 X, 64 III 1 WpHG auch zur Durchführung einer umfassenden Kundenexploration verpflichtet.[716] Diese Exploration ist ein Ausdruck des sog. *know-your-customer*-Prinzips und dient dazu, dass im Zusammenspiel mit der vorgelagerten Product Governance und der nachgelagerten Geeignetheitsprüfung für den Anleger ungeeignete Anlagen ausgeschlossen werden können.[717]

Dabei sind neben den Erfahrungen des Kunden auf dem Kapitalmarkt auch seine finanziellen Verhältnisse, sowie seine Anlageziele und seine Risikotoleranz zu erfassen. Der genaue Umfang der Exploration wird zusätzlich durch Art. 54 IV, V DVO MiFID II konkretisiert.[718] Eine weitere Konkretisierung erfahren die Anforderungen an die Exploration durch die Guidelines der ESMA.[719]

---

715 *Möslein/Lordt*, ZIP 2017, 793, 802.

716 § 63 X WpHG enthält die grundsätzliche Pflicht zur Einholung von Informationen des Kunden, diese wird durch die speziell für Anlageberatung und Finanzportfolioverwaltung geltende Regelung des § 64 III WpHG erweitert (vgl. dazu: *Grundmann* in: Staub, HGB Kommentar, 5. Auflage 2018, Bankvertragsrecht, Achter Teil, Rn. 190).

717 *Grundmann* in: Staub, HGB Kommentar, 5. Auflage 2018, Bankvertragsrecht, Achter Teil, Rn. 198.

718 *Buck-Heeb/Poelzig*, BKR 2017, 485, 491.

719 *ESMA*, Final Report, Guidelines on certain aspects of the MiFID II suitability requirements, ESMA35-43-869, S. 36 ff.

Hinsichtlich des Umfangs der Exploration gelten für Robo Advisors dieselben Vorgaben wie für alle Wertpapierdienstleister[720], weshalb im Rahmen dieser Arbeit auf eine genaue Darstellung des Umfangs der Exploration verzichtet werden soll.[721] Ein besonderes Augenmerk ist bei Robo Advisors aber auf die Ausgestaltung der Exploration zu legen. Diese kann infolge einer fehlenden persönlichen Interaktion nur durch die Verwendung vorher entwickelter Fragebögen erfolgen. Die Benutzung von Erfassungsbögen ist auch im Rahmen der herkömmlichen Vermögensberatung gebräuchlich[722], zu berücksichtigen ist aber, dass es bei Robo Advisors infolge des fehlenden persönlichen Kontakts zwischen Anbieter und Kunde, entscheidend ist, dass die einzelnen Fragen in ihrer Gestaltung und Formulierung so gestellt sind, dass der Kunde sie einfach und richtig verstehen kann.[723] Diesbezüglich empfiehlt auch die ESMA ein besonderes Augenmerk auf die Gestaltung des Fragebogens im Hinblick auf die Formulierung der Fragen aber auch hinsichtlich des Aufbaus in Form von Layout und Formatierung zu legen.[724] Gegebenenfalls ist auch durch die Einrichtung erläuternder Pop-Up-Fenster, dem Angebot eines Chat-Bots oder sogar der Möglichkeit eines persönlichen Kontakts[725] für Rückfragen sicherzustellen, dass Kunden bei der Durchführung der Exploration durch einen Robo Advisor keine Nachteile gegenüber der Inanspruchnahme eines herkömmlichen Anbieters haben. Die ESMA empfiehlt zudem, den Umfang der Exploration am konkreten Kunden auszurichten, sodass von einem komplett unerfahrenen Kunden mehr Daten erfasst werden sollen, als von einem, der bereits Erfahrungen in der Kapitalanlage aufweist.[726] Um dies leisten zu können ist es erforderlich, dass die Anbieter im Rahmen der Exploration zunächst die bisherigen Kenntnisse und

720 *BaFin*, BaFinTech 2016 – Workshop zum Thema Robo Advice, Folie 23 ff.

721 Vgl. hierzu: *Grundmann* in: Staub, HGB Kommentar, 5. Auflage 2018, Bankvertragsrecht, Achter Teil, Rn. 198 ff.

722 *Grundmann* in: Staub, HGB Kommentar, 5. Auflage 2018, Bankvertragsrecht, Achter Teil, Rn. 202.

723 *Möslein/Lordt*, ZIP 2017, 793, 799; *Kumpan* in: Möslein/Omlor, FinTech-Handbuch, 2. Auflage 2021, § 29, Rn. 27.

724 *ESMA*, Final Report, Guidelines on certain aspects of the MiFID II suitability requirements, ESMA35-43-869, S. 37, Nr. 25; eine solche Gestaltung empfiehlt auch *Feger*, CB 2017, 359, 361.

725 Dies empfiehlt auch die ESMA: *ESMA*, Final Report, Guidelines on certain aspects of the MiFID II suitability requirements, ESMA35-43-869, S. 39, Nr. 32.

726 *ESMA*, Final Report, Guidelines on certain aspects of the MiFID II suitability requirements, ESMA35-43-869, S. 42, Nr. 40.

Erfahrungen der Kunden abfragen. Dabei ist die Exploration so zu gestalten, dass ein realistisches Bild der Erfahrungen und Kenntnisse des Kunden entsteht. Um eine Selbstüberschätzung des Kunden zu verhindern genügt es daher nicht, wenn sich die Anbieter lediglich bestätigen lassen, dass hinreichende Vorkenntnisse vorhanden sind.

Um dem Kunden die Bedeutung der von ihm gemachten Angaben für die letztliche Empfehlung zu verdeutlichen, erscheint es zusätzlich sinnvoll, dass er durch einen gut sichtbaren Warnhinweis darüber informiert wird, dass seine Angaben unbedingt wahrheitsgemäß erfolgen und fortlaufend aktualisiert werden müssen.[727]

Um sicherzustellen, dass Kunden ihre Kenntnisse und Erfahrungen, sowie auch ihre Risikotoleranz richtig einschätzen, wird zudem empfohlen auch auf objektive Kriterien abzustellen, der Kunde soll also bspw. anhand von praktischen Beispielen seine Risikotoleranz beurteilen.[728] Diese Art des self-assessments sah sich jedoch in den Rückmeldungen auf das Consultation Paper der ESMA Kritik ausgesetzt, da es für eine solche Ausgestaltung keine rechtliche Grundlage gebe und sie zudem von einigen Kunden als Diskriminierung aufgefasst werden könnte.[729] Hinsichtlich der gesetzlichen Grundlage ist darauf zu verweisen, dass der Gesetzgeber keine genauen Vorgaben macht, wie die Exploration ausgestaltet sein soll, die Anbieter sind lediglich verpflichtet, den Umfang der vom Kunden einzuholenden Informationen so festzulegen, dass sie in der Lage sind, die Geeignetheit der zu empfehlenden Finanzprodukte für den Kunden zu beurteilen (Art. 54 II DVO MiFID II). Demnach steht es den Anbietern auch frei, ihre Exploration zumindest in Teilen mit praktischen Anwendungsbeispielen zu gestalten. Insbesondere da Robo Advisors sich auch an Kunden richten soll, die bisher noch keine Erfahrung mit der Kapitalanlage haben, erscheint eine solche Gestaltung empfehlenswert, da dadurch auch das Manko eines fehlenden persönlichen Kontakts, in dem bestimmte Missverständnisse ausgeräumt werden könnten, zumindest teilweise ausgeglichen werden kann. Ebenfalls umstritten ist die Frage, inwiefern Anbieter in ihren Explorationsprozessen Maßnahmen implementieren müssen, die verhindern, dass die Kunden widersprüchliche Angaben machen. Nach Art. 55 III DVO MiFID II sind die Wertpapierfirmen

---

727 *Feger*, CB 2017, 359, 361.

728 *ESMA*, Final Report, Guidelines on certain aspects of the MiFID II suitability requirements, ESMA35-43-869, S. 43, Nr. 46.

729 *Die Deutsche Kreditwirtschaft*, Comments on the ESMA consultation paper „Guidelines on certain aspects of the MiFID II suitability requirements“, S. 9.

grundsätzlich berechtigt, auf die vom Kunden übermittelten Informationen zu vertrauen, sofern ihnen nicht bekannt ist oder bekannt sein müsste, dass die Informationen offensichtlich veraltet, unzutreffend oder unvollständig sind.[730] Eine Prüfung der Einheitlichkeit der Kundenangaben darf damit nicht zu einer Prüfpflicht der Informationen durch den Anbieter führen. Dennoch erscheint es als sinnvoll, wenn der Kunde im Rahmen der Exploration in Form eines Pop-Up-Fensters auf Widersprüche in seinen Angaben hingewiesen wird.[731] Die Einführung einer Pflicht zur manuellen Überprüfung der bereitgestellten Informationen würde hingegen dem Sinn und Zweck einer digitalisierten Erbringung der Wertpapierdienstleistungen zuwiderlaufen.[732] Zudem empfiehlt die ESMA, dass die Anbieter in ihrem Explorationsprozess Mechanismen einpflegen, die in der Lage sind, zu verhindern, dass Kunden ihre Kenntnisse und Erfahrungen überschätzen, dies sei insbesondere für Robo Advisors relevant, da bei fehlender menschlicher Interaktion das Risiko einer Selbstüberschätzung höher sei.[733] Ob diese Einschätzung eines höheren Risikos auf empirischen Daten beruht bleibt allerdings unklar.[734] Darüber hinaus widerspricht die Implementierung solcher Mechanismen dem bereits oben dargestellten Grundsatz aus Art. 55 III DVO MiFID II, wonach sich die Unternehmen grundsätzlich auf die vom Kunden gemachten Angaben verlassen dürfen.[735]

Ebenfalls im Rahmen der Ausgestaltung der Exploration zu berücksichtigen ist, wie fehlende Kundenangaben zu handhaben sind. Art. 54 VIII DVO MiFID II regelt, dass die Wertpapierfirma keine Empfehlung aussprechen darf, sofern

730 Macht der Kunde also wissentlich falsche Angaben im Rahmen der Exploration, so hat er dies, wenn die Voraussetzungen des Art. 55 III DVO MiFID nicht vorliegen, zu vertreten, vgl. dazu auch unten E.III.3.

731 So auch: *Bitkom*, Position Paper ESMA consultation on guidelines on certain aspects of the MiFID II suitability requirements, S. 5; für die Einführung entsprechender Warnhinweise auch *Möslein/Lordt*, ZIP 2017, 793, 799; *Feger*, CB 2017, 359, 361; *Kumpan* in: Möslein/Omlor, FinTech-Handbuch, 2. Auflage 2021, § 29, Rn. 27.

732 So auch: *Die Deutsche Kreditwirtschaft*, Comments on the ESMA consultation paper „Guidelines on certain aspects of the MiFID II suitability requirements", S. 9.

733 *ESMA*, Final Report, Guidelines on certain aspects of the MiFID II suitability requirements, ESMA35-43-869, S. 44, Nr. 51.

734 Dies kritisiert auch: *Scalable Capital*, Contribution to consultation on guidelines on certain aspects of the MiFID II suitability requirements, S. 2.

735 So auch: *Die Deutsche Kreditwirtschaft*, Comments on the ESMA consultation paper „Guidelines on certain aspects of the MiFID II suitability requirements", S. 10.

sie im Rahmen der Exploration nicht die erforderlichen Informationen für die Durchführung der Geeignetheitsprüfung erhält.

Zu überlegen wäre daher, dass die Anbieter bestimmte Teile des Explorationsprozesses als Pflichtfelder ausgestalten. Eine solche Verpflichtung ist jedoch nicht mit dem allgemeinen Persönlichkeitsrecht des Kunden zu vereinbaren.[736] Zudem besteht aufgrund der klaren Regelung des Art. 55 VIII DVO MiFID II auch keine Notwendigkeit den Kunden zu bestimmten Angaben zu verpflichten, da durch das Verbot eine Empfehlung bei fehlenden Informationen auszusprechen, das alleinige Risiko, ausreichende Informationen für eine Beurteilung der Geeignetheit anzugeben beim Kunden liegt.[737]

Abschließend stellt Art. 54 I UAbs. 2 DVO MiFID II klar, dass auch, wenn die Dienstleistung durch ein ADM-System erbracht wird, das Wertpapierdienstleistungsunternehmen, das die Dienstleistung erbringt, die Verantwortung für die Durchführung der Eignungsbeurteilung, zu der auch die Exploration des Kunden zählt, trägt.[738]

Obenstehend wird deutlich, dass insbesondere durch die umfangreiche Richtlinie der ESMA zur Durchführung der Geeignetheitsprüfung, auch die Gestaltung der Kundenexploration schon in großen Teilen konkretisiert ist, wenngleich die Guidelines von ESMA nicht verpflichtend sind.[739] Dennoch fordert der VZBV in seinem Positionspapier zum Thema Robo Advice eine stärkere gesetzliche Konkretisierung der Vorgaben zur Kundenexploration, die sicherstellt, dass eine *„objektive und vollständige Abfrage“* durchgeführt wird.[740] Auch in Bezug auf eine solche gesetzliche Konkretisierung ist jedoch wiederum zu beachten, dass es nicht zu einer willkürlichen Sonderregulierung von Robo Advisors kommen darf, sondern ein Mehr an Regulierung nur dann sinnvoll ist, wenn dadurch ein durch die digitalisierte Erbringung entstehendes Defizit im Anlegerschutz ausgeglichen wird.[741] Ein solches Defizit ist jedoch gerade bei Robo Advisors nicht ersichtlich, da diese gerade aufgrund des fehlenden Kundenkontakts in der Regel auf einen sehr ausführlichen und ohnehin standardisierten Explorationsprozess

---

736 *Voß* in: Just/Voß/Ritz/Becker, WpHG Kommentar, 1. Auflage 2015, § 31 a. F., Rn. 451.

737 *Möslein/Lordt*, ZIP 2017, 793, 799.

738 So auch: *Buck-Heeb/Poelzig*, BKR 2017, 485, 491.

739 Vgl. dazu *Lohmann/Gebauer*, BKR 2018, 244, 245.

740 *Verbraucherzentrale*, Positionspapier „Bessere Beratung durch Digitalisierung?!“, 2018, S. 8.

741 Vgl. dazu bereits oben zur Frage der Einführung zusätzlicher Informationspflichten D.V.2.c).

setzen.[742] Im Hinblick auf die bereits angesprochen umfangreichen Konkretisierungen bleibt zudem fraglich, ob eine gesetzliche Festschreibung des Ablaufs der Exploration tatsächlich zu einer Steigerung des Anlegerschutzniveaus führt. In jedem Fall würde dadurch aber die Gestaltungsfreiheit der einzelnen Anbieter eingeschränkt, denen es damit eher erschwert wird, für ihre Kunden maßgeschneiderte Lösungen zu entwickeln. Somit ist die Forderung der Verbraucherzentrale nach einer gesetzlichen Konkretisierung des Explorationsprozesses im Ergebnis abzulehnen.

Abschließend kann damit festgehalten werden, dass auch Robo Advisors in der Lage sind, eine umfangreiche und angemessene Kundenexploration durchzuführen. Da auch bei der herkömmlichen Vermögensanlage auf standardisierte Erfassungsbögen zurückgegriffen wird, bestehen hier keine größeren Umsetzungsschwierigkeiten, es ist lediglich zu berücksichtigen, dass es aufgrund des fehlenden persönlichen Kontakts besonders erforderlich ist, dass der Explorationsprozess leicht verständlich ausgestaltet ist und den Kunden bei der Angabe wahrheitsgemäßer und zutreffender Angaben unterstützt. Die genaue Ausgestaltung der Exploration soll dabei aber im Rahmen der gesetzlichen Grenzen den jeweiligen Anbietern überlassen bleiben.

b) Durchführung einer Geeignetheitsprüfung

Auf Basis der Kundenangaben aus der Exploration ist der Anbieter anschließend nach § 64 III WpHG verpflichtet eine Beurteilung der Geeignetheit der zu empfehlenden Produkte vorzunehmen.

Die Geeignetheitsprüfung ist seit Inkrafttreten der MiFID I verpflichtend und war bereits vor Inkrafttreten des 2. FiMaNoG in § 31 WpHG a.F. verankert. Dabei ist die Geeignetheitsprüfung als Vorstufe zur eigentlichen Erbringung der Dienstleistung zu sehen, bei der im Vorfeld nicht in Betracht kommende Finanzinstrumente ausgeschlossen werden sollen.

Die Geeignetheitsprüfung korrespondiert damit mit der Zielmarktbestimmung im Rahmen der Vorschriften zur Product Governance.[743]

Bevor untenstehend auf die Anforderungen an die Geeignetheitsprüfung bei der Erbringung von Anlageberatung und Finanzportfolioverwaltung eingegangen wird, ist zunächst zu klären, ob die Durchführung einer Geeignetheitsprüfung überhaupt algorithmisch durchgeführt werden kann. Der Gesetzgeber

742 *Schoch*, Verbraucherzentrale Bundesverband kritisiert Robo Advisor – berechtigt oder nicht?

743 Vgl. dazu oben C.II.4.

trifft hierzu keine eindeutige Aussage, allerdings wird in Art. 54 I UAbs. 2 DVO MIFiD II klargestellt, dass bei Erbringung von Anlageberatung oder Finanzportfolioverwaltung durch ein automatisches System die Verantwortung für die Durchführung einer Eignungsbeurteilung bei der die Dienstleistung erbringenden Wertpapierfirma liegt. Daraus lässt sich ableiten, dass der Gesetzgeber davon ausgeht, dass eine Eignungsbeurteilung auch algorithmisch erfolgen kann. Hierfür spricht auch der Sinn und Zweck der Durchführung einer Geeignetheitsprüfung. Wie die Begrifflichkeit bereits klar macht, geht es darum, dass beurteilt werden muss, ob die entsprechende Dienstleistung oder das Finanzprodukt für den Kunden geeignet ist. Hierbei wird auch ein menschlicher Berater in erster Linie aufgrund der Angaben des Kunden im Explorationsprozess und des Scorings (also der Einstufung des Kunden in eine bestimmte Risikostufe) eine Beurteilung der Geeignetheit vornehmen. Eine solche Beurteilung kann jedoch auch problemlos technisch durch den Einsatz von Algorithmen erfolgen. Hierbei bietet sich sogar der Vorteil, dass eine algorithmische Beurteilung immer objektiv und auf Basis der gleichen Vorgaben erfolgt.

aa) Anlageberatung

Die aufsichtsrechtliche Pflicht zur Beurteilung der Geeignetheit bei der Erbringung von Anlageberatung weist starke Parallelen zur zivilrechtlichen Pflicht einer anleger- und anlagegerechten Beratung auf.[744]

Es kommt darauf an, dass geprüft, ob das empfohlene Geschäft mit den Anlagezielen des Kunden vereinbar ist, seinen Kenntnissen und Erfahrungen entspricht, sowie mit seinen finanziellen Verhältnissen (insbesondere der Fähigkeit, Verluste zu tragen) und seiner Risikotoleranz vereinbar ist.[745]

Generell gelten bei der Durchführung der Geeignetheitsprüfung nach Art. 54 I UAbs. 2 DVO MiFID II für Robo Advisors dieselben Vorgaben, wie für alle Wertpapierfirmen.

Es erscheint jedoch als fraglich, ob ein Algorithmus überhaupt in der Lage ist, eine Beurteilung der Geeignetheit vorzunehmen und inwiefern dies mit Art. 54 I UAbs. 2 DVO MiFID II, der gerade festlegt, dass dieselben gesetzlichen Vorgaben einzuhalten sind, zu vereinbaren ist.

Für die Durchführung einer Geeignetheitsprüfung ist es somit erforderlich, dass der Algorithmus analog einem menschlichen Berater anhand der

---

744 Krit. dazu *Schwintowski* in FS Hopt, 2010, S. 2507, 2508 ff.

745 *Spindler* in: Langenbucher/Bliesener/Spindler, Bankrechts-Kommentar, 3. Auflage 2020, 33. Kap., Rn. 147.

Informationen aus der Exploration in der Lage ist, zu beurteilen, ob und welches Anlageprodukt für den Kunden geeignet ist. Da die Algorithmen von Robo Advisors deterministisch arbeiten, müssen jedoch alle in Betracht kommenden Szenarien und notwendigen Parameter bereits bei der Programmierung berücksichtigt werden. Eine vollkommen individuelle Beurteilung der Geeignetheit ist damit algorithmisch nicht möglich. Allerdings ist davon auszugehen, dass auch ein menschlicher Berater in der Regel schematisch arbeitet und nicht für jeden Kunden eine maßgeschneiderte Lösung entwickelt. Es bietet sich daher an, für eine algorithmische Beurteilung der Geeignetheit auf eine Kategorisierung der Kundeninformationen und der Anlageprodukte in einzelne Risikokategorien vorzunehmen, sodass der Algorithmus dann anhand der Einstufung des Kunden in eine Risikokategorie als Ergebnis der Exploration auf Anlageprodukte aus der entsprechenden Risikokategorie zurückgreifen kann. Damit ist davon auszugehen, dass der Algorithmus bei einer solchen Vorgehensweise in der Lage ist, eine Geeignetheitsprüfung analog der Vorgehensweise eines menschlichen Beraters vorzunehmen, sodass die Zulässigkeit einer algorithmischen Geeignetheitsprüfung bejaht werden kann und eine Einhaltung der für herkömmliche Beratung geltenden Vorschriften, wie es Art. 54 I UAbs. 2 DVO MiFID II fordert, möglich ist.

Ergibt die Exploration, dass dem Kunden Kenntnisse fehlen, die es ihm ermöglichen die Risiken eines bestimmten Finanzinstruments beurteilen zu können, so besteht die Möglichkeit, dass die Wertpapierfirma dem Kunden diese Kenntnisse durch Aufklärung verschafft.[746] Erfolgt die Anlageberatung algorithmisch, so kann diese Aufklärung nur durch die Bereitstellung von Informationen erfolgen. Diesbezüglich ist jedoch zu bedenken, dass zu vermeiden ist, dass der Kunde mit Informationen überfrachtet wird (*information overload*). Ziel einer Aufklärung im Prozess der Beurteilung der Geeignetheit muss sein, dass der Kunde in die Lage versetzt wird, das Risiko der konkreten Anlage verstehen zu können.[747]

Werden dem Kunden Informationen bereitgestellt, so bietet es sich an, dass der Anbieter sich zu Beweiszwecken Download und Kenntnisnahme der entsprechenden Informationen bestätigen lässt. Zudem sollten Robo Advisors sich auch in Form eines Bestätigungsfeldes vom Kunden explizit versichern lassen, dass dieser sich über die Risiken der entsprechenden Anlage im Klaren ist.

746 *Fuchs* in: Fuchs, WpHG Kommentar, 2. Auflage 2016, § 31 a. F., Rn. 285.
747 *Voß* in: Just/Voß/Ritz/Becker, WphG, 1. Auflage 2015, § 31 a.F., Rn. 492.

Die Durchführung einer Geeignetheitsprüfung bei der Erbringung von Anlageberatung durch einen Robo Advisor ist damit als zulässig anzusehen.[748]

Generell bezieht sich die Anlageberatung auf die Inanspruchnahme einer einmaligen Beratungsleistung und damit auch der Beurteilung der Geeignetheit einer spezifischen Anlagesituation.[749] Im Zuge der MiFID II wurde die Möglichkeit eingefügt, dass Wertpapierfirmen auch eine regelmäßige Beurteilung der Eignung vornehmen (Art. 25 VI UAbs. 4 MiFID II). Anders als noch im Entwurf zur MiFID II vorgesehen (Art. 25 V MiFID II-EPE) ist die Durchführung einer solchen regelmäßigen Eignungsbeurteilung aber nicht verpflichtend, sondern kann mit dem Kunden vereinbart werden.[750] Damit obliegt es den Anbietern der Anlageberatung, ob sie eine solche kontinuierliche Geeignetheitsprüfung anbieten wollen. Insbesondere wird durch diese Regelung jedoch klargestellt, dass eine solche Nachbetreuung nicht generell, sondern nur bei entsprechender Vereinbarung besteht. Robo Advisors können danach ebenso wie herkömmliche Wertpapierfirmen selbst entscheiden, ob sie eine solche kontinuierliche Geeignetheitsprüfung anbieten wollen.

bb) Finanzportfolioverwaltung

Auch bei der Erbringung von Finanzportfolioverwaltung sind die Anbieter verpflichtet, eine Geeignetheitsprüfung durchzuführen, diese basiert ebenfalls auf der vorherigen Kundenexploration. Im Gegensatz zur Anlageberatung, die als Dienstleistung ohnehin nur auf die Erteilung eines einmaligen Anlagerates ausgerichtet ist, ist die Geeignetheitsprüfung bei der Erbringung von Finanzportfolioverwaltung in doppelter Hinsicht erforderlich. Zunächst muss geprüft werden, ob die Vermögensverwaltung als solche überhaupt für den konkreten Kunden geeignet ist, bevor im Anschluss daran auch jede Transaktion, die im Rahmen der Vermögensverwaltung vorzunehmen ist, auf ihre Geeignetheit geprüft werden muss.[751]

Im Hinblick auf die Beurteilung der Geeignetheit der Dienstleistung „Finanzportfolioverwaltung" als solcher ist insbesondere darauf zu achten, dass der Kunde die Funktionsweise einer Finanzportfolioverwaltung nachvollziehen

---

748 So im Ergebnis ebenfalls: *Madel*, Robo Advice, S. 182 ff.

749 Vgl. dazu *Fuchs* in: Fuchs, WpHG Kommentar, 2. Auflage 2016, § 31 a. F., Rn. 269.

750 *Mansen*, Die neuen Anlageberatungsregelungen der MiFID II, S. 281 f.

751 *Fuchs* in Fuchs, WpHG Kommentar, 2. Auflage 2016, § 31 a. F., Rn. 300; *Voß* in: Just/Voß/Ritz/Becker, WpHG, 1. Auflage 2015, § 31 a. F., Rn. 499.

kann.[752] D. h. Robo Advisors, die Finanzportfolioverwaltung anbieten, müssen auch die generellen Kenntnisse des Kunden im Hinblick auf die Funktionsweise einer Vermögensverwaltung erfassen und diesen ggf. entsprechend aufklären. Auch eine solche Aufklärung muss so umfangreich wie nötig, aber auch so knapp wie möglich erfolgen, um einen *information overload* zu vermeiden. Zudem bietet sich auch hier die Einrichtung eines Bestätigungsfelds zur Kenntnisnahme und Verständnis der Aufklärung an.

Zudem ist auch bei der Beurteilung der Geeignetheit einer Vermögensverwaltung bereits die finanzielle Risikotragfähigkeit des Kunden zu berücksichtigen, da ohne ein ausreichendes freies Vermögen die Inanspruchnahme einer Vermögensverwaltung nicht in Betracht kommen kann.[753]

Führt die Beurteilung der Geeignetheit einer Finanzportfolioverwaltung zu einem positiven Ergebnis, so muss auch eine geeignete Anlagestrategie ermittelt werden. Hier gelten ebenso wie bei der Anlageberatung die Vorgaben des § 64 III WpHG, d.h. es kommt darauf an, dass die empfohlene Anlagestrategie mit den Anlagezielen des Kunden vereinbar ist, seinen Kenntnissen und Erfahrungen entspricht, sowie mit seinen finanziellen Verhältnissen (insbesondere der Fähigkeit, Verluste zu tragen) und seiner Risikotoleranz vereinbar ist.[754] Bei Robo Advisors erfolgt dies wiederum algorithmisch durch Auswertung der Angaben aus der Kundenexploration. Bei der Beurteilung ausreichender Kenntnisse und Erfahrungen kommt es nunmehr darauf an, dass der Kunde in der Lage ist, die Risiken der in Betracht kommenden Anlagestrategie zu durchschauen und die Anlagestrategie in ihren Grundzügen zu verstehen.[755] Weniger relevant ist in diesem Stadium jedoch die Risikotragfähigkeit, da diese bereits bei der Beurteilung der Geeignetheit der Vermögensverwaltung berücksichtigt wurde.

Wurde eine geeignete Anlagestrategie für den Kunden ermittelt, so hat der Vermögensverwalter auch jede für den Kunden eigenständig durchgeführte Transaktion auf ihre Geeignetheit hin zu überprüfen.[756] Zentraler Maßstab für

---

752 *Fuchs* in Fuchs, WpHG Kommentar, 2. Auflage 2016, § 31 a. F., Rn. 302; *Rothenhöfer* in: Schwark/Zimmer, KMRK, 5. Auflage 2020, § 64, Rn. 128.

753 *Voß* in: Just/Voß/Ritz/Becker, WpHG, 1. Auflage 2015, § 31 a. F., Rn. 500; *Rothenhöfer* in: Schwark/Zimmer, KMRK, 5. Auflage 2020, § 64, Rn. 128.

754 *Spindler* in: Langenbucher/Bliesener/Spindler, Bankrechts-Kommentar, 3. Auflage 2020, 33. Kap., Rn. 147.

755 *Fuchs* in Fuchs, WpHG Kommentar, 2. Auflage 2016, § 31 a. F., Rn. 305; *Madel*, Robo Advice, S. 223.

756 *Fuchs* in Fuchs, WpHG Kommentar, 2. Auflage 2016, § 31 a. F., Rn. 300; *Voß* in: Just/Voß/Ritz/Becker, WpHG, 1. Auflage 2015, § 31 a. F., Rn. 499.

die Geeignetheit ist dann aber die gewählte Anlagestrategie; es ist nicht erforderlich, dass der Kunde Kenntnisse und Erfahrungen bzgl. jedes einzelnen Geschäfts hat, sodass die Geeignetheitsprüfung deutlich weniger umfangreich ausfallen muss.[757]

Eine algorithmische Ausgestaltung der Geeignetheitsprüfung im Rahmen der Finanzportfolioverwaltung begegnet damit keinen grundsätzlichen Bedenken. Im Rahmen der technischen Umsetzung ist lediglich erforderlich, dass der Algorithmus in der Lage ist auf Basis der im Rahmen der Exploration erfassten Angaben die Vorgaben der Eignungsbeurteilung umzusetzen.

Da die Finanzportfolioverwaltung ihrem Grundsatz nach auf eine dauerhafte Verwaltung des Kundenvermögens ausgerichtet ist, sind die Anbieter auch verpflichtet, eine fortlaufende Geeignetheitsprüfung durchzuführen. Eine solche Pflicht folgt aus § 64 VIII WpHG, der zudem eine regelmäßige Berichtspflicht statuiert. Diese Pflicht trifft auch Robo Advisors.[758] Die Anbieter haben regelmäßig die Geeignetheit der empfohlenen Produkte umfassend neu zu prüfen. Im Rahmen der regelmäßigen Berichte haben die Anbieter ihre erbrachten Portfoliodienstleistungen darzustellen, damit der Kunde die Möglichkeit hat, diese zumindest im Nachhinein zu kontrollieren. Die genauen Anforderungen an die Erstellung der Berichte werden durch Art. 60 DVO MiFiD II konkretisiert. Zusätzlich zu diesen regelmäßigen Berichten treffen die Anbieter auch anlassbezogene Berichtspflichten, so ist der Kunde insbesondere dann zu informieren, wenn der Gesamtwert seines Portfolios um min. 10 % gefallen ist und sodann auch bei jedem weiteren Wertverlust (in 10 %-Schritten). Weder im Hinblick auf die laufende Geeignetheitsprüfung, noch bei der Erfüllung der Berichtspflichten ergeben sich Besonderheiten für Robo Advisors gegenüber der herkömmlichen Finanzportfolioverwaltung.

c) Anfertigung und Bereitstellung einer Geeignetheitserklärung bei der Erbringung von Anlageberatung

Wird eine erlaubnispflichtige Anlageberatung erbracht, so ist im Anschluss an die Geeignetheitsprüfung nach § 64 IV WpHG durch die Wertpapierfirma eine Erklärung über die Geeignetheit der Empfehlung auszustellen.

---

757 So auch: *Madel*, Robo Advice, S. 223.

758 So auch *Madel*, Robo Advice, S. 223 f.

In dieser Erklärung, die auf einem dauerhaften Datenträger zur Verfügung zu stellen ist (§ 64 IV 1 WpHG) soll der Ablauf der Beratung skizziert und dargelegt werden, inwiefern die erteilte Empfehlung anlegergerecht ist.[759]

Das WpHG enthielt schon vor Einführung der Verpflichtung zur Erstellung einer Geeignetheitserklärung eine Pflicht zur Anfertigung eines Beratungsprotokolls (§ 34 IIa WpHG a. F.).

Die BaFin hat schon im Hinblick auf diese Verpflichtung klargestellt, dass auch Robo Advisors zur Erstellung eines Beratungsprotokolls verpflichtet sind.[760] Diese Pflicht besteht auch weiterhin für die Erstellung der Geeignetheitserklärung.[761]

Durch das Beratungsprotokoll waren jedoch insbesondere die Gesprächsinhalte zu protokollieren, sodass eine Umsetzung durch Robo Advisors, deren Dienstleistungen sich gerade durch das (nahezu vollständige) Fehlen menschlicher Interaktion auszeichnen, kaum möglich war. Zwar bestand die Möglichkeit, die Beratung in Stichpunkten oder mittels vorgefertigter Textbausteine zu dokumentieren[762], dennoch waren die Regelungen nur auf die Erbringung einer Beratungsleistung im persönlichen Kontakt ausgerichtet.

Im Rahmen der Geeignetheitserklärung genügt es nunmehr, wenn sich aus der Erklärung ein Überblick über die erbrachte Beratung ergibt und erläutert wird, inwiefern die ausgesprochenen Empfehlungen den Anlagezielen des Kunden entsprechen und seine persönlichen Kenntnisse und Erfahrungen berücksichtigt wurden. Es besteht damit immer noch eine große Schnittmenge zwischen dem bisherigen Beratungsprotokoll und der Geeignetheitserklärung, gerade für Robo Advisors bedeutet die Geeignetheitserklärung in der Praxis aber spürbare Erleichterungen.[763]

Für Robo Advisors ist es insbesondere von Bedeutung, ob die Geeignetheitserklärung auch vollautomatisch erstellt werden kann, um hierfür nicht extra Mitarbeiter einsetzen zu müssen, daher ist zunächst die Zulässigkeit einer solchen vollautomatischen Anfertigung zu klären.

759 *Buck-Heeb/Poelzig*, BKR 2017, 485, 492.

760 BaFinTech 2016 – Workshop zum Thema Robo Advice, Folie 27 ff.

761 So im Ergebnis auch *Madel*, Robo Advice, S. 187, der diskutiert, ob aus Art. 54 DVO MiFID II ggf. nur eine Pflicht zur Durchführung einer Geeignetheitsprüfung, nicht aber zur Erstellung einer Geeignetheitserklärung für Robo Advisors folgt, dies aber unter Verweis auf den Normzweck des Art. 54 DVO MiFID II (Gewährleistung des Anlegerschutzes) richtigerweise verneint.

762 *Koller* in: Assmann/Schneider, WpHG Kommentar, 6. Auflage 2012, § 34 aF, Rn. 23.

763 So auch: *von Drathen/Strauch*, WpG 2017, 1265, 1266.

Technisch besteht die Möglichkeit, dass die relevanten Produkteigenschaften bereits elektronisch hinterlegt werden, selbiges gilt auch für die im Rahmen der Exploration erlangten Kundeninformationen, sodass die technische Umsetzbarkeit einer vollautomatischen Geeignetheitserklärung grundsätzlich zu bejahen ist.[764]

Weder § 64 IV WpHG noch die konkretisierende Vorschrift des Art. 52 XII DVO MiFID II enthalten eine Aussage zur Zulässigkeit einer vollautomatischen Erstellung. Damit kann weder von einer ausdrücklichen Zulassung noch von einem Verbot der vollautomatischen Anfertigung ausgegangen werden. Eine Auslegung der Vorschriften nach ihrem Sinn und Zweck ergibt jedoch, dass Ziel der Norm eine ausreichende Dokumentation der Beratung für den Kunden und damit die Sicherung der Beratungsqualität und des Anlegerschutzniveaus ist. Somit ist davon auszugehen, dass auch eine vollautomatische Anfertigung zulässig ist, sofern sie technisch so umgesetzt wird, dass die Vorgaben von Art. 64 IV WpHG und Art. 12 XII DVO MiFID II vollumfänglich erfüllt werden.

Die Möglichkeit einer vollautomatischen Anfertigung der Geeignetheitserklärung darf allerdings nicht zu einer Standardisierung der Erklärung führen. Eine solche Standardisierung könnte zwar zu einer Verkürzung der Erklärung und damit zu einer Vermeidung oder zumindest Verminderung eines *information overloads* führen, der europäische Gesetzgeber hat jedoch keine entsprechende Möglichkeit einer Standardisierung vorgesehen.[765] Zudem besteht das Risiko, dass durch eine Standardisierung der Geeignetheitserklärung die geforderte individuelle Beurteilung und Dokumentation der Geeignetheit leidet.[766] Dies zeigt auch, dass es für Robo Advisors gerade darauf ankommt, dass sich aus der Geeignetheitserklärung trotz des fehlenden persönlichen Kontakts ein klarer Bezug zu den individuellen Bedürfnissen des Kunden ergibt, sodass dieser nicht den Eindruck erhält, es handele sich um eine standardisierte Beurteilung.

Bei der Anfertigung eines Beratungsprotokolls war nach § 34 IIa 2 WpHG a.F. die Unterzeichnung des Protokolls durch die beratende Person erforderlich. Dies war im Falle einer Beratung durch Robo Advisors problematisch, da in der Regel geraten keine Personen in die Beratung mit eingebunden waren. Die BaFin hatte daher bezüglich der Unterzeichnung des Beratungsprotokoll entschieden, dass die Person zu ermitteln war, der die Beratung zuzurechnen ist, bzw. bei Personenmehrheiten, die die Produkte für die automatisierte Beratung auswählen,

---

764 *von Drathen/Strauch*, WpG 2017, 1265, 1266.

765 BT-Drucks. 18/11290, S. 16.

766 So auch: *Mansen*, Die neuen Anlageberatungsregelungen der MiFID II, S. 308 f.

eine Person zu bestimmen war, die nach außen hin die Verantwortung für den Inhalt übernehmen soll.[767] Für die Geeignetheitserklärung enthält die Neufassung des WpHG durch das 2. FiMaNoG ebenso wenig eine entsprechende Regelung zu einer erforderlichen Unterzeichnung der Geeignetheitserklärung wie die DVO MiFID II. Damit kann die Geeignetheitserklärung dem Kunden auch ohne persönliche Unterzeichnung zur Verfügung gestellt werden, was gerade für Robo Advisors eine erhebliche Erleichterung bedeutet.

Bereitgestellt werden muss die Geeignetheitserklärung dem Kunden nach § 64 IV 1 WpHG grundsätzlich vor dem Vertragsschluss. Dabei bezieht sich der „Vertragsschluss" auf den Abschluss der schuldrechtlichen Vereinbarung, also die Umsetzung der erteilten Anlageempfehlung.[768] Insofern ist der Wortlaut des § 64 IV 1 WpHG jedoch missverständlich, da die Bereitstellung einer Geeignetheitserklärung auch dann erforderlich ist, wenn die Anlageempfehlung nicht zum Kauf oder Verkauf von Finanzinstrumenten führt, sondern es sich um eine Halteempfehlung handelt.[769] Nach § 64 IV 3 WpHG besteht bei einem Vertragsschluss unter der Nutzung von Fernkommunikationsmitteln, aufgrund denen es nicht möglich ist, die Geeignetheitserklärung vor Vertragsschluss zu übermitteln, auch die Option, die Geeignetheitserklärung erst unmittelbar nach dem Vertragsschluss zur Verfügung zu stellen. In einem solchen Fall ist es jedoch erforderlich, dass der Kunde der späteren Übermittlung zugestimmt hat oder die Möglichkeit erhält, die Ausführung des Geschäfts zu verschieben, um zunächst die Geeignetheitserklärung zu erhalten. Für Robo Advisors kommt es somit darauf an, ob es technisch umsetzbar ist, dass der Kunde das Geeignetheitsprotokoll schon unmittelbar vor dem Vertragsschluss erhält. Ist das nicht möglich, so müssen die Voraussetzungen des § 64 IV 3 WpHG erfüllt werden. Da die Anfertigung der Geeignetheitserklärung vollautomatisch erfolgen kann, ist davon auszugehen, dass unter diesem Aspekt auch eine Bereitstellung unmittelbar vor Vertragsschluss realisierbar ist. Diese Bereitstellung muss dann aber auch in einer geeigneten Form erfolgen. § 64 I WpHG verlangt ein Zurverfügungstellen auf einem dauerhaften Datenträger. Demnach ist es erforderlich, dass dem Kunden die Geeignetheitserklärung entweder per E-Mail mit entsprechendem Dateianhang oder zum Download auf dem Portal des Robo Advisors bereitgestellt

767 BaFinTech 2016 – Workshop zum Thema Robo Advice, Folie 28.

768 *Buck-Heeb/Poelzig*, BKR 2017, 485, 492; *Poelzig*, Stellungnahme vom 3.3.2017 zum 2. FiMaNoG, S. 7.

769 *Buck-Heeb/Poelzig*, BKR 2017, 485, 492; *Poelzig*, Stellungnahme vom 3.3.2017 zum 2. FiMaNoG, S. 7.

wird.[770] Allerdings ist es nach Art. 3 Nr. 1b) DVO MiFID II erforderlich, dass der Kunde selbst wählen kann, ob er die Informationen in Papierform erhalten will oder auf einem anderen dauerhaften Datenträger. Diese Wahl muss dem Kunden auch hinsichtlich der Geeignetheitserklärung eingeräumt werden. Entscheidet er sich für die Bereitstellung in Papierform, so muss die Ausführung der Anlageempfehlung aufgeschoben werden, bis die Zustellung der Erklärung in Papierform erfolgt ist. Eine Anwendung des § 64 IV 3 WpHG kommt diesbezüglich nicht in Betracht, da im Falle einer Bereitstellung in Papierform aufgrund des erforderlichen Postversands nicht mehr von einer Bereitstellung „unmittelbar“ nach Vertragsschluss ausgegangen werden kann. Dies folgt aus dem Wortlaut des Art. 54 Nr. 12 DVO MiFID II, wonach die Bereitstellung der Geeignetheitserklärung „bei der Vornahme einer Anlageberatung“ zu erfolgen hat, sodass ein unmittelbarer zeitlicher Zusammenhang zwischen dem Ausführungsgeschäft und der Bereitstellung erforderlich ist.

Im Hinblick auf die im Rahmen der MiFID II erweiterten Dokumentationspflichten[771] kommt es zu gewissen Überschneidungen zwischen diesen Aufzeichnungspflichten und der Pflicht zur Anfertigung einer Geeignetheitserklärung. Daher wäre zu überlegen, bei Anlageberatungen gegenüber Privatkunden entweder die Geeignetheitserklärung als solche oder die Anfertigung eines Gesprächsprotokolls, das beiden Anforderungen entspricht, genügen zu lassen.[772]

Eine solche Lösung würde den Anbietern einen andernfalls entstehenden erheblichen Mehraufwand ersparen.[773]

Die Möglichkeit einer solchen Reduzierung des Pflichtenumfangs lässt sich den Regelungen der MiFID II jedoch nicht explizit entnehmen. Auch der Gesetzgeber hat diese Frage im Rahmen des 2. FiMaNoG zur Umsetzung der MiFID II offengelassen.[774] Blickt man auf die Zielrichtungen von Dokumentationspflichten und Geeignetheitserklärungen, so ergeben sich zum Teil erhebliche Unterschiede. Während die Aufzeichnungspflicht dazu dient, den Aufsichtsbehörden eine möglichst genaue Überprüfung des Beratungsablaufs zu ermöglichen, hat die Geeignetheitserklärung zum Ziel, dem Kunden in möglichst verständlicher

---

770 Vgl. genauer zu den Anforderungen an eine Bereitstellung in Form eines dauerhaften Datenträgers oben unter D.V.1.).

771 Vgl. dazu ausführlich oben unter C.II.5.

772 So auch: *Roth/Blessing*, CCZ 2017, 8, 15.

773 *Roth/Blessing*, CCZ 2017, 8, 15.

774 *Roth/Blessing*, CCZ 2017, 8, 15.

und übersichtlicher Form darzulegen, inwiefern die empfohlenen Finanzinstrumente seinem Anforderungsprofil entsprechen. Eine zusammengefasste Aufzeichnung könnte diesen beiden Zielrichtungen kaum gerecht werden, da sie den Kunden entweder mit Informationen überfrachtet oder den Aufsichtsbehörden keine ausreichende Überprüfung mehr ermöglicht wird.[775]

Die der Diskussion zugrundeliegende Problematik des Mehraufwands stellt sich aber ohnehin insbesondere bei einer Beratung im persönlichen Gespräch. Hier stellt es einen erheblichen Mehraufwand dar, wenn der Berater nicht nur die Geeignetheitserklärung anfertigen muss, sondern zudem auch noch ein Gesprächsprotokoll führen soll. Erfolgt die Erbringung der Beratungsleistung aber digitalisiert durch einen Algorithmus, so kann sowohl die Erstellung der Geeignetheitserklärung, als auch die Erfüllung der Dokumentationspflichten automatisiert erfolgen, es entsteht dadurch kein erheblicher Mehraufwand.

Somit besteht insbesondere für Robo Advisors keine Notwendigkeit, eine Verschlechterung des Anlegerschutzes in Kauf zu nehmen, indem man die Aufzeichnungspflichten und die Erstellung der Geeignetheitserklärung zusammenfasst.

Zusammengefasst lässt sich festhalten, dass die Ersetzung des Beratungsprotokolls durch die Geeignetheitserklärung zwar für die Finanzindustrie insgesamt keine spürbaren Veränderungen gebracht haben mag[776], sie aber für Robo Advisors erhebliche Erleichterungen bedeutet. Die Anfertigung einer Geeignetheitserklärung kann vollautomatisiert auf technischem Wege erfolgen, sodass die Befolgung der gesetzlichen Vorgaben für Robo Advisors problemlos möglich ist.

2. Anlagevermittlung

Bei einer Erbringung von Anlagevermittlung kommt es nicht auf eine Beratung des Kunden unter Berücksichtigung seiner persönlichen Umstände an, weshalb auch im Hinblick auf die Exploration des Kunden und die Beurteilung der Angemessenheit einer Empfehlung niedrigere Voraussetzungen als bei der Anlageberatung und Finanzportfolioverwaltung gelten.

---

775 So im Ergebnis auch *Roth/Blessing*, CCZ 2017, 8, 15; anders aber: *Die Deutsche Kreditwirtschaft*, Stellungnahme zum Referentenentwurf für ein Gesetz zur Novellierung von Finanzmarktvorschriften aufgrund europäischer Rechtsakte, S. 25, wonach im Falle eines persönlichen Gesprächs die Anfertigung einer Geeignetheitserklärung genügen solle, da hierin alle erforderlichen Angaben enthalten seien und somit keine Notwendigkeit für die Anfertigung eines Gesprächsprotokolls bestehe.

776 *Mansen*, Die neuen Anlageberatungsregelungen der MiFID II, S. 303.

a) *Exploration des Kunden*

Nach § 63 X WpHG hat ein Wertpapierdienstleistungsunternehmen, das nicht Anlageberatung und Finanzportfolioverwaltung erbringt, mithin ist die Anlagevermittlung also erfasst, Informationen über Kenntnisse und Erfahrungen des Kunden in Bezug auf Geschäfte mit bestimmten Arten von Finanzinstrumenten oder Wertpapierdienstleistungen, soweit diese Informationen erforderlich sind, um die Angemessenheit der Finanzinstrumente oder Wertpapierdienstleistungen beurteilen zu können. Damit ist eine weniger ausführliche Exploration des Kunden als bei der Anlageberatung und Finanzportfolioverwaltung erforderlich, da es genügt, wenn Informationen über ausreichende Kenntnisse und Erfahrungen erfasst werden. Nicht erforderlich ist hingegen, dass Informationen hinsichtlich der finanziellen Risikotragfähigkeit oder der Anlageziele des Kunden erfasst werden.[777]

Für den genauen Umfang der Erfassung von Kenntnissen und Erfahrungen enthält Art. 55 DVO MiFID II weitergehende Regelungen. Dabei richtet sich der Umfang der Exploration nach Art. 55 I DVO MiFID II nach der Art des Kunden, der Dienstleistung, sowie des in Betracht gezogenen Produkts und der damit einhergehenden Komplexität und den Risiken. Eine solche Individualisierung der Exploration ist jedoch für Robo Advisors technisch kaum umsetzbar, da sie eine Befragung des Kunden vor Durchführung der eigentlichen Exploration voraussetzt. Zudem besteht das Risiko, bei einer Fehleinschätzung eine unzureichende Exploration vorzunehmen. Daher erscheint es empfehlenswert, immer eine den Vorgaben des Art 55 I a)–c) DVO MiFID II vollständig entsprechende Exploration durchzuführen. Es ist aber zulässig, dass die Wertpapierdienstleistungsunternehmen auf Basis der standardisierten Fragebögen Kundenprofile bilden, um diese dann einer vorgefertigten Risikokategorie zuzuordnen, sodass die spätere Angemessenheits- oder Geeignetheitsprüfung vereinfacht wird.[778]

Für die genaue Ausgestaltung der Fragebögen für die Erfassung der erforderlichen Informationen kann auf die obigen Ausführungen zur Exploration bei Anlageberatung und Finanzportfolioverwaltung verwiesen werden.[779]

---

777 *Grundmann* in: Staub, HGB Kommentar, 5. Auflage 2018, Bankvertragsrecht, Achter Teil, Rn. 190.

778 Noch zur alten Rechtslage: *Fuchs* in: Fuchs, WpHG Kommentar, 2. Auflage 2016, § 31 a. F., Rn. 216.

779 Siehe dazu E.II.1.a).

b) Durchführung einer Angemessenheitsprüfung

Auch für die Erteilung der Anlageempfehlung gelten weniger strenge Voraussetzungen. Dies zeigt sich bereits an der anders gewählten Begrifflichkeit – es genügt eine Bewertung der Angemessenheit.[780] Für eine Bejahung der Angemessenheit ist es ausreichend, wenn der Kunde nach Einschätzung des Anbieters in der Lage ist, die Risiken des Geschäfts richtig einzuschätzen. Das empfohlene Produkt muss daher so gewählt werden, dass der Kunde aufgrund seiner bisherigen Kenntnisse und Erfahrungen in der Lage ist, selbst zu beurteilen, ob es seinen Anlagezielen entspricht und mit seiner finanziellen Situation vereinbar ist.[781] Dies zeigt auch, dass bei fehlenden Kenntnissen und Erfahrungen dem Kunden durch vorherige Informationsbereitstellung entweder die erforderlichen Kenntnisse verschafft werden müssen oder nur sehr einfach nachvollziehbare Finanzprodukte empfohlen werden dürfen. Führt die Angemessenheitsprüfung auch nach Ausschöpfung dieser Informationsmöglichkeiten zu einem negativen Ergebnis, so ist der Anbieter nach § 63 X 3 WpHG dazu verpflichtet, den Kunden hierüber zu informieren.[782] Eine solche Information ist nach § 63 X 4 WpHG auch dann erforderlich, wenn die dem Anbieter über den Kunden zur Verfügung stehenden Informationen nicht für eine Beurteilung der Angemessenheit ausreichen. Eine Standardisierung dieser Information, durch die sie für Robo Advisors deutlich einfach zu handhaben ist, ist nach § 63 X 6 WpHG problemlos möglich. Im Gegensatz zur Anlageberatung, ist die Erbringung einer Anlagevermittlung aber auch dann zulässig, wenn keine Beurteilung der Angemessenheit erfolgen konnte oder diese als negativ beurteilt wurde, sofern der Kunde seinen Auftrag weiterhin aufrechterhält.[783]

Für die Durchführung der Angemessenheitsprüfung ist es zulässig, auf die schon im Rahmen der Exploration genutzten Risikoklassen zurückzugreifen, sodass lediglich überprüft werden muss, ob das Geschäft, das der Kunde abschließen will, in die gleiche oder eine niedrige Risikoklasse fällt, wie diejenige,

780 *Grundmann* in: Staub, HGB Kommentar, 5. Auflage 2018, Bankvertragsrecht, Achter Teil, Rn. 191.

781 *Grundmann* in: Staub, HGB Kommentar, 5. Auflage 2018, Bankvertragsrecht, Achter Teil, Rn. 191; *Koller* in: Assmann/Schneider/Mülbert, WpHG Kommentar, 7. Auflage 2019, § 63, Rn. 133 f.

782 *Grundmann* in: Staub, HGB Kommentar, 5. Auflage 2018, Bankvertragsrecht, Achter Teil, Rn. 192.

783 *Grundmann* in: Staub, HGB Kommentar, 5. Auflage 2018, Bankvertragsrecht, Achter Teil, Rn. 192.

der er aufgrund seiner Angaben zugeordnet wurde.[784] Die algorithmische Überprüfung der Vereinbarkeit der Anlageempfehlung mit der zugeordneten Risikoklasse begegnet dabei keinen Bedenken.

Über die Durchführung der Angemessenheitsprüfung sind zudem Aufzeichnungen zu führen, aus denen nach Art. 56 II DVO MiFID II u.a. das Ergebnis der Angemessenheitsprüfung, sowie ggf. weiterführende Hinweise für den Kunden, sofern die Angemessenheit als negativ beurteilt wurde oder keine ausreichenden Angaben gemacht wurden, hervorgehen müssen.

III. Haftungsfragen

Haftungsansprüche des Anlegers kommen dann in Betracht, wenn der Robo Advisor ihm gegenüber seine vertraglichen Pflichten nicht hinreichend erfüllt. Dabei ist zunächst fraglich, wer gegenüber dem Anleger letztlich haftet, weshalb im Folgenden zunächst auf eine mögliche Haftung des Webseiten-/ App-Entwicklers, sowie auf die Möglichkeit einer Eigenhaftung des Algorithmus eingegangen wird. Im Hinblick auf vertragliche und deliktische Haftungsansprüche gelten für Robo Advisors grundsätzlich die gleichen Regelungen, wie auch für herkömmliche Finanzdienstleister. Diese werden daher zunächst in knapper Form überblicksartig dargestellt, bevor im Folgenden ausführlicher auf spezifische Probleme eingegangen wird, die sich im Falle eines Schadensersatzanspruchs gegenüber einem Robo Advisor ergeben können.

Zuletzt wird auch noch kurz auf die Frage von Haftungsansprüchen gegenüber der Partnerbank des Robo Advisors eingegangen.

1. Haftung des Webseiten-/ App-Entwicklers

Die Nutzung von Robo Advice ist entweder über ein Online-Portal, das über den Browser aufgerufen wird oder in vielen Fällen auch durch Nutzung einer App des Anbieters über Smartphone oder Tablet möglich.

Wird die Entwicklung dieser App oder die Programmierung des Online-Portals durch einen externen Dienstleister übernommen, so ist zu überlegen, ob dem Kunden im Falle einer fehlerhaften Programmierung Haftungsansprüche unmittelbar gegenüber diesem Dienstleister zustehen.

---

784 *Fuchs* in: Fuchs, WpHG Kommentar, 2. Auflage 2016, § 31, a. F. Rn. 316.

Eine vertragliche Verbindung besteht jedoch nur zwischen dem App-Entwickler und dem Robo Advisor als App-Anbieter, hier wird in der Regel ein Softwareerstellungsvertrag abgeschlossen werden.[785]

Zwischen dem App-Entwickler und dem Endnutzer besteht hingegen keine vertragliche Beziehung, sodass eine Haftung des App-Entwicklers im Außenverhältnis gegenüber dem Endnutzer schon deshalb nicht in Betracht kommt. Etwas anderes ergibt sich auch nicht aus den Grundsätzen des Vertrages mit Schutzwirkung zugunsten Dritter. Eine Leistungsnähe des Kunden des Robo Advisors ließe sich bejahen, da auch der Kunde bestimmungsgemäß mit dem vom App-Entwickler programmierten Portal in Berührung kommt. Problematischer erscheint bereits die Bejahung der Gläubigernähe; da die Rechtsprechung sich inzwischen aber faktisch vom Tatbestandsmerkmal der Gläubigernähe verabschiedet hat[786], ist insbesondere die Frage der Schutzbedürftigkeit der Anleger zu beleuchten. Sinn und Zweck des Vertrages mit Schutzwirkung zugunsten Dritter ist es, als untragbar angesehene Lücken des Schadensersatzrechts zu schließen.[787] Damit kommt eine Schutzbedürftigkeit des Dritten nur dann in Betracht, wenn der Dritte keine eigenen vertraglichen Ansprüche geltend machen kann, die seinen Schaden ausgleichen.[788] Dabei ist unerheblich, gegenüber wem diese eigenen vertraglichen Ansprüche bestehen.[789] Wie untenstehend noch zu zeigen sein wird, steht dem Anleger bei fehlerhafter Programmierung des Algorithmus ein Schadensersatzanspruch gegenüber dem Robo Advice-Anbieter zu[790], d.h. er ist vorliegend nicht schutzwürdig.

Grundsätzlich denkbar wären hingegen deliktische Ansprüche des Anlegers, die sich direkt gegen den App-Entwickler richten, dies erfordert jedoch, dass durch die fehlerhafte Programmierung rechtswidrig in deliktisch geschützte Rechtsgüter des Anlegers eingegriffen wurde. Da infolge einer fehlerhaften Programmierung zumeist mit Vermögensschäden zu rechnen sein wird, ist eine solche deliktische Haftung aber jedenfalls unwahrscheinlich.

Möglich ist zudem ein Regress des Robo Advisors gegenüber dem App-Entwickler, nachdem er selbst vom Endnutzer auf Schadensersatz im

785 *Baumgartner* in: Baumgartner/Ewald, Apps und Recht, 2. Auflage 2016, Rn. 493.
786 *Mäsch* in: BeckOGK, Stand: 01.07.2022, § 328, Rn. 178.
787 *Mäsch* in: BeckOGK, Stand: 01.07.2022, § 328, Rn. 180.
788 *Mäsch* in: BeckOGK, Stand: 01.07.2022, § 328, Rn. 180.
789 *Mäsch* in: BeckOGK, Stand: 01.07.2022, § 328, Rn. 180.
790 Siehe dazu E.III.4.

Zusammenhang mit Pflichtverletzungen durch den App-Entwickler in Anspruch genommen wurde.[791]

2. Eigenhaftung des Algorithmus

Wie schon im Rahmen der Haftung wegen vorvertraglicher Pflichtverletzungen erörtert wurde, kommt eine Eigenhaftung des Algorithmus aufgrund dessen fehlender Rechtssubjektivität nicht in Betracht.[792]

3. Vertretenmüssen bei falschen Kundenangaben

Für die Erteilung eines Anlagerats, unabhängig ob im Rahmen einer Anlageberatung oder Finanzportfolioverwaltung, sind umfangreiche Informationen über die persönlichen Verhältnisse des Kunden notwendig, um diese angemessen berücksichtigen zu können. Es stellt sich daher die Frage, inwiefern eine Haftung des Kunden in Betracht kommt, sofern er falsche Angaben macht.

Hinsichtlich eines entsprechenden Vertretenmüssens für die Fehlerhaftigkeit oder Unvollständigkeit der vom Kunden sowohl für die Erbringung von Anlageberatung und Finanzportfolioverwaltung, als auch für die Erbringung anderer Wertpapierdienstleistungen einzuholenden Informationen enthielt § 31 VI WpHG aF eine recht eindeutige Regelung. Demnach hatte derartige Falschinformationen der Kunde zu vertreten, sofern die Falschheit oder Unvollständigkeit der Informationen dem Wertpapierdienstleistungsunternehmen nicht bekannt oder nur infolge grober Fahrlässigkeit unbekannt war.[793]

§ 63 WpHG nF enthält dem Wortlaut nach keine derartige Regelung, der Wortlaut des § 31 VI WpHG aF wurde bei der Neufassung des WpHG infolge der Umsetzung der MiFID-II-Richtlinie in § 63 WpHG nicht übernommen.

§ 65 II WpHG enthält jedoch eine Regelung, die ein Vertretenmüssen des Kunden für Falschangaben vorsieht, sofern die Unrichtigkeit oder Unvollständigkeit der Angaben dem Anbieter nicht bekannt oder infolge grober Fahrlässigkeit unbekannt war. Der Wortlaut dieser Norm bezieht sich allerdings nur auf eine Selbstauskunft bei der Vermittlung des Vertragsschlusses über eine Vermögensanlage i.S.d. § 2a des VermAnlG. Aus den Gesetzgebungsmaterialien ergibt sich jedoch, dass der Gesetzgeber den vorherigen § 31 VI WpHG bewusst verschoben hat, da sich die Regelung für ein Vertretenmüssen des Kunden für

---

791 *Baumgartner* in: Baumgartner/Ewald, Apps und Recht, 2. Auflage 2016, Rn. 494.

792 Siehe dazu D.VIII.1.

793 Zur alten Rechtslage: *Fuchs* in: Fuchs, WpHG, 2. Auflage, 2016, § 31 a.F., Rn. 228.

Finanzinstrumente im Rahmen der MiFID II-Verordnung künftig direkt aus Art. 55 III DVO MiFID II ergibt.[794] Demnach darf sich die Wertpapierfirma auf die vom Kunden gemachten Angaben verlassen, solange ihr nicht bekannt ist oder bekannt sein müsste, dass die Informationen offensichtlich veraltet, unzutreffend oder unvollständig sind. Damit hat grundsätzlich der Kunde es zu vertreten, wenn er im Rahmen der Exploration falsche Angaben macht.

4. Haftung des Robo-Advice-Anbieters

Für Haftungsansprüche gegenüber Robo Advice-Anbietern ist grundsätzlich auf die gleichen Haftungsgrundsätze wie für herkömmliche Finanzdienstleistungen zurückzugreifen, um nicht zu einer ungerechtfertigten Sonderregulierung zu kommen. Bei einer algorithmischen Erbringung von Finanzdienstleistungen ergeben sich allerdings verschiedene Probleme, die ggf. eine Modifizierung der für herkömmliche Finanzdienstleistung geltenden Haftungsgrundsätze erforderlich machen.

a) Haftungsgrundsätze für herkömmliche Finanzdienstleistungen

Bevor auf Robo Advice spezifische Fragen eingegangen wird, sollen zunächst überblicksartig die wesentlichen Haftungsgrundsätze, die bei der Erbringung herkömmlicher Finanzdienstleistungen gelten, dargestellt werden, da diese grundsätzlich auch für die Erbringung von Robo Advisory gelten.

aa) Vertragliche Haftung

(1) Anlageberatung und Anlagevermittlung

Für die Erbringung von Anlageberatung und Anlagevermittlung gelten grundsätzlich die gleichen Haftungsgrundsätze, weshalb die nachfolgenden Ausführungen sowohl für die Anlageberatung, als auch für die Anlagevermittlung gelten.

Eine vertragliche Haftung eines Anlageberaters oder -vermittlers kommt bei Verletzung einer Pflicht aus dem Anlageberatungs- oder -vermittlungsvertrag nach § 280 I BGB in Betracht. Somit gelten grundsätzlich die allgemeinen Vorgaben des Schadensrechts. Dem steht auch nicht der Wortlaut des § 675 II BGB entgegen, der Schadensersatzansprüche infolge eines Rats oder einer Empfehlung ausschließt. Diese Norm bezieht sich ausdrücklich nur auf

794 BT-Drucks. 18/10936, S. 236.

Gefälligkeiten, nicht aber auf Ansprüche aus einem Vertragsverhältnis (wie dem Anlageberatungsvertrag)

(a) Pflichtverletzung

Eine Pflichtverletzung liegt dann vor, wenn der Berater gegen die Pflicht zur anlage- und/oder objektgerechten Beratung verstößt.[795]

Ein Verstoß gegen die Grundsätze der anlegergerechten Beratung kommt dann in Betracht, wenn der Berater die persönlichen Bedürfnisse und Verhältnisse des Kunden nicht ausreichend bei der Zusammenstellung der Anlageempfehlung berücksichtigt.[796] Eine Verletzung der Pflicht zur objektgerechten Beratung ist dann zu bejahen, wenn der Berater keine ausreichende Information des Anlegers hinsichtlich des Anlageobjekts vornimmt.[797] Ob eine solche Verletzung im konkreten Fall vorliegt, ist immer nach den Umständen des Einzelfalls zu beurteilen.[798] Keine Pflichtverletzung liegt aber dann vor, wenn sich eine Anlageempfehlung erst *ex post* als unzutreffend erweist, dieses Risiko ist Kapitalanlagen immanent.[799]

Die Beweislast für das Vorliegen einer Pflichtverletzung trifft grundsätzlich den Anleger, ihm obliegt es, die Verletzung einer Beratungspflicht zu beweisen. Die Rechtsprechung erleichtert diese Beweislast jedoch in gewissem Umfang, indem sie eine sekundäre Darlegungslast der beratenden Bank vorsieht, d.h. diese muss die behauptete Falschberatung substantiiert bestreiten und dabei auch im Einzelnen darlegen, inwiefern der Anleger beraten und informiert wurde.[800]

(b) Kausalität

Sofern eine Pflichtverletzung vorliegt, muss diese für den beim Anleger eingetretenen Schaden auch kausal geworden sein.[801] Auch hierfür trifft den Anleger

795 *Zahrte* in: MüKo HGB, 4. Auflage 2019, Anlageberatung, Rn. 413; *Bracht* in: Schwintowski, Bankrecht, 4. Auflage 2014, § 18, Rn. 44.

796 *Zahrte* in: MüKo HGB, 4. Auflage 2019, Anlageberatung, Rn. 413.

797 *Zahrte* in: MüKo HGB, 4. Auflage 2019, Anlageberatung, Rn. 413.

798 *Bracht* in: Schwintowski, Bankrecht, 4. Auflage 2014, § 18, Rn. 44.

799 *Zahrte* in: MüKo HGB, 4. Auflage 2019, Anlageberatung, Rn. 416.

800 *Hannöver/Walz* in: Schimansky/Bunte/Lwowski, Bankrechts-Handbuch, 5. Auflage 2017, § 110, Rn. 110.

801 *Zahrte* in: MüKo HGB, 4. Auflage 2019, Anlageberatung, Rn. 424; *Hannöver/Walz* in: Schimansky/Bunte/Lwowski, Bankrechts-Handbuch, 5. Auflage 2017, § 110, Rn. 99.

die Darlegungs- und Beweislast. Diese wird ihm jedoch dadurch erleichtert, dass bei Vorliegen einer Aufklärungs- und Beratungspflichtverletzung die Vermutung aufklärungs- und beratungsrichtigen Verhaltens besteht.[802] Diese Vermutung führt faktisch zu einer Beweislastumkehr hinsichtlich des Bestehens einer Kausalität zwischen Pflichtverletzung und Schaden, da grundsätzlich davon ausgegangen wird, dass der Anleger bei einer ordnungsgemäßen Beratungsleistung auf der Grundlage dieser Beratung eine andere Anlageentscheidung getroffen hätte.[803] Der Berater muss also beweisen, dass der Schaden auch bei ordnungsgemäßer Beratung eingetreten wäre, der geschädigte Anleger also entgegen dem erteilten Rat gehandelt hat.[804] Da es sich um eine Beweislastumkehr handelt, ist diese Annahme widerleglich, d.h. wenn der Anlageberater substantiiert darlegt und ggf. sogar beweisen kann, dass auch bei pflichtgemäßer Beratung und Aufklärung der Schaden eingetreten wäre, da der Anleger die gleiche Anlageentscheidung getroffen hätte, gilt die Annahme als erschüttert.[805] Ob eine solche Erschütterung der Vermutung des aufklärungsrichtigen Verhaltens gelingt, hängt letztlich von den Umständen des Einzelfalls ab.[806]

(c) Vertretenmüssen

Für das Vorliegen eines Vertretenmüssens gelten grundsätzlich die allgemeinen Vorgaben des Schadensrechts. Das Vertretenmüssen wird damit widerleglich nach § 280 I 2 BGB vermutet; das Vorliegen leichter Fahrlässigkeit genügt nach § 276 BGB, um ein Vertretenmüssen zu begründen.[807] In der Regel ist ein

---

802 *Bracht* in: Schwintowski, Bankrecht, 4. Auflage 2014, § 18, Rn. 59; *Zahrte* in: MüKo HGB, 4. Auflage 2019, Anlageberatung, Rn. 424; *Hannöver/Walz* in: Schimansky/Bunte/Lwowski, Bankrechts-Handbuch, 5. Auflage 2017, § 110, Rn. 99.

803 *Hannöver/Walz* in: Schimansky/Bunte/Lwowski, Bankrechts-Handbuch, 5. Auflage 2017, § 110, Rn. 99.

804 *Bracht* in: Schwintowski, Bankrecht, 4. Auflage 2014, § 18, Rn. 59.

805 *Hannöver/Walz* in: Schimansky/Bunte/Lwowski, Bankrechts-Handbuch, 5. Auflage 2017, § 110, Rn. 99; *Bracht* in: Schwintowski, Bankrecht, 4. Auflage 2014, § 18, Rn. 60; *Zahrte* in: MüKo HGB, 4. Auflage 2019, Anlageberatung, Rn. 425.

806 Vgl. hierzu weitergehend: *Zahrte* in: MüKo HGB, 4. Auflage 2019, Anlageberatung, Rn. 425 ff.; *Buck-Heeb/Lang* in: BeckOGK, Stand: 01.07.2022, § 675, Rn. 564 ff.; *Hannöver/Walz* in: Schimansky/Bunte/Lwowski, Bankrechts-Handbuch, 5. Auflage 2017, § 110, Rn. 99.

807 *Zahrte* in: MüKo HGB, 4. Auflage 2019, Anlageberatung, Rn. 431; *Bracht* in: Schwintowski, Bankrecht, 4. Auflage 2014, § 18, Rn. 53; *Hannöver/Walz* in: Schimansky/Bunte/Lwowski, Bankrechts-Handbuch, 5. Auflage 2017, § 110, Rn. 94; *Buck-Heeb/Lang* in: BeckOGK, Stand: 01.07.2022, § 675, Rn. 575.

Verschulden des Beraters erforderlich, es kommt jedoch auch das Vorliegen eines Organisationsverschuldens der anlageberatenden Bank in Betracht. Die Bank hat ihren Geschäftsbetrieb so zu organisieren, dass ein Austausch notwendiger Informationen zwischen den einzelnen Abteilungen des Geschäftsbetriebs stattfindet.[808]

Grundsätzlich kommt auch ein Mitverschulden des Anlegers nach § 254 BGB in Betracht, das zu einer Minderung oder zum Ausschluss eines Schadensersatzanspruchs führen kann.[809] Da im Falle der Vermögensanlage der Kunde sich aber gerade wegen seiner eigenen unzureichenden Kenntnisse an einen Berater als Experten wendet, sind an ein solches Mitverschulden hohe Ansprüche zu stellen.[810] Aufgrund dieser hohen Ansprüche wird das Vorliegen eines Mitverschuldens in der Regel unter Berufung auf Treu und Glauben verneint. So wird auch dann kein Mitverschulden angenommen, wenn der Anleger bei verständiger Würdigung die schlechten Aussichten des empfohlenen Geschäfts selbst hätte erkennen können[811] oder er darauf verzichtet, die bei der Beratung erhaltenen Prospektunterlagen zu lesen und stattdessen gutgläubig auf die Aussagen des Beraters vertraut hat[812].

Eine Modifizierung des Haftungsmaßstabes durch Haftungsausschlüsse ist grundsätzlich zulässig, ein solcher Ausschluss stellt jedoch in der Regel Allgemeine Geschäftsbedingungen dar, sodass die Regelungen der §§ 305 ff. BGB einzuhalten sind.[813] Ebenso sind die Vorgaben der §§ 138, 276 III BGB einzuhalten.[814] Generell ausgeschlossen ist infolge der Regelungen des § 276 III BGB,

---

808 *Buck-Heeb/Lang* in: BeckOGK, Stand: 01.07.2022, § 675, Rn. 577, m.w.N.; *Zahrte* in: MüKo HGB, 4. Auflage 2019, Anlageberatung, Rn. 432.

809 *Hannöver/Walz* in: Schimansky/Bunte/Lwowski, Bankrechts-Handbuch, 5. Auflage 2017, § 110, Rn. 103; *Zahrte* in: MüKo HGB, 4. Auflage 2019, Anlageberatung, Rn. 445.

810 *Hannöver/Walz* in: Schimansky/Bunte/Lwowski, Bankrechts-Handbuch, 5. Auflage 2017, § 110, Rn. 103; *Zahrte* in: MüKo HGB, 4. Auflage 2019, Anlageberatung, Rn. 445; *Buck-Heeb/Lang* in: BeckOGK, Stand: 01.07.2022, § 675, Rn. 580.

811 *Buck-Heeb/Lang* in: BeckOGK, Stand: 01.07.2022, § 675, Rn. 580.

812 *Zahrte* in: MüKo HGB, 4. Auflage 2019, Anlageberatung, Rn. 445; *Hannöver/Walz* in: Schimansky/Bunte/Lwowski, Bankrechts-Handbuch, 5. Auflage 2017, § 110, Rn. 103.

813 *Buck-Heeb/Lang* in: BeckOGK, Stand: 01.07.2022, § 675, Rn. 550; noch unter Bezugnahme auf das AGB-Gesetz: *Edelmann* in Assmann/Schütze/Buck-Heeb, Handbuch des Kapitalanlagerechts, 5. Auflage 2020, § 3, Rn. 136.

814 *Buck-Heeb/Lang* in: BeckOGK, Stand: 01.07.2022, § 675, Rn. 550.

sowie des § 309 Nr. 7 b) BGB die Wirksamkeit eines Haftungsausschlusses bei Vorliegen einer grob fahrlässigen oder vorsätzlichen Pflichtverletzung.[815]

In der Regel wird bei einer Verletzung von Aufklärungs- und Beratungspflichten aber bereits davon auszugehen sein, dass die Erreichung des Vertragszwecks gefährdet ist, sodass auch ein Ausschluss für leicht fahrlässige Pflichtverletzungen nach § 307 II Nr. 2 BGB zumeist unwirksam ist.[816]

(d) Schaden

Wie im allgemeinen Schadensrecht nach § 249 BGB vorgesehen, richtet sich der Schadensersatzanspruch grundsätzlich auf Naturalrestitution, es ist damit der Zustand herzustellen, der ohne die fehlerhafte Beratung durch den Anlageberater bestehen würde. Hat der Anleger infolge der fehlerhaften Beratung eine Anlage erworben, die nicht vollumfänglich zu seinen konkreten Bedürfnissen passt, so ist bereits in dieser Anlage ein Schaden zu sehen.[817] Es kommt nicht auf den Eintritt eines tatsächlichen Vermögensschadens an, die Werthaltigkeit der Anlage ist insofern irrelevant.[818] Der Schadensersatzanspruch richtet sich damit auf die Rückabwicklung der Anlage, Anspruchsgegner ist der Anlageberater, unabhängig davon, ob die Anlage bei ihm oder durch den Anleger bei einem Dritten erworben wurde.[819] Somit ist nur das negative Interesse ersatzfähig, nicht aber das positive Interesse, der Anleger kann folglich nicht verlangen, so gestellt zu werden, als wäre die fehlerhafte Information richtig gewesen.[820]

(2) Finanzportfolioverwaltung

Vertragliche Haftungsansprüche kommen, ebenso wie bei der Anlagevermittlung und -beratung durch die Verletzung von Pflichten aus dem

815 *Buck-Heeb/Lang* in: BeckOGK, Stand: 01.07.2022, § 675, Rn. 550.

816 *Buck-Heeb/Lang* in: BeckOGK, Stand: 01.07.2022, § 675, Rn. 551.

817 *Zahrte* in: MüKo HGB, 4. Auflage 2019, Anlageberatung, Rn. 421; *Hannöver/Walz* in: Schimansky/Bunte/Lwowski, Bankrechts-Handbuch, 5. Auflage 2017, § 110, Rn. 98; *Bracht* in: Schwintowski, Bankrecht, 4. Auflage 2014, § 18, Rn. 55.

818 *Zahrte* in: MüKo HGB, 4. Auflage 2019, Anlageberatung, Rn. 421; *Hannöver/Walz* in: Schimansky/Bunte/Lwowski, Bankrechts-Handbuch, 5. Auflage 2017, § 110, Rn. 98.

819 *Bracht* in: Schwintowski, Bankrecht, 4. Auflage 2014, § 18, Rn. 55.

820 *Hannöver/Walz* in: Schimansky/Bunte/Lwowski, Bankrechts-Handbuch, 5. Auflage 2017, § 110, Rn. 100.

Geschäftsbesorgungsverhältnis zwischen Vermögensverwalter und Kunde nach § 675 BGB in Betracht. Haftungsgrundlage sind ebenfalls die §§ 280 ff. BGB.[821]

(a) Pflichtverletzung

Da Gegenstand der Finanzportfolioverwaltung keine bloße Beratungs- oder Vermittlungsleistung ist, sondern die eigenständige Verwaltung des angelegten Kundenvermögens durch den Vermögensverwalter, ist zwischen verschiedenen Pflichtverletzungen zu differenzieren.

Generell gilt jedoch, dass das Vorliegen einer Pflichtverletzung aufgrund des häufig umfangreichen Ermessensspielraums des Vermögensverwalters einzelfallabhängig ist.

Zunächst kann eine Pflichtverletzung dann vorliegen, wenn der Verwalter sich bei der Durchführung der Verwaltung nicht nach den mit dem Anleger vereinbarten Anlagerichtlinien richtet.[822] Hierbei ist jedoch zu beachten, dass es ggf. durch die Abweichung von den Anlagerichtlinien auch zu einer konkludenten Einigung zwischen Verwalter und Anleger über die Änderung der Anlagerichtlinien gekommen sein kann.[823] Hiervon ist in der Regel dann auszugehen, wenn durch die Abweichung von den Anlagerichtlinien zunächst höhere Gewinne erzielt wurden. Dennoch wird man aber nur dann von einer konkludenten Änderung ausgehen können, wenn für die Erzielung der höheren Gewinne nicht zugleich auch ein höheres Risiko eingegangen wurde, über das der Kunde nicht aufgeklärt wurde.[824]

Eine Pflichtverletzung kann auch dann vorliegen, wenn dem Vermögensverwalter Untätigkeit vorzuwerfen ist.[825] Ein solcher Vorwurf ist jedoch nur unter strengen Voraussetzungen durchsetzbar, da dem Verwalter, wie oben bereits erwähnt, bei der Durchführung der Finanzportfolioverwaltung ein Ermessensspielraum zusteht. Der bloße Vorwurf einer Untätigkeit stellt damit nicht

---

821 *Buck-Heeb/Lang* in: BeckOGK, Stand: 01.07.2022, § 675, Rn. 902; *U. Schäfer* in: Schäfer/Sethe/Lang, Handbuch der Vermögensverwaltung, 2. Auflage 2016, § 19, Rn. 1.

822 *U. Schäfer* in: Schäfer/Sethe/Lang, Handbuch der Vermögensverwaltung, 2. Auflage 2016, § 19, Rn. 9; *Nobbe/Zahrte* in: MüKo HGB, 3. Auflage 2014, Anlageberatung, Rn. 368.

823 *U. Schäfer* in: Schäfer/Sethe/Lang, Handbuch der Vermögensverwaltung, 2. Auflage 2016, § 19, Rn. 9.

824 *U. Schäfer* in: Schäfer/Sethe/Lang, Handbuch der Vermögensverwaltung, 2. Auflage 2016, § 19, Rn. 9.

825 *Buck-Heeb/Lang* in: BeckOGK, Stand: 01.07.2022, § 675, Rn. 909; *U. Schäfer* in: Schäfer/Sethe/Lang, Handbuch der Vermögensverwaltung, 2. Auflage 2016, § 19, Rn. 12.

automatisch eine Pflichtverletzung dar, da der Vermögensverwalter auf der Basis seiner Marktbeobachtung auch zu dem Ergebnis gelangt sein kann, dass keine Veränderung in der Zusammensetzung des verwalteten Vermögens erforderlich ist.[826]

In der Regel ebenfalls nicht vorgeworfen werden kann dem Verwalter, wenn er auf das Setzen von Stop-Loss-Marken verzichtet, da eine allgemeine Pflicht zur Setzung solcher Verlustmarken von der Rechtsprechung verneint wird.[827]

Zu den Pflichten des Verwalters gehört auch eine angemessene Diversifikation in den Anlagen herzustellen, um damit eine ausreichende Risikostreuung zu erreichen.[828] Unterlässt der Verwalter dies und investiert stattdessen große Teile des zu verwaltenden Vermögens in einzelne risikobehaftete Anlageformen, so kann im Einzelfall eine Pflichtverletzung vorliegen.[829]

Ebenfalls als Pflichtverletzung anzusehen ist es, wenn der Verwalter seinen Informationspflichten nicht nachkommt. Hierbei ist zu differenzieren zwischen der Pflicht, sich selbst über in Betracht kommende Anlagen zu informieren und der Erfüllung von Aufklärungs- und Berichtspflichten gegenüber dem Anleger.[830]

Der Verwalter ist im Rahmen der Finanzportfolioverwaltung dazu verpflichtet, die Interessen des Anlegers zu vertreten, verstößt er hiergegen, so liegt ebenfalls eine Pflichtverletzung vor – dies kann bspw. beim sog. *churning*, also der Tätigung von Käufen und Verkäufen, deren Tätigung nicht vom Interesse einer bestmöglichen Verwaltung der Anlegergelder geleitet ist, sondern der Generierung möglichst hoher Provisionen im eigenen Interesse dient, der Fall sein.[831]

Erbringt der Vermögensverwalter die Verwaltung ordnungsgemäß, besitzt aber keine Erlaubnis nach § 15 WpIG (oder § 32 KWG) für die Erbringung derartiger Finanzdienstleistungen, so ist auch hierin, wenn der Kunde darüber nicht aufgeklärt wird, eine zivilrechtliche Pflichtverletzung zu sehen.[832]

---

826 *U. Schäfer* in: Schäfer/Sethe/Lang, Handbuch der Vermögensverwaltung, 2. Auflage 2016, § 19, Rn. 12.

827 BGH ZIP 2004, 2178; BGH ZIP 2008, 168.

828 *Nobbe/Zahrte* in: MüKo HGB, 3. Auflage 2014, Anlageberatung, Rn. 369.

829 *Nobbe/Zahrte* in: MüKo HGB, 3. Auflage 2014, Anlageberatung, Rn. 369.

830 *U. Schäfer* in: Schäfer/Sethe/Lang, Handbuch der Vermögensverwaltung, 2. Auflage 2016, § 19, Rn. 22, 24ff; *Buck-Heeb/Lang* in: BeckOGK, Stand: 01.07.2022, § 675, Rn. 915.

831 *U. Schäfer* in: Schäfer/Sethe/Lang, Handbuch der Vermögensverwaltung, 2. Auflage 2016, § 19, Rn. 18ff; *Buck-Heeb/Lang* in: BeckOGK, Stand: 01.07.2022, § 675, Rn. 916.

832 *U. Schäfer* in: Schäfer/Sethe/Lang, Handbuch der Vermögensverwaltung, 2. Auflage 2016, § 19, Rn. 27 ff.

Die Darlegungs- und Beweislast für das Vorliegen einer Pflichtverletzung trifft grundsätzlich den Anleger.[833] Was er vorzubringen hat, um seiner primären Darlegungslast zu genügen hängt dabei von der geltend gemachten Pflichtverletzung ab.[834] Ob dem Vermögensverwalter eine sekundäre Darlegungslast zukommt, hängt ebenfalls von der Art der geltend gemachten Pflichtverletzung ab. Werden dem Verwalter einzelne Anlageentscheidungen als Pflichtverletzungen vorgeworfen, so hat der BGH das Vorliegen einer sekundären Darlegungslast grundsätzlich mit der Begründung verneint, dass der Vermögensverwalter nicht verpflichtet sei, im Rahmen einer sekundären Darlegungslast seine internen Entscheidungsabläufe und Berichte offenzulegen.[835] Dieser Entscheidung ist nicht zweifelsfrei zu entnehmen, wie weit der aufgestellte Grundsatz reichen soll, allerdings ist dem Urteil zu entnehmen, dass der BGH durchaus davon ausgeht, dass auch Fallkonstellationen auftreten können, in denen der Verwalter im Rahmen der sekundären Darlegungslast verpflichtet sein soll, offenzulegen, welche Erwägungen er bei der Umsetzung der Anlagerichtlinien angestellt hat.[836]

(b) Vertretenmüssen

Nach den allgemeinen Regelungen der §§ 276, 280 I 2 BGB hat der Vermögensverwalter im Falle einer Pflichtverletzung Vorsatz und Fahrlässigkeit zu vertreten.[837] Das Verschulden wird nach § 280 I 2 BGB widerleglich vermutet. Ein Verschulden des Vermögensverwalters wird dann angenommen, wenn er die ihm obliegende Sorgfalt eines ordentlichen Kaufmanns missachtet.[838]

Eine Modifizierung des Haftungsmaßstabs durch Allgemeine Geschäftsbedingungen ist nur unter den Voraussetzungen der §§ 307 ff. BGB zulässig. So

---

833 *U. Schäfer* in: Schäfer/Sethe/Lang, Handbuch der Vermögensverwaltung, 2. Auflage 2016, § 19, Rn. 71; *Nobbe/Zahrte* in: MüKo HGB, 3. Auflage 2014, Anlageberatung, Rn. 371; *Lang*, Informationspflichten für Wertpapierdienstleistungen, § 25, Rn. 11.

834 *U. Schäfer* in: Schäfer/Sethe/Lang, Handbuch der Vermögensverwaltung, 2. Auflage 2016, § 19, Rn. 71 ff.

835 BGH XI ZR 423/06 = BGH ZIP 2008, 168.

836 BGH ZIP 168, 169; *U. Schäfer* in: Schäfer/Sethe/Lang, Handbuch der Vermögensverwaltung, 2. Auflage 2016, § 19, Rn. 77.

837 *U. Schäfer* in: Schäfer/Sethe/Lang, Handbuch der Vermögensverwaltung, 2. Auflage 2016, § 19, Rn. 30.

838 *Balzer*, Vermögensverwaltung durch Kreditinstitute, S. 164; *U. Schäfer* in: Assmann/Schütze/Buck-Heeb, Handbuch des Kapitalanlagerechts, 5. Auflage 2020, § 23, Rn. 104; *U. Schäfer* in: Schäfer/Sethe/Lang, Handbuch der Vermögensverwaltung, 2. Auflage 2016, § 19, Rn. 36.

ist ein Ausschluss der Haftung wegen Vorsatz und grober Fahrlässigkeit generell nach § 309 Nr. 7 BGB unwirksam. Erfolgt ein Haftungsausschluss nur hinsichtlich leichter Fahrlässigkeit, so ist hinsichtlich der Pflichtverletzungen zu differenzieren, der Haftungsausschluss ist hier nur dann wirksam, wenn keine vertragswesentlichen Pflichten verletzt werden, andernfalls ist die Klausel nach § 307 II Nr. 2 BGB unwirksam.[839]

Da es eines der primären Ziele einer Finanzportfolioverwaltung ist, dass der Anleger die Verwaltung seines Vermögens abgeben möchte, kann ein Mitverschulden des Anlegers während der Vermögensverwaltung in der Regel nicht angenommen werden.[840] Den Anleger trifft somit keine Pflicht, die ihm übermittelten Berichte und Abrechnungen zeitnah zu überprüfen, da andernfalls der Zweck der Entlastung des Anlegers, durch Abgabe der Vermögensverwaltung verfehlt wird.[841] Verneint man diese Pflicht, so sprechen auch die besseren Argumente dafür, bei einer fehlenden Kontrolle der Belege durch den Anleger, weder von einem Mitverschulden, noch von einer konkludenten Änderung der Anlagerichtlinien auszugehen (siehe hierzu auch oben).[842] Zu bejahen ist ein Mitverschulden des Anlegers aber dann, wenn die Pflichtverletzungen des Verwalters sich ihm aufdrängen müssen, also von einem Kennenmüssen auszugehen ist.[843]

(c) Schaden

Auch bezüglich des Schadens gelten die allgemeinen Grundsätze des Schadensersatzrechts, sodass der Schädiger nach § 249 I BGB verpflichtet ist, den Zustand wiederherzustellen, der bestehen würde, wenn das schädigende Ereignis nicht eingetreten wäre.[844] Zusätzlich sind aber auch die Besonderheiten zu beachten,

---

839 *U. Schäfer* in: Schäfer/Sethe/Lang, Handbuch der Vermögensverwaltung, 2. Auflage 2016, § 19, Rn. 31; *Nobbe/Zahrte* in: MüKo HGB, 3. Auflage 2014, Anlageberatung, Rn. 371.

840 *Buck-Heeb/Lang* in: BeckOGK, Stand: 01.07.2022, § 675, Rn. 930; *U. Schäfer* in: Schäfer/Sethe/Lang, Handbuch der Vermögensverwaltung, 2. Auflage 2016, § 19, Rn. 38.

841 *U. Schäfer* in: Schäfer/Sethe/Lang, Handbuch der Vermögensverwaltung, 2. Auflage 2016, § 19, Rn. 40; aA: *Buck-Heeb/Lang* in: BeckOGK, Stand: 01.07.2022, § 675, Rn. 930.

842 So auch: *U. Schäfer* in: Schäfer/Sethe/Lang, Handbuch der Vermögensverwaltung, 2. Auflage 2016, § 19, Rn. 40; aA: *Buck-Heeb/Lang* in: BeckOGK, Stand: 01.07.2022, § 675, Rn. 930.

843 *U. Schäfer* in: Schäfer/Sethe/Lang, Handbuch der Vermögensverwaltung, 2. Auflage 2016, § 19, Rn. 42.

844 *U. Schäfer* in: Schäfer/Sethe/Lang, Handbuch der Vermögensverwaltung, 2. Auflage 2016, § 19, Rn. 43; *Buck-Heeb/Lang* in: BeckOGK, Stand: 01.07.2022, § 675, Rn. 916.

die sich aus dem Charakter der Finanzportfolioverwaltung als Dauerschuldverhältnis ergeben.[845]

Die Bestimmung des Vorliegens eines Schadens erfolgt nach der *conditio-sine-qua-non-Formel*, sodass die tatsächlichen Geschehnisse mit einem hypothetischen Geschehensverlauf verglichen werden, um festzustellen, ob der Schaden auch bei Annahme eines hypothetischen Geschehensverlaufs eingetreten wäre.[846]

Ob der Geschädigte den Ersatz des negativen oder des positiven Interesses verlangen kann, hängt von der Art der Pflichtverletzung ab. Ein Ersatz des negativen Schadens kommt bei Vorliegen einer Aufklärungspflichtverletzung des Vermögensverwalters in Betracht, infolge derer der Vermögensinhaber den Vermögensverwaltungsvertrag bei richtiger und vollständiger Aufklärung nicht geschlossen hätte.[847] Begehrt der Anleger hingegen Schadensersatz für die Verletzung einer Leistungspflicht aus dem Vermögensverwaltungsvertrag, dann richtet sich der Schadensersatzanspruch auf den Ersatz des positiven Interesses.[848]

Die Berechnung des Schadens erfolgt grundsätzlich nach der Differenzhypothese, auch hier ist jedoch zu unterscheiden zwischen dem Ersatz des positiven und des negativen Interesses. Richtet sich der Anspruch auf den Ersatz des negativen Interesses, so sind grundsätzlich alle Vermögensnachteile, die dem Anleger durch den Vertragsabschluss entstanden sind, zu ersetzen.[849] Wurde der Vermögensverwaltungsvertrag bereits beendet und die erworbenen Wertpapiere veräußert, so bildet der hierbei eingetretene Verlust auch die Schadenssumme.[850] Hält der Anleger hingegen an dem Vermögensverwaltungsvertrag fest, so ist die

---

845 *Buck-Heeb/Lang* in: BeckOGK, Stand: 01.07.2022, § 675, Rn. 916.

846 *U. Schäfer* in: Assmann/Schütze/Buck-Heeb, Handbuch des Kapitalanlagerechts, 5. Auflage 2020, § 23, Rn. 138.

847 *U. Schäfer* in: Assmann/Schütze/Buck-Heeb, Handbuch des Kapitalanlagerechts, 5. Auflage 2020, § 23, Rn. 139.

848 *U. Schäfer* in: Assmann/Schütze/Buck-Heeb, Handbuch des Kapitalanlagerechts, 5. Auflage 2020, § 23, Rn. 141; *Benicke*, Wertpapiervermögensverwaltung, S. 834.

849 *U. Schäfer* in: Schäfer/Sethe/Lang, Handbuch der Vermögensverwaltung, 2. Auflage 2016, § 19, Rn. 45; *U. Schäfer* in: Assmann/Schütze/Buck-Heeb, Handbuch des Kapitalanlagerechts, 5. Auflage 2020, § 23, Rn. 139.

850 *U. Schäfer* in: Schäfer/Sethe/Lang, Handbuch der Vermögensverwaltung, 2. Auflage 2016, § 19, Rn. 45; *U. Schäfer* in: Assmann/Schütze/Buck-Heeb, Handbuch des Kapitalanlagerechts, 5. Auflage 2020, § 23, Rn. 140.

Schadensberechnung einzelfallabhängig, da sie insbesondere nicht anhand von Kurswerten erfolgen kann.[851]

Begehrt der Anleger den Ersatz des positiven Interesses, so ist für die Schadensberechnung nach der Art der Pflichtverletzung zu differenzieren. Auch beim Ersatz des positiven Interesses gilt der Grundsatz, dass der Zustand herzustellen ist, der ohne das Vorliegen der Pflichtverletzung bestünde.[852] Somit ist eine Gesamtbetrachtung nur dann vorzunehmen, wenn davon auszugehen ist, dass die Finanzportfolioverwaltung insgesamt pflichtwidrig erfolgte. Ansonsten ist die Schadensermittlung einzelfallabhängig auf die konkrete Pflichtverletzung bezogen vorzunehmen.[853] Da davon auszugehen ist, dass der Vermögensverwalter anstelle der pflichtwidrigen Anlage bei Handlung nach den Anlagerichtlinien eine andere Anlage getätigt hätte, muss auch diese hypothetische Anlage und der daraus zu erzielende Gewinn oder Verlust bei der Schadensermittlung berücksichtigt werden, sodass im Falle des Ersatz des positiven Interesses die Schadenssumme nicht zwangsläufig dem eingetretenen Verlust entsprechen muss.[854] Ob diese Berücksichtigung im Rahmen der Differenzhypothese oder bei der Berücksichtigung des rechtmäßigen Alternativverhaltens zu erfolgen hat ist umstritten[855], bleibt aber letztlich ohne Auswirkungen auf das Ergebnis.

Nach überwiegender Auffassung in Rechtsprechung und Literatur wird bei der Schadensberechnung keine Saldierung zwischen pflichtwidrigen und pflichtgemäßen Anlagegeschäften vorgenommen, um einen tatsächlichen Verlust zu ermitteln.[856]

---

851 *U. Schäfer* in: Assmann/Schütze/Buck-Heeb, Handbuch des Kapitalanlagerechts, 5. Auflage 2020, § 23, Rn. 140; näher zur Schadensberechnung auch: *U. Schäfer* in: Schäfer/Sethe/Lang, Handbuch der Vermögensverwaltung, 2. Auflage 2016, § 19, Rn. 45.

852 *U. Schäfer* in: Schäfer/Sethe/Lang, Handbuch der Vermögensverwaltung, 2. Auflage 2016, § 19, Rn. 47.

853 *U. Schäfer* in: Schäfer/Sethe/Lang, Handbuch der Vermögensverwaltung, 2. Auflage 2016, § 19, Rn. 47, mit ausführlicher Erläuterung.

854 *Benicke*, Wertpapiervermögensverwaltung, S. 834.

855 Für eine Berücksichtigung im Rahmen der Differenzhypothese: *Benicke*, Wertpapiervermögensverwaltung, S. 832 f.; für eine Berücksichtigung im Rahmen des rechtmäßigen Alternativverhaltens: *Balzer*, Vermögensverwaltung durch Kreditinstitute, S. 168 f.

856 *U. Schäfer* in: Schäfer/Sethe/Lang, Handbuch der Vermögensverwaltung, 2. Auflage 2016, § 19, Rn. 49; *Buck-Heeb/Lang* in: BeckOGK, Stand: 01.07.2022, § 675, Rn. 920; *Benicke*, Wertpapiervermögensverwaltung, S. 840 f.; *Lang*, Informationspflichten bei Wertpapierdienstleistungen, § 25, Rn. 4.

Entgangene Gewinne sind nach § 252 BGB grundsätzlich ebenfalls ersatzfähig, es darf sich dabei aber nicht um solche potenziellen Gewinne handeln, die lediglich in Aussicht gestellt, aber nicht realisiert wurden.[857] Um die Ersatzfähigkeit eines entgangenen Gewinns zu bejahen, verlangt der BGH inzwischen jedoch, dass der Anleger konkret darlegt und berechnet, inwiefern durch eine alternative Anlageform einen Gewinn erzielt worden wäre.[858]

Die Darlegungs- und Beweislast für das Vorliegen eines Schadens liegt zwar grundsätzlich beim Vermögensinhaber, die Rechtsprechung hat aber Beweiserleichterungen entwickelt. Dabei ist zu differenzieren, ob der Schadensersatzanspruch auf der Verletzung einer Aufklärungspflichtverletzung oder auf einer pflichtwidrigen Durchführung der Finanzportfolioverwaltung beruht.[859] Im Falle der Verletzung einer Aufklärungspflichtverletzung gilt auch hinsichtlich der Darlegungs- und Beweislast für das Vorliegen eines Schadens die oben bereits dargestellte Vermutung aufklärungsrichtigen Verhaltens.[860] Liegt der Vorwurf gegen den Vermögensverwalter in einer pflichtwidrigen Durchführung der Vermögensverwaltung und behauptet dieser, der Schaden sei auch bei pflichtgemäßem Verhalten eingetreten, so liegt die Darlegungs- und Beweislast hierfür beim Vermögensverwalter.[861] Hypothetische Entwicklungen können aber, wie oben bereits bei der Ersatzfähigkeit des entgangenen Gewinns dargelegt, nur dann bei der Berechnung des Schadens einbezogen werden, wenn sie überzeugend dargelegt wurden.[862] Begehrt der Vermögensinhaber aber einen Schaden, der über den im Rahmen der Verwaltung erzielten Verlust hinausgeht oder macht er geltend, er habe bei ordnungsgemäßer Aufklärung lediglich alternative Anlagerichtlinien vereinbart, aufgrund derer sich bei hypothetischer Betrachtung ein Gewinn ergibt, so ist er hierfür auch beweispflichtig.[863]

---

857 *Balzer*, Vermögensverwaltung durch Kreditinstitute, S. 167.

858 BGH NJW 2004, 1868, 1870; BGH NJW 2012, 2266, zustimmend und mit weiteren Ausführungen auch: *U. Schäfer* in: Schäfer/Sethe/Lang, Handbuch der Vermögensverwaltung, 2. Auflage 2016, § 19, Rn. 54.

859 *U. Schäfer* in: Schäfer/Sethe/Lang, Handbuch der Vermögensverwaltung, 2. Auflage 2016, § 19, Rn. 85.

860 *U. Schäfer* in: Schäfer/Sethe/Lang, Handbuch der Vermögensverwaltung, 2. Auflage 2016, § 19, Rn. 86 ff.

861 *U. Schäfer* in: Schäfer/Sethe/Lang, Handbuch der Vermögensverwaltung, 2. Auflage 2016, § 19, Rn. 90.

862 *U. Schäfer* in: Schäfer/Sethe/Lang, Handbuch der Vermögensverwaltung, 2. Auflage 2016, § 19, Rn. 90.

863 *Benicke*, Wertpapiervermögensverwaltung, S. 834, 836 f.

Unabhängig von der Beweislastverteilung gelten die Beweiserleichterungen der §§ 287 I, 252 S. 2 ZPO.[864]

bb) Deliktische Haftung

Unter bestimmten Voraussetzungen kommt auch eine deliktische Haftung nach §§ 823 ff. BGB bei der Erbringung von Finanzdienstleistungen in Betracht.

Diese hat jedoch, da die Hürden für einen Vertragsschluss insbesondere bei der Anlageberatung sehr gering sind, nur eine geringe praktische Relevanz.

Zudem scheidet eine Haftung nach § 823 I BGB in der Regel aus, da es sich zumeist um Vermögensschäden handelt, die vom Tatbestand des § 823 I BGB nicht erfasst werden.[865]

Möglich ist aber das Vorliegen einer deliktischen Haftung aus § 823 II BGB i. V. m. einer Schutzgesetzverletzung.

Hierbei ist zunächst an strafrechtliche Normen, wie § 263 StGB (Betrug), § 266 StGB (Untreue) oder § 264a StGB (Kapitalanlagebetrug) zu denken.[866]

Darüber hinaus kommt aber auch eine Haftung aus § 823 II BGB i. V. m. den Verhaltenspflichten der §§ 63 ff. WpHG in Betracht. Das Vorliegen einer solchen Haftung hängt von der umstrittenen Einordnung der Verhaltenspflichten als Schutzgesetze i.S.d. § 823 II BGB ab.

Voraussetzung für die Einordnung einer Norm als Schutzgesetz ist, dass diese dazu bestimmt ist, dem Schutz von Individualinteressen zu dienen.[867] Dabei kommt es nicht auf das jeweilige Gesetz, sondern auf die konkrete Norm an.

Eine in der Literatur stark vertretene Ansicht geht davon aus, dass den Verhaltenspflichten des WpHG eine Schutzgesetzqualität zuzuschreiben ist, sodass sie in Verbindung mit § 823 II BGB Grundlage einer deliktischen Haftung sein

---

864 *U. Schäfer* in: Schäfer/Sethe/Lang, Handbuch der Vermögensverwaltung, 2. Auflage 2016, § 19, Rn. 92 f.

865 BGHZ 86, 152, 155; *Edelmann* in: Assmann/Schütze/Buck-Heeb, Handbuch des Kapitalanlagerechts, 5. Auflage 2020, § 3, Rn. 97; *Spindler* in: BeckOGK, Stand: 01.07.2022, § 823, Rn. 133; *Wagner* in: MüKo BGB, 8. Auflage 2020, § 823, Rn. 423, m.w.N.

866 *U. Schäfer* in: Schäfer/Sethe/Lang, Handbuch der Vermögensverwaltung, 2. Auflage 2016, § 19, Rn. 2; *Edelmann* in: Assmann/Schütze/Buck-Heeb, Handbuch des Kapitalanlagerechts, 5. Auflage 2020, § 3, Rn. 97.

867 *Wagner* in: MüKo BGB, 8. Auflage 2020, § 823, Rn. 562; *Förster* in: BeckOK BGB, Stand: 01.08.2021, § 823, Rn. 276; *Sprau* in: Palandt, BGB, 78. Auflage 2019, § 823, Rn. 58.

können.[868] Begründet wird dies damit, dass Ziel des Gesetzgebers sei, mit den Verhaltenspflichten auch der individuellen Schädigung der Anleger entgegenzuwirken.[869] Demnach sei auch eine Ausweitung des Kreises der Normadressaten über das Wertpapierdienstleistungsunternehmen hinaus auf den gegenüber dem Kunden handelnden Mitarbeiter geboten.[870]

Demgegenüber lehnt ein anderer Teil der Literatur eine individualschützende Funktion der Verhaltenspflichten und damit auch eine deliktische Haftung ab.[871]

Die Rechtsprechung und insbesondere der BGH hat die Frage der Schutzgesetzeigenschaft der Verhaltenspflichten lange Zeit offengelassen. Inzwischen ist jedoch klar erkennbar, dass die Rechtsprechung eine Einstufung der Verhaltenspflichten als Schutzgesetze ablehnt.[872] Dabei hat der BGH sich in seinen Entscheidungen immer nur zu einzelnen Verhaltenspflichten geäußert ohne eine Aussage zur generellen Einstufung der Verhaltenspflichten zu treffen. Wie oben bereits dargelegt, ist grundsätzlich der individualschützende Charakter jeder einzelnen Norm zu prüfen, dennoch kann die Rechtsprechung des BGH auch auf andere Verhaltenspflichten übertragen werden.[873] Der BGH verneint die Einstufung als Schutzgesetze anders als Teile der Literatur nicht mit einem fehlenden individualschützenden Charakter der Normen, vielmehr bejaht er eine grundsätzlich anlegerschützende Funktion der Verhaltenspflichten.[874] Es komme stattdessen für eine Einstufung als Schutzgesetz darauf an, „dass die Schaffung eines individuellen Schadensersatzanspruchs sinnvoll und im Lichte des haftungsrechtlichen Gesamtsystems tragbar erscheint […]".[875] Durch die Annahme einer Schutzgesetzeigenschaft der Verhaltenspflichten wird eine Inanspruchnahme der einzelnen Angestellten des Wertpapierdienstleistungsunternehmens, nicht

---

868 So allesamt noch zu §§ 31 ff. WpHG a. F.: *Fuchs* in: Fuchs, WpHG Kommentar, 2. Auflage 2016, Vor §§ 31 ff., Rn. 101; *Just* in: Just/Voß/Ritz/Becker, WpHG Kommentar, 1. Auflage 2015, Vor §§ 31–37a, Rn. 40; *Sethe* in: Handbuch der Vermögensverwaltung, 2. Auflage 2016, § 5, Rn. 320 ff.; *Rothenhöfer* in: Schwark/Zimmer, KMRK, 5. Auflage 2020, Vor § § 63 ff., Rn. 17.

869 *Fuchs* in: Fuchs, WpHG Kommentar, 2. Auflage 2016, Vor §§ 31 ff., Rn. 101.

870 *Fuchs* in: Fuchs, WpHG Kommentar, 2. Auflage 2016, Vor §§ 31 ff., Rn. 103.

871 *Zahrte* in: MüKo HGB, 4. Auflage 2019, Anlageberatung, Rn. 504; *Weichert/Wenninger*, WM 2007, 627, 635; *Schäfer*, WM 2007, 1872, 1874 f.

872 BGHZ 175, 276, 280 lehnt eine Einstufung von § 32 II Nr. 1 WpHG a. F. als Schutzgesetz ab; BGHZ 186, 58 verneint die Schutzgesetzeigenschaft von § 34a WpHG a. F.

873 *Koller* in Assmann/Schneider, WpHG Kommentar, 6. Auflage 2012, Vor § 31 a.F., Rn. 7.

874 BGHZ 175, 276, 281.

875 BGHZ 175, 276, 281 unter Verweis auf BGHZ 66, 388, 390.

aber des Unternehmens selbst ermöglicht, dies unterlaufe jedoch die hohen Voraussetzungen des § 311 III BGB und des § 826 BGB.[876]

Zutreffend stellt der BGH fest, dass den Verhaltenspflichten eine anlegerschützende Wirkung zukommt, daran hat sich auch durch die teilweise Neufassung der Verhaltenspflichten durch das 2. FiMaNoG mit Wirkung zum 03.01.2018 nichts geändert.[877] Dabei bezwecken die Verhaltenspflichten jedoch einen generellen Schutz der Anleger, nicht aber des einzelnen Anlegers.[878] Dies ergibt sich insbesondere aus dem Sinn und Zweck des WpHG, sowie des Aufgabenbereichs der BaFin. § 6 I WpHG regelt, dass die BaFin verpflichtet ist, Missständen entgegenzuwirken, die die Durchführung des Handels mit Finanzinstrumenten beeinträchtigen oder dazu geeignet sind, erhebliche Nachteile für den Finanzmarkt zu bewirken.[879] Aus dem dieser Norm zugrundeliegenden Konzept eines institutionellen Anlegerschutzes ergibt sich, dass die Verhaltenspflichten des WpHG nicht als Schutzgesetze i.S.d. § 823 II BGB einzustufen sind, da sie gerade nicht den erforderlichen individualschützenden Charakter aufweisen.[880]

Darüber hinaus lässt sich aus den Regelungen zu den Verhaltenspflichten auch nicht ableiten, dass sich diese an den einzelnen Mitarbeiter des Wertpapierdienstleistungsunternehmens richten. Gerade dies wäre aber für eine Haftung ihm gegenüber erforderlich. Stattdessen richten sich die Normen aber an das Wertpapierdienstleistungsunternehmen als solches, unter dessen Definition in § 2 X WpHG sich der einzelne Mitarbeiter nicht fassen lässt.[881]

Ein Anspruch gegen das Wertpapierdienstleistungsunternehmen selbst kommt aufgrund dessen Rechtspersönlichkeit als juristische Person jedoch ebenfalls nicht in Betracht.[882]

Darüber hinaus begründet der BGH seine Ablehnung damit, dass die Annahme einer deliktischen Haftung nicht in das haftungsrechtliche Gesamtsystem passe. Eine Inanspruchnahme des handelnden Beraters kommt grundsätzlich nur über eine deliktische Haftung in Betracht, da der Berater nicht Teil des Vertragsverhältnisses zwischen Wertpapierdienstleistungsunternehmen und Kunde wird. Eine Ausnahme bildet hier lediglich § 311 III 2 BGB, der eine

876 BGHZ 175, 276, 280.
877 BT-Drucks. 18/10936, S. 1 f.; *Buck-Heeb/Poelzig*, BKR 2017, 485, 485.
878 Vgl. hierzu ausführlich *Forschner*, Wechselwirkungen von Aufsichtsrecht und Zivilrecht, S. 89 ff.
879 *Forschner*, Wechselwirkungen von Aufsichtsrecht und Zivilrecht, S. 90 f.
880 *Forschner*, Wechselwirkungen von Aufsichtsrecht und Zivilrecht, S. 91.
881 *Forschner*, Wechselwirkungen von Aufsichtsrecht und Zivilrecht, S. 150 f.
882 *Forschner*, Wechselwirkungen von Aufsichtsrecht und Zivilrecht, S. 151.

persönliche Haftung des Beraters ermöglicht, wenn dieser ein besonderes persönliches Vertrauen in Anspruch nimmt.[883] Der BGH stellt zu Recht fest, dass § 311 III 2 BGB hohe Hürden für eine solche vertragliche Haftung aufstellt und verneint folgerichtig die Möglichkeit einer deliktischen Haftung des Beraters über § 823 II BGB i. V. m. einem Schutzgesetz, da auf diesem Wege die Hürden des § 311 III 2 BGB umgangen werden könnten.[884]

Demnach sprechen letztlich die besseren Argumente dafür, eine Einstufung der Verhaltenspflichten als Schutzgesetze abzulehnen, sodass diese nicht für die Begründung einer deliktischen Haftung herangezogen werden können.

Ebenfalls in Betracht zu ziehen wäre eine Einstufung der Organisationspflichten des WpHG als Schutzgesetze iSv § 823 II BGB, dies wird zu Recht überwiegend abgelehnt.[885]

Eine Ausnahme zur Ablehnung der Einstufung der Organisationspflichten als Schutzgesetze bildet allerdings § 84 WpHG, der die Verpflichtung zur getrennten Verwahrung der Kundengelder und -wertpapiere statuiert. Dies lässt sich durch den Schutzzweck der Norm begründen, die gerade auf den Schutz der Kundeninteressen vor einer Insolvenz des Wertpapierdienstleistungsunternehmens durch eine getrennte Verwahrung gerichtet ist.[886]

Überwiegende Einigkeit besteht in Literatur und Rechtsprechung dahingehend, dass § 32 KWG als Schutzgesetz anzusehen ist.[887] Dies hat zur Folge, dass eine deliktische Haftung in Betracht kommt, sofern ein Anbieter sein Geschäftsmodell ohne entsprechende Erlaubnis der BaFin nach § 32 KWG erbringt.

---

883 *T.P. Bernau* in: Derleder/Knops/Bamberger, Deutsches und europäisches Bank- und Kapitalmarktrecht, 2. Auflage 2009, § 56, Rn. 62; *Grundmann* in: Staub, HGB Kommentar, 5. Auflage 2018, Bankvertragsrecht, Achter Teil, Rn. 223.

884 BGHZ 175, 276, 280; dazu auch: *Forschner*, Wechselwirkungen von Aufsichtsrecht und Zivilrecht, S. 149.

885 *Fuchs* in: Fuchs, WpHG Kommentar, 2. Auflage 2016, Vor §§ 31 ff., Rn. 105; *Sethe* in: Schäfer/Sethe/Lang, Handbuch der Vermögensverwaltung, 2. Auflage 2016, § 5, Rn. 324; *Just* in: Just/Voß/Ritz/Becker, WpHG Kommentar, 1. Auflage 2015, Vor §§ 31–37a, Rn. 41.

886 So auch: *Binder* in: Staub, HGB, 5. Auflage 2018, Bankvertragsrecht, Siebter Teil, Rn. 103.

887 St. Rspr.: BGH NJW 1973, 1547, 1549; BGHZ 125, 366, 379 ff.; BGHZ 162, 49, 57 f.; BGH WM 2005, 1217, 1218; BGHZ 166, 29, 37; BGH WM 2006 1898, 1900; BGH NJW-RR 2006, 1713; BGH WM 2010, 262, 263; BGHZ 197, 1, Rn. 11; BGH VersR 2015, 1385, Rn. 25; VersR 2005, 1394, 1305; *Eckhold*, ZBB 2016, 102, 104.

Gleiches dürfte aufgrund des nahezu identischen Wortlauts auch für § 15 WpIG gelten.

Sofern ein vorsätzliches oder grob fahrlässiges Handeln des Finanzdienstleisters vorliegt, kommt auch eine Haftung nach § 826 BGB in Betracht. Entscheidend hierfür ist, dass das Geschäftsmodell des Finanzdienstleisters darauf ausgerichtet ist, Kunden planmäßig falsch zu beraten und sie so zur Eingehung unpassender Anlagen zu bewegen.[888] Erteilt ein Anlageberater bewusst eine nicht anlage- und objektgerechte Empfehlung und nimmt dabei billigend eine Schädigung des Anlegers in Kauf, so kann eine Haftung nach § 826 BGB bejaht werden.[889] Dabei kann auch bereits eine Falschberatung in der Form genügen, dass die Risiken einer Anlage bewusst verharmlost werden und die Anlage damit nicht den Anforderungen des Anlegers entspricht.[890]

b) Spezifische Haftungsfragen der digitalen Kapitalanlage

Obenstehend wurden die Haftungsgrundsätze für die Erbringung von Finanzdienstleistungen auf herkömmlichem Wege überblicksartig dargestellt. Im Folgenden wird darauf eingegangen, inwiefern die Einhaltung dieser Grundsätze bei der Erbringung von Finanzdienstleistungen durch Robo Advisors Probleme aufwirft und Modifizierungen erforderlich sind.

aa) Vertragliche Haftung

(1) Art der Pflichtverletzung

Robo Advice zeichnet sich (unter anderem) dadurch aus, dass es an einer persönlichen Interaktion zwischen Anbieter und Kunde fehlt, da die Dienstleistung unter Nutzung eines entsprechend programmierten Algorithmus erbracht wird. Kommt es zur Verwirklichung einer Pflichtverletzung, so geschieht dies bei Robo Advisors somit durch den verwendeten Algorithmus. Wie obenstehend[891] bereits erörtert wurde, handelt der Algorithmus in analoger Anwendung des Stellvertretungsrechts als Stellvertreter des Robo Advisors, sodass alle Pflichtverletzungen des Algorithmus für und gegen den Anbieter wirken.

---

888 *Wagner* in: MüKo BGB, 8. Auflage 2020, § 826, Rn. 126 ff.

889 *Spindler* in: BeckOGK, Stand: 01.07.2022, § 826, Rn. 105; *Wagner* in: MüKo BGB, 8. Auflage 2020, § 826, Rn. 126 ff.

890 *Spindler* in: BeckOGK, Stand: 01.07.2022, § 826, Rn. 106.

891 Siehe D.II.1.

(a) Anlageberatung

Erbringt der Robo Advisor eine Anlageberatung, so schuldet er grundsätzlich eine anleger- und objektgerechte Beratung. Grundsätzlich kommt auch bei einer Erbringung der Anlageberatung durch einen Robo Advisor das Vorliegen der gleichen Pflichtverletzungen in Betracht, die bereits obenstehend für die herkömmliche Erbringung der Anlageberatung dargestellt wurden.[892] Dennoch sind für die Beurteilung des Vorliegens einer Pflichtverletzung die Besonderheiten der algorithmischen Anlageberatung zu berücksichtigen, also neben dem Einsatz eines Algorithmus auch die Tatsache, dass eine Beratung größtenteils durch die Bereitstellung von Informationen in schriftlicher Form erfolgt.

Die objektgerechte Beratung kann bei Robo Advisors, wie oben bereits festgestellt, nur durch die Bereitstellung von Informationsblättern erfolgen. Werden also erforderliche Informationen gar nicht zur Verfügung gestellt oder nicht so implementiert, dass der Kunde sie leicht abrufen kann und zusätzlich auch die Kenntnisnahme bestätigen muss, ist das Vorliegen einer Pflichtverletzung zu bejahen. Das bloße Fehlen einer Möglichkeit, die Kenntnisnahme der Informationen zu bestätigen, kann für sich genommen jedoch nicht die Begründung einer Pflichtverletzung rechtfertigen. Zusätzlich zu der Implementierung einer Bestätigung des Anlegers, dass er die bereitgestellten Informationen zur Kenntnis genommen hat, hat der Anbieter die Informationen auch so leicht verständlich zu halten, dass auch ein Anleger ohne vertiefte Kenntnisse auf den Kapitalmärkten sie verstehen kann. Ist dies nicht der Fall kommt ebenfalls das Vorliegen einer Pflichtverletzung in Betracht.

Zusätzlich ist der Anbieter verpflichtet, eine Kundenexploration vorzunehmen, diese erfolgt bei Robo Advisors durch die Bereitstellung eines vorgefertigten Fragebogens, den der Anleger auszufüllen hat. Ist dieser Fragebogen unzureichend gestaltet, kann auf seiner Basis also keine ausreichende Exploration erfolgen oder sind einzelne Fragen missverständlich formuliert, so liegt ebenfalls eine Pflichtverletzung vor.

Wie bei der herkömmlichen Anlageberatung werden diese Pflichten zwar ebenfalls erst im Laufe der Beratung verletzt, die Verwirklichung der jeweiligen Pflichtverletzung ist aufgrund der deterministischen Funktionsweise des Algorithmus aber bereits zuvor angelegt. Es ist somit zu überlegen, ob schon die fehlerhafte Programmierung des Algorithmus als Pflichtverletzung einzuordnen ist.

---

892 Vgl. E.III.4.a)aa)(1).

Dies setzt jedoch voraus, dass die fehlerfreie Programmierung des Algorithmus eine Leistungspflicht gegenüber dem Anleger darstellt.

Inhalt des Anlageberatungsvertrages ist die Erbringung einer anleger- und anlagegerechten Beratung. An dieser Hauptleistungspflicht des Anbieters ändert sich auch dann nichts, wenn die Erbringung algorithmenbasiert erfolgen soll. Eine vertragliche Vereinbarung über die fehlerfreie Programmierung und Funktion des Algorithmus wird zwischen Anleger und Anbieter nicht geschlossen, sodass nur das Vorliegen einer Nebenpflichtverletzung in Betracht kommt.

Die Erbringung der Finanzdienstleistungen durch den Robo Advisor kann nur dann ordnungsgemäß erfolgen, wenn die erforderlichen technischen Voraussetzungen fehlerfrei vorliegen. Infolge der sich dadurch ergebenden großen Abhängigkeit von der ordnungsgemäßen technischen Funktion des Algorithmus und der Implementierung auf der Webseite oder in der App des Anbieters ist von einer vertraglichen Nebenpflicht des Anbieters für eine ordnungsgemäße Funktion der technischen Umgebungen und des Algorithmus zu sorgen, auszugehen.

Somit ist bei Vorliegen der Verletzung einer Pflicht der anleger- und anlagegerechten Beratung, die sich aus den für Robo Advisors modifizierten Grundsätzen ergibt, sofern diese Pflichtverletzung auf einer Fehlfunktion des Algorithmus basiert, immer auch vom Vorliegen einer Nebenpflichtverletzung auszugehen.

(b) Finanzportfolioverwaltung

Wie obenstehend bereits bei den Ausführungen zur herkömmlichen Finanzportfolioverwaltung dargelegt wurde[893], ist bei der Vermögensverwaltung zwischen verschiedenen Pflichtverletzungen zu differenzieren.

Daran ändert sich grundsätzlich nichts, wenn die Erbringung der Verwaltung durch einen Robo Advisor erfolgt, da abgesehen von der algorithmenbasierten Erbringung der Verwaltung keine weiteren Unterschiede zur herkömmlichen Vermögensverwaltung bestehen.

Auch bei der Vermögensverwaltung ist das Vorliegen einer Pflichtverletzung zu bejahen, wenn die Kundenexploration nur unzureichend durchgeführt wird. Ebenso ist auch bei Vorliegen eines Vermögensverwaltungsvertrags zwischen Robo Advisor und Anleger davon auszugehen, dass die fehlerfreie Programmierung und Funktion des Algorithmus eine Nebenpflicht darstellt.[894]

---

893 Siehe E.III.4.a)aa)(2).

894 Vgl. hierzu ausführlich oben unter E.III.4.b)aa)(1).

(2) Vertretenmüssen

Ein zentrales Merkmal der Erbringung von Finanzdienstleistungen durch Robo Advisors ist das (nahezu komplette) Fehlen persönlicher Interaktion. Problematisch ist dieses Merkmal im Hinblick auf das Vorliegen eines Verschuldens bei der Geltendmachung eines Schadensersatzanspruchs durch einen Anleger. Da gerade keine persönliche Interaktion zwischen dem Anleger und dem Betreiber des Robo Advisors erfolgte, kann auch nicht vom Vorliegen eines unmittelbaren Vertretenmüssen des Betreibers durch eine fehlerhafte Beratungsleistung ausgegangen werden. Dennoch kommen zwei mögliche Anknüpfungspunkte für die Herleitung eines Vertretenmüssens in Betracht. werden kann. Zum einen kann möglicherweise eine Zurechnung der algorithmischen Empfehlungen erfolgen, zum anderen kann bereits die Verwendung des Algorithmus Anknüpfungspunkt für das Vorliegen eines Vertretenmüssens sein.

Zunächst gilt jedoch auch im Bereich der digitalen Finanzdienstleistungen, dass das Vorliegen eines Vertretenmüssens nach § 280 I 2 BGB zunächst widerleglich vermutet wird, sodass es dem Betreiber des Robo Advisors obliegt, sich zu exkulpieren. Die Frage der Herleitung eines Vertretenmüssens ist damit vorwiegend dogmatischer Natur.

Der Robo Advice-Anbieter bedient sich bei der Erbringung der entsprechenden Finanzdienstleistungen einem Algorithmus, sodass dieser möglicherweise als Erfüllungsgehilfe einzuordnen ist und damit eine Zurechnung nach § 278 BGB in Betracht kommt. Der Wortlaut des § 278 BGB bezieht sich explizit nur auf Personen, sodass nur eine analoge Anwendbarkeit in Betracht käme. § 278 BGB sieht jedoch als Voraussetzung für eine Zurechnung ein eigenes Verschulden der Erfüllungsgehilfen vor. § 276 I 2 BGB verweist für den persönlichen Anwendungsbereich der Norm auf die Vorschriften der §§ 827, 828 BGB zur Deliktsfähigkeit. Dies impliziert das Erfordernis einer eigenen Rechtssubjektivität, gerade daran fehlt es dem Algorithmus jedoch, sodass das Vorliegen eines eigenen Verschuldens ausscheidet. Zudem ist ein solches auch denklogisch nicht vorstellbar.[895] Eine Zurechnung über § 278 BGB analog scheidet demnach aus.

Denkbar ist auch die Herleitung eines Vertretenmüssens aus § 664 BGB, sofern eine Übertragung der vertraglichen Pflicht auf den Algorithmus vorliegt, dieser also als Substitut handelt. Der Algorithmus handelt jedoch nicht als

895 *Horner/Kaulartz*, InTer 2016, 22, 23; *Schaub* in: BeckOGK, Stand: 01.03.2022, § 278, Rn. 17; *Caspers* in: Staudinger BGB, Neubearbeitung 2019, § 278, Rn. 5.

selbstständiger Dritter[896], sodass zumindest eine direkte Anwendung der Norm bereits aus diesem Grund ausscheidet. Aus dem gleichen Grund fehlt es jedoch auch an einer vergleichbaren Interessenlage für eine analoge Anwendung der Norm. Der Algorithmus übernimmt zwar einen Großteil der Erbringung der Finanzdienstleistung, kann aber aufgrund seiner fehlenden Rechtssubjektivität gerade keine eigene Verantwortung übernehmen.

Letztlich kommt aber auch bereits die Verwendung des Algorithmus als Anknüpfungspunkt für ein Vertretenmüssen in Betracht, sodass ein solches direkt aus § 276 BGB folgen kann und keine Zurechnung erforderlich ist. Wer sich zur Erbringung einer vertraglichen Verpflichtung einer Maschine oder auch sonstigen technischen Hilfsmittel (wie im Falle der Robo Advisors einem Algorithmus) bedient, hat diese sorgfältig auszuwählen und zu warten.[897]

Tritt das Vorliegen einer Pflichtverletzung ein, so ist diese aufgrund der deterministischen Funktionsweise des Algorithmus bereits zuvor in seiner Programmierung angelegt worden. Anknüpfungspunkt für das Vertretenmüssen ist damit die Verwendung eines in dieser Hinsicht mängelbehafteten Algorithmus, also ein Organisationsverschulden.[898] Erforderlich ist, dass dem Anbieter hierbei zumindest Fahrlässigkeit vorzuwerfen ist. Handelt es sich somit lediglich um eine technische Fehlfunktion, die nicht auf einer fehlerhaften Programmierung oder mangelhaften Wartung beruht, wird das Vorliegen eines Vertretenmüssens in der Regel zu verneinen sein. Beruht die Pflichtverletzung jedoch auf einer fehlerhaften Programmierung des Algorithmus, so ist das Vorliegen eines Vertretenmüssens in Analogie zu den Vorgaben der Wissenszurechnung innerhalb von Banken[899] zu beurteilen. Hätte in einer Bank bei der herkömmlichen Erbringung von Finanzdienstleistungen die Möglichkeit (und damit auch die Pflicht) bestanden, das Entstehen der Pflichtverletzung zu verhindern, so besteht auch eine Verpflichtung des Robo Advice-Anbieters, den Algorithmus entsprechend zu gestalten, damit er die Finanzdienstleistung ordnungsgemäß erbringen kann. Erfolgt dies nicht, ist dem Anbieter zumindest Fahrlässigkeit vorzuwerfen.

---

896 Vgl. dazu *Schäfer* in: MüKo BGB, 8. Auflage 2020, § 664, Rn. 6; *D. Fischer* in: BeckOK BGB, Stand: 01.08.2021, § 664, Rn. 3.

897 *Horner/Kaulartz*, InTer 2016, 22, 23; *Schaub* in: BeckOGK, Stand: 01.03.2022, § 278, Rn. 17; *Grundmann* in: MüKo BGB, 9. Auflage 2022, § 278, Rn. 46.

898 So auch allgemein in Bezug auf den Einsatz von Algorithmen: *Herberger*, NJW 2018, 2825, 2827.

899 Vgl. allgemein zu diesen Grundsätzen: *Buck-Heeb*, BKR 2011, 441; *Harnos*, BKR 2012, 185.

(3) Beweislast

Aus den obigen Ausführungen zu den Haftungsgrundsätzen bei herkömmlichen Finanzdienstleistungen ergibt sich, dass die Beweislast grundsätzlich, mit Ausnahme der gesetzlichen Beweislastumkehr nach § 280 I 2 BGB, beim Anleger liegt. Ob hieran für die digitale Kapitalanlage festgehalten werden kann, wird im Folgenden erörtert.

(a) Allgemeine Erwägungen

Eines der Hauptprobleme der beim Anleger liegenden Beweislast ist, dass der Anleger in der Regel Negativ-Beweise erbringen muss. Dieses Problem ergibt sich auch bei der Erbringung von Finanzdienstleistungen auf herkömmlichem Wege.

Da aber zumindest die Erbringung der Beratungsleistungen durch die Robo Advisors durch die Bereitstellung von Informationen erfolgt, kann die Erbringung eines Negativbeweises sogar einfacher erfolgen.

Liegt die Pflichtverletzung jedoch in einer fehlerhaften Anlageempfehlung oder einer fehlerhaften Finanzportfolioverwaltung, so dürfte dem Anleger eine Beweisführung schwerfallen, da er die Entscheidungswege des Algorithmus nicht nachvollziehen kann.

Hilfreich können hierbei aber die Aufzeichnungen des Robo Advisors nach § 83 WpHG sein, in denen auch die Entscheidungen des Algorithmus dokumentiert werden müssen.[900] Eine Herausgabe dieser Aufzeichnungen kann der Anleger nach § 83 VII WpHG verlangen.[901] Diese Möglichkeit erleichtert dem Anleger die Beweisführung erheblich. Zudem wird das Problem der Beweislastverteilung auch bei Robo Advisors dadurch abgemildert, dass den Anbieter eine sekundäre Darlegungslast trifft. Im Rahmen dieser sekundären Darlegungslast sollte zusätzlich zur Herausgabe der Dokumentation nach § 83 WpHG eine Offenlegung des Algorithmus verlangt werden können, sofern eine Einsichtnahme in die Programmierung zur Beweisführung dienlich erscheint. Zwar ist der Algorithmus der Kern des Geschäftsmodells eines Robo Advisors und damit Teil der Geschäftsgeheimnisse. Allerdings ergibt sich nicht zuletzt aus § 172 Nr. 2 GVG, dass Geschäftsgeheimnisse nicht genutzt werden können, um die Rechtsordnung auszuhebeln. Zudem besteht bei Pflichtverletzungen, die durch eine fehlerhafte Programmierung des Algorithmus entstanden sind, in der Regel ein besonderes Interesse an einer Offenlegung, da von einer solchen

---

900 Vgl. dazu ausführlich oben unter C.II.5.

901 *Buck-Heeb/Poelzig*, BKR 2017, 485, 495.

Pflichtverletzung potentiell eine große Zahl an Anlegern des Robo Advisors betroffen sein können.[902]

Demnach kann grundsätzlich zumindest für die Erbringung von Finanzportfolioverwaltung und Anlagevermittlung an der für die herkömmliche Erbringung von Finanzdienstleistungen geltenden Beweislastverteilung festgehalten werden.

(b) Beweislastumkehr bei der Erbringung von Anlageberatung

Die Pflicht bei der Erbringung einer Anlageberatung eine Geeignetheitserklärung anzufertigen, trifft auch Robo Advisors.[903]

Fehlt diese Geeignetheitserklärung oder wird sie fehlerhaft erstellt, so wird teilweise gefordert, dass dies zu einer Beweislastumkehr zugunsten des Käufers führen soll.[904]

Dieser Streit wurde zuvor bereits zu den Dokumentationspflichten in § 34 WpHG a. F. geführt, auch hier wurde zum Teil gefordert, dass sich aus dem Erfordernis der Anpassung eines Beratungsprotokolls eine Beweislastumkehr ergeben soll.[905] Da der Gesetzgeber in dieser Frage im Zuge des 2. FiMaNoG keine Klarstellung vorgenommen hat, wird die Frage einer Beweislastumkehr auch weiterhin umstritten bleiben.

§ 34 IIa 4 WpHG a.F. enthielt ein Rücktrittsrecht des Kunden im Falle einer fernmündlichen Anlageberatung, aufgrund dieses Rücktrittsrechts wurde überwiegend angeführt, dass aufgrund dieser ausdrücklichen Regelung einer Beweislastumkehr für den speziellen Fall einer fernmündlichen Anlageberatung keine Beweislastumkehr für andere Formen der Anlageberatung angenommen werden könne.[906] Eine solche Beweislastumkehr enthält § 64 WpHG n.F., der nunmehr das Erfordernis einer Geeignetheitserklärung regelt, nicht mehr, sodass zu überlegen ist, ob schon durch den Wegfall dieses systematischen Arguments gegen eine Beweislastumkehr, nunmehr eine solche zu bejahen ist. Nach der geltenden Rechtslage ist hingegen nunmehr in keinem Fall mehr eine Beweislastumkehr zu

902 Vgl. dazu ausführlich unten unter E.III.4.b)cc).

903 Vgl. dazu ausführlich oben E.II.1.c).

904 Ausführlich dazu: *Mansen*, Die neuen Anlageberatungsregelungen der MiFID II, S. 309 ff.

905 Vgl. zu diesem Streit u.a.: *Fuchs* in: Fuchs, WpHG Kommentar, 2. Auflage 2016, § 34, Rn. 3; *Koller* in: Assmann/Schneider, WpHG Kommentar, 6. Auflage 2012, § 34, Rn. 4 f.; *Möllers* in Kölner Kommentar zum WpHG, 2. Auflage 2014, § 34, Rn. 155 f.

906 *Freitag*, ZBB 2016, 1, 7.

bejahen, da es sich bei § 64 WpHG um eine rein aufsichtsrechtliche Norm handelt[907], die keine unmittelbaren zivilrechtlichen Wirkungen entfaltet, sondern der allenfalls eine Ausstrahlungswirkung zuzusprechen ist.[908] De lege ferenda wäre aber die Einführung einer Beweislastumkehr in Anlehnung an die Dokumentationspflichten im Arzt- und Versicherungsvertragsrecht denkbar.[909]

Die Einführung einer generellen Beweislastumkehr, die dazu führt, dass der Robo Advisor die Fehlerfreiheit der Beratungsleistung nachweisen muss, ist dagegen generell als zu weitgehend abzulehnen.[910] Eine solche Gestaltung würde das Haftungsrisiko der Anbieter unzumutbar erhöhen und zudem solche Anbieter begünstigen, die gerade darauf spekulieren, im Falle von Verlusten, Haftungsansprüche gegen den Berater durchzusetzen.[911]

Der Unionsgesetzgeber hat in den Erwägungsgründen 57 und 82 zur MiFID II festgestellt, dass den Kunden durch die Dokumentationspflichten (Pflicht zur Aufzeichnung der Dokumentation und Anfertigung der Geeignetheitserklärung) keine Nachteile entstehen dürfen, wenn die Dokumentation unvollständig oder unfair ausgeführt wird. Diese Erwägungsgründe hat der Gesetzgeber auch in die Gesetzesbegründung zum 2. FiMaNoG zu § 64 IV WpHG übernommen.[912] Aus diesen Erwägungen wird zum Teil ebenfalls eine Beweislastumkehr abgeleitet.[913] Die Erwägungsgründe beziehen sich aber nur auf den Fall, in dem die Dokumentation oder die Geeignetheitserklärung keinen Aufschluss über das Vorliegen des Beratungsfehlers gibt. In einem solchen Fall soll verhindert werden, dass dies zum Nachteil des Anlegers ausgelegt wird.[914] Den Erwägungsgründen kann dementsprechend keine generelle Beweislastumkehr entnommen werden.

Die Geeignetheitserklärung hat zwar einen erheblichen Einfluss auf die Anlageentscheidung des Kunden, dennoch sprechen letztlich die besseren Argumente gegen die Annahme einer Beweislastumkehr. Wie obenstehend bereits dargelegt wurde, ist der Anlegerschutz auch bei Bestehen einer Beweislast des Anlegers ausreichend gewahrt. Es wird sichergestellt, dass Fehler in der

---

907 *Buck-Heeb/Poelzig*, BKR 2017, 485, 495.

908 Vgl. zum Verhältnis von Aufsichts- und Zivilrecht oben D.I.

909 *Freitag*, ZBB 2016, 1, 8 f.

910 *Mansen*, Die neuen Anlageberatungsregelungen der MiFID II, S. 311.

911 *Mansen*, Die neuen Anlageberatungsregelungen der MiFID II, S. 311.

912 BT-Drucks. 18/10936, S. 235.

913 *Freitag*, ZBB 2016, 1, 10; *Mansen*, Die neuen Anlageberatungsregelungen der MiFID II, S. 311.

914 *Buck-Heeb/Poelzig*, BKR 2017, 485, 495.

Geeignetheitserklärung nicht zum Nachteil des Anlegers ausgelegt werden können. Außerdem steht dem Anleger die bereits oben dargestellte Möglichkeit zu, die Aufzeichnungen der elektronischen Kommunikation zu verlangen, um ihm die Beweisführung zu erleichtern. Zudem müsste eine etwaige Beweislastumkehr unabhängig von der Art der Erbringung für alle Formen der Anlageberatung gelten, da es andernfalls zu einer Sonderregulierung bestimmter Geschäftsmodelle und damit zu einer ungerechtfertigten Benachteiligung einzelner Anbieter kommt. Eine solche Sonderregulierung wäre nur dann gerechtfertigt, wenn dadurch Lücken im Anlegerschutz geschlossen würden, ein solches Erfordernis ist nach den vorstehenden Ausführungen jedoch nicht erkennbar.

(4) Zulässigkeit einer Haftungsbeschränkung

Viele Anbieter verwenden in Ihren Allgemeinen Geschäftsbedingungen[915] Klauseln, die die Haftung modifizieren, zumeist wird die Haftung auf Vorsatz und grobe Fahrlässigkeit beschränkt.

Derartige Klauseln sind grundsätzlich zulässig, solange sie sich in den Grenzen der §§ 138, 276 Abs. 3, 305 ff. BGB bewegen.[916]

Solch ein Haftungsausschluss gilt infolge der Ausstrahlungswirkung der Verhaltenspflichten auf das Zivilrecht auch für die Verletzung von Pflichten, die gegen Verhaltenspflichten des WpHG verstoßen.[917] Ziel eines Haftungsausschlusses kann nicht das Abbedingen der Verhaltenspflichten selbst sein, da diese nicht disponibel sind.[918] Es kann nur um die Freistellung von zivilrechtlichen Schadensersatzansprüchen gehen.[919]

Ein Haftungsausschluss ist nach §§ 276 Abs. 3, 309 Nr. 7b BGB grundsätzlich dann unwirksam, wenn auch die Haftung für Vorsatz und grobe Fahrlässigkeit ausgeschlossen werden soll. Ein Ausschluss der Haftung für leichte Fahrlässigkeit kann jedoch ebenfalls dann unwirksam sein, wenn durch den Haftungsausschluss der Vertragszweck in Gefahr gerät. Hiervon ist unter anderem dann auszugehen, wenn der Ausschluss sich auf vertragliche Kernpflichten, wie bspw.

---

915 Vgl. zur Einordnung der vertraglichen Regelungen als Allgemeine Geschäftsbedingungen ausführlich *Pieper* in: Linardatos, Rechtshandbuch Robo Advice, 1. Auflage 2020, § 6, Rn. 19 ff.

916 *Buck-Heeb* in: Tamm/Tonner, Verbraucherrecht, 3. Auflage 2020, § 16c, Rn. 78; *Einsele*, JZ 2008, 477, 483.

917 *Buck-Heeb* in: Tamm/Tonner, Verbraucherrecht, 3. Auflage 2020, § 16c, Rn. 78; *Einsele*, JZ 2008, 477, 483.

918 *Einsele*, JZ 2008, 477, 483.

919 *Einsele*, JZ 2008, 477, 483.

die Einhaltung der Anlagerichtlinien bei der Finanzportfolioverwaltung oder die Orientierung an den Anlagezielen und dem Risikoprofil des Kunden bei der Anlageberatung bezieht.[920] Bei Einhaltung der oben dargestellten Vorgaben, begegnen auch Haftungsausschlüsse grundsätzlich keinen Bedenken.

Neben allgemeinen Haftungsbeschränkungen versuchen einige Anbieter zusätzlich auch, ihre Haftung in Hinblick auf etwaige Systembeeinträchtigungen einzuschränken. Die Zulässigkeit einer solchen Haftungsbeschränkung ist stark abhängig von ihrer konkreten Ausgestaltung. Während es keinen Bedenken begegnet, wenn die Anbieter ihre Haftung für Systemausfälle, die außerhalb ihres eigenen Verantwortungsbereiches liegen, ausschließen, ist die AGB-rechtliche Zulässigkeit weitergehender Klauseln, die auch darauf abstellen, dass ein Zugang zum System nicht jederzeit gewährleistet werden könne, sehr fraglich.[921] Eine Regelung, die es dem Anbieter ermöglicht, einseitig und ohne Angabe konkreter Gründe, die Zugangsmöglichkeiten des Kunden und seine technische Infrastruktur einzuschränken, verstößt gegen das Transparenzgebot des § 307 I 1 BGB, da der Kunde aufgrund der vertraglichen Regelungen nicht erkennen kann, in welchen Situationen der Anbieter zu einer Einschränkung befugt ist.[922] Denkbar wäre zudem auch ein Verstoß gegen § 307 II Nr. 2 BGB, da eine Einschränkung des Systemzugangs bei Robo Advisors, deren Geschäftsmodell gerade impliziert, dass sie nur online und auf technischem Wege in Anspruch genommen werden können, einer Verletzung einer Hauptleistungspflicht gleichkommt. Demnach würden sich die Anbieter bei Verwendung einer solchen Klausel in unzulässiger Weise von ihren vertraglichen Kardinalpflichten freizeichnen.[923]

bb) Deliktische Haftung

Für eine deliktische Haftung des Robo Advisors ist grundsätzlich auf die obigen Ausführungen[924] zur deliktischen Haftung bei der herkömmlichen Erbringung von Finanzdienstleistungen zu verweisen. Im Folgenden soll lediglich auf etwaige Besonderheiten bei der digitalen Kapitalanlage, sowie auf die Frage einer Haftung des Robo Advisors für den Algorithmus als Verrichtungsgehilfe i.S.d. § 831 BGB.

---

920 *Einsele*, JZ 2008, 477, 483.
921 So auch: *Pieper* in: Linardatos, Rechtshandbuch Robo Advice, § 6, Rn. 34 f.
922 *Pieper* in: Linardatos, Rechtshandbuch Robo Advice, § 6, Rn. 35.
923 *Pieper* in: Linardatos, Rechtshandbuch Robo Advice, § 6, Rn. 35.
924 Siehe dazu E.III.4.a)bb).

(1) Haftung aus § 823 BGB

Grundsätzlich bleibt es auch bei einer algorithmenbasierten Erbringung der Finanzdienstleistungen bei einem Ausschluss der Haftung aus § 823 II BGB i. V. m. den Verhaltenspflichten des WpHG. Bei der Erbringung von algorithmenbasierten Finanzdienstleistungen greift jedoch noch ein weiteres Argument gegen die Annahme einer deliktischen Haftung aus § 823 II BGB i. V. m. den Verhaltenspflichten des WpHG. Wie obenstehend bereits dargelegt wurde, wird durch einen solchen deliktischen Haftungsanspruch insbesondere der jeweils tätig gewordene Mitarbeiter des Wertpapierdienstleistungsunternehmens in Anspruch genommen. Eine solche Inanspruchnahme kann bei der algorithmenbasierten Erbringung der Finanzdienstleistung infolge der fehlenden Rechtssubjektivität des Algorithmus nicht erfolgen. Eine Inanspruchnahme des Robo Advice-Anbieters scheidet jedoch aufgrund der fehlenden Deliktsfähigkeit juristischer Personen ebenfalls aus.

Hinsichtlich einer weitergehenden deliktischen Haftung ergeben sich keine Besonderheiten gegenüber den oben dargelegten Voraussetzungen.

(2) Haftung aus § 826 BGB

Entsprechend den obenstehend[925] für herkömmliche Finanzdienstleistungen dargestellten Grundsätzen kommt auch eine Haftung des Robo Advisors nach § 826 BGB in Betracht.

Allerdings kommt diesbezüglich nur eine Haftung von Organen, also bspw. den Geschäftsführern des Robo Advice-Anbieters in Betracht. Sofern sich ergibt, dass der Programmierung des Algorithmus bereits bestimmte Pflichtverletzungen oder bewusste Falschinformationen immanent sind und kann in dieser Hinsicht von einem Vorsatz oder zumindest grober Fahrlässigkeit des Anbieters ausgegangen werden, so wird ein Anspruch aus § 826 BGB zu bejahen sein.

(3) Haftung aus § 831 BGB

Im Rahmen einer deliktischen Haftung ist auch zu überlegen, ob eine Inanspruchnahme des Robo Advisors für Pflichtverletzungen des Algorithmus nach der Haftung für den Verrichtungsgehilfen i.S.d. § 831 BGB in Betracht kommt.

Dies setzt voraus, dass der Algorithmus als Verrichtungsgehilfe des Robo Advisors handelt. Dann müsste der Robo Advisor den Algorithmus zu einer Verrichtung bestellt haben, d. h. er müsste in einer Abhängigkeit zu dem

925 Vgl. dazu E.III.4.a)bb).

Anbieter stehen und ihm übertragene Tätigkeiten erbringen.[926] Diese Voraussetzungen erfüllt der Algorithmus, er übernimmt die (nahezu komplette) Erbringung der Finanzdienstleistung für den Robo Advisor und ist diesem gegenüber infolge seiner Programmierung, die kein eigenständiges Handeln zulässt, auch weisungsgebunden.[927] Sofern der Robo Advisor selbst die tatsächliche Verfügungsgewalt über den Algorithmus ausübt und nicht ein beauftragtes IT-Unternehmen, so ist er auch Geschäftsherr i.S.d. § 831 BGB.[928] Ein Handeln in Ausübung der Verrichtung kann ebenfalls problemlos angenommen werden, da der Handlungsumfang bereits zuvor durch die Programmierung abschließend festgelegt wird.[929]

Zudem muss auch ein Delikt des Gehilfen vorliegen, der Algorithmus muss also deliktisch handeln. Der Algorithmus selbst ist jedoch aufgrund seiner mangelnden Einsichtsfähigkeit nicht deliktsfähig i.S.d. §§ 827, 828 BGB. Für § 831 BGB genügt allerdings ein objektiv widerrechtliches Verhalten, sodass keine subjektive Komponente und damit auch keine Deliktsfähigkeit erforderlich ist.[930] Demnach kann auch der Algorithmus des Robo Advisors als Verrichtungsgehilfe angesehen werden, sodass eine Inanspruchnahme des Robo Advice-Anbieters nach § 831 BGB möglich ist.

Dem Anbieter stehen sodann auch die Exkulpationsmöglichkeiten des § 831 I 2 BGB zu. Diese sind aber insofern zu modifizieren, als dass Auswahl und Überwachung in technischer Hinsicht erfolgen müssen. Neben dem Nachweis einer sorgfältigen und fehlerfreien Programmierung wäre für eine Exkulpation auch der Nachweis ausreichender Sicherheitsmechanismen im Falle von technischen Problemen, sowie regelmäßiger Aktualisierungen erforderlich.[931]

Das Möglichkeit eines solchen Schadensersatzanspruchs wird allerdings überwiegend dogmatische Relevanz haben, eine Anwendung im Bereich der digitalen Kapitalanlage wird hingegen kaum oder gar nicht in Betracht kommen, da hier in der Regel Vermögensschäden vorliegen werden.

926 *Sprau* in: Palandt, BGB, 78. Auflage 2019, § 831, Rn. 5; *Spindler* in: BeckOGK, Stand: 01.07.2022, § 831, Rn. 15.

927 So auch: *Kluge/Müller*, InTer 2017, 24, 28.

928 *Kluge/Müller*, InTer 2017, 24, 28.

929 *Kluge/Müller*, InTer 2017, 24, 28.

930 *Sprau* in: Palandt, BGB, 78. Auflage 2019, § 831, Rn. 8; *Wagner* in: MüKo BGB, 8. Auflage 2020, § 831, Rn. 34.

931 Dazu auch: *Kluge/Müller*, InTer 2017, 24, 28 f.

cc) Erhöhtes Haftungsrisiko durch Verwendung eines Algorithmus

Die obigen Ausführungen haben deutlich gemacht, dass Haftungsansprüche gegenüber dem Robo Advice-Anbieter zumeist auf einer fehlerhaften Programmierung des Algorithmus beruhen. Aufgrund der deterministischen Funktionsweise des Algorithmus ist daher davon auszugehen, dass eine fehlerhafte Programmierung, die zur Begründung eines Schadensersatzanspruchs führt, nicht nur bei einem Kunden auftritt, sondern eine Vielzahl von Anlegern treffen wird.[932]

Damit können die bestehenden Haftungsrisiken bei Robo Advisors zwar durch eine gewissenhafte Programmierung und Kontrolle des Algorithmus begrenzt werden. Demgegenüber drohen bei einer fehlerhaften Programmierung aber auch deutlich größere Haftungsrisiken, als bei einer herkömmlichen Erbringung der Finanzdienstleistungen.[933] Das damit einhergehende Haftungsrisiko kann gerade für Robo Advice Start-Ups existenzbedrohend werden.[934]

5. Haftung der Partnerbank

Neben einer Haftung des Robo Advisors kommt auch eine Haftung der Kooperationsbank des Robo Advisors in Betracht.

Das Vorliegen einer Haftung und die Voraussetzungen einer solchen hängen dabei von der Ausgestaltung des Geschäftsmodells des Robo Advisors ab. In der Regel übernimmt die Partnerbank nur die Depotverwaltung für den Robo Advisor[935], zum Teil handelt der Robo Advisor aber auch als vertraglich gebundener Vermittler i.S.d. § 2 X KWG, in diesem Falle tritt die Kooperationsbank als Haftungsdach des Robo Advisors auf. Insbesondere im Falle des Auftretens der Partnerbank als Depotbank wird der Anleger auch ein wirtschaftliches Interesse daran haben, die Depotbank als zusätzliches Haftungssubjekt in Anspruch nehmen zu können.[936]

Auf den Umfang der Haftung der Partnerbank je nach Ausgestaltung des Geschäftsmodells soll im Folgenden eingegangen werden.

---

932 Siehe dazu auch: *Ringe/Ruof*, A regulatory sandbox for Robo Advisors, S. 17.

933 *Ringe/Ruof*, A regulatory sandbox for Robo Advisors, S. 17.

934 *Ringe/Ruof*, A regulatory sandbox for Robo Advisors, S. 17.

935 Zur Notwendigkeit der Hinzuziehung einer Partnerbank für die Depotführung vgl. oben B.V.

936 *Benicke*, Wertpapiervermögensverwaltung, S. 714.

a) Partnerbank als Depotbank

Tritt die Partnerbank nur als Depotbank auf, so schuldet sie nur die technische Verwaltung des Depots, trägt aber grundsätzlich keine Verantwortung für die wirtschaftliche Zusammensetzung des Depots.[937] Die Verantwortung hierfür trägt der Robo Advisor.[938]

Die Haftung der Depotbank richtet sich dabei grundsätzlich nach Nr. 19 der Sonderbedingungen Wertpapiergeschäfte, demnach haftet die Depotbank für jedes Verschulden ihrer Mitarbeiter und weiterer Erfüllungsgehilfen.[939]

Da die Depotbank vertraglich gerade nicht für die wirtschaftliche Zusammensetzung des Depots verantwortlich ist, kommt auch grundsätzlich keine Haftung für fehlerhafte Anlageentscheidungen oder -empfehlungen in Betracht. In der Regel wird in den vertraglichen Vereinbarungen zwischen Depotbank und Kunde auch klargestellt werden, dass die Depotbank keine Anlageberatung erbringt, infolge dieser Regelung und sofern auch tatsächlich keine Anlageberatung erbracht wird, kommt auch die Annahme eines möglicherweise haftungsbegründenden Beratungsvertrages nicht in Frage.[940] Bestehen jedoch Vereinbarungen zwischen dem Robo Advisor und der Depotbank über Rückvergütungen und klärt die Depotbank den Kunden über die Vereinbarungen nicht auf, so kann sich hieraus eine Haftung ergeben.[941] Diesbezüglich ergeben sich jedoch keine Besonderheiten gegenüber einer herkömmlichen Erbringung der Finanzdienstleistungen, sodass auf eine ausführliche Darstellung dieser Haftungsgrundsätze verzichtet wird.

Darüber hinaus ist im Hinblick auf die Einschaltung einer Depotbank durch einen Robo Advisor an eine Übertragung der vom BGH aufgestellten Grundsätze für die Haftung einer Direktbank bei einer fehlerhaften Anlageberatung durch Dritte zu denken.[942] Eine Übertragung der Feststellungen des BGH kommt grundsätzlich in Betracht, da die Depotbank faktisch ebenfalls wie eine

---

937 *Benicke*, Wertpapiervermögensverwaltung, S. 31; *U. Schäfer* in: Assmann/Schütze/Buck-Heeb, Handbuch des Kapitalanlagerechts, 5. Auflage 2020, § 23, Rn. 12.

938 Zur Haftung des Robo Advisors vgl. oben E.III.4.

939 *Bunte* in: Bunte, AGB-Banken, 5. Auflage 2019, SB Wertpapiergeschäfte Nr. 19 Haftung, Rn. 160.

940 So im Hinblick auf Direktbanken: BGHZ 196, 370, Rn. 17 f.

941 Vgl. dazu ausführlich *Benicke*, Wertpapiervermögensverwaltung, S. 714 f.

942 Dazu ausführlich in Bezug auf die Erbringung herkömmlicher Anlageberatung *Bracht*, ZBB 2013, 252.

Direktbank agiert, da sie lediglich die Aufträge des Robo Advisors ausführt und die Verwahrung der Finanzinstrumente übernimmt.

Demnach ist auch für die Depotbank festzustellen, dass sie nicht zu einer Überwachung des Robo Advisors verpflichtet ist.[943] Etwas anderes gilt nur dann, wenn die Depotbank eine Falschberatung durch den Robo Advisor positiv kennt.[944] In diesem Fall geht der BGH vom Bestehen einer Warnpflicht iSe Nebenpflicht aus § 241 II BGB aus.[945] Eine solche Warnpflicht nimmt der BGH ebenfalls dann an, wenn eine systematische Falschberatung vorliegt, die die Direktbank zwar nicht kennt, aber aufgrund evidenter Anhaltspunkte kennen müsste.[946] Eine derartige Warnpflicht erscheint jedoch als zu weit gehend. Richtig ist es, dass im Falle einer evidenten Falschberatung der Depotbank nicht die Behauptung zugestanden werden soll, dass sie die Falschberatung nicht erkannt habe, dies erfordert jedoch nicht die Annahme einer Warnpflicht.[947] Diesbezüglich ist auch auf ein im Falle einer evidenten Falschberatung möglicherweise vorliegendes Mitverschulden des Anlegers zu verweisen.[948] Zusätzlich ist zumindest für die Erbringung einer Anlageberatung durch einen Robo Advisor auch darauf zu verweisen, dass infolge der erforderlichen Produktkontrolle durch die BaFin ohnehin bereits ein höherer Anlegerschutz gewährleistet wird, sodass auch unter diesem Aspekt die Annahme einer zusätzlichen Warnpflicht als nicht geboten erscheint.

Auch vom Vorliegen einer aufsichtsrechtlichen Sperrwirkung ist infolge der bloßen Ausstrahlungswirkung der WpHG-Normen nicht auszugehen. § 71 WpHG regelt, dass ein Wertpapierdienstleistungsunternehmen, das eine Wertpapiernebendienstleistung (wie hier die Depotführung) für ein anderes Wertpapierdienstleistungsunternehmen erbringt, davon ausgehen darf, dass vor Weiterleitung des Auftrags die gesetzlichen Vorschriften eingehalten wurden, zudem ist keine Überprüfung des Auftrags auf Richtigkeit und Vollständigkeit erforderlich. Eine Regelung, die ein Wertpapierdienstleistungsunternehmen dazu verpflichtet, ihre Kunden vor einer Falschberatung durch Dritte zu warnen, enthält das WpHG auch nach Umsetzung der MiFID II nicht. Der BGH spricht eine restriktive Auslegung des § 241 II BGB im Hinblick auf eine Sperrwirkung

---

943 BGHZ 196, 370, Rn. 26; *Bracht*, ZBB 2013, 252, 255.

944 BGHZ 196, 370, Rn. 27.

945 BGHZ 196, 370, Rn. 27.

946 BGHZ 196, 370, Rn. 27.

947 So auch: *Bracht*, ZBB 2013, 252, 256.

948 *Bracht*, ZBB 2013, 252, 256.

gar nicht erst an, daraus leitet *Bracht* zutreffend eine „negative Ausstrahlungswirkung" im Sinne einer nicht bestehenden Einschränkung vertraglicher Nebenpflichten ab.[949]

Damit kommt eine Haftung der Depotbank des Robo Advisors, die über die Haftung für die technische Verwaltung des Depots hinausgeht, nur dann in Betracht, wenn die Depotbank positive Kenntnis von einer Falschberatung des Robo Advisors hat und den Kunden hierüber nicht aufklärt.

b) Robo Advisor als vertraglich gebundener Vermittler unter einem Haftungsdach i.S.d. § 2 X KWG

Handelt der Robo Advisor als vertraglich gebundener Vermittler i.S.d. § 2 X KWG unter dem Haftungsdach eines durch die BaFin regulierten Instituts, so tritt er im Namen und für Rechnung dieses Instituts auf. Demzufolge übernimmt das Institut, das das Haftungsdach bildet auch die gesamte Haftung. Somit ist für die Haftung des Instituts als Haftungsdach des Robo Advisors auf die obigen Ausführungen zu den speziellen Haftungsfragen der digitalen Kapitalanlage zu verweisen.[950]

IV. Ergebnisse zu Kap. E.

1. Auch Robo Advisors, die Anlageberatung anbieten, sind verpflichtet, die Grundsätze zur anleger- und anlagegerechten Beratung einzuhalten.
2. Zur Erfüllung dieser Grundsätze sollte der Algorithmus in der Lage sein, Widersprüche in den Kundenangaben zu erkennen und darauf hinzuweisen, sowie die bereitzustellenden Informationen an den Kenntnissen des Kunden auszurichten.
3. Die bei der Erbringung von Anlagevermittlung erforderliche Bereitstellung von Informationen kann auch durch Robo Advisors problemlos erfolgen. Gleichzeitig sollte dem Kunden eine Möglichkeit eingeräumt werden, etwaige Fragen beantwortet zu bekommen.
4. Die für die herkömmliche Finanzportfolioverwaltung geltenden Grundsätze sind auch von Robo Advisors vollumfänglich zu beachten.
5. Robo Advisors müssen ihre Kunden ebenso wie andere Finanzdienstleister über den Erhalt von Zuwendungen aufklären. Infolge der Aufklärung muss der Kunde in der Lage sein, die Abhängigkeit der Dienstleistung von Zuwendungen zu verstehen und das für ihn bestehende Risiko zu bewerten.

---

949 *Bracht*, ZBB 2013, 252, 257 f.
950 Vgl. dazu E.III.4.b)

6. Robo Advice-Anbieter sind in der Lage eine umfangreiche Kundenexploration durchzuführen. Es ist ein besonderes Augenmerk auf die Gestaltung des Online-Explorationsprozesses zu richten, um sicherzustellen, dass der Kunde wahrheitsgemäße und zutreffende Angaben macht und seine finanzielle Leistungsfähigkeit, sowie seine Risikotoleranz richtig einschätzt. Bei der Programmierung des Algorithmus muss sichergestellt werden, dass dieser widersprüchliche und fehlende Angaben erkennt und dann die weitere Inanspruchnahme des Robo Advisors verweigert.
7. Die algorithmische Durchführung einer Geeignetheitsprüfung ist aus rechtlicher Sicht problemlos möglich und zulässig.
8. Die Erstellung der Geeignetheitserklärung kann ebenfalls algorithmisch bzw. vollautomatisch erfolgen, dies stellt eine erhebliche Vereinfachung gegenüber herkömmlichen Finanzdienstleistungen dar.
9. Eine Zusammenfassung von Geeignetheitserklärung und Gesprächsprotokoll ist bei Robo Advisors weder angezeigt, noch erforderlich, da beide Dokumente automatisch generiert werden können.
10. Eine Haftung des App-Entwicklers gegenüber dem Anleger kommt in der Regel nicht in Betracht.
11. Macht der Kunde im Rahmen des Explorationsprozesses fehlerhafte Angaben, trifft ihn diesbezüglich das Vertretenmüssen.
12. Die fehlerhafte Programmierung des Algorithmus als solche begründet nur das Vorliegen einer Nebenpflichtverletzung, da zwischen Anleger und Anbieter keine vertragliche Vereinbarung über die fehlerfreie Programmierung des Algorithmus getroffen wird.
13. Bei der Verwendung deterministischer Algorithmen ergibt sich im Falle einer Pflichtverletzung das Vertretenmüssen des Anbieters aus der Verwendung des fehlerhaften Algorithmus, insoweit kann eine Analogie zu den Vorgaben der Wissenszurechnung innerhalb von Banken gezogen werden.
14. Eine generelle Beweislastumkehr zugunsten des Anlegers ist aus Anlegerschutzgesichtspunkten nicht erforderlich und daher abzulehnen.
15. Haftungsbeschränkende AGB-Klausel sind grundsätzlich zulässig, solange sie den AGB-rechtlichen Vorgaben an die Klauselgestaltung genügen.
16. Eine deliktische Haftung des Robo Advice-Anbieters für den Algorithmus aus § 831 BGB ist dogmatisch möglich, kommt aber nur dann in Betracht, wenn keine Vermögensschäden vorliegen.
17. Robo Advisors treffen bei einer fehlerhaften Programmierung des Algorithmus deutlich größere Haftungsrisiken, als herkömmliche Finanzdienstleister, da eine fehlerhafte Programmierung in der Regel eine große Zahl von Anlegern betreffen wird.

F. Vertragsbeendigung und -abwicklung

Im Folgenden wird darauf eingegangen, welche Möglichkeiten für Robo Advisor und Kunde bestehen, die vertragliche Beziehung zu beenden. Neben der Darstellung der Rechtsfolgen der Ausübung eines Widerrufsrechts wird dabei auch auf die Kündigung eines Vermögensverwaltungsvertrages und die daraus resultierende Abwicklung eingegangen.

I. Rechtsfolgen der Ausübung eines Widerrufsrechts

Sofern dem Kunden ein Widerrufsrecht zusteht[951] und er dieses ausübt, ist eine Rückabwicklung der geschlossenen Verträge erforderlich. Für die dann erforderliche Rückabwicklung gelten bei einer Erbringung von Robo Advice grundsätzlich keine Besonderheiten, sodass die allgemeinen Regelungen, auf die im Folgenden eingegangen wird, einzuhalten sind.

1. Vertrag zwischen Robo Advisor und Kunde

Steht dem Kunden ein Widerrufsrecht zu und hat er den Widerruf erklärt, so sind die empfangene Leistungen zurückzugewähren, dies folgt aus der allgemeinen Vorschrift des § 355 III BGB.[952] Die genauen Modalitäten der Rückabwicklung regelt dann die Sondervorschrift des § 357a BGB über die Rechtsfolgen des Widerrufs bei Verträgen über Finanzdienstleistungen. Dem Kunden steht – sofern er ordnungsgemäß über das Bestehen des Widerrufsrechts belehrt wurde – nach § 355 II 1 BGB eine Widerrufsfrist von 14 Tagen zu.

Nach § 357b I BGB hat die Rückabwicklung, abweichend von § 357 I BGB, nicht innerhalb von 14 Tagen, sondern binnen einer 30-tägigen Frist zu erfolgen.

Im Falle eines Vertrages zwischen Robo Advisor und Kunde richtet sich die Rückabwicklung nach § 357b II BGB, der die Rechtsfolgen eines Widerrufs für Fernabsatzverträge über Finanzdienstleistungen regelt.

In einem solchen Fall sind die zusätzlichen Voraussetzungen des § 357b II Nr. 1 und 2 BGB zu beachten. § 357b II BGB sieht die Zahlung von Wertersatz im Falle eines Widerrufs vor. Die Pflicht zur Zahlung von Wertersatz ist eine gravierende Rechtsfolge des Widerrufs und kann eine erhebliche Zahlungsverpflichtung des

---

951 vgl. zum Bestehen eines Widerrufsrechts ausführlich oben unter D.IV.5.

952 *Knops* in: BeckOGK, Stand: 01.06.2022, § 357b, Rn. 8.

Robo Advisors gegenüber dem Anleger begründen. Daher ist es zwingend erforderlich, dass der Kunde nach § 357b II Nr. 1 BGB auf das Bestehen der Wertersatzpflicht hingewiesen wird.[953]

Damit der Verbraucherschutz, dessen primäres Ziel die Einräumung eines Widerrufsrechts ist, gewährleistet wird, werden auch hohe Anforderungen an den Hinweis des Kunden auf das Bestehen der Wertersatzpflicht gestellt.

Hinsichtlich der genauen Ausgestaltung des Hinweises besteht in der Literatur jedoch keine Einigkeit.

Zum Teil wird davon ausgegangen, dass ein einfacher Hinweis genügt, durch den der Verbraucher zumindest „laienhaft" auf die als Widerrufsfolge eintretende Wertersatzpflicht hingewiesen wird.[954] Zudem sei es nicht erforderlich, dass es einen ausdrücklichen Hinweis gebe, sondern es genüge, wenn sich die Pflicht zum Wertersatz aus den nach Art. 246b § 1 I EGBGB zu erteilenden Informationen ergibt.[955]

Eine andere Ansicht fordert hingegen, dass ein individueller Hinweis erforderlich ist, der gerade nicht nur eine laienhafte Aufklärung bewirkt, sondern sich an den Kenntnissen und Erfahrungen des Kunden orientiert und diesen umfassend über das Bestehen und die Folgen der Wertersatzpflicht aufklärt.[956] Dementsprechend genüge ein lediglich in den nach Art. 246b EGBGB erforderlichen Belehrungen, also insbesondere in der Musterwiderrufsbelehrung enthaltener Hinweis nicht diesen Anforderungen.[957]

Bei der Erbringung von Robo Advice kann aufgrund der standardisierten Prozesse und des fehlenden persönlichen Kontakts zwischen Anbieter und Kunde kein solcher individueller Hinweis erteilt werden. Gleichzeitig erscheint ein bloßer Hinweis in den AGB, der den Kunden nicht ausdrücklich und explizit auf das Bestehen der Wertersatzpflicht hinweist, aufgrund des Verbraucherschutzgedankens des Widerrufs und aufgrund der Gefahr, dass der Widerruf in diesem Fall erhebliche finanzielle Folgen für den Verbraucher nach sich zieht[958], ebenfalls als nicht ausreichend.

---

953 *Müller-Christmann* in: BeckOK BGB, Stand: 01.05.2022, § 357b, Rn. 4; *Knops* in: BeckOGK, Stand: 01.06.2022, § 357b, Rn. 13.

954 *Fritsche* in: MüKo BGB, 9. Auflage 2022, § 357a, Rn. 8.

955 *Fritsche* in: MüKo BGB, 9. Auflage 2022, § 357a, Rn. 8.

956 *Müller-Christmann* in: BeckOK BGB, Stand: 01.05.2022, § 357b, Rn. 4; *Knops* in: BeckOGK, Stand: 01.06.2022, § 357b, Rn. 16 f.; *Grüneberg* in: Palandt, BGB, 78. Auflage 2019, § 357a, Rn. 3.

957 *Knops* in: BeckOGK, Stand: 01.06.2022, § 357b, Rn. 17.

958 Die Gefahr, dass der Verbraucher sich infolge der Wertersatzpflicht durch seinen Widerruf selbst in eine „Schuldenfalle" begibt, sieht auch *Schwab*, JZ 2015, 644, 651.

Demnach ist für die Erbringung von Robo Advice und generell für die Erbringung onlinebasierter Finanzdienstleistungen im Anwendungsbereich des § 357b BGB, die auf einer größtenteils standardisierten Abwicklung ohne persönlichen Kontakt basieren, eine andere Gestaltung des Hinweises auf die Wertersatzpflicht erforderlich.

Um einen ausreichenden Verbraucherschutz zu gewährleisten, erscheint ein deutlicher Hinweis, dessen Kenntnisnahme durch den Kunden bestätigt werden muss, erforderlich. Dieser muss unbedingt vor dem eigentlichen Vertragsschluss erfolgen. Damit richtet sich der jeweils genaue Zeitpunkt für die Anzeige eines solchen Hinweises, nach der durch den Robo Advisor jeweils erbrachten Finanzdienstleistung. Da kein individueller Hinweis erteilt werden kann, ist der Hinweis auf die Wertersatzpflicht so zu gestalten, dass auch einem rechtlichen Laien die Bedeutung und insbesondere die Folgen einer solchen Wertersatzpflicht verständlich gemacht werden. Um der zunehmenden Digitalisierung und der damit verbundenen vermehrten Erbringung von Finanzdienstleistungen über das Internet Rechnung zu tragen, wäre diesbezüglich auch eine Überarbeitung des § 357b II BGB durch den Gesetzgeber wünschenswert. Um zu vermeiden, dass weiterhin Unklarheiten über den genauen Umfang des zu erteilenden Hinweises bestehen, sollte schon durch den Normtext klargestellt werden, dass bei einer reinen Online-Dienstleistung ein klarer Hinweis im Prozess des Vertragsschlusses, aber vor Abschluss eines solchen zu erfolgen hat. Darüber hinaus wäre auch die Fassung eines Musterhinweises in Ergänzung zur Musterwiderrufsbelehrung in Anhang 3 zu Art. 246b § 2 III EGBGB erforderlich.

Die bloße Erteilung eines Hinweises genügt jedoch nicht, vielmehr ist auch eine ausdrückliche Zustimmung des Kunden erforderlich.[959] Das Erfordernis einer ausdrücklichen Zustimmung ergibt sich aus dem Normtext des § 357b II 1 Nr. 2 BGB, damit wird auch hieraus deutlich, dass eine konkludente Zustimmung, wie sie bei einem Hinweis auf die Wertersatzpflicht im Rahmen der AGB erfolgen würde, nicht zulässig ist, da eine solche Gestaltung durch das Umgehungsverbot des § 312k I BGB untersagt ist.[960] Verweigert der Kunde seine Zustimmung, um eine Wertersatzpflicht im Falle eines Widerrufs zu vermeiden, so ist der Anbieter berechtigt, mit der Erbringung der vertraglich geschuldeten Dienstleistungen erst nach Ablauf der Widerrufsfrist zu beginnen.

---

959 *Knops* in: BeckOGK, Stand: 01.06.2022, § 357b, Rn. 19; *Müller-Christmann* in: BeckOK BGB, Stand: 01.05.2022, § 357b, Rn. 5; *Grüneberg* in: Palandt, 78. Auflage 2019, § 357a, Rn. 3.

960 So auch: *Knops* in: BeckOGK, Stand: 01.07.2022, § 357b, Rn. 19.

Die Höhe und die Ermittlung des Wertersatzes richten sich nach § 357b II 4, 5 BGB[961], diesbezüglich bestehen für die Erbringung von Robo Advice keine Besonderheiten.

2. Vertrag zwischen Depotbank und Kunde

Auch für den Vertrag, den der Kunde mit seiner Depotbank abschließt, steht ihm ein Widerrufsrecht zu. Dieses folgt ebenso wie beim Vertrag zwischen Robo Advisor und Kunde aus § 312g I BGB iVm §§ 355, 356 BGB. Erforderlich dafür ist, dass der Depotvertrag ebenfalls einen außerhalb von Geschäftsräumen geschlossenen Vertrag, bzw. einen Fernabsatzvertrag darstellt. Dies ist dann der Fall, wenn der Kunde sein Depot bei der mit dem Robo Advisor kooperierenden Depotbank ebenfalls online abschließt.

Bei Vorliegen eines Depotvertrages richtet sich die Ausübung des Widerrufsrechts damit nicht nach § 357b BGB. Der Anwendungsbereich des § 357b BGB erstreckt sich dem Wortlaut zufolge nur auf Finanzdienstleistungen.[962] Dieser Begriff wird in § 1 Ia KWG definiert und erstreckt sich nicht auf das Depotgeschäft, hierbei handelt es sich nach § 1 I KWG um ein Bankgeschäft.

Der Widerruf richtet sich für den Depotvertrag somit nach der Regelung des § 355 BGB. Diesbezüglich bestehen bei der Nutzung eines Robo Advisors keine Besonderheiten.

In der Regel wird der Kunde seinen Widerruf aber eher gegenüber seinem „hauptsächlichen" Vertragspartner, dem Robo Advice-Anbieter erklären, sodass zu klären ist, ob sich ein solcher Widerruf auch auf den Depotvertrag auswirkt. Der Vertrag zwischen Robo Advisor und Kunde und der Depotvertrag bilden zwei rechtliche selbstständige Verträge, sodass ein Durchgriff des Widerrufs nur nach den Vorgaben des § 360 BGB in Betracht kommt.

Das Vorliegen eines Verbrauchervertrages wird in der Regel zu bejahen sein, zudem ist, um die Rechtsfolgen des § 360 BGB auszulösen, auch die Ausübung eines wirksamen Widerrufs erforderlich.[963]

Insbesondere muss der Depotvertrag aber eine Leistung zum Inhalt haben und einen ausreichenden Bezug zu dem Vertrag zwischen Robo Advisor und Kunde aufweisen. § 360 BGB erfasst jede Lieferung einer Ware oder die

---

961 Ausführlich dazu: *Knops* in: BeckOGK, Stand: 01.07.2022, § 357b, Rn. 24 ff.

962 *Knops* in: BeckOGK, Stand: 01.07.2022, § 357b, Rn. 3.

963 *Rosenkranz* in: BeckOGK, Stand: 15.04.2022, § 360, Rn. 11 ff.

Erbringung einer anderen Dienstleistung, sodass die Depotverwaltung eine ausreichende Leistung i.S.d. § 360 BGB darstellt.[964]

Hinsichtlich des Zusammenhangs zwischen den Verträgen stellt § 360 BGB als verbraucherschützende Norm keine hohen Anforderungen, so genügt das Vorliegen eines wirtschaftlichen oder tatsächlichen Zusammenhangs.[965]

Ein solcher Zusammenhang ist bei Vorliegen des Depotvertrags problemlos zu bejahen, da der Abschluss des Depotvertrages erforderlich ist, um die durch den Robo Advisor erbrachten Finanzdienstleistungen überhaupt nutzen zu können.

Da zwischen Robo Advisor und Depotbank in der Regel keine Personenidentität besteht, ist zusätzlich auch das Vorliegen einer Vereinbarung zwischen dem Robo Advisor und der Depotbank erforderlich, um den Anwendungsbereich des § 360 BGB zu eröffnen.[966] Aufgrund der Notwendigkeit eines Kundendepots und der hohen regulatorischen Hürden für die Erlangung einer entsprechenden Erlaubnis kooperieren Robo Advisors mit Banken, die die Depotführung für ihre Kunden übernehmen.[967] In der Regel hat der Kunde die Möglichkeit, bei Vertragsschluss mit dem Robo Advisor auch direkt über dessen Portal einen Vertrag über die Depotführung mit der Kooperationsbank des Robo Advisors abzuschließen. Damit kann vom Vorliegen einer nach § 360 BGB erforderlichen Vereinbarung zwischen Robo Advisor und Depotbank ausgegangen werden.

Somit handelt es sich bei dem Vertrag zwischen Kunde und Robo Advisor und dem Depotvertrag um verbundene Verträge i.S.d. § 360 BGB.[968]

Dies hat zur Folge, dass ein Widerruf des Vertrages mit dem Robo Advisor durch den Kunden sich auch auf den Vertrag mit der Depotbank auswirkt.[969] Der Widerruf erfasst von Gesetzes wegen beide Verträge, sodass eine einmalige Widerrufserklärung genügt.[970]

---

964 *Habersack* in: MüKo BGB, 9. Auflage 2022, § 360, Rn. 5.

965 Ausführlich dazu: *Rosenkranz* in: BeckOGK, Stand: 15.04.2022, § 360, Rn. 11 ff.; *Müller-Christmann* in: BeckOK BGB, Stand: 01.05.2021, § 360, Rn. 7; *Habersack* in: MüKo BGB, 9. Auflage 2022, § 360, Rn. 4.

966 *Rosenkranz* in: BeckOGK, Stand: 15.04.2022, § 360, Rn. 27; *Müller-Christmann* in: BeckOK BGB, Stand: 01.05.2021, § 360, Rn. 9; *Habersack* in: MüKo BGB, 9. Auflage 2022, § 360, Rn. 7.

967 Vgl. dazu ausführlich oben unter B.V.1.

968 So auch: *Möslein/Lordt*, ZIP 2017, 793, 800.

969 *Rosenkranz* in: BeckOGK, Stand: 01.01.2019, § 360, Rn. 38.

970 *Rosenkranz* in: BeckOGK, Stand: 01.01.2019, § 360, Rn. 38.1.

Erfolgt ein Widerruf, so wandelt sich auch der Depotvertrag nach den allgemeinen Regelungen in ein Rückgewährschuldverhältnis.[971]

II. Vertragsbeendigung durch Erfüllung: Anlageberatung und -vermittlung

Gegenstand einer Anlageberatung oder -vermittlung ist entweder die Beratung hinsichtlich einer bestimmten Anlageform oder die Bestimmung einer solchen. Dabei ist die vertraglich geschuldete Leistung jedoch begrenzt, eine weitergehende Betreuung des Anlagevermögens wird gerade nicht geschuldet.

Dies wird auch im Aufsichtsrecht deutlich, da der Anlageberater eine kontinuierliche Geeignetheitsprüfung nur nach den Voraussetzungen des § 64 VIII WpHG schuldet. Daraus ergibt sich, dass der Gesetzgeber davon ausgeht, dass keine generelle Verpflichtung zur Überwachung der Empfehlung besteht.[972] Anlageberatungs- und -vermittlungsvertrag stellen damit keine Dauerschuldverhältnisse dar.[973] Somit ist auch keine Kündigung für die Vertragsbeendigung erforderlich. Stattdessen tritt mit Erbringung der vertraglich geschuldeten Dienstleistung Erfüllungswirkung nach § 362 BGB ein und das Schuldverhältnis erlischt.

Wird in einem zeitlichen Abstand eine erneute Beratungs- oder Vermittlungsleistung durch den Robo Advisor erbracht, so kommt es zum Abschluss eines erneuten Vertrages, der dann wiederum durch Erfüllung erlischt.[974] Dies gilt auch dann, wenn der Robo Advisor dem Kunden lediglich Empfehlungen zum Halten oder Verkaufen einer bereits getätigten Anlage gibt.[975]

---

971 *Habersack* in: MüKo BGB, 9. Auflage 2022, § 360, Rn. 23; *Rosenkranz* in: BeckOGK, Stand: 01.01.2019, § 360, Rn. 39.

972 *Mansen*, Die neuen Anlageberatungsregelungen der MiFID II, S. 281 f.

973 *Zahrte* in: MüKo HGB, 4. Auflage 2019, Anlageberatung, Rn. 404; *U. Schäfer* in: Assmann/Schütze/Buck-Heeb, Handbuch des Kapitalanlagerechts, 5. Auflage 2020 § 23, Rn. 6; *Lang*, Informationspflichten bei Wertpapierdienstleistungen, § 21, Rn. 2; *Möllers*, WM 2008, 93, 94.

974 *Zahrte* in: MüKo HGB, 4. Auflage 2019, Anlageberatung, Rn. 409.

975 *Zahrte* in: MüKo HGB, 4. Auflage 2019, Anlageberatung, Rn. 409; BGH NJW 2006, 2041, Rn. 10; OLG Frankfurt WM 2011, 880, 882, *Möllers*, WM 2008, 93, 94.

III. Beendigung des Vermögensverwaltungsvertrages

Anders als bei der Anlageberatung handelt es sich bei der Vermögensverwaltung um ein Dauerschuldverhältnis, sodass eine Beendigung des Vertrages durch Erfüllung nicht in Betracht kommt.

Die Beendigung des Vermögensverwaltungsvertrages kann durch Kündigung des Vertrages oder durch zuvor vereinbarten Zeitablauf erfolgen. Diesbezüglich sind für die Vertragsbeendigung keine Besonderheiten gegenüber der herkömmlichen Vermögensverwaltung zu beachten, weshalb im Folgenden die Möglichkeiten von Kündigung und Vertragsbeendigung durch Zeitablauf überblicksartig dargestellt werden.

Darüber hinaus soll auch auf die Auswirkungen einer Beendigung des Vermögensverwaltungsvertrages auf den Depotvertrag eingegangen werden.

1. Vertragsbeendigung durch Kündigung

In der Regel erfolgt die Beendigung des Vermögensverwaltungsvertrags durch Kündigung einer der beiden Vertragsparteien.

Dabei wird zumeist das Bestehen eines Kündigungsrechts vertraglich vereinbart. Da für die Vermögensverwaltung das Bestehen eines besonderen Vertrauensverhältnisses zwischen Verwalter und Kunde erforderlich ist, handelt es sich in der Regel um ein sofortiges Kündigungsrecht, dies entspricht auch der Regelung des Gesetzgebers für Dienstverhältnisse nach § 621 Nr. 5 BGB.[976]

Im Rahmen der Vertragsfreiheit steht den Parteien aber auch die Möglichkeit zu, längere Kündigungsfristen zu vereinbaren. Die Vereinbarung längerer Kündigungsfristen ist aber in der Regel aufgrund des schon erwähnten erforderlichen Vertrauensverhältnisses und aufgrund der Weisungsbefugnis des Kunden nicht sinnvoll.[977]

Wird kein vertragliches Kündigungsrecht vereinbart, sind die Regelungen im Dienstvertragsrecht maßgeblich für die Kündigung des Vermögensverwaltungsvertrages.

Dabei richtet sich das Bestehen eines ordentlichen Kündigungsrechts gem. § 621 BGB nach dem Zeitraum, für den die jeweilige Vergütung bemessen ist. Im Falle einer Vermögensverwaltung ist in der Regel von einer quartalsweisen

---

976 *Balzer* in: Schäfer/Sethe/Lang, Handbuch der Vermögensverwaltung, 2. Auflage 2016, § 15, Rn. 1.

977 *Balzer* in: Schäfer/Sethe/Lang, Handbuch der Vermögensverwaltung, 2. Auflage 2016, § 15, Rn. 2.

Vergütung auszugehen, demnach würde sich nach § 621 Nr. 4 BGB eine Kündigungsfrist von 6 Wochen ergeben.[978]

Zusätzlich zu dem Bestehen des ordentlichen Kündigungsrechts ist nach § 626 BGB unter bestimmten Umständen auch eine fristlose Kündigung zulässig.

Wird ein vertragliches Kündigungsrecht vereinbart, so unterliegt dieses den Regelungen der AGB-Kontrolle nach §§ 305 ff. BGB.[979] Dabei ist für die Vereinbarung einer Frist für die ordentliche Kündigung insbesondere § 309 Nr. 9 BGB zu beachten. Demnach darf der Kunde nach § 309 Nr. 9a BGB durch den Vermögensverwaltungsvertrag nicht länger als zwei Jahre gebunden werden. Ebenfalls darf eine vereinbarte Kündigungsfrist nicht länger als drei Monate sein.

Zudem hat die Rechtsprechung aus § 242 BGB bestimmte inhaltliche Grenzen der Ausübung eines Kündigungsrechts entwickelt. So kann auch bei einem vertraglich vereinbarten jederzeitigen Kündigungsrecht eine Kündigung des Vermögensverwalters zur Unzeit vorliegen, die nach § 242 BGB gegen Treu und Glauben verstößt.[980] Von einer solchen Kündigung zur Unzeit ist dann auszugehen, wenn die Belange des Kunden durch die Kündigung erheblich beeinträchtigt werden oder anerkennenswerte Gründe dafür vorliegen, dass die Kündigung willkürlich erfolgte.[981] Eine solche Kündigung ist dennoch wirksam, der Vermögensverwalter setzt sich allerdings einem Schadensersatzanspruch des Kunden für den durch die Kündigung zur Unzeit entstandenen Schaden aus.[982]

Ebenfalls kann die Kündigung in bestimmten Einzelfällen auch gegen das Verbot des Rechtsmissbrauchs verstoßen, das sich ebenfalls aus § 242 BGB ableitet.[983]

---

978 *Balzer* in: Schäfer/Sethe/Lang, Handbuch der Vermögensverwaltung, 2. Auflage 2016, § 15, Rn. 12.

979 Vgl. dazu *Balzer* in: Schäfer/Sethe/Lang, Handbuch der Vermögensverwaltung, 2. Auflage 2016, § 15, Rn. 16 ff.

980 *Balzer* in: Schäfer/Sethe/Lang, Handbuch der Vermögensverwaltung, 2. Auflage 2016, § 15, Rn. 21 ff.

981 OLG Düsseldorf, WM 1977, 546, 547; *Balzer* in: Derleder/Knops/Bamberger, Deutsches und europäisches Bank- und Kapitalmarktrecht, 3. Auflage 2017, § 53, Rn. 69; *Bunte* in Schimansky/Bunte/Lwowski, Bankrechts-Handbuch, 5. Auflage 2017, § 24, Rn. 17.

982 *Balzer* in: Derleder/Knops/Bamberger, Deutsches und europäisches Bank- und Kapitalmarktrecht, 3. Auflage 2017, § 53, Rn. 69.

983 Vgl. dazu ausführlicher: *Balzer* in: Schäfer/Sethe/Lang, Handbuch der Vermögensverwaltung, 2. Auflage 2016, § 15, Rn. 24.

2. Vertragsbeendigung durch Zeitablauf

Grundsätzlich besteht auch bei Vermögensverwaltungsverträgen – wie bei allen anderen Dauerschuldverhältnissen – die Möglichkeit den Vertrag für einen vorher bestimmten Zeitablauf abzuschließen. In einem solchen Fall endet die Vermögensverwaltung automatisch mit Ablauf dieses Zeitraums und es ist keine Kündigung erforderlich.

Da jedoch zumeist nicht absehbar ist, wie viel Zeit für eine erfolgreiche Umsetzung der gewählten Anlagestrategie benötigt wird, werden Vermögensverwaltungsverträge in der Regel auf unbestimmte Zeit abgeschlossen.[984]

3. Erlöschen der Verwaltungsvollmacht

Der Kunde wird in der Regel nur den Vermögensverwaltungsvertrag, nicht aber explizit auch die Verwaltungsvollmacht kündigen. Nach § 168 S. 1 BGB bestimmt sich das Erlöschen der Verwaltungsvollmacht jedoch nach dem der Erteilung zugrundeliegenden Rechtsverhältnis und damit dem Vermögensverwaltungsvertrag. Demnach führt die Kündigung des Vermögensverwaltungsvertrages, solange keine abweichenden Vereinbarungen getroffen wurden, automatisch auch zum Erlöschen der Vollmacht.[985] Infolge des Erlöschens der Vollmacht muss der Anleger sich ab dem Zeitpunkt seiner Kündigung selbst um die Verwaltung seines Depots kümmern, da dem Vermögensverwalter ab diesem Zeitpunkt die Befugnis hierzu fehlt.[986] Da nicht davon auszugehen ist, dass diese Rechtsfolge unerfahrenen Anleger, die zudem in der Regel juristische Laien sein werden, bekannt ist, ist die Schaffung einer Rechtsgrundlage, die die Anbieter verpflichtet, ihre Kunden im Falle einer Kündigung entsprechend zu informieren, zu fordern.

Unabhängig von den Auswirkungen einer Kündigung des Vermögensverwaltungsvertrages auf den Bestand der Vollmacht kann diese auch eigene Beendigungsgründe enthalten.

Kommt es zu einem isolierten Widerruf ohne Kündigung des Vermögensverwaltungsvertrages, so entfällt bei diesem die Verwaltungskomponente

---

984 *Balzer* in: Schäfer/Sethe/Lang, Handbuch der Vermögensverwaltung, 2. Auflage 2016, § 15, Rn. 26.

985 *Schäfer* in BeckOK BGB, Stand: 01.08.2021, § 168, Rn. 3; *Ellenberger* in: Palandt, BGB, 78. Auflage 2019, § 168, Rn. 1.

986 *Balzer* in: Schäfer/Sethe/Lang, Handbuch der Vermögensverwaltung, 2. Auflage 2016, § 15, Rn. 35.

und der Pflichtenumfang ist vergleichbar einem Beratungsvertrag bei der Anlageberatung.[987]

4. Auswirkungen der Vertragsbeendigung auf den Depotvertrag

Bei der Nutzung eines Robo Advisors schließt der Kunde für die Nutzung der Vermögensverwaltung und das dafür erforderliche Depot Verträge mit zwei unterschiedlichen Vertragspartnern ab, wie oben bereits ausführlich gezeigt wurde. Für den Fall eines Widerrufs hat der Gesetzgeber normiert, dass sich die Widerrufserklärung auch auf den Depotvertrag auswirkt, sodass der Anleger sich im Falle eines Widerrufsrechts durch einfachen Widerruf von beiden Verträgen lösen kann.

Eine derartige Regelung existiert für die Kündigung des Vermögensverwaltungsvertrages nicht. Die Auswirkungen der Kündigung des Vermögensverwaltungsvertrages auf den Bestand des Depotvertrages wird daher zumeist in den Allgemeinen Geschäftsbedingungen geregelt.

Dabei wird in der Regel eine Klausel aufgenommen, nach der sich die Kündigung des Vermögensverwaltungsvertrages nicht auf den Bestand des Depots auswirkt.

Eine derartige Klausel erscheint auch im Lichte der §§ 307 ff. BGB als zulässig, da keine Anhaltspunkte für eine unangemessene Benachteiligung des Kunden bestehen. Vielmehr kann davon ausgegangen werden, dass eine solche Regelung zum Teil sogar im Interesse des Kunden liegt, wenn er seine Vermögensanlage nicht generell beenden, sondern lediglich den Vermögensverwalter wechseln möchte.

IV. Ergebnisse zu Kap. F.

1. Zur Gewährleistung eines hinreichenden Verbraucherschutzes müssen Robo Advisors ihre Kunden vor einem Vertragsschluss auf das Bestehen eines Widerrufsrechts hinweisen. De lege ferenda ist hierfür eine Überarbeitung des § 357a BGB erforderlich.

---

987 *Balzer*, Vermögensverwaltung durch Kreditinstitute, S. 232; anders: *Roll*, Vermögensverwaltung durch Kreditinstitute, S. 247, wonach keine automatische Umwandlung des Vertrages erfolgt, die isolierte Kündigung der Vollmacht aber zu einem konkludenten Änderungsangebot führt.

2. Der Kunde kann sowohl den Vertrag mit dem Robo Advisor, als auch den Vertrag mit der depotführenden Bank gegenüber dem Robo Advice-Anbieter widerrufen, wenn der Depotvertrag direkt über den Robo Advisor abgeschlossen wurde.
3. Die Kündigung des Vermögensverwaltungsvertrages wirkt sich in der Regel nicht auf den Bestand des Depotvertrages aus, AGB-rechtliche Regelungen diesbezüglich sind zulässig und liegen im Interesse des Kunden.

G. Zusammenfassung und Ausblick

I. Zusammenfassung der wesentlichen Ergebnisse

Die obigen Ausführungen haben gezeigt, dass Robo Advice sowohl in aufsichts-, als auch in zivilrechtlicher Hinsicht verschiedene Probleme aufwirft, die durch eine entsprechende Auslegung des geltenden Rechts nur zum Teil gelöst werden können.

Insgesamt betrachtet ist allen Problemen, die bei der Erbringung von algorithmenbasierten Finanzdienstleistungen zur Kapitalanlage entstehen immanent, dass sie aus dem Einsatz von Algorithmen anstelle einer vorherigen persönlichen Interaktion resultieren.

Bereits daraus wird deutlich, dass sowohl das geltende Aufsichtsrecht, als auch die maßgeblichen zivilrechtlichen Normen nur bedingt auf die fortschreitende Digitalisierung (nicht nur) im Bereich der Kapitalanlage vorbereitet sind.

1. Regulatorische Hürden

Im Bereich des Aufsichtsrecht stellt sich für Robo Advice-Anbieter, die neu in den Markt einsteigen wollen, zunächst das Problem, dass hohe regulatorische Hürden für die Erlangung einer Erlaubnis nach § 15 WpIG (oder § 32 KWG), die – zumindest für die Erlaubnis umfangreiche Finanzdienstleistungen erbringen zu können – zwingend erforderlich ist, bestehen. Diese Hürden erschweren gerade Start-Ups den Markteinstieg. Es ist aber festzuhalten, dass die Neuregulierung von Wertpapierfirmen im WpIG insoweit bereits Verbesserungen insbesondere für kleinere Robo Advisors gebracht hat. Das WpIG sieht je nach Größe des Wertpapierunternehmens abgestufte Pflichten vor und erleichtert dadurch Start-Ups den Markteinstieg gegenüber dem bisherigen Erlaubnisverfahren nach § 32 KWG.

Eine weiterhin bestehende Möglichkeit, unter geringeren Voraussetzungen eine zumindest eingeschränkte Erlaubnis zu erhalten, ist die Erlaubnis nach § 34f GewO.[988] Diese ermöglicht zwar nur ein eingeschränktes Dienstleistungsangebot, kann aber gerade für kleine Start-Ups zunächst den Markteinstieg ermöglichen und so als Vorstufe zur späteren Erlangung einer Lizenz nach § 15 WpIG genutzt werden. Der Koalitionsvertrag zwischen Union und SPD für die

988 Siehe dazu oben B.II.1.c).

19. Legislaturperiode sah eigentlich vor, die Aufsicht über freie Finanzanlagenvermittler, die diese Erlaubnis nach der GewO nutzen, schrittweise unter die Aufsicht der BaFin zu überführen.[989] Infolge des Wirecard-Skandals formierte sich jedoch parteiübergreifender Widerstand bzgl. der Übertragung weiterer Kompetenzen auf die BaFin, sodass derzeit nicht davon ausgegangen ist, dass dieses Reformvorhaben weiter verfolgt wird. Ebenfalls geklärt ist seit der Neufassung der FinVermV, inwiefern Anbieter die bisher auf Basis einer Erlaubnis nach § 34f GewO operieren, den Vorgaben der MiFID II unterliegen. Auf eine Darstellung dieser Pflichten wurde im Rahmen der vorliegenden Arbeit jedoch aus Gründen des Umfangs verzichtet.

Aus regulatorischer Sicht ebenfalls problematisch ist, dass Robo Advisors aufgrund der hohen Voraussetzungen für die Erlangung einer Lizenz für die Erbringung von Bankgeschäften die Depotführung für ihre Kunden nicht selbst anbieten können und diesbezüglich auf Kooperationsbanken angewiesen sind.[990] Da Robo Advice auch häufig von Start Ups angeboten wird, erscheinen die hohen Hürden an eine Lizenz für Bankgeschäfte aber als geboten, da nur auf diese Weise der Einlagenschutz sichergestellt werden kann, was bei neu am Markt vertretenen Start Ups kaum anzunehmen ist. Zudem ist davon auszugehen, dass es sich positiv auf das Vertrauen der Kunden in den Robo Advisor auswirkt, wenn dieser für die Depotführung mit einer dem Kunden idealerweise bereits bekannten Bank zusammenarbeitet.

Ein weiteres Problem ergibt sich bei der Ausgestaltung der Geschäftsmodelle. Die meisten Robo Advisors wollen gerade keine Anlageberatung erbringen und stellen dies auch in ihren AGB klar.[991] Allerdings muss das Geschäftsmodell auch so ausgestaltet werden, dass sicher verhindert werden kann, dass der Kunde den Eindruck erhält, eine auf seinen persönlichen Umständen basierende Anlageempfehlung zu erhalten, so lange dies tatsächlich nicht der Fall ist. Diesbezüglich kann die algorithmische Erbringung aber im Ergebnis sogar als Vorteil gesehen werden, da bereits im Vorhinein durch die Programmierung sichergestellt werden kann, dass der Kunde keinen entsprechenden Eindruck erhält, während im Bereich der herkömmlichen Anlageberatung der Eindruck des Kunden immer vom jeweils individuellen Verhalten des Beraters abhängt, sodass hier kaum ein vollumfänglicher Ausschluss einer Erbringung von Anlageberatung möglich ist.

989 Koalitionsvertrag zw. CDU, CSU und SPD für die 19. Legislaturperiode, S. 135.
990 Siehe dazu oben B.V.
991 Siehe dazu oben B.II.1.a)bb)(2).

Darüber hinaus zeigt sich, dass die hinsichtlich des Merkmals „im Inland" in § 15 WpIG und § 32 KWG bestehenden Unklarheiten die Gefahr bergen, dass Anbieter sich im Wege der *regulatory arbitrage* dem deutschen Aufsichtsrecht entziehen.[992] Hier sollte der Gesetzgeber eine Klarstellung des Merkmals vornehmen, um zu verhindern, dass durch geschicktes Ausnutzen dieser Unklarheit letztlich der Anlegerschutz leidet.

2. Einhaltung der Organisationspflichten

Hat der Robo Advisor die regulatorische Hürde der Erlaubnispflicht genommen, so ist er auch verpflichtet, die umfangreichen Organisationspflichten des WpHG zu erfüllen.[993]

Auch an diesen zeigt sich, dass der Gesetzgeber bei der Schaffung der Normen insbesondere die Erbringung von Finanzdienstleistungen auf der Basis persönlicher Interaktion im Blick hatte. Dennoch kann festgehalten werden, dass die Erfüllung der Organisationspflichten im Wesentlichen keine unüberwindbare Hürde für die Erbringung von Robo Advice bilden.

Problematisch erscheint in diesem Kontext allerdings die Pflicht zur Vermeidung von Interessenkonflikten.[994] Es ist zunächst festzuhalten, dass Algorithmen selbst keinen Interessenkonflikten unterliegen können. Dies kann grundsätzlich als Verbesserung gegenüber einem menschlichen Berater gesehen werden. Es besteht allerdings das Risiko, dass bereits in der Programmierung des Algorithmus Interessenkonflikte implementiert werden, sodass dann strukturelle Interessenkonflikte vorliegen, die potentiell jeden Kunden betreffen. Diesbezüglich ist eine Verpflichtung der Anbieter erforderlich, dies in der Programmierung ihrer Algorithmen zu verhindern. Eine solche Verpflichtung lässt sich zwar bereits in die bestehenden Regelungen hereinlesen, im Hinblick auf den zunehmenden Einsatz von Algorithmen im Anwendungsbereich des WpHG und des hohen Stellenwerts der Verhinderung von Interessenkonflikten ist diesbezüglich aber eine gesetzgeberische Klarstellung erforderlich. Zudem ist es notwendig, dass der BaFin auch hinreichende Befugnisse zur Überprüfung dieser Pflicht eingeräumt werden, also insbesondere eine Einsichtnahme in den Algorithmus, die sich bisher lediglich aus einer analogen Anwendung der geltenden Normen herleiten lässt.

---

992 Siehe dazu oben B.VIII.

993 Dazu ausführlich Kap. C.

994 Siehe dazu ausführlich C.II.2.

3. Vertragspartner und Vertragsschluss

Schließt der Robo Advisor dann einen Vertrag mit seinem Kunden ab, so stellt sich aus zivilrechtlicher Sicht das Problem, welche juristische Rolle der Algorithmus hierbei einnimmt.[995] Diese Frage, die im Zuge der Digitalisierung in allen Bereichen immer mehr an Bedeutung gewinnt, lässt sich mit dem geltenden Recht jedenfalls nicht zufriedenstellend beantworten. Mit entsprechender Argumentation lässt sich zwar eine Stellvertretereigenschaft in analoger Anwendung der §§ 164 ff. BGB begründen, hier ist aber dringend eine Reaktion des Gesetzgebers notwendig, um die Rolle von Algorithmen im Rechtsverkehr und insbesondere bei Vertragsschlüssen klarzustellen. Dabei sollte nicht nur die generelle Möglichkeit eines Vertragsschlusses zwischen natürlichen oder juristischen Personen und Algorithmen klargestellt werden, sondern für den Einsatz deterministischer Algorithmen auch ein Zurechnungsregime für algorithmische Entscheidungen in Anlehnung an das Minderjährigenrecht geschaffen werden.[996]

Aufgrund des Aufbaus der Portale von Robo Advisors, auf denen der Kunde in der Regel zunächst unverbindlich einen Fragebogen ausfüllen kann, auf dessen Angaben dann die spätere Anlageempfehlung beruht, ergeben sich auch Probleme für die Bestimmung des Zeitpunkts des Vertragsschlusses für den Beratungsvertrag.[997] Die von der Rechtsprechung für die herkömmliche Anlageberatung angenommene Lösung würde bei Robo Advice zu einer bloßen Fiktion des Vertragsschlusses führen, daher ist es erforderlich, dass der Zeitpunkt des Vertragsschlusses auf den Zeitpunkt, in dem der Kunde sich für die Umsetzung der ihm gemachten Anlageempfehlung entscheidet, verschoben wird. Ein solcher Zeitpunkt ist klar bestimmbar und es kann das Vorliegen eines Rechtsbindungswillens der Parteien angenommen werden, sodass nicht länger von einer Fiktion ausgegangen werden muss. Zudem ist durch eine solche Verlagerung auch nicht von einer Verschlechterung des Anlegerschutzniveaus auszugehen.

4. Einhaltung der vertraglichen Pflichten

Eine weitere Problematik, die sich aus der fehlenden persönlichen Interaktion ergibt und die sich in mehreren rechtlichen Problemen äußert, ist die Tatsache, dass sowohl die Information, als auch Belehrungen des Kunden nur in Form der Bereitstellung zumeist schriftlicher Informationen erfolgen können. Dies bringt

995 Siehe dazu oben D.II.1.
996 Siehe dazu oben D.II.1.b).
997 Siehe dazu oben D.II.2.

mit sich, dass sich das im Bereich der Kapitalanlage ohnehin bereits vorhandene Problem eines *information overload* des Anlegers im Bereich von Robo Advice noch manifestiert.

Robo Advice-Anbieter sollten daher angehalten werden, ihre Explorationsprozesse so zu gestalten, dass auch durch den Einsatz von Chat-Bots, Videos, etc. eine möglichst vielfältige Informationsvermittlung erreicht wird, um so einen *information overload* zu verhindern. Darüber hinaus sollten Robo Advisors jedenfalls Kontrollmechanismen in ihre Prozesse implementieren, die zum einen verhindern, dass Kunden sich bei der Bewertung ihrer Risikotragfähigkeit überschätzen und zum anderen in der Lage sind, widersprüchliche Angaben zu erkennen und darauf hinzuweisen.

Aus Regulierungssicht erscheinen diesbezüglich jedoch keine spezifischen Regelungen erforderlich, vielmehr sollte der bisherige technologieneutrale Ansatz beibehalten werden. Stattdessen ergibt sich ein Anreiz für die Anbieter schon aus den sich bei unzureichender Gestaltung des Explorationsprozesses ergebenden Haftungsrisiken. Ein weiterer Anreiz kann durch die Einführung eines freiwilligen Prüfsiegels für besonders anlegerfreundliche Geschäftsmodelle geschaffen werden.[998]

Im Ergebnis ist die Einhaltung der vertraglichen Pflichten, wie bspw. der anleger- und anlagegerechten Beratung damit bei sorgfältiger Programmierung des Algorithmus möglich.

5. Informationspflichten

Sowohl für den Abschluss von Verbraucherverträgen über das Internet, als auch für die Erbringung von Finanzdienstleistungen im Anwendungsbereich des WpHG bestehen umfangreiche Informationspflichten, die sich zudem in vielen Punkten überschneiden.[999] Diese haben auch Robo Advisors zu erfüllen. Zudem sind aber aufgrund der besonderen Art der Erbringung der Dienstleistungen ohne persönliche Interaktion noch weitere Informationspflichten erforderlich. Dabei ist jedoch zu berücksichtigen, dass weitergehende Informationspflichten nur dann als geboten erscheinen, wenn sie dazu dienen, für die Erbringung von Robo Advice ein gegenüber herkömmlichen Finanzdienstleistungen gleiches Anlegerschutzniveau zu gewährleisten. In dieser Hinsicht erscheint es sinnvoll, den Kunden nicht nur über den Einsatz eines Algorithmus zu informieren,

998 Siehe dazu oben C.III.3.

999 Siehe dazu oben D.IV.4. und D.V.2.

sondern auch darüber, welche seiner persönlichen Angaben tatsächlich für die letztliche Anlageempfehlung oder Vermögensverwaltungsentscheidung berücksichtigt werden. Um hier sowohl für Anbieter, als auch für Anleger Klarheit zu schaffen, sollten die bestehenden Regelungen zu den erforderlichen Informationspflichten, um diese weitergehenden Pflichten, die beim Einsatz eines Algorithmus Anwendung finden, ergänzt werden.

Zudem sollten die zivilrechtlichen und die aufsichtsrechtlichen Informationspflichten in einem Informationsblatt zusammengefasst werden, um auch hier einem *information overload* des Kunden entgegenzuwirken.[1000]

6. Durchführung von Kundenexploration und Geeignetheitsprüfung

Um die notwendigen Kundeninformationen zu erlangen, sind auch Robo Advisors zur Durchführung einer Kundenexploration verpflichtet.[1001] Die dabei entstehenden Probleme basieren ebenfalls auf der fehlenden persönlichen Interaktion, da dem Kunden so nicht die Möglichkeit gegeben wird, im Falle von Unverständnis Nachfragen zu stellen und der Algorithmus anders als ein menschlicher Berater auch nicht in der Lage ist, möglicherweise vorliegende falsche Vorstellungen des Kunden eigeninitiativ zu korrigieren. Damit muss bei Robo Advice ein besonderes Augenmerk auf die Gestaltung der Explorationsstrecke gelegt werden. Es muss sichergestellt werden, dass dem Kunden Möglichkeiten zur Verfügung stehen, entsprechende Unklarheiten zu beseitigen, zudem muss der Algorithmus zumindest in der Lage sein, eine Schlüssigkeitsprüfung der Kundenangaben vorzunehmen, sodass er auf offensichtliche Indifferenzen oder Unklarheiten in den Kundenangaben hinweisen kann.

Im Anschluss an die Kundenexploration ist der Robo Advisor, sofern er Finanzportfolioverwaltung oder Anlageberatung anbietet, dazu verpflichtet, eine Geeignetheitsprüfung durchzuführen.[1002] Eine solche kann, da die Vorgehensweise vergleichbar mit der eines menschlichen Beraters ist, problemlos auch algorithmisch erfolgen. Aufgrund der technischen Umsetzung von Robo Advice in deterministisch arbeitende Algorithmen kann keine vollkommen individualisierte Beurteilung der Geeignetheit erfolgen, von einer solchen wird jedoch

---

1000 Siehe dazu oben D.VI.
1001 Siehe dazu oben E.II.1.a).
1002 Siehe dazu oben E.II.1.b).

in der Regel auch bei einer persönlichen Beratung nicht ausgegangen werden können.

Robo Advisors sind ebenso wie andere Finanzdienstleister auch zur Erstellung einer Geeignetheitserklärung verpflichtet, die Erstellung einer solchen kann aber ohne größere Schwierigkeiten automatisiert in digitaler Form erfolgen, hier hat die Abkehr vom vor der Umsetzung der MiFID II geforderten Beratungsprotokoll insbesondere für Anbieter von Robo Advice spürbare Verbesserungen gebracht.[1003]

7. Haftungsrechtliche Fragen

Kommt es zu Schadensersatzansprüchen gegen Robo Advisors, so ist aufgrund der starken Einbindung des Algorithmus insbesondere ein Vertretenmüssen des Anbieters problematisch.[1004] Hierbei ist jedoch an die Verwendung des fehlerhaften Algorithmus durch den Anbieter anzuknüpfen, mithin ein Organisationsverschulden anzunehmen. Aufgrund der deterministischen Funktionsweise des Algorithmus wird die Pflichtverletzung (mit Ausnahme technischer Fehlfunktionen) bereits in der Programmierung des Algorithmus angelegt, sodass Anknüpfungspunkt die Verwendung des fehlerhaften Algorithmus ist.

Ebenfalls problematisch erscheint die Verteilung der Beweislast.[1005] In der Literatur wird zum Teil die Einführung einer Beweislastumkehr bei der Erbringung von Anlageberatung (unabhängig von der Art der Erbringung) gefordert. Im Ergebnis ist eine solche aber als zu weitgehend abzulehnen, da auch bei der geltenden Beweislastverteilung ein ausreichender Anlegerschutz gewährleistet ist. Darüber hinaus ist auch von einer abweichenden Beweislastverteilung für Robo Advice abzusehen, da eine solche Sonderregulierung zu einer Benachteiligung der Anbieter führen würde.

Insgesamt betrachtet ist festzustellen, dass bei der Erbringung von Robo Advice gerade aufgrund der technischen Umsetzung ein deutlich höheres Haftungsrisiko besteht, als bei Finanzdienstleistungen durch persönliche Interaktion.[1006] Durch die deterministische Funktionsweise des Algorithmus wird sich eine durch den Algorithmus begangene Pflichtverletzung potentiell bei einer großen Zahl an Anlegern auswirken, was das Risiko des Anbieters, in Regress genommen zu werden, erheblich erhöht.

1003 Siehe dazu oben E.II.1.c).
1004 Siehe dazu oben E.III.4.b)aa)(2).
1005 Siehe dazu oben E.III.4.b)aa)(3).
1006 Siehe dazu oben E.III.4.b)cc).

8. Bewertung der derzeitigen Rechtslage

Hauptzweck des Kapitalmarktrechts ist neben dem Funktionsschutz der Kapitalmärkte der Anlegerschutz.[1007] Die Erbringung von Robo Advice darf diesen Zwecken damit nicht zuwiderlaufen. Zusätzlich zum Anlegerschutz muss durch Einhaltung der zivilrechtlichen Regelungen zu den Verbraucherverträgen auch ein ausreichender Verbraucherschutz sichergestellt werden. Die Erbringung von Robo Advice darf damit weder dem Anleger-, noch dem Verbraucherschutz zuwiderlaufen.

Wie die obenstehende Zusammenfassung gezeigt hat, kann eine Erbringung von Robo Advice auf Basis der geltenden Rechtslage grundsätzlich erfolgen. Aufgrund der Besonderheit einer fehlenden persönlichen Interaktion sind allerdings bestimmte Einschränkungen, erforderlich, um ein ausreichendes Anleger- und Verbraucherschutzniveau gewährleisten zu können. Aufgrund dessen ist das Angebot einer digitalen Kapitalanlage durch einen Robo Advisor derzeit an vielen Stellen mit rechtlichen Unsicherheiten verbunden, da die Anwendbarkeit vieler Normen nur in analoger Anwendung erfolgen kann oder notwendige Vorgaben höchstens unter Heranziehung von Auslegungsmethoden hergeleitet werden können.

Diese Unsicherheiten entstehen, da das vorhandene Normengerüst nicht oder nur unzureichend auf die Besonderheiten einer fortschreitenden Digitalisierung vorbereitet ist.

II. Ausblick

1. Technologieneutraler Regulierungsansatz

Die nicht nur durch Robo Advice, sondern auch durch die fortschreitende Digitalisierung generell auftretenden Rechtsunsicherheiten zeigen, dass Reaktionen des Gesetzgebers auf diese Entwicklungen erforderlich sind, um diesbezüglich Klarheit zu schaffen und weiterhin ein hohes Anlegerschutzniveau gewährleisten zu können. Hierfür kommen insbesondere im Aufsichtsrecht verschiedene Strategien in Betracht.

Im Hinblick auf eine Regulierung von Robo Advice stellt sich zunächst die generelle Frage, ob für eine Regulierung der bisher verfolgte technologieneutrale

1007 *Seiler/Geier* in: Schimanski/Bunte/Lwowski, Bankrechts-Handbuch, 5. Auflage 2017, Vor § 104, Rn. 72 ff.; *Oulds* in: Kümpel/Wittig, Bank- und Kapitalmarktrecht, 4. Auflage 2011, Rn. 14.141.

Ansatz beibehalten oder ein spezifisch an die Anforderungen des Robo Advice angepasstes Regelungsregime geschaffen werden sollte. Gegen Robo Advice-spezifische Regelungen spricht bereits die bisherige Regelungsstruktur des Kapitalmarktrechts, die gerade nicht nach einzelnen Geschäftsmodellen unterscheidet. Zudem birgt die Schaffung umfassender spezifischer Regelungen das Risiko innovationshemmend zu wirken, da bei technologiespezifischen Regelungen naturgemäß von einer größeren Spezifizierung auszugehen ist, die neuen technischen Entwicklungen entgegenstehen kann.

Damit ist der Ansatz einer technologieneutralen Regulierung grundsätzlich beizubehalten.

Nichtsdestotrotz ist in gewissen Punkten aber eine Reaktion des Gesetzgebers auf Entwicklungen der Digitalisierung – unabhängig davon, ob diese sich in der Erbringung von Robo Advice äußern oder in anderer Weise – erforderlich, die in Einzelfällen auch technologiebezogen ausfallen kann. Nicht nur diesbezüglich ist aber darauf zu achten, eine Überregulierung zu vermeiden, um die Innovationsbereitschaft der Anbieter nicht über Gebühr einzuschränken.

Zudem werfen Robo Advisors und FinTechs im Allgemeinen aber auch die Frage auf, ob und inwiefern sich die Regulierung von Finanzdienstleistungen insgesamt verändern muss, um angemessen auf neue Innovationen reagieren zu können.

Wie oben soeben dargelegt wurde, soll dies aber gerade nicht zu einer Abkehr von einem generell technologieneutralen Ansatz führen. Eine Möglichkeit, besser auf Innovationen reagieren zu können, kann aber die Nutzung von regulatory sandboxes sein. Auch diese werden zum Teil als nicht technologieneutral abgelehnt.[1008] Dem ist jedoch entgegenzuhalten, dass regulatory sandboxes generell für den geschützten Einsatz neuer Innovationen im Bereich der Bank- und Finanzdienstleistungen genutzt werden können. Zudem sollen regulatory sandboxes nicht das bisherige Aufsichtsrecht ersetzen, sondern dies lediglich um ein zusätzliches Instrumentarium ergänzen.

Generell erscheint ein Mehr an Regulierung nur dann als sinnvoll, wenn dadurch ein durch die digitalisierte Erbringung der Finanzdienstleistung entstehendes Defizit im Anlegerschutz ausgeglichen wird oder zur Klarstellung einer durch die digitalisierte Erbringung entstandenen Rechtsunsicherheit beigetragen wird.

Auch die Rolle der BaFin wird im Hinblick auf eine fortschreitende Digitalisierung und immer neue Innovationen zu überdenken sein. Bisher ist die Rolle

---

1008 So *Kumpan* in: Möslein/Omlor, FinTech-Handbuch, 2. Auflage 2021, § 29, Rn. 24.

der BaFin nicht nur rechtlich als die einer reinen Aufsichtsbehörde verankert, sondern die Behörde sieht sich auch selbst lediglich in einer solchen Position. Auch die BaFin verfolgt in ihrer Regulierung einen rein technologieneutralen Ansatz, sodass die bestehenden Regelungen auch auf innovative Geschäftsmodelle und Produkte angewendet werden. Neben Aufsichtsaufgaben sollten der BaFin auch die notwendigen Befugnisse eingeräumt werden, um Unternehmen bei der Etablierung neuer Geschäftsmodelle in Grundfragen der Regulierung beratend zur Seite stehen zu können. Als gutes Beispiel hierfür kann die FCA als zuständige Aufsichtsbehörde in Großbritannien dienen, die bereits entsprechende Beratungen anbietet.[1009] Letztlich sollte ein Gleichgewicht zwischen einer weiterhin bestehenden Aufsichtsfunktion, die auch zur Sicherung eines hohen Anlegerschutzniveaus beiträgt und einer hinreichenden Offenheit für Innovationen bestehen, sodass die BaFin nicht letztlich innovationshemmend wirkt.

Die obigen Ausführungen haben gezeigt, dass insbesondere die aufsichtsrechtliche Regulierung den Herausforderungen der Digitalisierung gegenübersteht. Nichtsdestotrotz wird der Gesetzgeber auch im Zivilrecht gefordert sein, Reaktionen auf die Digitalisierung zu zeigen und der zunehmenden Bedeutung von Algorithmen insbesondere bei Fragen von Haftung und Vertragsschluss Rechnung zu tragen. Dies ist jedoch bei weitem kein Robo Advice-spezifisches Problem. Für die Berücksichtigung von Algorithmen in zivilrechtlichen Regelungen wird ein gewisser Technologiebezug der Regelungen nicht vermeidbar sein, dennoch sollte auch hier versucht werden, Regelungen für ein möglichst breites Anwendungsfeld zu schaffen.

2. Blick in die Zukunft

Eine fortschreitende Digitalisierung ist nicht nur bei der Anpassung bestehender und Entwicklung neuer Geschäftsmodelle zu beobachten, sondern auch hinsichtlich einer Vereinfachung der Erfüllung regulatorischer Vorgaben.

So gibt es unter dem Schlagwort *RegTech* vermehrt innovative Technologien, die die Compliance-Funktion von Finanzinstituten entlasten sollen, indem viele zeitaufwändige Aufgaben, die im Rahmen der Compliance-Organisation anfallen, automatisiert werden.[1010]

Der Einsatz solcher Lösungen könnte die Erfüllung der Organisationspflichten (insbesondere die Erfüllung der Compliance-Pflichten) gerade für FinTechs

---

1009 Vgl. dazu und zu weiteren weltweiten Ansätzen der Aufsichtsbehörden: *Kartaschow*, Attraktive Spielwiesen für Fintechs.

1010 Vgl. zu diesen Ansätzen ausführlich *Klebeck/Dobrauz-Saldapenna*, RdF 2017, 180.

ohne großen Personalstamm mittelfristig erheblich erleichtern, indem derartige Aufgaben ausgelagert und automatisiert durch RegTech-Anbieter erfüllt werden.

Der Einsatz derartiger Technologien erfordert jedoch ebenfalls Reformen im Bereich der aufsichtsrechtlichen Regulierung, da derzeit noch ungeklärt ist, inwiefern eine automatisierte Erbringung von Compliance-Aufgaben durch einen externen Dienstleister überhaupt zulässig ist und ob und inwiefern die Inanspruchnahme solcher Anbieter einen anzeigepflichtigen Auslagerungssachverhalt darstellt.[1011]

Die vorliegende Arbeit hat sich zudem primär mit den Herausforderungen die durch den Einsatz deterministisch agierender Algorithmen entstehen, befasst. Sobald Robo Advisors in der Lage sein werden, Algorithmen einzusetzen, die selbst lernend agieren und auf Künstlicher Intelligenz basieren, so werden sich neue, sehr viel weitreichendere Rechtsfragen stellen. Eine Erbringung von Robo Advice durch einen selbstlernenden und unabhängig agierenden Algorithmus lässt sich dann nicht mehr sinnvoll einer verantwortlichen Person zuordnen, sodass insbesondere in zivilrechtlichen Fragen des Vertragsschlusses und der Haftung die derzeitigen Regelungen an ihre Grenzen stoßen werden. Aber auch im Hinblick auf die aufsichtsrechtliche Regulierung wird es eine der Herausforderungen sein, den derzeitigen technologieneutralen Regelungsansatz beizubehalten.

******

1011 *Klebeck/Dobrauz-Saldapenna*, RdF 2017, 180, 182.

Literatur- und Materialienverzeichnis

Arner, Douglas/ Baberis, János/ Buckley, Ross: The Evolution of Fintech: A new post-crisis Paradigm?, https://ssrn.com/abstract=2676553 (zuletzt abgerufen am: 28.02.2018).

Assmann, Heinz-Dieter: Das Verhältnis von Aufsichtsrecht und Zivilrecht im Kapitalmarktrecht, in: Festschrift für Uwe H. Schneider zum 70. Geburtstag, Köln, 2011, S. 37 (zit. nach: *Assmann* in: FS Schneider, S.).

Assmann, Heinz-Dieter/ Schneider, Uwe H./ Mülbert, Peter O. (Hrsg.): Wertpapierhandelsgesetz Kommentar, 6. Auflage, Köln, 2012 (zit. nach: *Bearbeiter* in: Assmann/ Schneider, WpHG Kommentar, 6. Auflage 2012, §, Rn.).

Wertpapierhandelsgesetz Kommentar, 7. Auflage, Köln, 2019 (zit. nach: *Bearbeiter* in: Assmann/ Schneider/ Mülbert, WpHG Kommentar, 7. Auflage 2019, §, Rn.).

Assmann, Heinz-Dieter/ Schütze, Rolf A./ Buck-Heeb, Petra (Hrsg.): Handbuch des Kapitalanlagerechts, 5. Auflage, München, 2020 (zit. nach: *Bearbeiter* in: Assmann/ Schütze/ Buck-Heeb, Handbuch des Kapitalanlagerechts, 5. Auflage 2020, §, Rn.).

BaFin: Automatisierte Anlageberatung und Portfolioverwaltung, abrufbar unter: https://www.bafin.de/DE/Verbraucher/Finanzwissen/Fintech/RoboAdvicc/robo_advicc_node.html (Zuletzt abgerufen am: 11.01.2018).

BaFinTech 2016 – Workshop zum Thema Robo Advice, abrufbar unter: https://www.bafin.de/SharedDocs/Downloads/DE/Rede_Vortrag/dl_160628_BaFin-Ein großes Augenmerk Tech2016_Workshop_3.pdf?__blob=publicationFile&v=2, (zuletzt abgerufen am: 13.09.2016).

Checkliste: Zulassung als Kreditinstitut, abrufbar unter: www.bafin.de/SharedDocs/Downloads/DE/Formular/BA/dl_170818_checkliste_erlaubnisverfahren_ba.pdf?__blob=publicationFile&v=6 (zuletzt abgerufen am: 18.01.2019).

Merkblatt Anlagevermittlung, abrufbar unter: https://www.bafin.de/SharedDocs/Veroeffentlichungen/DE/Merkblatt/mb_091204_tatbestand_anlagevermittlung.html (zuletzt abgerufen am: 18.01.2019).

Merkblatt Robo Advice und Auto-Trading, abrufbar unter: http://www.bafin.de/DE/Aufsicht/FinTech/Anlageberatung/anlageberatung_node.html (Zuletzt abgerufen am: 22.07.2016).

Rundschreiben 3/2017 (GW) vom 10.04.2017 – Videoidentifizierungsverfahren, abrufbar unter: https://www.bafin.de/SharedDocs/Veroeffentlichungen/

DE/Rundschreiben/2017/rs_1703_gw_videoident.html (zuletzt abgerufen am: 27.11.2018).

Rundschreiben 09/2017 (BA) – Mindestanforderungen an das Risikomanagement, abrufbar unter: https://www.bafin.de/SharedDocs/Veroeffentlichungen/DE/Rundschreiben/2017/rs_1709_marisk_ba.html(zuletzt abgerufen am: 05.03.2018).

Rundschreiben 05/2018 (WA) – Mindestanforderungen an die Compliance-Funktion und weitere Verhaltens-, Organisations- und Transparenzpflichten – MaComp, abrufbar unter: www.bafin.de/SharedDocs/Veroeffentlichungen/DE/Rundschreiben/2018/rs_18_05_wa3_macomp.html (zuletzt abgerufen am: 16.07.2018).

BaFin/ Deutsche Bundesbank: Informationsblatt der BaFin und der Bundesbank zum Tatbestand der Anlageberatung, abrufbar unter: http://www.bafin.de/SharedDocs/Downloads/DE/Merkblatt/dl_mb_110513_anlageberatung_neu.pdf?__blob=publicationFile (Zuletzt abgerufen am: 15.11.2016) (zit. nach Gem. Informationsblatt der BaFin und der Bundesbank zum Tatbestand der Anlageberatung, Nr.).

Bahlinger, Thomas: Online-Geldberatung mit Robo Advice – Vergleich Deutschland – USA, abrufbar unter: https://opus4.kobv.de/opus4-ohm/frontdoor/index/index/docId/162 (zuletzt abgerufen am: 14.03.2018), zit. nach: *Bahlinger*, S.

Balzer, Peter: Vermögensverwaltung durch Kreditinstitute – Ein Untersuchung der Rechtsbeziehung zwischen Kreditinstitut und Anleger bei der Verwaltung von Wertpapiervermögen, München, 1999 (zit. nach: *Balzer*, Vermögensverwaltung durch Kreditinstitute, S.).

Banking Stakeholder Group: Regulatory sandboxes, abrufbar unter: www.eba.europa.eu/documents/10180/807776/BSG+Paper+on+Regulatory+Sandboxes_20+July+2017.pdf (zuletzt abgerufen am: 10.10.2018).

Baumanns, Charlotte: FinTechs als Anlageberater? Die aufsichtsrechtliche Einordnung von Robo Advisory, in: BKR 2016, 366.

Baumbach, Adolf (Begr.)/ Hopt, Klaus J.: Handelsgesetzbuch mit GmbH & Co., Handelsklauseln, Bank- und Börsenrecht, Transportrecht (ohne Seerecht), 40. Auflage, München, 2021 (zit. nach: *Bearbeiter* in: Baumbach/ Hopt, HGB, 40. Auflage 2021, §, Rn.).

Baumgartner, Ulrich/ Ewald, Konstantin: Apps und Recht, 1. Auflage, München, 2013 (zit. nach: *Bearbeiter* in: Baumgartner/ Ewald, Apps und Recht, 1. Auflage 2013, Rn.).

Benicke, Christoph: Wertpapiervermögensverwaltung, Tübingen, 2006.

Bitkom e.V.: Position Paper ESMA consultation on guidelines on certain aspects of the MiFID II suitability requirements, abrufbar unter: https://www.bitkom.org/Bitkom/Publikationen/Position-Paper-Robo-Advice-ESMA-guidelines-on-certain-aspects-of-the-MiFID-II-suitability-requirements.html (zuletzt abgerufen am: 18.01.2019).

Boos, Karl-Heinz/ Fischer, Reinfried/ Schulte-Mattler, Hermann (Hrsg.): Kommentar zu Kreditwesengesetz, VO (EU) Nr. 575/ 2013 (CRR) und Ausführungsvorschriften, 5. Auflage, München, 2016 (zit. nach: *Bearbeiter* in: Boos/ Fischer/ Schulte-Mattler, KWG Kommentar, 5. Auflage 2016, §, Rn.).

Börding, Andreas/ Jülicher, Tim/ Röttgen, Charlotte/ v. Schönfeld, Max: Neue Herausforderungen der Digitalisierung für das deutsche Zivilrecht, in: CR 2017, 134.

Bork, Reinhard: Allgemeiner Teil des Bürgerlichen Gesetzbuchs, 3. Auflage, Tübingen, 2011 (zit. nach: *Bork*, BGB AT, Rn.).

Bracht, Hannes: Grenzen des konkludenten Beratungsvertrags und Haftung für fehlerhafte Anlageberatung durch Dritte, in: ZBB 2013, 252.

Brink, Stefan/ Wolff, Heinrich Amadeus (Hrsg.): BeckOK Datenschutzrecht, München, fortlaufende Aktualisierung (zit. nach: *Bearbeiter* in: BeckOK Datenschutzrecht, Stand, §, Rn.).

Bromberg, Lev/ Godwin, Andrew/ Ramsay, Ian: Fintech sandboxes: Achieving a balance between regulation and innovation, in: Journal of Banking and Finance Law and Practice, Vol. 28, 2017, abrufbar unter: https://ssrn.com/abstract=3090844 (zuletzt abgerufen am: 27.11.2018).

Brox, Hans (Begr.)/ Walker, Wolf-Dietrich: Allgemeiner Teil des BGB, 41. Auflage, München, 2017 (zit. nach: *Brox/ Walker*, BGB AT, 41. Auflage 2017, §, Rn.).

Buck-Heeb, Petra: Vertrauen auf den Rechtsrat Dritter und Wissenszurechnung bei der Anlageberatung, in: BKR 2011, 441.

Die „Flucht“ aus dem Anlageberatungsvertrag, in: ZIP 2013, 1401.

Verhaltenspflichten beim Vertrieb – Zwischen Paternalismus und Schutzlosigkeit der Anleger, in: ZHR 177 (2013), 310.

Der Anlageberatungsvertrag – Die Doppelrolle der Bank zwischen Fremd- und Eigeninteresse, in: WM 2012, 625.

Buck-Heeb, Petra/ Poelzig, Dörte: Die Verhaltenspflichten (§§ 63 ff. WpHG n. F.) nach dem 2. FiMaNoG – Inhalt und Durchsetzung, in: BKR 2017, 485.

Buisson/ Joachim du: Kundengeldverwahrung nach § 34a Abs. 1 WpHG n.F., in: WM 2009, 834.

19. Bundesregierung: Koalitionsvertrag zw. CDU, CSU und SPD für die Legislaturperiode, S. 135, abrufbar unter: https://www.bundesregierung.de/resource/blob/975224/847984/5b8bc23590d4cb2892b31c987ad672b7/2018-03-14-koalitionsvertrag-data.pdf?download=1 (zuletzt abgerufen am: 16.01.2019).

Bunte, Herrmann-Josef: AGB-Banken AGB-Sparkassen Sonderbedingungen, 5. Auflage, München, 2019 (zit. nach: *Bearbeiter* in: Bunte, AGB-Banken, 5. Auflage 2019, Kap., Nr., Rn.).

Bureau of Consumer Financial Protection: Federal Register, Vol. 81, Nr. 34, Policy on no-action-letters, abrufbar unter: www.gpo.gov/fdsys/pkg/FR-2016-02-22/pdf/2016-02390.pdf (zuletzt abgerufen am: 12.10.2018).

Cocca, Teodoro D.: Was Robo Advisors noch nicht können, abrufbar unter: https://www.fuw.ch/article/was-robo-advisors-noch-nicht-koennen/ (zuletzt abgerufen am: 07.12.2017).

Derleder, Peter/ Knops, Kai-Oliver/ Bamberger, Heinz Georg (Hrsg.).: Deutsches und europäisches Bank- und Kapitalmarktrecht, 3. Auflage, Heidelberg, 2017 (zit. nach: *Bearbeiter* in: Derleder/ Knops/ Bamberger, Deutsches und europäisches Bank- und Kapitamarktrecht, 3. Auflage 2017, §, Rn.).

Deutsche Bundesbank: Merkblatt über die Erteilung einer Erlaubnis zum Erbringen von Finanzdienstleistungen gemäß § 32 Absatz 1 KWG, Nr. 5, abrufbar unter: https://www.bundesbank.de/Redaktion/DE/Downloads/Aufgaben/Bankenaufsicht/Informationen_Merkblaetter/merkblatt_ueber_die_erteilung_einer_erlaubnis_zum_erbringen_von_finanzdienstleistungen.pdf?__blob=publicationFile (Zuletzt abgerufen am: 15.12.2016).

Deutscher Bundestag: Unterrichtung durch die Bundesregierung – Entwurf eines zweiten Gesetzes zur Novellierung von Finanzmarktvorschriften auf Grund europäischer Rechtsakte (Zweites Finanzmarktnovellierungsgesetz – 2. FiMaNoG), in: Drucksache 18/11290 (zit. nach: BT-Drucks. 18/11290, S.).

Gesetzentwurf der Bundesregierung – Entwurf eines zweiten Gesetzes zur Novellierung von Finanzmarktvorschriften auf Grund europäischer Rechtsakte (Zweites Finanzmarktnovellierungsgesetz – 2. FiMaNoG), in: Drucksache 18/10936 (zit. nach: BT-Drucks. 18/10936, S.).

Dieckmann, Andreas: Öffentlich-rechtliche Normen im Vertragsrecht, in: AcP (213) 2013, 1.

Die Deutsche Kreditwirtschaft: Comments on the ESMA consultation paper „Guidelines on certain aspects of the MiFID II suitability requirements", abrufbar unter:https://die-dk.de/media/files/DK_Stellungnahme_EN_final_2017-12-20.pdf (zuletzt abgerufen am: 18.01.2019).

Stellungnahme zum Referentenentwurf für ein Gesetz zur Novellierung von Finanzmarktvorschriften aufgrund europäischer Rechtsakte, abrufbar unter: bankenverband.de/media/files/RCI_2015_01885_Anl01.pdf (zuletzt abgerufen am: 18.09.2018).

Dietvorst, Berkeley J./ Simmons, Joseph P./ Massey, Cade:: Algorithm Aversion: People Erroneously Avoid Algorithms After Seeing them Err, in: Journal of Experimental Psychology, 2014, abrufbar unter: http://dx.doi.org/10.1037/xge0000033 (zuletzt abgerufen am: 15.01.2019).

Dorfleitner, Gregor/ Hornuf, Lars: FinTech-Markt in Deutschland – Abschlussbericht 17. Oktober 2016, abrufbar unter: http://www.bundesfinanzminister ium.de/Content/DE/Standardartikel/Themen/Internationales_Finanzmarkt/2016-11-21-Gutachten-Langfassung.pdf?__blob=publicationFile&v=1(Zule tzt abgerufen am: 23.11.2016), zit. nach: *Dorfleitner/ Hornuf*, FinTech-Markt in Deutschland, S.).

Dorfleitner, Gregor/ Hornuf, Lars/ Wannenmacher, Lena: Der deutsche Fintech-Markt im Jahr 2020, in: ifo-Schnelldienst, 8/2020, 33.

du Buisson/ Joachim: Kundengeldverwahrung nach § 34a Abs. 1 WpHG n. F., in: WM 2009, 834.

EBA: Report on Investment Firms: Response to the Commission's Call for advice of December 2014, EBA/Op/2015/20, abrufbar unter: https://www.eba.europa.eu/sites/default/documents/files/documents/10180/983359/0bd8f11e-4a5e-4e33-ad13-d9dbe23ea1af/EBA-Op-2015-20%20Report%20on%20investment%20firms.pdf (zuletzt abgerufen am: 22.11.2021).

Eberius, Robert: Regulierung der Anlageberatung und behavioral finance – Anlegerleitbild: homo oeconomicus vs. Realität, 2013, abrufbar unter: https://www.db-thueringen.de/rsc/viewer/dbt_derivate_00029260/UrMEL/Diss/Diss.pdf?page=42&logicalDiv=1626447436 (zuletzt abgerufen am: 02.08.2017).

Ebnet, Peter: Widerruf und Widerrufsbelehrung, in: NJW 2011, 1029.

Eckhold, Thomas: Privatrechtliche Konsequenzen unerlaubter Investmentgeschäfte – Zugleich ein Beitrag zur Dogmatik aufsichtsrechtlicher Erlaubnisvorbehalte und Eingriffsbefugnisse, in: ZBB 2016, 102.

Einsele, Dorothee: Anlegerschutz durch Information und Beratung, in: JZ 2008, 477.

Elsner, Dirk: Robo-Advisors müssen noch viel lernen, abrufbar unter: https://www.capital.de/wirtschaft-politik/fintech-robo-advisor-anlageberatung-ban ken-8293 (Zuletzt abgerufen am: 07.12.2017).

Ernst, Christian: Algorithmische Entscheidungsfindung und personenbezogene Daten, in: JZ 2017, 1026.

European Banking Federation: Innovate. Collaborate. Deploy., abrufbar unter: www.ebf.eu/wp-content/uploads/2017/01/EBF-vision-for-banking-in-the-Digital-Sin gle-Market-October-2016.pdf (zuletzt abgerufen am: 10.10.2018).

European Bank for Financial Services GmbH: Fintego, Allgemeine Geschäftsbedingungen, abrufbar unter: https://portal1.ebase.com/cache/Formular5665800.pdf (zuletzt abgerufen am: 06.08.2018).

Europäische Kommission: FinTech-Aktionsplan: Für einen wettbewerbsfähigeren und innovativeren EU- Finanzsektor, abrufbar unter: https://eur-lex.europa.eu/resource.html?uri=cellar:6793c578-22e6-11e8-ac73-01aa75ed71a1.0003.02/DOC_1&format=PDF (zuletzt abgerufen am: 18.01.2019).

ESMA: Final Report – Guidelines on certain aspects of the MiFID II suitability requirements, ESMA35-43-869.

Consultation Paper Guidelines on certain aspects of the MiFID II suitability requirements, ESMA35-43-748.

Leitlinien zu den Produktüberwachungsanforderungen der MiFID II, ESMA35-43-620.

Esterházy, Yvonne/ Kirsch, Sebastian/ Hajek, Stefan: Automatisierte Vermögensberatung – Was die Geldanlage auf Knopfdruck kann, abrufbar unter: http://www.wiwo.de/finanzen/geldanlage/automatisierte-vermoegensberatung-was-die-geldanlage-auf-knopfdruck-kann/13357632-all.html (Zuletzt abgerufen am: 31.03.2017).

FCA: Regulatory sandbox, November 2015, abrufbar unter: www.fca.org.uk/publication/research/regulatory-sandbox.pdf (zuletzt abgerufen am: 19.09.2018).

Default standards for sandbox testing parameters, abrufbar unter: www.fca.org.uk/publication/policy/default-standards-for-sandbox-testing-parameters.pdf (zuletzt abgerufen am: 25.09.2018).

Feger, Anika: Herausforderungen des Robo-Advice aus Sicht der Compliance-Funktion nach WpHG, in: CB 2017, 359.

Fein, Melanie: Robo Advisors: A Closer Look, abrufbar unter: https://papers.ssrn.com/sol3/papers.cfm?abstract_id=2658701 (Zuletzt abgerufen am: 10.02.2018).

Felke, Klaus/ Jordans, Roman: Umsetzung der Fernabsatz-Richtlinie für Finanzdienstleistungen, in: NJW 2005, 710.

Fervers, Matthias: Die Button-Lösung im Lichte der Rechtsgeschäftslehre, in: NJW 2016, 2289.

Finanztest: Beratung ist Programm, in: Finanztest 1/2017, 57.

Fischer, Matthias: Robo Advisory und automatisierte Vermögensverwaltung, in: ZfgG 2017, 183.

Fischer, Sarah/ Petersen, Thomas: Was Deutschland über Algorithmen weiß und denkt – Ergebnisse einer repräsentativen Bevölkerungsumfrage, abrufbar unter: rungsumfrage, abrufbar ustiftung.de/fileadmin/files/BSt/Publikationen/GrauePublikationen/

Was_die_Deutschen_ueber_Algorithmen_denken.pdf, zuletzt abgerufen am: 14.12.2018); (zit. nach: *Fischer/ Petersen*, Was Deutschland über Algorithmen weiß und denkt, S.).

Forschner, Julius: Wechselwirkungen von Aufsichtsrecht und Zivilrecht, Tübingen, 2013.

Freitag, Robert: Die Verteilung der Beweislast für Fehler in der Anlageberatung de lege lata und de lege ferenda – Gedanken zur privatrechtlichen Bedeutung von Beratungsprotokoll und Geeignetheitserklärung, in: ZBB 2016, 1.

Fuchs, Andreas (Hrsg.): Wertpapierhandelsgesetz Kommentar, 2. Auflage, München, 2016 (zit. nach: *Bearbeiter* in: Fuchs, WpHG Kommentar, 2. Auflage 2016, §, Rn.).

Giesen, Hartmut: Vom Robo Advice zum Robo Wealth Management – „Demokratisierte" Algorithmen, Künstliche Intelligenz und Deep Learning im Dienste von Privatanleger, in: Everling/ Lempka, Finanzdienstleister der nächsten Generation, 1. Auflage, Frankfurt, 2016, 187 (zit. nach: *Giesen* in: Everling/ Lempka, 187, S.).

Greenwood, Anja: Der Verbraucherschutz beim Fernabsatz von Finanzdienstleistungen: Die Bedeutung der Richtlinie 2002/65/EG und deren Umsetzung für die Kreditwirtschaft in Deutschland, Berlin, 2013 (zit. nach: *Greenwood*, Verbraucherschutz beim Fernabsatz von Finanzdienstleistungen, S.).

Grischuk, Pawel: Robo-Advice – Automatisierte Anlageberatung in der Aufsichtspraxis, in: BaFin-Journal 08/2017, 18.

Gronemann, Tobias: Die „Regulatory Sandbox" – Ein Modell auch für das deutsche Bankaufsichtsrecht?, abrufbar unter: https://www.fc-heidelberg.de/die-regulatory-sandbox-ein-modell-auch-fuer-das-deutsche-bankaufsichtsrecht/ (zuletzt abgerufen am: 15.10.2018).

Gsell, Beate/ Krüger, Wolfgang/ Lorenz, Stephan/ Mayer, Jörg/ Henssler, Martin (Hrsg.): beck-online.GROSSKOMMENTAR zum Zivilrecht, München, fortlaufende Aktualisierung (zit. nach: *Bearbeiter* in: BeckOGK, Stand: §, Rn.).

Harnos, Rafael: Das vorsätzliche Organisationsverschulden bei der Anlageberatung, in: BKR 2012, 185.

Hau, Wolfgang/ Poseck, Roman: Beck'scher Online-Kommentar BGB, München, fortlaufende Aktualisierung (zit. nach: *Bearbeiter* in: BeckOK BGB, Stand: §, Rn.).

Herberger, Maximilian: „Künstliche Intelligenz" und Recht – ein Orientierungsversuch, in: NJW 2018, 2825.

Herz, Benjamin: Die Entwicklung des europäischen Bankaufsichtsrechts in den Jahren 2016/2017, in: EuZW 2018, 5.

Herzog, Felix (Hrsg.): Geldwäschegesetz (GwG) Kommentar, 4. Auflage, München, 2020 (zit. nach: *Bearbeiter* in: Herzog, GwG Kommentar, 4. Auflage 2020, §, Rn.).

Hesse, Martin: Rat vom Roboter, in: Der Spiegel vom 12.03.2016, S. 74.

Hilgendorf, Eric: Recht, Maschinen und die Idee des Posthumanen, abrufbar unter: https://www.heise.de/tp/features/Recht-Maschinen-und-die-Idee-des-Posthumanen-3365376.html?seite=2 (zuletzt abgerufen am: 21.11.2018).

Hirte, Heribert/ Möllers, Thomas M. J.: Kölner Kommentar zum WpHG, 2. Auflage, Köln, 2014 (zit. nach: *Bearbeiter* in: Kölner Kommentar zum WpHG, 2. Auflage 2014, §, Rn.).

Hochstein, Marc: Fintech (the Word, That Is) Evolves, in: American Banker vom 05.10.2015, https://www.americanbanker.com/opinion/fintech-the-word-that-is-evolves (zuletzt abgerufen am: 28.02.2018).

Hodge, Frank D./ Mendoza, Kim I./ Sinha, Roshan K.: The Effect of Humanizing Robo-Advisors in Investor Judgements, 2018.

Hoffmann, Jochen: Spezielle Informationspflichten im BGB und ihre Sanktionierung, in: ZIP 2005, 829.

Hopt, Klaus: ECLR Interessenwahrung und Interessenkonflikte im Aktien-, Bank- und Berufsrecht – Zur Dogmatik des modernen Geschäftsbesorgungsrechts, in: ZGR 2004 (1), 1.

Horn, Norbert: Die Aufklärungs- und Beratungspflichten der Banken, in: ZBB 1997, 139.

Horner, Susanne/ Kaulartz, Markus: Haftung 4.0 – Rechtliche Herausforderungen im Kontext der Industrie 4.0, in: InTer 2016, 22.

Jauernig, Othmar (Begr.)/ Stürner, Rolf (Hrsg.): Bürgerliches Gesetzbuch mit Rom-I-, Rom-II-VO, EuUnthVO/HUntProt und EuErbVO, 18. Auflage, München, 2021 (zit. nach: *Bearbeiter* in: Jauernig, BGB, 18. Auflage 2021, §, Rn.).

Just, Clemens/ Voß, Thorsten/ Ritz, Corinna/ Becker, Ralf (Hrsg.): Wertpapierhandelsgesetz (WpHG), 1. Auflage, München, 2015 (zit. nach: *Bearbeiter* in: Just/ Voß/ Ritz/ Becker, WpHG Kommentar, 1. Auflage 2015, §, Rn.).

Kartaschow, Artjom: Attraktive Spielwiesen für Fintechs – Wie Behörden mit Innovationsführern zusammenarbeiten, abrufbar unter: https://bankinghub.de/innovation-digital/attraktive-spielwiesen-fuer-fintechs (zuletzt abgerufen am: 18.01.2019).

Kastl, Graziana: Algorithmen – Fluch oder Segen? Eine Analyse der Autocomplete-Funktion der Google-Suchmaschine, in: GRUR 2015, 136.

Kersten, Jens: Menschen und Maschinen, in: JZ 2015, 1.

Keßler, Oliver: Intelligente Roboter – neue Technologien im Einsatz Voraussetzungen und Rechtsfolgen des Handelns informationstechnischer Systeme, in: MMR 2017, 589.

Kirn, Stefan/ Müller-Hengstenberg, Claus: Intelligente (Software-)Agenten: Eine neue Herausforderung unseres Rechtsystems – Rechtliche Konsequenzen der „Verselbstständigung" technischer Systeme, in: MMR 2014, 307.

Klebeck, Ulf/ Dobrauz-Saldapenna, Günther: Rechtshandbuch Digitale Finanzdienstleistungen, 1. Auflage, München, 2018, zit. nach: Bearbeiter in: *Klebeck/ Dobrauz-Saldapenna,* Rechtshandbuch Digitale Finanzdienstleistungen, 1. Auflage 2018, Kap., S., Rn.).

RegTech – eine digitale Chance für den europäischen Finanzmarkt, in: RdF 2017, 180.

Kluge, Vanessa/ Müller, Anne-Kathrin: Autonome Systeme – Überlegungen zur Forderung nach einer „Roboterhaftung", in: InTer 2017, 24.

Knop, Lutz: Das Haftungsdach unter dem Blickwinkel des Aufsichtsrechts, in: BKR 2011, 89.

Köhler, Peter: Die Roboter kommen, in: Handelsblatt vom 25.01.2016, abrufbar unter: http://www.handelsblatt.com/finanzen/anlagestrategie/trends/geldanlage-per-robo-advisor-die-roboter-kommen/12874746.html (Zuletzt abgerufen am: 24.11.2016).

Köhler, Peter: Anlage-Roboter gewinnen Fans, in: Handelsblatt 207/2016, 37.

Krimphove, Dieter/ Rohwetter, Kerstin: Regulatory Sandbox – Sandkastenspiele auch für Deutschland? Zur Möglichkeit einer „vereinfachten" aufsichtsrechtlichen Prüfung von FinTechs, in: BKR 2018, 494.

Krüger, Ulrich: Aufklärung und Beratung bei Kapitalanlagen – Nebenpflicht statt Beratungsvertrag, in: NJW 2013, 1845.

Kumpan, Christoph: Der Interessenkonflikt im deutschen Privatrecht – Eine Untersuchung zur Fremdinteressenwahrung und Unabhängigkeit, Tübingen, 2014.

Kümpel, Siegfried (Begr.)/ Wittig, Arne (Hrsg.): Bank- und Kapitalmarktrecht, 4. Auflage, Köln, 2011 (zit. nach: *Bearbeiter* in: Kümpel/ Wittig, Bank- und Kapitalmarktrecht, 4. Auflage 2011, Rn.).

Landmann, Robert von/ Rohmer, Gustav (Hrsg.): Gewerbeordnung und ergänzende Vorschriften – Kommentar, (Loseblatt) Stand: 85. EL September 2020,

München (zit. nach: *Bearbeiter* in: Landmann/ Rohmer, GewO Kommentar, 85. EL September 2020, §, Rn.).

Lang, Norbert: Doppelnormen im Recht der Finanzdienstleistungen, in: ZBB 2004, 289.

Lang, Volker: Informationspflichten bei Wertpapierdienstleistungen, 1. Auflage, München, 2003.

Lange, Christian/ Werneburg, Martin: Makler und Verbraucher im Internet, in: NJW 2015, 193.

Lange, Dirk-Fabian: Die regulatory sandbox für Fintechs, in: Innovatives Denken zwischen Recht und Markt: Festschrift für Hans-Peter Schwintowski, Baden-Baden, 2018 (zit. nach: *Lange* in: FS Schwintowski, 2018, S.).

Langenbucher, Katja/ Bliesener, Dirk H./ Spindler Gerald (Hrsgg.): Bankrechts-Kommentar, 3. Auflage, München, 2020 (zit. nach: *Bearbeiter* in: Langenbucher/ Bliesener/ Spindlier, Bankrechts-Kommentar, 3. Auflage 2020, Kap., Rn.).

Lehmann, Jochen/ Rettig, Sören: Versicherungsvertrieb im Internet – Zur Abgrenzung des erlaubnisfreien Tippgebers von der regulierten Vermittlertätigkeit, in: NJW 2017, 596.

Lehrl, Thorsten/ Wolf-Klaus-Eckhart: Das Haftungsdach vertraglich gebundener Vermittler gemäß § 2 Abs. 10 KWG in der Praxis unter besonderer Berücksichtigung aufsichtsrechtlicher Anforderungen, in: BKR 2009, 497.

Linardatos, Dimitrios: Automatisierte Entscheidungsprozesse im Finanzwesen am Beispiel der Robo Advisory, in: InTer 2017, 216.

Linardatos, Dimitrios (Hrsg.): Rechtshandbuch Robo Advice, 1. Auflage, München, 2020 (zit. nach: *Bearbeiter* in: Linardatos, Rechtshandbuch Robo Advice, 1. Auflage 2020, §, Rn.).

Lingen, Gero: Anlageberatung im Spannungsfeld zwischen Verbraucherschutz und Überregulierung, Frankfurt am Main, 2016.

Linke, Christian: Die elektronische Person – Erforderlichkeit einer Rechtspersönlichkeit für autonome Systeme?, in: MMR 2021, 200.

Lohmann, Jakob/ Gebauer, Stefan: Der Zielmarkt nach MiFID II: Wer muss Was für Wen?, in: BKR 2018, 244.

Madel, Tobias B.: Robo Advice – Aufsichtsrechtliche Qualifikation und Analyse der Verhaltens- und Organisationspflichten bei der digitalen Anlageberatung und Vermögensverwaltung, 1. Auflage, Baden-Baden, 2020 (zit. nach: *Madel*, Robo Advice, S.).

Mansen, Jana: Die neuen Anlageberatungsregelungen der MiFID II – Eine Untersuchung ausgewählter Verhaltens- und Organisationspflichten der MiFID II und ihrer Umsetzung in das nationale Recht, Berlin, 2018 (zit. nach: *Mansen*, Die neuen Anlageberatungsregelungen der MiFID II, S.).

Medicus, Dieter/ Petersen, Jens: Allgemeiner Teil des BGB, 11. Auflage, Heidelberg, 2016 (zit. nach: *Medicus/ Petersen*, BGB AT, 11. Auflage 2016, Rn.).

Möhring, Cornelia: Das Video-Ident-Verfahren: Was ist das und wie benutze ich es? Abrufbar unter: https://www.heise.de/tipps-tricks/Das-Video-Ident-Verfahren-Was-ist-das-und-wie-benutze-ich-es-4036733.html (zuletzt abgerufen am: 19.01.2019).

Möllers, Thomas: Vermögensbetreuungsvertrag, graue Vermögensverwaltung und Zweitberatung, in: WM 2008, 93.

Möllers, Thomas/ Poppele, Mauritz Christoph: Paradigmenwechsel durch MiFID II: divergierenden Anlegerleitbilder und neue Instrumentarien wie Qualitätskontrolle und Verbote, in: ZGR 2013, 437.

Möslein, Florian/ Lordt, Arne: Rechtsfragen des Robo Advice, in: ZIP 2017, 793.

Möslein, Florian/ Omlor, Sebastian: FinTech-Handbuch – Digitalisierung, Recht, Finanzen, 2. Auflage, München, 2021 (zit. nach: *Bearbeiter* in: Möslein/ Omlor, FinTech-Handbuch, 2. Auflage 2021, §, Rn.).

Die europäische Agenda für innovative Finanztechnologien (FinTech), in: BKR 2018, 236.

Säcker, Franz-Jürgen/ Rixecker, Roland/ Oetker, Hartmut/ Limperg, Bettina (Hrsg.: Münchener Kommentar zum Bürgerlichen Gesetzbuch, München (zit. nach: *Bearbeiter* in: MüKo BGB, Auflage, §, Rn.).

Schmidt, Karsten (Hrsg.): Münchener Kommentar zum HGB, München (zit. nach: *Bearbeiter* in: MüKo HGB, Auflage, §, Rn.).

Mülbert, Peter: Anlegerschutz und Finanzmarktregulierung – Grundlagen, in: ZHR 177 (2013), 160.

Nathmann, Marc: FinTech – Herausforderungen bei der Regulierung digitaler Geschäftsmodelle anhand von Gestaltungen aus dem Wertpapierbereich, 1. Auflage, Baden-Baden, 2019 (zit. nach: *Nathmann*, FinTech, S.).

Niebudek, Marcus: Banken entdecken Robo-Beratung, in: Die Bank 08/2016, 46.

Oppenheim, Robert/ Lange-Hausstein, Christian: Robo Advisor – Anforderungen an die digitale Kapitalanlage und Vermögensverwaltung, in: WM 2016, 1966.

Paal, Borid P./ Pauly, Daniel A.: Datenschutz-Grundverordnung / Bundesdatenschutzgesetz, 3. Auflage, München, 2021 (zit. nach: *Bearbeiter* in: Paal/ Pauly, DS-GVO, 3. Auflage 2021, §, Rn.).

Palandt, Otto (Begr.): Bürgerliches Gesetzbuch Kommentar, 78. Auflage, München, 2019 (zit. nach: *Bearbeiter* in: Palandt, 78. Auflage 2019, §, Rn.).

Paris, Rainer: Raten und Beratschlagen, in: Sozialer Sinn 2005, 353.

Pfisterer, Pascal: Die neuen Regelungen der MiFID II zum Anlegerschutz – Analyse und Vergleich zur bestehenden Rechtslage, 1. Auflage, Wiesbaden, 2016 (zit.: *Pfisterer*, Die neuen Regelungen der MiFID II zum Anlegerschutz, S.).

Pielow, Johann-Christian: Beck'scher Online-Kommentar Gewerberecht, fortlaufende Aktualisierung, München (zit. nach: *Bearbeiter* in: BeckOK GewO, Stand: §, Rn.).

Pieper, Fritz: Die Vernetzung autonomer Systeme im Kontext von Vertrag und Haftung, in: InTer 2016, 188.

Poelzig, Dörte: Kapitalmarktrecht, 1. Auflage, München, 2018.

Stellungnahme vom 3.3.2017 zum 2. FiMaNoG, S. 7, abrufbar unter: www.bundestag.de/blob/496040/d8f980147529723175d2c23d2bbc6c78/13-data.pdf (zuletzt abgerufen am: 17.09.2018).

Rauch, Kathrin/ Lebau, Marc/ Thiele, Heinrich: Steuerrechtliche sowie aufsichtsrechtliche Herausforderungen bei der Entwicklung hin zur automatisierten Anlageempfehlung (Robo-Advice), in: RdF 2017, 227.

Reichwald, Julian/ Pfisterer, Dennis: Autonomie und Intelligenz im Internet der Dinge – Möglichkeiten und Grenzen autonomer Handlungen, in: CR 2016, 208.

Riehm, Thomas: Nein zur ePerson! Gegen die Anerkennung einer digitalen Rechtspersönlichkeit, in: RDi 2020, 42.

Ringe, Wolf-Georg/ Ruof, Christopher: A regulatory sandbox for Robo Advice, in: EBI Working paper series, Vol. 26, 2018.

Roll, Hans-Joachim: Vermögensverwaltung durch Kreditinstitute – Zur rechtsystematischen Erfassung anhand von standardisierten Vertragsmustern, Berlin, 1983 (zit. nach: *Roll*, Vermögensverwaltung durch Kreditinstitute, S.).

Roth, Barbara/ Blessing, Denise: Die neuen Vorgaben nach MiFID II – Teil 2 – Die Aufzeichnungspflichten betreffend Telefongespräche und elektronischer Kommunikation, in: CCZ 2017, 8.

Sauer, David/ Schneider, Katharina/ Köhler, Peter: Rendite vom Roboter, in: Handelsblatt 202/2016, 32.

Savigny, Friedrich Carl von: System des heutigen römischen Rechts, Bd. 2, 1840, Aalen, Nachdruck 1981.

Scalable Capital Vermögensverwaltung GmbH: Contribution to consultation on guidelines on certain aspects of the MiFID II suitability requirements, abrufbar unter: https://www.esma.europa.eu/file/23667/download?token=FIIVc3oh (zuletzt abgerufen am: 18.01.2019).

Pressemitteilung vom 29. Mai 2018: Scalable Capital verwaltet mehr als eine Milliarde Euro, abrufbar unter: https://de.scalable.capital/fintech/scalable-capital-verwaltet-mehr-als-eine-milliarde-euro (zuletzt abgerufen am: 18.01.2019) (zit. nach: *Scalable Capital*, Pressemitteilung vom 29. Mai 2018).

Schäfer, Frank A.: Sind die §§ 31 ff. n. F. WpHG Schutzgesetze i. S. v. § 823 Abs. 2 BGB?, in: WM 2007, 1872.

Schäfer, Frank A./ Sethe, Rolf/ Lang, Volker (Hrsg.): Handbuch der Vermögenverwaltung, 1. Auflage, München, 2012 (zit. nach: *Bearbeiter* in: Schäfer/ Sethe/Lang, Handbuch der Vermögensverwaltung, 1. Auflage 2012, §, Rn.).

Handbuch der Vermögenverwaltung, 2. Auflage, München, 2016 (zit. nach: *Bearbeiter* in: Schäfer/Sethe/Lang, Handbuch der Vermögensverwaltung, 2. Auflage 2016, §, Rn.).

Schimansky, Herbert/ Bunte, Herrmann-Josef/ Lwowski, Hans-Jürgen (Hrsg.): Bankrechts-Handbuch, 4. Auflage, München, 2011 (zit. nach: *Bearbeiter* in: Schimansky/Bunte/Lwowski, Bankrechts-Handbuch, 5. Auflage 2017, §, Rn.).

Schirmer, Jan-Erik: Rechtsfähige Roboter?, in: JZ 2016, 660.

Schoch, Oliver: Verbraucherzentrale Bundesverband kritisiert Robo-Advisor – berechtigt oder nicht?, abrufbar unter: www.roboadvisor-portal.com/mehr-transparenzz-bei-robo-advisor-angeboten-gefordert/ (zuletzt abgerufen am: 17.01.2019).

Scholz-Fröhling, Sabine: FinTechs und die bankaufsichtsrechtlichen Lizenzpflichten, in: BKR 2017, 133.

Schwab, Martin: Der verbraucherschützende Widerruf und seine Folgen für die Rückabwicklung des Vertrags, in: JZ 2015, 644.

Schwark, Eberhard/ Zimmer, Daniel (Hrsg.): Kapitalmarktrechts-Kommentar, 5. Auflage, München, 2020 (zit. nach: *Bearbeiter* in: Schwark/ Zimmer, KMRK, 5. Auflage 2020, §, Rn.).

Schwennicke, Andreas/ Auerbach, Dirk (Hrsg.): Kreditwesengesetz mit Zahlungsdiensteaufsichtsgesetz – Kommentar, 4. Auflage, München, 2021 (zit. nach: *Bearbeiter* in: Schwennicke/ Auerbach, KWG Kommentar, 4. Auflage 2021, §, Rn.).

Schwennicke, Andreas: Die künftige Beaufsichtigung von Wertpapierfirmen in Deutschland, in: BKR 2021, 150.

Schwintowski, Hans-Peter: Bankrecht, 4. Auflage, Köln, 2014 (*Bearbeiter* in: Schwintowski, Bankrecht, 4. Auflage 2014, §, Rn.).

Die Grundsätze der anleger- und objektgerechten Beratung im Lichte des Geeignetheitstests (331 Abs. 4 WpHG), in: Festschrift für Klaus J. Hopt zum

70. Geburtstag am 24. August 2010: Unternehmen, Markt und Verantwortung, Band 2, Berlin, 2010 (zit. nach: *Schwintowski* in: FS Hopt 2010, S.).

Söbbing, Thomas: FinTechs: Rechtliche Herausforderungen bei den Finanztechnologien der Zukunft, in: BKR 2016, 360.

Specht, Louisa/ Herold, Sophie: Roboter als Vertragspartner? – Gedanken zu Vertragsabschlüssen und Einbeziehung automatisiert und autonom agierender Systeme, in: MMR 2018, 40.

Spindler, Gerald: Roboter, Automation, künstliche Intelligenz, selbststeuernde Kfz – Braucht das Recht neue Haftungskategorien?, in: CR 2015, 766.

Spindler, Gerald/ Schuster, Fabian (Hrsg.): Recht der elektronischen Medien, 4. Auflage, München, 2019 (zit. nach: *Bearbeiter* in: Spindler/ Schuster, Recht der elektronischen Medien, 4. Auflage 2019, §, Rn.).

Staub, Hermann (Begr.)/ Canaris, Claus-Wilhelm/ Habersack, Mathias/ Schäfer, Carsten (Hrsg.): Handelsgesetzbuch Großkommentar, 5. Auflage, Berlin, 2018 (zit. nach: *Bearbeiter* in: Staub, HGB Kommentar, 5. Auflage 2018, Band, Teil, Rn.).

Staudinger, Julius von (Begr.)/ Rieble, Volker (Red.): J. von Staudingers Kommentar zum Bürgerlichen Gesetzbuch, Berlin (zit. nach: *Bearbeiter* in: Staudinger, BGB, Neubearbeitung, §, Rn.).

Statista GmbH: FinTech Report – Personal Finance 2017.

Robo Advisors weltweit, abrufbar unter: https://de.statista.com/outlook/337/100/robo-advisors/weltweit#market-transactionValue (zuletzt abgerufen am: 18.01.2019).

Nutzung von Robo Advice im Privatkundengeschäft, 2016, abrufbar unter: https://de.statista.com/statistik/daten/studie/655039/umfrage/nutzung-von-robo-advice-im-privatkundengeschaeft-von-banken-in-deutschland/ (zuletzt abgerufen am: 18.01.2019).

Taeger, Jürgen: Die Entwicklung des IT-Rechts im Jahr 2016, in: NJW 2016, 3764.

Tamm, Marina/ Tonner, Klaus (Hrsg.): Verbraucherrecht Beratungshandbuch, 3. Auflage, Baden-Baden, 2020 (zit. nach *Bearbeiter* in Tamm/ Tonner, Verbraucherrecht, 3. Auflage 2020, §, Rn.).

Thalhammer, Kilian: German FinTech Overview, abrufbar unter: https://paymentandbanking.com/german-fintech-overview-unbundling-banks/ (zuletzt abgerufen am: 27.11.2018).

Verbraucherzentrale Bundesverband: Positionspapier „Bessere Beratung durch Digitalisierung?!“, 2018, abrufbar unter: https://www.vzbv.de/sites/default/files/downloads/2018/07/16/fin_18-07-13-vzbv-positionspapier-robo-advice.pdf (zuletzt abgerufen am: 18.07.2018).

Vieth, Kilian/ Wagner, Ben: Teilhabe, ausgerechnet – Wie algorithmische Prozesse Teilhabechancen beeinflussen können, Arbeitspapier im Auftrag der Bertelsmann Stiftung, 2017, abrufbar unter: https://www.bertelsmann-stiftung.de/fileadmin/files/BSt/Publikationen/GrauePublikationen/Teilhabe_ausgerechnet.pdf (zuletzt abgerufen am: 18.07.2018).

von Drathen, Carsten/ Strauch, Gunnar: Längere Kundengespräche und weniger Geschäfte durch das Zweite Finanzmarktnovellierungsgesetz? – Was die Umsetzung von MiFID II für den Kundenkontakt bedeutet, in: WpG 2017, 1265.

Voß, Thorsten: BGH zieht Schlussstrich unter die Debatte zum Verständnis der Finanzportfolioverwaltung – Urteilsanmerkung zu BGH VI ZR 556/14, in: BB 2018, 79.

Anmerkung zu BGH: Vermittlung eines Finanzportfolioverwaltungsvertrages ist kein gem. § 32 Abs. 1 KWG erlaubnispflichtiges Geschäft, in: BB 2018, 79.

Wachtel Thomas: Das Potential von „FinTech“ in Deutschland im Vergleich zu den USA, in: Deutsches Institut für Bankwirtschaft – Schriftenreihe, Band 12 (a) (12/2015) (zit.: *Wachtel*, S.).

Weichert, Tilman/ Wenninger: Die Neuregelung der Erkundigungs- und Aufklärungspflichten von Wertpapierdienstleistungsunternehmen gem. Art. 19 RiL 2004/39/EG (MiFID) und Finanzmarkt-Richtlinie-Umsetzungsgesetz, in: WM 2007, 627.

Weller, Marc-Philippe: Die Dogmatik des Anlageberatungsvertrags – Legitimation der strengen Rechtsprechungslinie von Bond bis Ille. /. Deutsche Bank, in: ZBB 2011, 191.

Wolf, Manfred/ Neuner, Jörg: Allgemeiner Teil des Bürgerlichen Rechts, 11. Auflage, München, 2016 (zit. nach: *Wolf/ Neuner*, BGB AT, 11. Auflage 2016, §, Rn.).

Zentes, Uta/ Glaab, Sebastian (Hrsg.): GwG – Geldwäschegesetz, GeldtransferVO, relevante Vorgaben aus AO, KWG, StGB, VAG – Kommentar, 2. Auflage, Frankfurt, 2020 (zit. nach: *Bearbeiter* in: Zentes/ Glaab, GwG Kommentar, 2. Auflage 2020, §, Rn.).

Zerey, Jean Claude (Hrsg.): Finanzderivate Rechtshandbuch, 4. Auflage, Baden-Baden, 2016 (zit. nach: *Bearbeiter* in: Zerey, Finanzderivate, 4. Auflage 2016, §, Rn.).

Zetzsche, Dirk A./ Buckley, Ross P./ Barberis, Janos N./ Arner, Douglas W.: Regulating a Revolution: From Regulatory Sandboxes to Smart Regulation, in: Fordham Journal of Corporate & Financial Law, Vol. XXIII, 2018, 31.

www.ingramcontent.com/pod-product-compliance
Ingram Content Group UK Ltd.
Pitfield, Milton Keynes, MK11 3LW, UK
UKHW021929290926
8980IPUK00016B/1529

9 783631 891308